当代中国：

社区发展与现代性追求

王惠 刘睿 著

人民出版社

责任编辑:陈寒节

责任校对:湖 催

图书在版编目(CIP)数据

当代中国:社区发展与现代性追求/王惠,刘睿 著.

—北京:人民出版社,2011.9

ISBN 978 - 7 - 01 - 009929 - 3

Ⅰ.①当… Ⅱ.①王…②刘… Ⅲ.①社区 - 发展 - 研究 - 中国

Ⅳ.①D669.3

中国版本图书馆 CIP 数据核字(2011)第 098414 号

当代中国:社区发展与现代性追求

DANGDAI ZHONGGUO:SHEQU FAZHAN YU XIANDAIXING ZHUIQIU

王 惠 刘 睿 著

人民出版社 出版发行

(100706 北京朝阳门内大街 166 号)

北京市文林印务有限公司印刷 新华书店经销

2011 年 9 月第 1 版 2011 年 9 月第 1 次印刷

开本:710 毫米×1000 毫米 1/16 印张:28.25

字数:417 千字 印数:0,001 - 2,200 册

ISBN 978 - 7 - 01 - 009929 - 3 定价:56.00 元

邮购地址:100706 北京朝阳门内大街 166 号

人民东方图书销售中心 电话:(010)65250042 65289539

《云南民族大学学术文库》
总　序

云南民族大学党委书记、教授、博导　甄朝党

云南民族大学校　　　长、教授、博导　张英杰

　　云南民族大学是一所培养包括汉族在内的各民族高级专门人才的综合性大学,是云南省省属重点大学,是国家民委和云南省人民政府共建的全国重点民族院校。学校始建于 1951 年 8 月,受到毛泽东、周恩来、邓小平、江泽民、胡锦涛等几代党和国家领导人的亲切关怀而创立和不断发展,被党和国家特别是云南省委、省政府以及全省各族人民寄予厚望。几代民族大学师生不负重托,励精图治,经过近 60 年的建设尤其是最近几年的创新发展,云南民族大学已经成为我国重要的民族高层次人才培养基地、民族问题研究基地、民族文化传承基地和国家对外开放与交流的重要窗口,在国家高等教育体系中占有重要地位,并享有较高的国际声誉。

　　云南民族大学是一所学科门类较为齐全、办学层次较为丰富、办学形式多样、师资力量雄厚、学校规模较大、特色鲜明、优势突出的综合性大学。目前拥有 1 个联合培养博士点,50 个一级、二级学科硕士学位点和专业硕士学位点,60 个本科专业,涵盖哲学、经济学、法学、教育学、文学、历史学、理学、工学和管理学 9 大学科门类。学校 1979 年开始招收培养研究生,2003年被教育部批准与中国人民大学联合招收培养社会学博士研究生,2009 年被确定为国家立项建设的新增博士学位授予单位。国家级、省部级特色专业、重点学科、重点实验室、研究基地,国家级和省部级科研项目立项数、获

奖数等衡量高校办学质量和水平的重要指标持续增长。民族学、社会学、经济学、管理学、民族语言文化、民族药资源化学、东南亚南亚语言文化等特色学科实力显著增强,在国内外的影响力不断扩大。学校科学合理的人才培养体系和科学研究体系得到较好形成和健全完善,特色得以不断彰显,优势得以不断突出,影响力得以不断扩大,地位与水平得以不断提升,学校改革、建设、发展不断取得重大突破,学科建设、师资队伍建设、校区建设、党的建设等工作不断取得标志性成就,通过人才培养、科学研究、服务社会、传承文明,为国家特别是西南边境民族地区发挥作用、做出贡献的力度越来越大。

云南民族大学高度重视科学研究,形成了深厚的学术积淀和优良的学术传统。长期以来,学校围绕经济社会发展和学科建设需要,大力开展科学研究,产出大量学术创新成果,提出一些原创性理论和观点,得到党委政府的肯定和学术界的好评。早在20世纪50年代,以著名民族学家马曜教授为代表的一批学者就从云南边疆民族地区实际出发,提出"直接过渡民族"理论,得到党和国家高层领导刘少奇、周恩来、李维汉等的充分肯定并采纳,直接转化为指导民族工作的方针政策,为顺利完成边疆民族地区社会主义改造、维护边疆民族地区团结稳定和持续发展发挥了重要作用,做出了突出贡献。汪宁生教授是我国解放后较早从事民族考古学研究并取得突出成就的专家,为民族考古学中国化做出重要贡献,他的研究成果被国内外学术界广泛引用。最近几年,我校专家主持完成的国家社会科学基金项目数量多,成果质量高,结项成果中有3项由全国哲学社会科学规划办公室刊发《成果要报》报送党和国家高层领导,发挥了资政作用。主要由我校专家完成的国家民委《民族问题五种丛书》云南部分、云南民族文化史丛书等都是民族研究中的基本文献,为解决民族问题和深化学术研究提供了有力支持。此外,还有不少论著成为我国现代学术中具有代表性的成果。

改革开放30多年来,我国迅速崛起,成为国际影响力越来越大的国家。国家的崛起为高等教育发展创造了机遇,也对高等教育提出了更高的要求。2009年,胡锦涛总书记考察云南,提出要把云南建成我国面向西南开放的重要桥头堡的指导思想。云南省委、省政府作出把云南建成绿色经济强省、民族文化强省和我国面向西南开放重要桥头堡的战略部署。作为负有特殊责任和使命的高校,云南民族大学将根据国家和区域发展战略,进一步强化人才培养、科学研究、社会服务和文化传承的功能,围绕把学校建成"国内一流、国际知名的高水平民族大学"的战略目标,进一步加大学科建设力度,培育和建设一批国内省内领先的学科;进一步加强人才队伍建设,全面提高教师队伍整体水平;进一步深化教育教学改革,提高教育国际化水平和人才培养质量;进一步抓好科技创新,提高学术水平和学术地位,把云南民族大学建设成为立足云南、面向全国、辐射东南亚南亚的高水平民族大学,为我国经济社会发展特别是云南边疆民族地区经济社会发展做出更大贡献。

学科建设是高等学校龙头性、核心性、基础性的建设工程,科学研究是高等学校的基本职能与重要任务。为更好地促进学校科学研究工作、加强学科建设、推进学术创新,学校党委和行政决定编辑出版《云南民族大学学术文库》。

这套文库将体现科学研究为经济社会发展服务的特点。经济社会需要是学术研究的动力,也是科研成果的价值得以实现的途径。当前,我国和我省处于快速发展时期,经济社会发展中有许多问题需要高校研究,提出解决思路和办法,供党委政府和社会各界参考和采择,为发展提供智力支持。我们必须增强科学研究的现实性、针对性,加强学术研究与经济社会发展的联系,才能充分发挥科学研究的社会作用,提高高校对经济社会发展的影响力和贡献度,并在这一过程中实现自己的价值,提升高校的学术地位和社会地位。云南民族大学过去有这方面的成功经验,我们相信,随着文库的陆续出版,学校致力于为边疆民族地区经济社会发展服务、促进民族团结进步、社会和谐稳定的优良传统将进一步得到弘扬,学校作为社会思想库与政府智库的作用将进一步得到巩固和增强。

这套文库将与我校学科建设紧密结合,体现学术积累和文化创造的特点,突出我校学科特色和优势,为进一步增强学科实力服务。我校2009年被确定为国家立项建设的新增博士学位授予单位,这是对我校办学实力和水平的肯定,也为学校发展提供了重要机遇,同时还对学校建设发展提出了更高要求。博士生教育是高校人才培养的最高层次,它要求有高水平的师资和高水平的科学研究能力和研究成果支持。学科建设是培养高层次人才的重要基础,我们将按照国家和云南省关于新增博士学位授予单位立项建设的要求,遵循"以学科建设为龙头,人才队伍建设为关键,以创新打造特色,以特色强化优势,以优势谋求发展"的思路,大力促进民族学、社会学、应用经济学、中国语言文学、公共管理学等博士授权与支撑学科的建设与发展,并将这些学科产出的优秀成果体现在这套学术文库中,并用这些重点与特色优势学科的建设发展更好地带动全校各类学科的建设与发展,努力使全校学科建设体现出战略规划、立体布局、突出重点、统筹兼顾、全面发展、产出成果的态势与格局,用高水平的学科促进高水平的大学建设。

这套文库将体现良好的学术品格和学术规范。科学研究的目的是探寻真理,创新知识,完善社会,促进人类进步。这就要求研究者必需有健全的主体精神和科学的研究方法。我们倡导实事求是的研究态度,文库作者要以为国家负责、为社会负责、为公众负责、为学术负责的高度责任感,严谨治学,追求真理,保证科研成果的精神品质。要谨守学术道德,加强学术自律,按照学术界公认的学术规范开展研究,撰写著作,提高学术质量,为学术研究的实质性进步做出不懈努力。只有这样,才能做出有思想深度、学术创见和社会影响的成果,也才能让科学研究真正发挥作用。

我们相信,在社会各界和专家学者们的关心支持及全校教学科研人员的共同努力下,《云南民族大学学术文库》一定能成为反映我校学科建设成果的重要平台和展示我校科学研究成果的精品库,一定能成为我校知识创新、文明创造、服务社会宝贵的精神财富。我们的文库建设肯定会存在一些问题或不足,恳请各位领导、各位专家和广大读者不吝批评指正,以帮助我们将文库编辑出版工作做得更好。

二○○九年国庆于春城昆明

中文摘要

当代中国,正以社会主义市场经济的建构为核心和中介从传统社会向现代社会转型。转型,是当代中国的时代主题;现代性追求,是这一转型的具体内容。因为古老中国的特殊国情,这一转型显得异常艰巨和复杂,以至于出现了一系列新的社会矛盾和社会问题。对这些矛盾和问题进行理论上的思考和回应,并付诸实施加以解决,一方面构成了我们这个时代的内在要求和迫切呼声,另一方面也决定了我们的现代性进程是否具有持续发展的可能性。显然,这是一个极其重大的时代课题。

本书就立足于当代中国现代转型的时代背景,以及社区发展可以修正现代性的偏颇,并进而扭转人类文明危局的理论假设,对现代社会以来的社区研究理论和社区发展实践进行了系统的梳理和重新的考量。

在绪言部分,笔者首先谈到了现代中国人的现代性经验,得出现代性没有给予我们生活的保障和幸福的感受这一结论,但同时也作出判断:现代性是当前中国社会发展的唯一方向。因此,我们只能依赖人类的价值理性,以现代性内在的反思性来纠正工具理性的偏颇、来挽救人类文明的危局。由此建立起"当代中国:社区发展与现代性追求"的研究思路和实践对策,并对社区和社会、现代化与现代性、现代性和后现代性这三组贯穿全书的重要概念进行了辨析和区分。

前三章是全书的总论部分。第一章把"社区"这一概念或者说这一研究社会、理解社会的新的视角与人类社会整体的现代性进程相联系,从而重新诠释了社区的主体、社区的结构和社区的功能。第二章追溯了社会学历史上的社区研究理论,并通过社区研究致力于社会的批评和社会的重建建构起自己的现代性视角。第三章则把社区发展与当代中国的现代转型和现代实践结合起来,通过回溯百年中国的现代性追求和展望未来中国的现代性建设,确立了现代性的中国使命。

接下来的四章分别就城市社区、集镇社区、农村社区和虚拟社区进行了现代性视野下的相关研究。重点分析了这些不同的社区类型在中国现代性进程中的不同地位、不同功能、主要变化以及主要问题。

第八章立足于中国现代性追求的具体实践,把社区工作视为现代人的社会参与,进而探讨了社区工作的具体过程、实施原则和评估体系等相关问题。

第九章是全书的结论部分。在进一步分析了当前中国在现代化建设和现代性追求过程中所出现的主要社会问题,即资源分配失衡、社区发展失调的严峻现实之后,重点分析了解决当前危机的关键途径:民主政治的建设、公民社会的培育、非政府组织的发展和社会政策的调整等,并在此基础之上展望未来中国的现代性图景。

总之,面对当前中国已然出现的现代性危机,已经崛起并且不断被强化的社区研究理论和社区发展实践给我们提供了这样一种理论假设,那就是社区可以作为一种行动的力量和拯救的力量:通过社区居民的共同行动和守望相助,可以重建在现代性追求中逐渐失落的温暖人性;通过社区居民的自主行动和共同进退,可以形成一种和社会不公正制衡的巨大力量;通过社区居民的呼请、诉求和自觉行动,可以修复人和自然之间已然陌生的关系,可以挽救诗歌、哲学这些行将凋敝的人类精神之花……人类的价值理性可以落实在社区建设的实践之中,从而逐步扭转现代文化的颓势和现代社会的弊端,将现代社会建设成一个物质丰裕、精神愉悦、社会公平的理想社会。

我和我们的现代性体验(代序)

王 惠

生活在现代社会的每一个现代人,对于现代性其实都有着自己切身的体验。

无疑,我们的物质生活是极大地丰裕了。遍布城市、集镇和农村的各级各类商市陈列着的商品不仅前所未有地琳琅满目、纷繁多样,而且还层出不穷地花样翻新、更新换代。但与此同时,我们发现,这些物品极大地刺激了我们的欲望。我们不是哲人,没有办法像苏格拉底一样,在经过集市之后发现:我不需要的东西还真多啊! 没有办法像庄子一样,明确地知道:鹪鹩巢于深林,不过一枝;偃鼠饮河,不过满腹。被物质刺激的欲望左右着我们的需要,再加上社会的鼓励和引导,于是消费变成人的社会义务,消费能力变成人的评价指标,我们要么错误地以为金钱越多越好、房子越大越好、物品越贵越好,要么被动地陷入物质的陷阱和消费的狂欢,于是我们焦虑、奔忙,倍感生活的压力和艰辛。而且,在熙熙攘攘、奔来走去的生活中,对物质的追求占满了我们几乎全部的时间,我们发现,不知道从什么时候开始,对父母的爱、对孩子的爱、对朋友的爱,我们只有唯一的表达方式,那就是物质。想起苏童的《白雪猪头》和《人民的鱼》,突然很怀想物质贫乏年代里人情的温暖和人性的美好。

无疑,我们的消费能力是极大地提高了。我们每个人的银行账户上都有着比过去多得多的货币数目,以应对日益丰裕的物质世界。但与此同时,我们的观念陷入无所适从的矛盾之中。在政府的宣导和市场的刺激下,消费成为每一个现代人的社会义务,消费能力体现每一个现代人的社会价值。上个世纪的美国艾森豪威尔时代,甚至有一句这样的口号:消费吧,消费就是爱国;今天的中国,拉动内需成为一种国家政策。于是传统价值观中作为一种美德的节制观念,连同传统文化一起,被我们弃若敝屣。但我们从小接受、现在仍然在接受的家庭和学校教育都告诉我们,物质主义、拜金主义、消费主义、享乐主义等等,均是要不得的错误的人生取向。爱国于是要冒着犯错误的风险。这样的悖论在现代社会其实比比皆是,潜规则其实才是社会的游戏规则,教孩子人情、善行、道义、良知,就是教他走上世俗意义上失败的人生。我们该如何教育我们的孩子?

无疑,我们的交通工具和通信手段是无比的便捷了。理论上,我们随时可以去到想去的地方,见到想见的人,听到想听的声音。但就是在这种流动的自由和即时的联络中,我们失去了那些含蓄绵长、回味悠久的情感体验。读着"蒹葭苍苍,白露为霜……溯洄从之,道阻且长"的诗句,现代的年轻人十分不解:有那个时间,干点什么能够产生效益的事情不好呢?与其寻寻觅觅,不如干干脆脆,所以流行歌曲的唱词很直白:最恨你这么久都不来看我一次;或者是:让我一次爱个够! 想起一只壁虎的故事,它被房子的主人无意中钉在墙壁上,居然还活了六年,因为有另外一只壁虎日日为它送食。不禁感慨:壁虎尚且有六年忠贞不渝的守望,现代人却偏偏只剩下一夜的情缘。

无疑,我们的文化生活是极大地丰富了。地摊上、书店里,到处都可以买到复制时代的廉价艺术品;出版物、音像制品等各种文化工业产品堆砌如山、目不暇接;各种各样的现代传媒为我们提供着海量的信息和感官的享乐。与此同时,我们却再也听不到朗朗书声,闻不到幽幽书香,随着大众对文化产品消费需求的增长,我们的文化不可避免地走向低俗了。于是,社会财富的分配变得让人匪夷所思:一个高校教师上两个小时的课,所得不过百元;一个娱乐明星做一个广告,所得竟至千万。因为我们的大众不需要思想,需要感官的快乐;因为我们的时代不需要哲学和诗歌,需要经济学家和实业家。传承文化、探寻意义、追求超越的人文学科受到社会整体的漠视,包括培养人才、传承文化的高校本身。不甘寂寞的学问家也不免披挂上阵，走上"娱乐至死"的康庄大道。

无疑，我们的教育是极大地普及了。高校争先恐后地扩大招生，此起彼伏地设置新专业，更多的适龄青年有机会受到高等教育，获得大学文凭。但随之而来的，是教师尊严的普遍降低，是教学质量的普遍下降，是就业压力的普遍扩大。就业岗位的数目和毕业生的数目之差，有目共睹、人所共知，但各个高校的就业率却必须达到规定的数目，更令人惊诧的是，各个高校居然都可以达到甚至还有所超出。于是我们还看到，有些三本院校，年年更改院系名目，仅仅依据每年有所不同的各专业招生人数；不少学术刊物，罔顾学术品格和职业操守，买卖版面以获取利益……"象牙塔"就这样变成了"名利场"。

无疑，我们的医术是极大地进步了。但与此同时，各种前所未见的病菌和病症也大量出现，造成不时的社会恐慌；更让人沮丧的是，过去悬壶济世的医生形象，一直到法国作家加缪的《鼠疫》中都还作为稳定和拯救的力量出现的医生形象，如今已经面目全非。

无疑，我们的科学技术水平是极大地进步了。但科学技术给人类带来的灾祸甚至比福祉更令人瞩目，所以20世纪的大屠杀被英国社会学家齐格蒙·鲍曼写进他的经典著述《现代性与大屠杀》。除此之外，科学揭示自然的奥秘，科学每前进一步，自然之魅便被祛除一分，文学艺术的神奇光晕也随之淡出现实生活。一个生活着嫦娥、玉兔和桂花树的月亮和一个覆盖冰冷岩层的月球相比，后者或许更符合科学的真实，但却失去了想象的美妙。技术带来生活的便利，但却造成人心的阻隔，老子说："有机械必有机事，有机事必有机心。"遗憾的是，在传统的式微中，今人听不到先贤的告诫。

无疑，我们的社会经济指标也极大地增长了。但被开发的资源、被毁灭的物种、被耗尽的土地、被破坏的生态，这一切掘断了我们的来处和根基，让我们失去自然的庇护，在城市里流离失所、张皇无措，但如此的代价却并没有换来现代人的安定和富足，如今，连衣食住行都变得那么的可疑，有毒的食物、飙升的房价、拥塞的交通，让我们最基本的需求难以保障，而那些屡屡发生的社会不公正现象和社会不安定事件，一点一点毁坏我们生命的快乐和生存的信念。

……

显然，现代性没有给我们带来幸福，相反，毫不夸张地说，它把对于物质财富的追求作为社会的整体目标，也作为每个现代人的人生目标，其结果是把我们带上了危险的境地和文明的歧路。

目　录

绪　言

生活在现代社会的每一个现代人，对于现代性确实都有着自己切身的体验：

物质生活极大丰裕的同时，我们的欲望也被极大地刺激了。欲望左右着我们的需要，再加上社会的鼓励和引导，于是消费变成人的社会义务，消费能力变成人的评价指标，我们就此陷入物质的陷阱和消费的狂欢，在焦虑和奔忙中逐渐失却人情的温暖和人性的美好，而传统价值观中作为一种美德的节制观念，连同传统文化一起，被我们弃若敝屣。

交通工具和通信手段无比便捷的同时，我们失去了那些含蓄绵长、回味悠久的情感体验；文化生活极大丰富的同时，我们却失去了朗朗书声和幽幽书香，我们的文化在"娱乐至死"的康庄大道不可避免地走向低俗；教育极大普及的同时，我们失去了尊严，精神的"象牙塔"变成了现实的"名利场"；医术极大进步的同时，我们失去了对医生的信任；科学技术水平极大进步的同时，我们失去了自然之魅和想象之美；社会经济指标极大增长的同时，我们失去了清洁的生活，失去了自然的庇护；城市高度发达的同时，我们失去了安全的衣食住行，失去了生命的快乐和生存的信念……

我们在现代性的路途上，一路获得，获得的却只有物质，越来越多的物质也是越来越沉的负担和越来越重的压力；同时也一路失去，失去的却几乎是我们用以安身立命的全部、用以探索意义和追求超越的所有。我们无奈之下要得出这样的结论：现代性没有给我们带来幸福，相反，毫不夸张地说，它把对于物质财富的追求作为社会的整体目标，也作为每个现代人的人生目标，其结果是把我们带上了危险的境地和文明的歧路。事实上，有很多的思想家已经看到了这一点,美国学者格里芬就曾经说:"人们越来越强烈地感觉到,我们可以,而且应该抛弃现代性,事实上,我们必须这样做,否则,我们及地球上的大多数生命将难以逃脱毁灭的命运。"①罗马尼亚作家埃米尔·米歇尔·齐奥朗(Emile Michel Cioran,1911～1995)也曾经说:"并不是机器驱使文明的人走向末日,而是文明的人发明了机器,因为他早就走上了通向末日的路;他寻找手段和辅助工具以更快、更有效地到达那儿。不满足于跑,他宁愿驱车趋赴毁灭。"②系统哲学与广义进化论的创始人、研究全球问题的布达佩斯俱乐部的创建者和主席欧文·拉兹洛(Ervin Laszlo,1931～)提出如下忠告:第一,人与环境共存亡;第二,人类有一个共同的命运;第三,帮助贫困和不幸的人;第四,人类社会永远不单纯是科学的组合,除了科学人类还需要艺术;第五,不仅需要专家还需要通才;第六,技术是人的奴仆而非相反;第七,真正的生产率是生产对社会真正有用的产品;第八,人不是经济动物;第九,人类不仅需要技术创新,更需要文化进步;第十,可持续发展;第十一,地球财富有限;第十二,世界发展的多样性;第十三,快乐不在于最终结果,而在于过程;第十四,将浪费降至最小;第十五,地球美丽绝伦,但她很脆弱。③

但正所谓开弓没有回头箭,所有的这些忠告和警示均被沉醉在物质享受和财富追求中的目光短浅的现代人视为耳旁风,现代性于是一意孤行、高歌猛进,尽管有后现代出来搅局,但却只能停留在思想和艺术的层面,难以落实到社会实践领域。

这样具体而微的现代性体验和宏观意义上的现代性判断,正是我们研究的背景。

那么,有没有这样一种可能性:那就是修正现代性的偏颇,并进而扭转人类文明的危局?在人们一边享受现代性的恩惠,一边吞服现代性的恶果

---

① 大卫·格里芬:《后现代科学》,中央编译出版社1995年版。

② E.M.齐奥朗:《坠入时间》,转引自王文元:《人类的自我毁灭》,华龄出版社2010年版,第41页。

③ 欧文·拉兹洛:《系统哲学引论——一种当代思想的新范式》,商务印书馆1998年版。

之时,我们仍然寄希望于人类的理性。要想改变由启蒙精神、科学技术和理性自身演变发展而来的工具理性对人的异化和物化,改变这样一种以工具崇拜和技术主义为生存目标、通过精确的计算和功利的追求来最有效地达到目的的价值观,能够依赖的似乎仍然只有人类的理性。

何为理性?康德认为:"通过我们被对象刺激的方式获得表象的能力(感受性)叫做感性。因此,借助于感性,对象被给予我们,而且惟有感性才给我们提供直观;但直观通过知性被思维,从知性产生出概念。""理性从不首先关涉经验或者关涉某个对象,而是关涉知性,为的是通过概念赋予杂多的知性知识以先天的统一性。"①

在康德看来,人类的认识从感性开始,经过知性达到理性。知性是理性的认识对象,感性是知性的认识对象,而认识过程的展开和完成,康德认为是靠感性的先天形式——时空、知性的先天形式——范畴、理性的先天形式——理念来完成的。

黑格尔认可康德在感性和理性之间设立的知性概念,他也承认理性在知性之上,它是以"在思想中的自我之原始同一"也即知性本身"作为对象或目的之抽象的自我或思想"。② 也就是说,理性就是以知性为对象的思想。在康德的基础之上,黑格尔还把理性继续向前发展,发展到理性之上的精神阶段。在《精神现象学》一书中,黑格尔论述了意识的形式和发展史,描述了"为了产生科学的因素,产生科学的纯粹概念,最初的知识必须经历一段艰苦而漫长的道路。"③这段艰苦而又漫长的道路,如果简单地加以概括,可以分为前理性、理性、精神理性三个阶段。在前理性阶段,通过抽象的能力,意识已达到从个别到共相的认识、从知觉形式的存在到对规律的知性认识。在理性阶段,意识能用概念、范畴等思维形式进行更为深入的判断。至于第三阶段即精神理性,更是远离直接功利关系的抽象领域,包括信仰、科学、艺术和伦理的纯粹形态。

---

① 康德:《纯粹理性批判》,中国人民大学出版社 2004 年版,第 56 页、第 276 页。
② 黑格尔:《小逻辑》,商务印书馆 1959 年版,第 132、137 页。
③ 黑格尔:《精神现象学》上卷,商务印书馆 1997 年版,第 17 页。

我们的现代性体验发生在现代社会,而社会是我们可以凭借理性加以认识的。不过社会是一个复杂而又抽象的结构,难以把握和控制,但大世界是由小地方构成的,所以费孝通说过:"以全盘社会结构的格式作为研究对象,这对象并不能是概然性的,必须是具体的社区。因为联系着各个社会制度的是人们的生活,人们的生活有时空的坐落,这就是社区。每个社区都有它的一套社会结构,各制度配合的方式。""社区分析在目前虽则常以当前的社区作研究对象,但这只是为了方便的原因,如果历史材料充分的话,任何时代的社区都同样可作分析对象。"①

事实上,从社会化育环境的角度看,"个体生活的历史首先是适应由他的社区代代相传下来的生活模式和标准。从他出生之时起,他生于其中的风俗就在塑造着他的经验与行为。"②由此可见,社区分析通过研究人们生活的具体的时空坐落,以推而广之地研究整个社会的各种社会制度和社会结构,是将抽象的东西具象化,亦即通过研究它的活动载体来间接研究它本身。

面对前述现代性危机,已经崛起并且不断被强化的社区研究理论和社区发展实践给具备理性能力的我们提供了这样一种理论假设,那就是社区可以作为一种行动的力量和拯救的力量:通过社区居民的共同行动和守望相助,可以重建在现代性追求中逐渐失落的温暖人性;通过社区居民的自主行动和共同进退,可以形成一种和社会不公正制衡的巨大力量;通过社区居民的呼请、诉求和自觉行动,可以修复人和自然之间已然陌生的关系,可以挽救诗歌、哲学这些行将凋敝的人类精神之花……人类的价值理性可以落实在社区建设的实践之中,从而逐步扭转现代文化的颓势和现代社会的弊端,将现代社会建设成理想社会。

于是,"当代中国:社区发展与现代性追求"这一研究的思路逐渐明晰。

在我们的研究中,有三组概念贯穿始终:一、社会(society)与社区(community);二、现代化(modernization)与现代性(modernity);三、现代性(mo-

---

① 费孝通:《乡土中国·生育制度》,北京大学出版社1998年版,第92页。
② 露丝·本尼迪克特:《文化模式》,华夏出版社1987年版,第2页。

dernity)与后现代性(post – modernity)。

一、社会与社区

社会,简而言之,就是人类生活的共同体。人类从自然中、在荒野上诞生,正如《诗经·公刘篇》所描绘的:"笃公刘,匪居匪康。乃埸乃疆,乃积乃仓;乃裹餱粮,于橐于囊。思辑用光。弓矢斯张,干戈戚扬,爰方启行。"甫一开始,人类就必须聚集成群,在文明的一路演进中,自氏族、部落走到国家。而社会,就是人类进化的产物。

在汉语中,"社"最初指的是土地之神;稷,指的是五谷之神。在中国以农业为主要生产方式的漫长历史时期,人们特别重视土地和粮食,认为土地和粮食是养育人的根本,因此对社稷神非常崇拜。社,就是人们祭祀社稷神之时产生的以祭祀为中心的社会组织,而以"社"为单位举行的祭祀活动被称为"社会",社会即特定土地上人的集合。"社会"一词古已有之,如唐代的"村闾社会"、宋代的"乡民社会"等。

在西方,英语中的 society 源于拉丁语 socius 一词,意为伙伴。日本学者在明治年间将"society"一词翻译为汉语"社会"。近代中国学者在翻译日本社会学著作时,袭用此词,中文的"社会"一词才具有现代通用的含义。

现代汉语中的"社会"一词,是一个抽象名词,指共同生活的人们通过各种各样的社会关系联合起来的集合,其中形成社会最主要的社会关系包括家庭关系、共同文化以及传统习俗。它是人类相互有机联系,互利合作形成的群体,但不等同于人群。社会与人群的区别在于:社会各成员之间的联系是必然的和紧密的,而人群则是偶然的和松散的;社会具有较复杂的组织结构,人群的结构相对简单;社会具有相对集中统一的价值取向、文化特征并得到成员的基本认同,而人群的汇集是比较随机的;社会中有比较健全的生存和生产的职能和分工,人群则不然。在这样的区分中,我们会发现,社会具有如下特征:第一,社会是有文化传承和有组织结构的系统,是由人群按照一定的文化模式组织起来的;第二,生产活动是一切社会活动的基础,任何一个社会都必须进行生产;第三,任何特定的历史时期,都是人类共同生活的最大社会群体;第四,具体社会有明确的区域界限,存在于一定空间范围之内;第五,社会有连续性和非连续性。任何一个具体社会都是从前人继承下来的一份遗产;同时,又和周围的社会发生横向联系,具有自己的特点,表现出明显的非连续性;第六,社会有一套自我调节的机制,是一个具有主动性、创造性和改造能力的"活的有机体",能够主动地调整自身与环境的关系,创造自身生存与发展的条件。①

显而易见,社会学是以社会为研究对象的科学。在人类文明演进的漫长过程中,社会因为生产方式的变革而发生了形态、结构和功能上的诸多变化,但直到人类进入现代化的进程,传统社会才发生了根本性的断裂,社会学由此诞生于 19 世纪,在某种程度上可以被视为是"现代性"的产儿。正如英国社会学家安东尼·吉登斯所言:"这个世界是怎样形成的? 为什么我们的生活条件与我们的父辈竟是如此迥异? 未来变革的方向将是什么? 这些都是社会学在现代思想文化中起着基础作用的研究领域主要关心的问题。"②

为了解决社会断裂带来的社会问题,社会学以不同层次的社会单位为研究对象,研究这些社会单位的形成、结构、功能和变迁。而社会单位是由人与人之间的互动形成的关系网络,研究社会单位当然离不开人以及人与人之间的社会关系,社会关系又是在人类的社会生活中展开的,所以社会学是对人类生活、群体和社会的研究。

作为现代性的产儿,社会学这一知识体系是西方知识界对因工业文明和民主政治而导致的社会制度的崩溃所产生的社会秩序失序和失衡等问题的一种反应,这决定了社会学一方面与现代社会的病症,另一方面与现代社会的重建都有着密不可分的内在联系。

揭示病痛是为了引起疗救的注意和提供疗救的方案,社会学对于现代社会的重建企图就从理论和经验两个层面获得了推进。而社区就是在这一推进过程中出现的社会学领域的一种新的视角和一个新的概念。

---

① 参见百度百科及社会学相关著作。
② [英]安东尼·吉登斯:《社会学》第四版,北京大学出版社 2003 年版。

社区研究作为现代社会学的一个重要分支,起源于 19 世纪后期的德国;在 20 世纪初叶的美国进入了它的第一次兴盛时期;20 世纪中叶,也就是第二次世界大战之后,许多新获得政治独立的国家或新兴的发展市场经济的国家,把社区发展作为推进社会现代化的重要手段,社区研究在国际范围内受到相当的重视,并逐渐进入联合国以及其他国际性非政府组织(NGO)的视野;20 世纪后期,尤其是进入 21 世纪之后,以中国为代表的应急型后发现代化国家面临着一系列转型和发展中的问题,需要从社区中找到问题的答案和解决的契机,于是,社区研究的理论拓展和社区发展的实践活动将迎来一个全新的兴盛时代,这一趋势已然显现。

社区,指的是由因为聚居在一定地域空间而存在日常互动关系、因为共有一段较长的历史时期而形成共同心理文化认同的居民所构成的社会生活共同体。社区是社会学的一个基本概念,简而言之,社区的实质就是小社会,是地域性的局部的社会,是社会的具体和微缩,是社会在特定的时空坐标中的体现。在一些社会学家看来,社区不仅仅只是微观的社会,而且是具有黏合性的人类生命单元,是比社会更具体的由自然意志所创生的人类的生存单元和生存共同体,以群体占统治地位,而社会则是理性意志的产物,是彼此陌生、甚至相互反感的创造结合体。

如果说社会这一概念是对人类生存状态和关系状态的总括性的表达,是一个高度抽象的概念,需要调动人们的抽象思维才能加以把握,难以激起人们的切身感受和生命体验,而社区则不然,因为人们无一例外,生活在某一个生于斯、长于斯的特定地域;和一些同样在这个空间生长、彼此亲熟或者在这个空间进行着共同活动的人群结成了一定的社会关系和社会群体;在这个特定的空间地域,人们总是共同拥有一定的生产和生活设施;共同拥有一些或大或小、或多或少的处理公共事务的管理机构;共同拥有某种和在这块共同的土地上共同生活的人们进行沟通的价值观念、行为规范、风俗习惯乃至语言等文化系统;还和这些人们共同拥有对这个共同生活的空间地域的认同、喜爱和依恋之情。而这些凭借人们的感官直接感觉认知到的东西,便是构成社区的基本要素。人群、地域、设施、管理机构、文化系统和心理认同,人们的全部社会生活,都是在这些基本要素中进行的,社区,是人们参与社会生活的基本场所,是人们从事各种活动的基本舞台。

社区同样也是人类进化的产物,是历史悠久的社会实体,在社会学出现之前,自发甚至自觉的社区建设的历史实践客观上也源远流长。但"社区"这一概念是直到 1887 年才由德国社会学家滕尼斯在其《社区与社会》一书中最先使用。一战后,美国学者将该词译为英文"community",中文的"社区"概念是由费孝通等燕京大学的一批青年学生在 1933 年从英文翻译而来。因为社区概念在社会学中的出现和引入,并不单单是为了理论研究的需要,其根本的目的是要投入社区建设以解决社会问题,因此,出现了现代意义上的"社区建设"概念。

社区建设又叫社区发展,是在各个国家的实际社会生活中逐渐发展起来的。二战后,许多国家面临贫穷、失业、发展缓慢、社会失范等一系列社会问题,而要解决这些问题,政府的力量往往是鞭长莫及,只有充分运用民间资源、发挥社区自助力量,才有可能将问题解决在实处。于是,人们开始认识到:社区建设在促进经济社会协调发展、扩大民主、改进和加强基层管理与基层服务、维护社会稳定等方面具有重大意义,社区发展遂成为联合国倡导的一项世界性运动。联合国早在二十世纪五十年代初期就提出了"社区发展计划",其目的在于加强国家政府和社区之间的联系,充分调动社区成员的积极性,利用社区自身资源和力量解决社区问题,改善社区生活,提高社区经济,从而提高整个社会的发展水平。

随着现代化建设和社会转型的日益推进,中国的社会学和社区研究同样由理论和实践两路掘进。理论方面的研究成果此处不表,而社区建设的实践,已经由政府有关部门决策实施。1986 年,为了配合城市经济体制改革和社会保障制度建设,中国国家民政部倡导在城市基层开展以民政对象为服务主体的"社区服务",首次将"社区"这一概念引入了城市管理;1989年 12 月 26 日全国人大通过的《中华人民共和国居民委员会组织法》又明确规定:居民委员会应当开展便民利民的社区服务活动,第一次将"社区服务"引入法律条文;1991 年,国家民政部又提出了"社区建设"这一概念,并在全国各个城市中广泛地开展了社区建设活动;1998 年,国务院又将"推进社区建设"的职能赋予了民政部;1999 年,国家民政部正式启动了"全国社区建设实验区"工程;2000 年 11 月 3 日,中共中央办公厅和国务院办公厅正式转发了《民政部关于在全国推进城市社区建设的意见》。

对于今天的中国来说,社区建设具备自己独特而又丰富的内涵,它是"对社区工作的总体概括,是指在党和政府的领导下,依靠社区力量,利用社区资源,强化社区功能,解决社区问题,促进社区政治、经济、文化、环境协调和健康发展,将社区建设成为管理有序、服务完善、生活便利、卫生整洁、环境优美、治安良好,人际关系和谐的现代化的新型社区。它也是社区资源和社区力量的整合过程。"①社区建设的重要性和必要性之所以被提到前所未有的高度,是因为社区建设确实是解决当前中国社会问题的最具有可能性和操作性的途径。社区建设是促进现代中国经济和社会协调发展的需要;是市场经济发展和社会制度保障的要求;是加快城市化和现代化进程、建设基层政权和民主政治的迫切要求;是提高人民生活水平的需要。在社会转型的历史时期,它既是社会整合的基础工程,又是基层管理体制的重大改革;既是一项加强和巩固国家政权的基础性工作,又是一项为民办好事、办实事的民心工程,作为一项具有强大生机和活力的社会事业,社区建设的意义无论怎么形容都不夸张。

事实上,本书就是希望能够通过社区的研究和社区的实践来重塑社会的文化精神和主导价值,以最大限度地扭转执著于工具理性的现代性所带来的后果和危局,实行现代性承诺给人类社会的福利和福祉。

二、现代化与现代性

当今时代,现代性与现代化历经数百年的发展,已经成为全球各民族共同遵循的精神和共同追求的事业。现代性与现代化虽然时常被相提并论,但它们并非同一事物,在历史背景上、精神源泉上以及构建现代国家和现代

①　周文建,宁丰主编:《城市社区建设概论》,中国社会出版社 2001 年版,第 8—9 页。

社会形态上,它们存在着同一又有差别的关系;而且,从起源和形成来看,现代性并不与现代化同时出现,它的一些要素甚至比现代化还要早一些问世。

具体说来,现代性和现代化都源自西方。现代性是从中世纪末期萌芽的,当时,人们的宗教信仰进入一个较高级的阶段,马丁·路德提出的"因信称义"把世俗的人加以提升,让他们可以不经过教会、不经过任何神职工作人员而直接面对上帝,由此更进一步唤起了人的主体意识、自我意识和含有自由观念的自主意识,并进而造成了意义深远的宗教改革运动。同时,在政治生活和社会生活领域里,理性的地位不断增强。城市的兴起和大学的出现,成为新兴势力争取政治权利和思想自由的基地。与宗教改革、政治权利运动同时的思想解放浪潮还有以但丁、达·芬奇为代表的宣扬人文精神的文艺复兴运动,以哥白尼、布鲁诺、伽利略为代表的宣扬科学精神的宇宙观。稍后,欧洲就进入了理性在哲学社会科学以及自然科学各领域全面开花的启蒙时期。现代性基本成形。

随着资产阶级这样一个新的社会阶级的出现和崛起,通过对一千年封建政权和神权的统治的积极反驳,现代性在其发展中取得了普世意义的理性形式:科学精神、人文精神、法治精神和自由、平等、民主的理念。正因为现代性具有理性的形态,所以获得普世的意义,能够为启蒙之后的时期所继存、所发展,能够在其他地区的民众那里得到认同。

现代化的出生比现代性稍晚,因为有了现代性的思想意识作为基础,现代化获得了生长的契机,首先在生产方式和物质追求、继而在政治制度和文化精神等层面得到表现。

无疑,西方现代化的肇始与资本主义生产方式的产生和扩张密不可分。十五六世纪,哥伦布发现新大陆、达·伽玛找到了去东方的航线,欧洲以其海上优势掀起了全球性商业贸易,现代科学技术应用于生产领域,对利润和领土的追求促进了资本主义生产方式和社会生产力的发展,大国随之不断崛起。就这样,现代化进程首先在西方国家开始。商品要流通、资本要扩张,进入现代化进程的西方国家,凭着蓝色文明的泛滥企图和资本主义制度的扩张本性,向全球渗透,给受其影响的地区和国家带来了许多苦难,破坏了它们的传统制度而使其进入危机之中,使他们被动面临现代化变革的任务。

这就是对于现代化的全球进程的大略描述。作为一个研究对象,现代化似乎并不比它的历史进程单纯。对于现代化的界定或描述,学者们的说法有同有异。当代美国学者亨廷顿将现代化分为心理层、智能层、经济与政治生活各层面进行表述。比如在心理层,传统的人期望社会和秩序有延续性,而现代化的人则看重社会变化带来的有利性。从经济层面上看,现代化意味着技术在生产中的重大作用,自给性经济让位于商品经济,工业与第三产业的比重高于农业等。从政治层面上看,现代化首先意味着政治权威的理性化;对国家的管理不是对家庭、部族管理的放大,而是政治职能的分工、制约和协同;人们参与政治的广泛性与平等性;传统社会中的子民、臣民转为有种种政治权利的公民。① 英格尔斯则把人作为现代化主体,同时又重视社会制度、物质生产方式与人结合的问题。他说:"那些先进的制度要获成功,取得预期的效果,必须依赖运用它们的人的现代人格。无论哪个国家,只有它的人民从心理、态度和行为上,都能与各种现代形式的经济发展同步前进,这个国家的现代化才能真正能够得以实现。"②

还有学者把现代化作为一个历史过程来表述,认为现代化是近几百年来人类知识和实践能力增长所导致的变化而呈现的动态。比如布莱克说:"现代化可定义为:反映着人控制环境的知识亘古未有的增长,并伴随科学革命的发生,从历史上发展而来的各种体制适应迅速变化的各种功能的过程。这种适应过程发源于西欧一些国家并开始产生影响,在十九二十世纪,这些变革延伸到所有其它国家,并导致一场影响各种人际关系的世界性转变。"③

现代化问题在我国最早出现于 19 世纪中期,当时用的是"西学"、"西化"、"欧化"等用语。新中国成立之后,现代化成为一个全民皆知的口号。

---

① 参见亨廷顿:《变化社会中的政治秩序》,三联书店 1989 年版。
② 殷陆君编译:《人的现代化》,四川人民出版社 1985 年版,第5—6页。
③ 布莱克:《现代化的动力》,四川人民出版社 1988 年版,第 11 页。

1954 年 9 月 15 日,毛泽东在第一届全国人大第一次会议的开幕词中说:"准备在几个五年计划之内,将我们这样一个经济上文化上落后的国家,建设成为一个工业化的具有高度现代文化程度的伟大国家。"①周恩来对此作了发挥:"如果我们不建设强大的现代化工业、现代化农业、现代化交通运输和现代化国防,我们就不能摆脱落后与贫困。"②1964 年,周恩来在第三届全国人大上更明确提出实现农业、工业、国防、科技四个现代化。从此"四化"口号喊了二十多年,人们以为现代化就是四化,实现了四化,中国就是现代国家了。

到了改革开放的新时期,现代化不再仅仅是一个政治口号,也不只是在一些产业部门和国家部门引进先进技术以提高生产力发展水平的问题,而且还要在制度层面上对不适应于现代化的政治和经济体制、文化和科技体制进行改革,特别是要建立新的干部制度、用人制度和培养现代化人才。与此同时,现代化的研究有了比较独立的学术性。这包括引进和介绍了国外大量的现代化理论,以及研究当今和近现代的中国现代化问题。其中最值得关注的是已故历史学家罗荣渠的《现代化新论》。书中认为:"广义的现代化主要是指自工业革命以来现代生产力导致的生产方式的大变革,引起世界经济的加速发展和社会适应性变化的大趋势……狭义的现代化主要是指第三世界经济落后国家采取适合自己的高效率途径,通过有计划的经济技术改造和学习世界先进,带动广泛的社会改革,以迅速赶上工业国和适应世界环境的发展过程。"③

虽然学界没有为现代化下一个完整的大家公认的定义,但人们普遍认同现代化应表现在三个基本层面:一是物质层面,主要是指生产力状况,即生产力水平和生产力结构,包括国民产值、科学技术应用水平等等;二是制度层面,包括政治、经济、科技等各种体制及管理水平等;三是人口层面或者说思想层面,包括国民教育水平、居民消费状况、人口平均寿命、人口结构、

---

① 《毛泽东选集》第 5 卷,人民出版社 1977 年版,第 133 页。
② 吴振坤:《中国社会主义现代化建设问题》,中央党校出版社 1984 年版,第 2 页。
③ 罗荣渠:《现代化新论》,商务印书馆 2004 年版,第 102 页。

个人素质、人与环境的关系状况等等。现代化的这三个层面及其内容,基本上可以数字化或指标化、标准化或模型化,通过对数字或指标的衡量,对标准或图形的比较来确定现代化发展的状况和水平。

现代性虽然早于现代化萌生,但这一术语的出现却是晚在 20 世纪后期。随着后现代思潮在学术界的风行,研究者们用这一术语来表征现代社会及其精神,以区分后现代思潮与近两三百年来的主流思潮之间的距离。关于现代性的界定,亨廷顿从现代化理论的角度认为:现代性是现代化的完成,只有完成了现代化,才能获得现代性。他论证说,现代性意味着稳定,现代化则容易带来动乱。确实,在欧美现代国家,它们在现代化进程中经历过不少革命、内战、政变,当它们基本完成现代化之后,社会就比较稳定了。在当今实行现代化的过渡型国家,现代化进程会打破许多陈旧规定,会遇到传统势力的拒斥,出现社会新的利益矛盾,产生激烈的冲突。只有完成了现代化,利益分配得到了固定,稳定才会到来,现代性也就获得。所以亨廷顿说:"过渡型国家和现代国家的显著区别,令人信服的证明了现代性意味着稳定,而现代化意味着动乱这一点。"①亨廷顿的这一论断很容易让人在现代性和现代化的先后问题上联想到鸡生蛋还是蛋生鸡的话题,实际上,现代性和现代化确实是互为条件、互相促进的。

或许正因为如此,安东尼·吉登斯在界定现代性时,也把现代化的一些内容渗入进去,认为"现代性是现代社会或工业文明的缩略语。"②哈贝马斯更关注现代性的精神内涵,并据此认为现代性还是人类一项未竟的事业。

国内学者对现代性的阐释多是对国外学者的观点的发挥。汪行福在论哈贝马斯的社会理论的专著中说:"何谓'现代性'是一个仁者见仁、智者见智的问题,但是,大致研究范围是明确的,这就是现代社会特征及其后果。"③包亚明认为:"现代性的开始引来了历史上独一无二的社会形式,而这一形式又在现代文化的多样性中得到呈现。现代性本质上是动态的,使

---

① 亨廷顿:《变化社会中的政治秩序》,三联书店 1989 年版,第 41 页。
② 《现代性:吉登斯访谈录》,新华出版社 2001 年版,第 69 页。
③ 汪行福:《通向话语民主之路》,四川人民出版社 2002 年版,第 128 页。

人们能够控制自然,能积极地改造社会生活,能通过民主政治和平的管理个人利益之间的冲突。"①周穗明等学者认为:"现代性是现代化的理论抽象、基本框架;现代化是现代性的具体实现;现代性代表着与'传统性'不同的理念和因素,现代化代表着与'传统社会'不同的崭新的时代和社会形态",现代性是"启蒙运动开启的近代西方社会现代化的基本原则,即以个人主义和理性主义为中心的处于主流地位的现代西方文化观念。"②

显然,这些阐述把现代化与现代性看作是同一事物的物化形体与内在精神。事实上,作为社会学概念,现代性与现代化确实"密不可分"。但它们又确乎不是同一的概念,可以说,现代性是一种精神状态,与理性具有精神上的同一性;而现代化不是精神状态,而是能用指标去衡量的各项社会状况,是物质性和社会性的事物,理性与它的关系是间接的。现代化要使人们信服,主要是依靠现代化事业带来的效率和利益,而效率和利益的实现,关键是靠国家政权对现代化的组织和实施。所以现代化显示为物质和利益的增长,即集中于"发展"的追求上;而现代性则突出表现在对现代伦理价值即自由平等的追求上,对个人权益和精神文化价值的肯定上,即集中于对"进步"的争取上。发展与进步是现代社会有别于传统社会的两个关键词。一个现代国家,追求物质利益的增长和使人获得更多更大的自由应是协调一致的。

当前,在国内关于"当代中国问题"的研究中,"现代化"是一个更为普遍使用的主题词。这一叙事版本以经济现代化为主要目标,以经济体制改革、经济增长的可持续性为主线,把政治、社会、文化领域的发展视为经济发展过程中派生的、最终由经济决定的问题。而秦晓先生则认为:

中国社会转型的进程不应被引导到"现代化建设"的路径上。因为在中国的语境中现代化即是"民富国强",它的内涵主要是经济和物质的指标,而价值体系和制度安排则被抽离。在当今的中国,现代性被现代化所替换并表现为一套"中国现代化的叙事",这套叙事的话语包括稳定、和谐、民

①　包亚明主编:《现代性与空间生产》,上海教育出版社2003年版,第3页。
②　周穗明等:《现代化:历史、理论与反思》,中国广播电视出版社2002年版,第165、166页。

生、国家利益(民族振兴)、治理的效率(集中力量办大事,举国体制)。在稳定与自由、和谐与多元、民生与民主、国家利益与个人权利、治理的效率与制衡之间应寻求一种均衡,但前者不能代替后者,因为后者是现代性社会价值体系和制度中的核心和基础。①

我们之所以用"现代性"而不是"现代化"来表述中国发展的目标,就是因为尽管两者之间有同一性,但又有着不同的含义;而笔者较为赞同秦晓的看法。但与此同时,我们必须要注意的是,在"前者不能代替后者"的同时,后者也不能代替前者。我们希望建构的现代社会应该是现代化与现代性共构的社会。

三、现代性与后现代性

如上所述,现代性是指欧洲启蒙运动所倡导的自由、理性、个人权利等核心价值观和以此为基础建立的市场经济、民主政体和民族国家等一整套制度,即现代文明秩序;而"现代化"主要是指国家经济的发展和民众物质生活条件的改善,即所谓"民富国强"的发展方向。如上所述,自16世纪以来的人类历史以西方为起点开始了现代化的进程,到18世纪启蒙运动兴起以后,现代性完全形成。同样如上所述,现代性这一术语是在后现代思潮风行之时被提出来的。

现代性作为一种"现代社会或工业文明的缩略语",作为启蒙时代以来"新的"世界秩序的生成,首先意指一种合目的性的、持续进步和不可逆转的时间观念;其次,现代性以工业化、市场化、城市化、世俗化、理性化、个人化等为发展取向,以自由、平等、契约、权利等为价值追求。在社会的组织结构方面,现代性一方面标志着资本主义的新的世界体系趋于形成:世俗化的社会开始建构,世界性的市场建立,商品和劳动力在世界范围内流动;另一方面还标志着民族国家的建立以及与之相应的现代行政组织和法律体系的建构;在思想文化方面,现代性意味着教育体系的建立以及大规模的知识创

---

① 参见秦晓:《现代性与中国社会转型》,《经济观察报》2009年8月18日。

造和传播,各种学科和思想流派的持续产生,以理性原则建立起来的对社会历史和人自身的反思性认知体系开始建立等等,这些思想文化不断推动社会向着既定的理想目标发展。由此,现代性创造了更符合人性发展的体面舒适的物质生活,创造了社会生产力的空前提高和社会财富的空前繁荣;现代性推进了民族国家的历史实践,建立了高效率的社会组织机制,创建了一整套以自由民主平等政治要义为核心的价值理念。

但是,我们的现代性体验却并非全然如此,我们现代人并没有在这样的现代社会获得幸福,相反沦落到无家可归的处境。马克思曾说:"在我们这个时代,每一种事物好像都包含有自己的反面……技术的胜利,似乎是以道德的败坏为代价换来的……随着人类愈益控制自然,个人却似乎愈益成为别人的奴隶或自身劣行的奴隶……我们的一切发现和进步,似乎结果是使物质力量具有了理智生命,而人的生命则化为愚钝的物质力量。"①现代性正是如此,它的阴暗面和它阳光灿烂的一面同样令人触目惊心。

正是在这样的背景之下,二十世纪六十年代出现了后现代思潮。以法国为中心,后现代话语从八十年代开始在全世界流通,其主要代表人物福柯(Michel Foucault)、利奥塔(J. F. Lyatard)等对囊括一切的面面俱到的世界观提出了挑战,他们的目标是要消除传统权威的合法性,他们特别关注现代社会的合法化危机。在某种意义上,后现代性是内在于现代性的反思性,是西方对现代性的又一次启蒙,是现代性的延续和调整,它是对现代性弊端的批评,而不是对现代性的终结。

后现代主义者清醒地看到了人类所面临的核武器和环境这两个足以毁灭世界的难题。正是在追本溯源的过程中,他们发现,对于人类今日的不幸,现代性难辞其责。对于现代性所具有的特征,吉登斯曾经有些暧昧:"到目前为止,它的那些主要特征却还仍然在黑箱之中藏而不露。"②而美国学者艾恺却直言不讳地说:

我的定义建立在两个关键性的概念上:'擅理智'和'役自然'(即对环

①《马克思恩格斯选集》第1卷,人民出版社1995版,第775页。
② 吉登斯:《现代性的后果》,译林出版社2000年版,第1页。

境的控制）。……现代化由是可界定为：'一个范围及于社会、经济、政治的过程，其组织与制度的全体朝向以役使自然为目标的理智运用过程。'……现代化对任何事物唯一的价值标准就是'效率'。①

因此，挑战、批判现代性便成为后现代思想家的主要任务。正如前引格里芬所说：我们可以，而且应该抛弃现代性，事实上我们必须这样做，否则，我们及地球上的大多数生命都将难以逃脱毁灭的命运。在人与世界的关系上，后现代主义主张消除现代性所设置的人与自然之间的对立，因为如果我们始终在工具理性的指引下，把世界看作是与我们相分离的，是由一些数字控制的，由互不相关的部分组成的，那么我们就会成为外来的人和孤立的人，我们的生活中只有操纵与计算。

显然，后现代主义对现代性的批判，源自于对工具理性及其恶果的批判。它所要解决的问题是：能否有效地汲取现代性的优点又有效地避免现代性的弊端？从而建构一个更加美好和合理的现代社会。这不仅关涉到现代性的命运，更关涉到人类社会的前途。

社会如同自然界一样，是一个多元化、多样性的系统，"物竞天择，适者生存"不但是一条生物进化的铁律，也是一条社会法则。社会竞争的法则是弱肉强食，和平只是一种短暂制衡。在人类历史的长河中，总是先进民族战胜落后民族，强大的国家侵吞弱小的国家。因此，对于民族国家来说，首要的任务是提高应变能力，在社会竞争中生存下来，并力图使自己处于优势地位。当前，现代性成为一种普世性的价值和全球化的趋势，正在改写人类文明的进程，形成不同地域、不同文化背景、不同意识形态下的民族国家的社会发展。对于中国来讲，显然，现代性是当前社会发展的唯一选择。

进入新的世纪以来，中国已成为全球经济的大国。中国的现代化进程和现代性追求都已经初见成效。但与此同时，现代性的弊端也正在集中地暴露，可以说中国的现代性已经走到了一个关键的路口。格里芬在为《后现代科学》中文版所写的序言里说，"我的出发点是：中国可以通过了解西方

---

① ［美］艾恺：《世界范围内的反现代化浪潮》，贵州人民出版社1991年版，第6页。

世界所做的错事,避免现代化带来的破坏性,这样的话,中国实际上是'后现代化'了。"①

是否真的如此呢?显然,这听起来就像一个浪漫的神话,源出于后现代思想家以后现代主义消解现代性弊端的美妙设想,诱人但却不切实际。但一个不争的事实是,在中国的现代化转型和现代性追求进程中,现代与后现代性的理论话语和社会实践已经呈现并存并行的局面。面对未来,我们的政治家和社会精英究竟应当如何承担起历史的责任,建构一个理想的现代中国,显然,这还是一个重大的课题。

在现代性与后现代性的背景和语境中,20世纪80年代中期,社区的概念开始进入中国政府和普通大众的视野。此后近二十年,社区作为提高和改进居民生活质量,促进和协调城乡发展的一种工具和手段,逐渐受到政府和社会各界的重视。进入21世纪之后,随着我国社会现代化和现代性进程的加快,社区和社区建设的意义和内涵也随之不断深入和扩展。社区不再简单地被看作一个客观存在的局部社会;它还是一种观察与研究问题的方法,一种可以为居民提供产品和服务的载体,一种沟通政府和民间的桥梁,一种争取和保护权益的手段,一种推进政治民主和经济繁荣的工具……在短短的十余年中,人们对于社区的概念以及它的功能和作用的认识,内涵之丰富,提升之迅速,普及之广泛,渗透之深入,是少有先例的。

然而,社区的首要功能还是其作为视角、工具和方法用以分析和研究社会形态和社会结构,对于处在经济和社会急剧转型中的当代中国,这一重要性尤显突出。20世纪80年代以来,在经济全球化和信息技术革命的大背景下,我国所采取的以市场为取向的改革和开放措施已然卓有成效,使得整个国家的经济与社会结构发生了史无前例的变化:长期僵化、死板、以计划为导向、缺乏活力的社会形态,逐渐被一个复杂多变、以市场为导向、充满活力的社会形态所代替。这一变化打破了我们这个古老的国度延续数千年的农业社会的宁静,人口在城乡之间和不同区域之间的频繁、大规模的流动,

---

① 格里芬:《后现代科学》,中央编译出版社1995年版。

产生了人类历史上空前复杂的文化图景。与此同时,旧有的田园牧歌式的宁静被城市的喧嚣所打破,温情脉脉的人际关系面纱涂上了功利、理性的色彩。具体说来,对于改革开放之后中国社会结构发生的重大变化以及这些变化对中国社会民众的生活、对中国社会现代化进程产生的影响,中国社会学界始终关注,并逐渐形成一个分析、解释的焦点,出现了大致三种不同的判断,即"层化论"、"碎片论"和"断裂论"。①

面对如此复杂多变的社会现实,不同的社区和不同的人群有不同的反应:认同、观望、疏离;从而在社会主流文化的背后,产生了社区之间、群体之间和个人之间的差异。这些差异既构成了社会丰富多彩的文化图景,也成为产生社会问题的现实基础。

如何准确地认识和描述这一历史性的变化? 如何理解和解决这一变迁中出现的各种复杂多变的社会问题? 显然,记录、分析和研判这幅文化图景不仅具有认识社会、传承文明的价值,而且更是回答和解决现实问题的紧迫需要,而对于此一研究使命,仅仅有宏观的,国家和地区层面上的研究显然是不够的;对于我国这样一个幅员辽阔、人口众多、发展极不平衡的多民族国家来说,从社区的角度和层面研究社会转型和社会发展,有着特别重要的意义。于是,社会学者义不容辞地挑起了研究社区、改善社区、解决社会问题的重任,社区研究因此而得到较快的发展。

我们的研究,其初衷首先就是希望在新世纪之初为现代化进程和现代性追求中的中国留下一幅社区角度的照片,这幅照片不求全面而细密,但力求准确地反射出当代中国不同局部的真实场景;其次就是希望能够通过我们的研究,把社区的理论与实践和中国尚未完成的现代性追求(作为一种内部的反思性,后现代性也可以被包容进现代性之中)联系起来,既为社区研究提供一个极富生长空间的新的角度,也为社会转型提供一个极富实践品格的新的设想。

当然,因为我们并非社会学科班出身的研究者,只是因为对于现代性的

---

① 详见张宛丽:《现阶段中国社会分层近期研究综述》,网易新闻中心,2007 年 6 月 2 日。

切身体验,对于现实社会问题的深刻关注,对于理想中国建构的由衷热情,加上此前在文化研究领域和现代性专题研究领域积累的一些素材和心得,我们就仓促上阵,有很多的理论热点还未及消化,有很多的现实状况还无从把握,所以研究中的缺失和错讹一定不在少数,期望不同的专业背景为我们提供的不同的研究视角和更为丰富的表达方式,也许部分地弥补了我们在专业训练中的不足。

第一章 "社区"与人类社会的现代性进程

　　所谓社区,指的是由因为聚居在一定地域因而存在日常互动关系、因为共有一定时间的历史时期因而具有心理文化认同的居民所构成的社会生活共同体。社区是社会学的一个基本概念,简而言之,社区的实质就是小社会,是地域性的、具体而微的社会,是社会在特定时空坐标中的体现。

　　我们知道,社会这一概念是对人类生存状态和关系状态的总括性的表达,从国际社会到现代社会,它都是一个高度抽象的概念,需要调动人们的抽象思维和宏观能力才能加以把握。而每一个人类个体,都无一例外地生活在某一个生于斯、长于斯的特定地域;无论村落还是街区,我们都和一些同样在这个空间生长、彼此亲熟或者在这个空间进行着共同活动的人群结成了一定的社会关系和社会群体,我们是邻里、是街坊;在这个特定的空间地域,我们总是共同拥有一定的生产、生活设施和活动空间;共同拥有一些或大或小、或多或少的处理公共事务的管理机构;共同拥有某种和在这块共同的土地上共同生活的人们进行沟通的价值观念、行为规范、风俗习惯乃至语言符号等文化系统;还共同拥有对这个共同生活的空间地域的认同、喜爱和依恋之情。而这些凭借人们的感官直接感觉认知到的东西,便是构成社区的基本要素。人群、地域、设施、管理机构、文化系统和心理认同,人们的全部社会生活,都是在这些基本要素中进行的,这就是社区——我们参与社会生活的基本场所,我们从事各种活动的基本舞台。我们的社会人身份,实际上是在社区中得到落实和体现的,所以,强调社区建设,重视社区发展是十分必要而且相当重要的。

　　1887年,德国社会学家费迪南德·滕尼斯(Tnnies Ferdinand,1855~

1936)出版了《社区和社会》(又译《共同体和社会》或《礼俗社会与法理社会》)一书。该书初版时没有引起多大反响,到二十多年之后的 1912 年再版时,开始受到普遍的关注,滕尼斯因此声名远播。在这本著作中,滕尼斯论述了社会学的两种基本形式:"社区"(Gemeinschaft)和"社会"(Gesellschaft)。在他看来,社区是通过血缘、邻里和朋友关系建立起的有机的人群组合,它的基础是"本质意志";社会是靠人的理性权衡即"选择意志"建立起的人群组合,是通过权力、法律、制度的观念组织起来的,是一种机械的合成体。滕尼斯认为,在文化发展过程中有两个对立着的时代:"社会"时代和"社区"时代,而后者逐步为前者所取代,从中世纪向现代的整个文化发展就是从"社区"向"社会"的进化过程。

　　具体说来,"社区"作为前现代的共同体关系,在现代工业文明的冲击下已经趋于解体:"欧洲社会已经从 Gemeinschaft 关系转向了以协议和契约为基础的 Gesellschaft 关系了。这个过程创造了人和人之间新的联系,破坏了传统的权威"。这样的转向有其积极作用:"一个以 Gemeinschaft 关系为特征的社会,常常令我们感到'温暖'、'亲密',且以'私人关系'为特征。然而,这些前现代的特征,常常会伴随着广泛的腐败、裙带关系以及法规的根本缺陷","没有 Gesell - schaft,我们就无法想像现代的开明和文化的兴起。城市和都市生活同样也和 Gesellschaft 相联系。和城市相联系的是科学、贸易、工业,以及我们理解为现代西方文明的东西"。Gesellschaft 关系导致"竞争和利己主义变得越来越强势",因而尽管通过契约、规章把彼此异己的个人组织起来,然而这只是一种"机械的团结";Gemeinschaf 关系所建立的则是情感真挚和融洽的"有机的团结"。因此,如果没有 Gemeinschaf 的精神,那么,也就难有真正持续的社会和谐,一个真实的社会应该同时具有 Gemeinschaf 和 Gesellschaft 的因素,而且,将两者结合是可能的。[1]

　　滕尼斯敏感地发现了传统社区和现代社会的不同并做了智慧地区分和解析,其将二者结合的观点无疑带有理想化的乌托邦色彩,但其中包含着深

---

① 参见于海:《西方社会思想史》,复旦大学出版社 2008 年版,有关章节。

刻的见解:以家庭伦理为核心的传统文明和以契约关系为基础的现代文明,二者具有互补性,两者的互补是和谐社会所要求的文明形态,对现代化大都市尤其是如此。

滕尼斯关于"社区"和"社会"的理论观点,对后世产生了深远影响,美国社会学界的 R. E. 帕克、R. 雷德菲尔德、H. 贝克、T. 帕森斯等社会学家都大量吸收并将其进一步发展。从此,社区一方面成为社会学观察、分析社会的一个新视角,社区研究成为现代社会学的一个重要分支;另一方面进入各国政府和社会各界的视野,成为提高居民生活质量、促进社会发展的一种工具和手段,逐渐受到重视,各种各样以社区为中心的社会实践和理论探索方兴未艾。

第一节 关于社区

1. 社区源流:社群、社区、社会

社会是人类进化的产物,人类和任何其他生物体一样,以生存发展为第一需要,并在这一公理的驱使下采用效率、需求和合作等趋利避害的定律。[①] 因此,人类社区生活作为一种有益于人类生存发展的生活方式和社会现象,早在19世纪社会学家提出这一概念之前就已经存在。甚至越是在久远的年代,越是体现得明显,正如马克思的名言所说:"我们越往前追溯历史,个人就越显得不独立,从属于一个较大的整体。"在马克思所说的社会中,人并不是独立的个人,而是狭隘人群的附属物,是共同体的产物、财产。

何以如此? 远古时代,自然环境险恶,自然力强大,而人类的生产力水平极其低下,工具简单粗糙。在著名的法国拉斯科洞穴里,一幅旧石器时代的岩画作品形象地再现了早期人类的生存境况。画面是一个鸟人与野牛搏

---

① 《社会是什么——价值联结的生存单位》,商务印书馆 2002 年版,第53—59 页。

斗后的情形：一只被长茅刺穿的野牛腹下淌出大量肠子，但却体魄健硕、毛发愤张，而在它面前摇摇欲坠的，是一个纤细瘦弱、装扮成鸟类模样的人。确实，在强大的自然力面前，人既无高大强健的体魄和力量以搏击野兽，也无厚重的皮毛以抵御寒冬，更无尖利的爪牙以防守自卫。人类只能合群而居、结群生活，形成社群。从这个意义上来说，结群而居几乎就是人类的本性使然，人不能离开社会群体而单独生活，人必须在社会群体中才能生存。

对此，思想家已有相关论断。早在公元前328年，古希腊哲学家亚里士多德在其名著《政治学》一书中说："人在本质上是社会性动物；那些生来就缺乏社会性的个体；要么是低级动物；要么就是超人。社会实际上是先于个体而存在的。不能在社会中生活的个体；或者因为自我满足而无需参与社会生活的个体；不是野兽就是上帝。"①同时期的中国古代思想家荀子也说过："人之生，不能无群。"②一语道破了人的社会化本质。法国启蒙思想家伏尔泰在《哲学辞典》中也说："每一种动物都有它的本能，人的本能则为理性所加强，驱使他结群，一如驱使他饮食一样，恰巧不是对于社会的需要使他堕落退化，使他堕落退化的倒是离群索居。任何人如果绝对孤独地过活，他很快就会失去思想和表示自己的能力；他就会成为他自己的一个负担，最后只剩下使他变为野兽这一条路。"③中国近代思想家梁启超则进一步说明了人类之所以要选择群体生活的道理："人所以不能不群者，以一身之所需求、所欲望，非独立所能给也，以一身之所痛苦、所急难，非独立所能悍也。于是乎必相引、相倚，然后可以自存。"④

人类结成群体的生活需要在一个场所、一个地域开展，人类活动的那个地域或空间就是他们的社区，因此社区在人类结成群体而生活的时候就产生了，也就是说，有人类就有社群、就有社区。即便是发展到了生产力高度发达的今天，人类对彼此的需求和依赖有所缓解，但其本性中结群而居的倾

---

① 转引自埃利奥特·阿伦森：《社会性动物》，郑日昌等译，新华出版社2001年版。
② 《荀子·富国》
③ 伏尔泰：《哲学辞典·论人》转引自《西方伦理学名著选辑》下卷，商务印书馆1996年版，第14页。
④ 梁启超：《新民说·论和群》，见《饮冰室合集》（四）

向仍然还在发挥作用,这种作用就体现在:在网络技术支撑的虚拟世界里里,人们仍然会以各种各样的方式结成社区,即虚拟社区。

　　随着生产力的发展,人类社会从原始群居阶段逐渐进入氏族社会时期。氏族指的是按血缘关系结合起来的集体,他们使用公有的工具,共同劳动,共同分配食物,依靠集体的力量同大自然作斗争。到了原始社会末期,人类进行了第一次社会大分工,农业从畜牧业中分离出来,人类从事种植农业,并逐渐形成了定居的生活方式,若干氏族按照地缘关系结合在一起,世世代代、祖祖辈辈生活在同一个地方,形成了村落和农村。随着第二次社会大分工即手工业和农业的分离,逐渐形成商品交换地,早期城市由此产生。

　　具体说来,人类社区的形式可作出如下的纵向历史分析:

　　①旧石器时代的流动性社区。在这一漫长的历史时期,人类的生产方式以狩猎、捕鱼与采集果实为主,自然资源就是原始人类追逐的目标,哪里有资源,人们就在哪里安顿下来;资源消耗并枯竭后就去寻找新的资源地。人类就这样因为不断寻找和追逐新的资源地而流动,过着逐水草而动、生活区域变动不居的流动生活,流动着的人群多以血缘和亲属关系而结群居住,形成了最早的、最小的和最简单的流动性社区。

　　②新石器时代的半流动半永久性社区。到了新石器时代,逐渐兴起的农业为人们提供了较为稳定的食物来源,人们再也不必因为不断地追逐自然资源而流动。由于生产工具的进步,以及农作物种植对于土地的需要,农作物的生长又需要一个较长的耕耘、管理和收割的过程,于是人们开始建造比较固定的居所,出现了最初的村舍,出现了较大规模定居的社会群体。但这时的村舍还不是现在意义上的农村社区,它还带有某些流动性特点。

　　③农村社区。原始社会末期,农业从畜牧业中分离出来,农业的发展促进了生产工具的发达,犁的发明,铁具的使用,畜力、风力、水力的应用,为较发达的农业生产和小作坊手工业生产奠定了基础。较为稳定的农村社区出现,并与下述的早期城市社区形成空间上的并置关系。

　　④早期的古代城市社区。随着手工业生产从农业生产中分离,居住形式上也开始形成农业生活区和手工业生活区。因为社会剩余产品大量出

现,开始形成手工业产品和农副业产品的交换地,早期城市便由此产生。农村社区和早期因为军事上的需要以及因为产品交换的经济活动需要而建立起来的城市社区往往具有永久性。

⑤工业化时期的近现代城市社区。自十七八世纪工业革命以来,大机器生产工具出现,现代科学技术的发展大大提高了生产力。蒸汽机、电力等机械动力代替人力、自然力之后,大规模的工业体系开始形成,人们开始大规模聚集,又相应地带来了功能各异的各行各业、各个部门的发展。人口向城市集中的城市化和劳动分工体系的专业化,使城市逐渐成为人们重要的政治、经济和文化活动中心,城市规模不断扩大,功能日益齐全,形成了现代的官僚制度,以及教育、医疗、保险、服务等现代化社会机构与制度。同时,各种各样的社会关系逐渐取代了血缘的、亲属的社会关系。随着人们越来越多地向城市社区集中和迁移,城市社区不断扩大,农村社区日益萎缩。

⑥后工业时代的虚拟社区。随着电子技术、自动化技术、信息技术的普及和发展,人们在现实生活中面对面的交流方式被打破,人们可以超越时空,获得更广泛的信息和资讯,由此带来的是一种全新的社会交往方式,从而形成一种独特的社会群体或生活区域,即虚拟社区。①

总之,因为人类总是合群而居的,而人类社会群体的活动离不开一定的地理区域,于是形成社区(community),社区就是社会群体聚居、活动的场所。从远古游牧社会的流动性社区,到农业兴起之后出现的村庄这样一种社区,再到在广大乡村社区之间出现的城镇社区,最终发展到今天:自工业革命以来,人类社区进入了都市化的过程,不但城市社区的数量日益增多,而且城市社区的经济基础与结构功能都不同于以往的社区,其规模日益扩大,出现了许多大城市、大都会社区。可见,社群、社区和人类同时发生、同步发展,作为人类生活场域与生活方式的社区之所以形成不同的形式,完全是由人们的生产方式决定的,是随生产方式的发展变化而发展变化的。

马克思主义认为社会在本质上是生产关系的总和,只有具体的社会,没

① 参见蔡禾主编:《社区概论》,高等教育出版社2005年版,第5—6页。

有抽象的社会。具体的社会是指处于特定区域和特定时期、以物质生产活动为基础、享有共同文化并按照一定的行为规范相互联系而结成的有机总体。构成社会的基本要素是自然环境、人口和文化,不同的生产关系派生了各种社会关系,构成社会,并在一定的行为规范控制下从事活动,使社会得以正常运转和延续发展。

显然,社会是从人类的群体生活之中发展而来的。社群(social group)的概念译自英文,有时译作社会团体,它是社会赖以运行的基本结构要素。社会群体既包括一切通过持续的社会互动或社会关系结合起来进行共同活动,并有着共同利益的人类集合体,比如以地缘关系结合起来的邻里群体、以业缘关系结合起来的各种职业群体;也包含由持续的直接的交往联系起来的具有共同利益的人群,比如以血缘关系结合起来的家庭、以趣缘结合起来的伙伴群体等。虽然社会群体也可以指称较抽象的、思想上的关系,但我们这里所说的社群,主要指在某些边界线、地区或领域内发生作用的一切社会关系,其主要特征有:成员有一致的行为规范、持续的互动关系;成员间分工协作,具有一致行动的能力;有稳定的群体结构和较一致的群体意识等。

由人类个体结群而居而形成的群体,占据一定的空间,并且拥有或简单或复杂的分工,在群体生活中慢慢培养生活方式和风俗习惯,进而演变成独特的文化,并逐渐形成文明社会。社会(society)是一种特殊的、发展到高级阶段的群体形态,是人类生活的共同体。狭义的社会,也可以只指"社群",即群体人类活动和聚居的范围,例如是村、镇、城市、聚居点等等;广义的社会则可以指一个国家、一个大范围地区或一个文化圈,例如是英国社会、东方社会、东南亚或西方世界,均可作为社会的广义解释,也可以引申为他们的文化习俗。

从所指的范围来看,"社会"至少出现过如下五种不同的用法:第一是指整个人类社会,第二是指民族国家,第三指社区,第四指社团,第五指社群。为了避免因为概念界定的不同而导致的混淆,我们可以避开社会的历史渊源,在横截面上把社会单位区分为社群、社区和社会三个层次。

所以,社群是人类生存的普遍形态,家庭、组织是社会群体的不同形式,规范、制度是制约社会群体的规则,各种行为方式是群体行为的体现,社区是群体在空间上的展开和组合,社会则是一种特殊的、发展到高级形态的社会群体。

2. 社区界定:要素、结构与功能

社群、社区和社会作为人类的生活方式和本质属性,事实上早已存在。其所以在现代社会得到凸显,并建构起自己的知识体系,成为一个热门的学科门类,是因为现代性所带来的巨大的社会变化引起了人们的关注;而要解决现代性所带来的社会问题,又必须从社区着手,于是,对于社区的研究,就进入到社会学家的视野。

在西方,早期研究社区的人,经常采用对比的方式,来说明社区的含义。滕尼斯首先提出的就是"Gemeinschaft"和"Geselschaft"两个概念,前者即"社区",后者即"社会"。滕尼斯将它们分别解释为:社区是一种由同质人口组成的具有价值观念一致、关系密切、出入相扶、守望相助的富有人情味的社会群体,人们加入这个群体并不是由自己选择的,而是因为他们生长在这个群体;社会则是指一种由异质人口组成的具有不同价值观念的重理智、轻人情的社会群体,这个群体就是社会,人们加入这个群体是根据自己的意愿选择决定的。[①]

类似这样的两分法在迪尔凯姆的关于分工的理论中得到了再现,他用"机械团结"与"有机团结"这两个概念分别概括古代社会和现代社会。

英国社会学家麦基佛将社区与社团相比较。认为社区是一种生活共同体,它包括社区所在的全体成员;社团是一种有特定目的的组织,只包括社区中部分的成员。一个社区内可包括许多社团;一个社区的成员可以同时是好几个不同社团的成员,但是再大的社团也不能包括社区的全体成员。

总之,"Community"一词,含有公社、社会、共同体和同一地区的全体居民等多种意思,中国早期也曾有"地群"、"人群"、"区域社会"等多种翻译。

---

① 参见斐迪南·滕尼斯:《共同体与社会》,林荣远译,商务印书馆1999年版。

自滕尼斯之后,社会学家从各种角度对社区概念进行界说,其定义多达140多种,归纳起来主要有以下几种最具有代表性:

①社区是一个地域性或地理性的概念。这种说法以美国芝加哥学派的R.E.帕克为代表。他认为,社区是占据着一块被或多或少明确地限定了的地域上的人群汇集,是社会团体中个人与社会制度的地理分布。持这种说法的人被称为社区研究中的"区位学派"。

②社区是居民在生活中寻求相互保卫与共同福利的集合体,社区生活的动力在于自行发现其共同的利益及需要与自求解决的办法。这种说法以B.菲利普为代表,他在《概念与应用》一书中指出,社区是居住在某一特定区域的、共同实现多元目标的人所构成的群体。这种看法注重社区的功能,持这种说法的人被称为社区研究中的"功能学派"。

③社区是居民生活中相互关联与彼此依赖的网状体,这种看法侧重于社会群体的心理和互动。

④社区是地域、社会互动和社会关系的综合体,这种看法从系统论的观点出发,认为社区是进行共同的社会活动、具有某种较密切的互动关系和共同文化维系力的人类生活的区域共同体。

从上述对于社区的界定来看,基本上可以把社区分为两大类别:一类是从功能主义观点出发,这时的社区是由相互关联的人组成的社会共同体,这些人有共同的目标和利益关系;一类是从地域出发,这时的社区是在某一特定地区内共生的有组织的人群。

总之,社区是社会,但与社会不同,它是地域社会,即区域社会;社区是群体,但与群体不同,它一定要以地域为基础;社区是人群,但与人群不同,它是具有社会交往、共同意识和共同利益的人群;社区是共同体,是建立在地域基础上的,处于社会交往中的,具有共同利益和普遍认同感的社会群体,即人类生活共同体。

从这个概念中可以看到,社区至少应该包括这样几个要素:

①人口。人是社区存在的物质基础和基本要素,是社区活动的主体,是人类物质财富和精神财富的创造者和社会关系的承担者。人口是指社区内

按照一定生产关系和社会关系聚居的人口群体,社区内的人口必须有一定的数量和特定的性质。人口的性质是指人的规定性,是可以标志人与人之间差异的主要特质。传统社会里的社区,人口多半是同质的,有大致相同的职业、基本相同的利益和观念;而现代社区,人口的流动性较大,异质性也较大。现代社会因此出现不同于传统社会的诸多问题。

②地域。地域是一个社区存在的物质载体,包括社区的范围、方位、形状、环境、自然资源等,是人群赖以从事社会活动、进行生产生活的具有一定界限的物质场所。每一个社区都有它特有的自然条件或生态环境,而社区发展与此有着直接的关系,良好的地理环境会促进社区发展,不利的地理环境则会阻碍社区发展。

③公共服务设施。公共服务设施是为了方便和满足社区居民的生活需求而建设的,如各种商业设施、文化教育设施、娱乐设施、医疗卫生设施、服务行业以及其他社会福利设施等。这些设施提供社区存在的物质基础,是保证社区居民生存的必要手段和社区发展的必要前提,也是衡量社区发展程度的重要标志。

④共同的文化和制度。人们在一定场所进行活动,久而久之,就会形成一定的文化和制度规范。文化包括物质文化和精神文化,由于各个社区的经济条件不同,居民的职业结构也就有所不同;又由于社区的政治条件、社会条件和历史传统的不同,各个社区的文化便形成了有别于其他社区的自身特点,具体表现为风俗、习惯和语言等。所谓"十里不同音,百里不同俗",就是对不同的社区具有不同的生活方式和文化特点的形象描述。人们的活动必然形成共同的文化和制度,并因此设立相应的管理机构,与此同时,人们的活动又必须遵守这些制度和规范。社区的文化和制度指导并控制着社区成员的行动,促使社区构成一个整体。因此,共同的文化和制度是构成社区的基本要素,是社区存在和发展不可或缺的要素。

⑤凝聚力和归属感。所谓"桑下不三宿",人们在同一块地域生活,时间长了,必然会形成对于该地域和在该地域生活的其他人的深刻感情,所以一个社区的居民对自己所属的社区必然会有一种情感上和心理上的凝聚力

和认同感。凝聚力和归属感就是社区居民把自己归入某一地域人群集合体的心理状态,既包含对自己社区身份的确认,也带有对社区的喜爱、依恋和投入等强烈的感情色彩。这种凝聚力和归属感对社区十分重要,没有它,就没有共同的利害观念和共同的荣辱感,就不能使社区成为一个集体行动单位,就不能组成一个有生命力的社区。

总之,人口、地域、公共设施、文化和制度、凝聚力和归属感这五个因素是构成社区的基本要素。尽管各个社区类型相别、结构相异、大小不等,各有其特殊性,但不论什么样的社区,都必须具备这些基本要素。也正是这些要素之间的相互联系,才使社区构成一个有生命力的整体,缺少了某个要素或各个要素间关系不协调,社区都会出现问题。

社区内各要素内部及其互相间形成的相对稳定的关系或构成方式叫做社区结构。社区就是由这些要素相互作用形成的有机系统。为了研究的方便,我们可以把社区结构区分为社区人口结构、社区经济结构、社区政治结构、社区文化结构和社区区位结构。

人口结构是在一个社区里,由人口总体内部各种不同质的规定性所形成的数量比例关系,包含性别、年龄等自然结构,职业、家庭、民族等社会结构,自然地理、行政区域、城乡等地域结构。

经济结构包括社区的生产力结构和生产关系结构,它不仅直接关系到社区居民的就业和谋生,而且制约着社区其他方面的发展,在社区生活中起主导作用。

政治结构主要指社区居民在政治生活中形成的关系。它包括阶级与阶层结构、社区权力结构与政治制度结构、各种政治组织与政党之间的关系等等。

文化结构包括社区内存在的各种语言、习俗、伦理道德、价值观、宗教信仰等意识形态,也包括各种文化载体和文化设施、文化机构,如学校、图书馆、书店、博物馆、体育场、电影院、科技馆等。

区位结构是指社区所处的地理位置以及社区内各个部分和各类活动在空间上的分布和排列组合状况。

社区是社会的一个缩影,社会中的各种现象和特征都必定通过社区反映出来。社区不仅仅是社会的呈现,而且还是动态的呈现。如果说对社区的要素与结构进行分析是"有形的分析",是静态的分析,那么对社区的功能所做的分析则可以说是"无形的分析",是动态的分析。

随着社会的发展和人们认识的提升,在现代社会中,社区发挥着越来越重要的功能,这些功能主要包括:

①经济生活功能。社区是人们从事生产和生活的基本环境,人群的社会生活大多在社区范围内进行,社区必须满足其经济生活亦即生活、分配、交换、消费的功能,表现为社区通过自身生产或商品流通活动为其成员提供衣、食、住、行等基本的生活必需品和服务,并为社区成员提供就业与谋生的机会。社区的各个经济组织如工厂、商店、旅店、餐馆以及第三产业等主要承担了社区的经济功能,为居民提供生产、流通、消费、娱乐、文化等服务。对于一个大的社区而言,产品的生产和消费不仅在本社区内,同时还流通到邻近社区,辐射到其他社区。费孝通先生提出了中国腾飞以长江为大动脉,以上海为龙头,辐射到全国的"龙头说"。这个理论就是立足于社区的经济生活功能,以上海社区的经济建设带动整个长江流域,使南京、武汉、重庆等大型城市发挥龙身龙尾的作用,辐射到全国以促进城乡社区经济发展。

②人的社会化功能。社会化指自然人成长为社会人的过程。社会通过各种教育手段,使自然人逐渐学习社会知识、技能与规范,从而形成自觉遵守与维护社会秩序的价值观念与行为方式,取得社会人的资格,这一成长过程即社会化。人的社会化过程很大程度上是在社区完成的:社区内的家庭、学校和儿童游戏群体会对儿童与青少年的社会化起到重要作用。社区的文化教育活动对青少年、成年人都产生重大影响。社区所有成员在参加社区各项活动中受到教育,不断社会化。社区有一套社会化的功能体系,对社区成员的社会化发挥作用。比如社区内的行政管理体系、卫生管理制度、文化习俗、社区群体意识与行为规范就在不同方面制约社区人群的生活和行为,发挥着教育和督促人们遵守社会规范,维护社会秩序,提高社会公德及惩罚违反社会准则行为的功能。社区社会化的最大特点,是能否密切协调各种

组织的活动,使社区的社会化活动形成一个整体,从而在功能上达到最大的效果。

③社会控制功能。一方面,社区是最基层的政权单位,是贯彻执行各级政府各项方针政策的最基层单位,另一方面,社区与居民接触最密切,与居民生活关系最紧密,反映居民的需求和愿望,代表居民的基本利益,因此,社区需要完成维护社会稳定的任务,实现社会控制的功能。社区通过社会化来实现对成员的内在控制,通过各种组织及其规章制度来实现对成员的外在控制,以维护社会秩序。社区有一套完整的社会控制体系,一方面发挥正面教育作用,鼓励人们遵守社会规范,维护社会秩序;另一方面对违反社会规范的人给以惩罚,同时也使其发挥反面教员的作用。社区的风俗习惯和规范约束居民的行为,社区的赞誉与责备等社会舆论促使居民遵守社区的风俗习惯和规范。社区具有凝聚功能,促进社区成员间的协作和支持,通过社区组织动员社区群众参与社区各项活动,激发社区居民的归属感和责任感,实现个人、家庭、社会团体的自助与互动。

④社会福利保障功能。社区通过各种社会福利机构和居民互助体系,组织本社区的力量,为社区成员解决困难和提供各种福利服务,它所提供的是就地、直接和及时的帮助。具体表现为社区福利部门或慈善团体、民政部门的扶贫助弱,社区居民之间的相互帮助、互相支援,社区医院、诊所为居民提供的医疗保健服务等。守望相助、邻里相帮是我国社区居民的一个优良传统,一个友好的"近邻"赛过亲密的"远亲",它能解你"燃眉之急"。许多生活中的困难,往往消化在邻里的互助之中。因此,和睦邻里成为社区文明建设的一项内容。

⑤社区参与功能。社区是居民生活交往的场所,也是社会成员直接参与社会事务的地方。一方面,社区为居民提供经济、政治、教育、康乐和福利等方面活动的参与机会,促进社区内人们的相互交往与互助,使居民对社区有更多的投入和更强的认同感,提高社区的价值整合能力;另一方面,社区通过基层组织开展各种社会活动、文化娱乐活动、体育活动等,促进人们相互交往与互动,提高社区居民的参与意识。社区越是能动员其居民积极参

与社会活动，就越有利于促进社区的建设与发展。在参与社区活动中互帮互助，发挥居民的潜能，充分挖掘社区资源，促进社区的繁荣与发展。①

在现代化的进程中，社区的要素、结构与功能必将随着社区的变迁和发展而发生相应变化。现代社会的流动性使社区的发展表现出一方面复杂化、另一方面专门化的趋势。这种变化与趋势无疑与当代社会的现代转型密切相关。

总之，回溯社区概念的起源，我们会发现，它本身是现代性的产物，但在它产生之初，却是用以描述和界定传统社会的特点和性质；人们发现和记录它，是出自社会救治的目的。或许正因为如此，它既代表着在各种社会变化中行将消亡的传统的社会形态，又能在现代性危机中，代表纠偏、反拨甚至是拯救的力量。

第二节　社区与现代性

众所周知，在研究现代性的思想大师吉登斯看来，现代性是一把双刃剑，它带给我们人类社会的既有光明的一面，也有黑暗的一面；它既代表人类所追求的正面的价值，也代表人类所摒弃的负面的价值。

作为当代社会学界首屈一指的人物，安东尼·吉登斯在《现代性的后果》一书中，一开篇就对现代性作了如下说明：

> 何为现代性？首先，我们不妨大致简要说：现代性指社会生活或组织形式，大约十七世纪出现在欧洲，并在后来的岁月里程度不同地在世界范围产生影响。这将现代性与一个时间段和一个最初的地理位置联系起来，但是到目前为止，它的那些主要特性却还仍然在黑箱中藏而不露。②

---

① 关于社区的要素、结构与功能，参见蔡禾主编：《社区概论》，高等教育出版社 2005 年版。
② 吉登斯：《现代性的后果》，译林出版社 1999 年版，第 1 页。

这一表述代表着作者对现代性的认知:现代性尽管可以是一种思想、一种思潮、一种文化、一种态度,但是它首先是一种社会生活和组织形式。它在时间上发端于 17 世纪,在空间上发端于欧洲,但其影响一直延续到今天,蔓延到世界各地,并没有因为后现代性的出现而告终结。也就是说,是现代性引导了今天世界范围内各个国家和各个民族已经完成或者没有完成的现代化运动。但是,吉登斯认为其主要特征却并未彻底显现。或许,在物质的福利和社会的规范方面,现代性可谓功莫大焉;但在精神的凋敝和人性的沦落方面,现代性却也算得上罪魁祸首。

吉登斯继而指出,我们实际上并没有迈进所谓的后现代性时期,所谓的"后现代性",其实就是内在于现代性本身的反思性。因为,在我们的时代中,现代性的后果比任何一个时期都更加剧烈化和普遍化了。

事实上,正如一些学者所言,吉登斯对于现代性的分析,其出发点是"断裂论"(discontinuity)。"断裂论"系清华大学社会学系教授孙立平于 20 世纪 90 年代末期提出,其基本论点是:20 世纪 90 年代以来的中国社会,出现了社会资源向少数人手中积聚的演变;在向工业化、城市化、市场化转型的过程中出现的那些弱势群体"被甩到社会结构之外",很难实现由传统社会身份向现代社会身份的转变;经济改革的结果并未带来相应的社会发展结果,并未为广大的社会成员所分享,形成了一个断裂的社会。"什么是一个断裂的社会? 就是在一个社会中,几个时代的成分同时并存,互相之间缺乏有机联系的社会发展阶段"(孙立平)。[①]

现代性具有断裂或者说分裂性质,马克思、涂尔干和韦伯对此都有过探讨。马克思认为阶级斗争是资本主义秩序中产生根本性分裂的根源。涂尔干则坚信工业扩张有助于建立劳动分工和个人道德两相结合的和谐社会。韦伯认定现代社会中任何物质的进步,都必然以摧残个性和自由精神的官僚扩张为代价。而吉登斯则断言,上述思想家远未揭示出现代性黑暗的一

---

① 转引自张宛丽:《现阶段中国社会分层近期研究综述》,网易新闻中心,2007 年 6 月 2 日。

面有多么严重。

诚然,随着社会现代化进程的加快,人们在享受着社会物质文明进步的同时,却也在忍受着现代性所带来的生态危机、工具理性至上、理想失落、精神凋敝、人的物化等恶果——这就是我们的现代性体验。人们日益感受到现代性的两面性,难怪《不列颠百科全书》在现代性的条目下,这样描述现代性:"从一开始,现代性便具有两副面孔。一副是能动的、有远见的、进步的,预示着空前的丰富、自由与满足;另一副同样清晰可见的面孔是冷酷无情,暴露出疏远、贫困、犯罪和污染等许多新问题。现代性的许多特征增强到超出某种水平便产生一种对抗性反应。"[①]

然而,面对这样的现代性体验和现代性判断,我们并不能作出断然放弃现代性追求的结论。

随着现代化的不断推进,人类已经由第一次工业革命、第二次工业革命而掀起新科技革命的现代化浪潮。由蒸汽机发明所引起的第一次工业革命使生产力获得巨大解放,大工业的生产方式用物力取代人力,采用广泛的社会分工,不仅进一步提升了生产力发展的空间,而且推动了社会结构的变革,打破了民族间的封闭状况,工业化、城市化进程从此大步向前,现代民族国家开始建立,传统人伦关系受到冲击,理性化和资本主义精神崛起,阶级及阶级斗争关系形成。这一时期曾经长期被神权和政权压制的个性开始为真正的、普遍的人性所代替,人类不再向神秘的自然顶礼膜拜,自然资源被用来为工业生产服务,人类取得了对自然的支配权。第二次工业革命把变革的目标指向社会内部。随着现代社会制度的确立,社会政策和现代法律体系日臻完善,各式社会运动和社会革命风起云涌,民主、平等、自由、人权等"普世价值"为人们所渴望和呼唤,政治建设、军队建设、社会控制能力大大加强。新科技革命更是给予我们空前的社会生产力和社会繁荣,民主和法治也相伴而生。

总之,现代性带给人类的善果、它所迈进的方向、它所承诺的幸福使西

---

① 徐惟诚:《不列颠百科全书·国际中文版》(11),中国大百科全书出版社2002年版,第10页。

方那些先发的现代化国家成为人类社会的样板,以至于给非西方国家以巨大的诱惑和压力。历史表明,以西方为"样板"的确使一些国家付出了诸多代价和面临重重困境,然而,这并没有从根本上改变这些国家的"追赶"现代化的意识和努力。尽管我们可以怀疑进步的逻辑,也可以捍卫"多元性"和"地方性"的尊严,但是,无论如何是回避不了现代性和现代化进程的,"更根本的是,人类社会的发展除现代化之外,还看不到有别的出路"。①

然而,与这些善果和福音相与随行的,一方面是人类经由科学技术的发展,在取得了对自然的支配权(即艾恺所说的"役自然")之后,对科学技术的日益迷信,人们认为只要发现了人类自身和历史社会的发展规律,就能拓殖未来,控制社会进程,人类成了"万物之神","人定胜天"的理念普遍被人们接受。另一方面是现代社会制度确立之后,人与人之间原本温情脉脉的关系遭到践踏,理性主义(即艾恺所说的"擅理智")和拜金主义冲击着社会各角落。事实上,20 世纪上半叶是现代化发展的低潮期,早发现代化国家经济政治的不平衡及抢夺资源和市场的不择手段加速了经济政治集权化和军国主义步伐,并最终点燃两次世界大战的战火,千年浩劫,生灵涂炭,世界一片废墟,现代性表现出极度狰狞的第二副面孔,现代化发展危机重重。

在某种程度上,现代性的两副面孔是人们过于相信自己的理性所导致。一方面,我们以为有了丰饶富足的物质生活、良好的社会制度、健全的民主法制、繁荣的思想、先进的科技就能制服桀骜强大的自然,就能改造僵化落后的社会,就能勾勒理想未来的美好蓝图,就能实现人与人的全面发展,整个自然、整个社会、整个人类历史尽在我们的掌握之中。另一方面,我们在一味向外界寻求人类解放的良药时却忘记了人类生活本身的目的,社会财富无限增长,物资日益充盈,我们却依然感觉到"匮乏";我们在表面上改造了自然,征服了自然,却抵挡不住臭氧空洞、全球变暖和各种生态危机的侵袭;我们实现了人力资源的优化配置和社会整合,却失去了安放个人本体价值和生活意义的能力,个体生命变得愈发的赢弱和苍白无力;人际关系只具

①　金耀基:《中国现代的文明秩序的建构》,载刘军宁编:《经济民主与经济自由》,生活·读书·新知三联书店 1997 年版,第 47 页。

有手段——目的功用和利用/被利用的价值,缺少了互相关爱、协同前进的友好亲密,人性失去了温暖的质地;一方面,现代性使人类集体获得无上的权力和强大的行动能力;另一方面,个体却要背负社会的无能和运行中的危机,在无聊与郁闷、焦灼与不安、强迫与压抑中艰难度日。现代性的一副面孔是和善和慈祥的,另一副面孔却是冷酷和残忍的。

面对现代性的两幅面孔,步入低潮的现代化路径遭遇到后现代反思。如前所述,纠正和改变现代性的弊端,所能仰仗的,依旧只能是人类的理性。在后现代思潮中,人们开始反思现代化视野下单线进化观的幼稚,反思理性主义下人的狂妄自大和冷酷无情,反思以科学技术为上帝的荒谬。如果说前两次工业革命是改造外物,在器物和制度层面着力的话,那么第三次科技革命则意在回归人类主体,促使人类反思自省,促进人性的自觉,以获得全新的现代性体验。如果说第一次工业革命和第二次工业革命分别对应着第一次现代化浪潮和第二次现代化浪潮的话,那么,新科技革命影响下的第三次现代化浪潮就不仅仅指涉"科技是第一生产力",它还包含着对现代性的反思,包含着反躬自省,包含着对人类如何生存和发展的思考。

在现代化发展的三个阶段中,社区的形态、结构和功能都在不断发生着变化。也正是因为社群、社区和社会所发生的深刻变化,催生了现代社会学学科的诞生和社区研究视角的出现。具体说来,**现代性和现代化是一种全方位的整体人类实践,其中,启蒙的现代性造就了现代化的人,改变了传统社区的活动主体;流动的现代性打破了不同地域的地理局限,改变了传统社区的结构模式;而未完成的现代性,则发挥了人类潜在的对于现代性负面效应的纠偏能力,增加了传统社区的功能类型。**

1. 启蒙的现代性:公民的诞生

马克思有一句名言:"我们越往前追溯历史,个人就越显得不独立,从属于一个较大的整体。"卢梭也有一句名言:"臣民关心整体和谐,公民关心个人自由。"确实如此,作为古代"共同体",无论家庭、氏族还是古代国家都是扼杀个性的,个人那时只是"狭隘人群的附属物",是"共同体的财产"——

犹如奴隶是主人的财产一样,由此便产生了所谓"古代东方普遍奴隶制"及"亚细亚专制国家"的概念。虽然在罗马以后的传统欧洲,"国家"(以及与"国家"相对的"社会")长期不发达,人们主要生活在"自然形成的"(而非"政治性的")较小群体中,诸如家庭、氏族、村社、教区、行会、采邑、自治市镇等等。因此,在滕尼斯的体系中,"共同体"是自然形成的、整体本位的,而"社会"是非自然的即有目的的人的联合,是个人本位的。"共同体"是小范围的,而"社会"的整合范围要大得多。"共同体"是古老的、传统的,而"社会"则是新兴的、现代的。也就是说,传统社会的共同体是以失去个人意志为基础和条件的。

事实上,"编户齐民"的古代中国就可以被视为这种结构方式的典型。秦时的法家政治便强调以人为的"闾里什伍"来取代自然的血缘族群,甚至用强制分异、不许"族居"和鼓励"告亲"来瓦解小共同体,以建立专制皇权对臣民个人的人身控制。这样的结构既非滕尼斯的"共同体"或"社区",亦非他讲的"社会",而且勿宁说正是它使得"共同体"与"社会"都难以成长,以至于到了市场经济、市民社会与近代化过程启动的时候,出现的不是一个"社会"取代"共同体"的过程,而是"共同体"与"社会"同时突破强控制下的一元化体制的过程。①

美国斯坦福大学社会学教授阿列克斯·英格尔斯是经典现代化理论的杰出代表,他在认真研究了西方发达国家的现代化进程并细致考察了第三世界国家的经济发展问题后发现,一个国家或企业即使有先进的制度,但如果缺乏能赋予这些制度以真实生命力的广泛的现代心理基础,如果缺乏执行和运用这些现代制度的人自身从心理、思想、态度和行为上都应该经历的向现代化的转变,那么,畸形发展的悲剧仍将不可避免。再完善的现代制度和管理方式,再先进的技术工艺,也会在一群传统人手中变为废纸一张。这就是著名的"英格尔斯效应"。英格尔斯的研究告诉我们:随着现代性的发展和城市社会的到来,完全意义上的市民社会的形成将成为必然,人的现代

① 参见秦晖:《共同体·社会·大共同体》,学者社区 http://www.china-review.com.

化由此成为社会整体现代化的核心。

在西方,作为现代性追求在思想文化领域的体现,十七八世纪的欧洲发生了一场反封建、反教会的思想文化革命运动——启蒙运动。启蒙运动为资产阶级革命,更为现代公民的诞生作了思想准备和舆论宣传。在法语中,"启蒙"的本意是指"光明"。当时先进的思想家伏尔泰、狄德罗、卢梭等人认为,人们的生活和思想迄今为止处于黑暗之中,应该用理性之光驱散黑暗,把人们引向光明。他们著书立说,激励地批判专制主义和宗教愚昧,宣传自由、平等和民主,以引导世界走出充满着传统教义、非理性、盲目信念以及专制的黑暗时期。

1784 年 9 月,启蒙运动时期最重要的思想家之一,德国古典哲学创始人康德(Immanuel Kant,1724~1804 年)应德国《柏林月刊》之请,对"何为启蒙"的问题发表了他的经典表述:

> 启蒙运动就是人类脱离自己所加之于自己的不成熟状态,不成熟状态就是不经别人的引导,就对运用自己的理智无能为力。当其原因不在于缺乏理智,而在于不经别人的引导就缺乏勇气与决心去加以运用时,那么这种不成熟状态就是自己所加之于自己的了。Sapere aude! 要有勇气运用你自己的理智! 这就是启蒙运动的口号![①]

显然,在康德那里,所谓启蒙,也就是从某种被监护、被给予的状态中挣脱出来,成为一个自己为自己负责的人即自由的人。但有趣味的是,一个自由的人并不是一个摆脱了限制、可以任意妄为的人,而是一个懂得限制性使用理性的人。启蒙思想强调的是人的主体性原则和理性主义原则,启蒙思想家提出一整套哲学理论、政治纲领和社会改革方案,要求建立一个以"理性"为基础的社会。他们用政治自由对抗专制暴政,用信仰自由对抗宗教压

---

① 康德:《什么是启蒙运动?》,何兆武译,儒学联合论坛。

迫,用自然神论和无神论来摧毁天主教权威和宗教偶像,用"天赋人权"的口号来反对"君权神授"的观点,用"人人在法律面前平等"来反对贵族的等级特权,进而建立资产阶级的政权。

有人说,是启蒙造就了现代性,或者说是启蒙的精神品格成就了现代性的精神品格,并因此使得现代性堂而皇之地登上世俗的历史舞台。此言不谬。而现代性正是以理性、知识和科学的名义,才获得了普世性的价值,也才得以踌躇满志地向人类庄严承诺,作为主体的人可以拒绝任何外在的权威,去获得自己的解放和自己的幸福。难怪马克斯·韦伯(Max Weber,1795~1878年)认为,现代与西方理性主义的联系不是偶然的,而是内在而必然的;所谓的现代性在社会、人格或文化方面皆表现出"理性化"的倾向,概而言之,在社会方面,理性化的成果表现为资本主义经济和现代国家体制以及架构于两者之上的立法精神;在人格方面,理性化的追求体现为新教伦理的人生取向,以工作及成就为天职,冷静地规划自己的人生;在文化方面,理性化的表现是宗教生活世俗化,工具理性压倒一切,取代了知识(科学)、实践(道德)和情感(审美)的合理分化。法兰克福学派的马克斯·霍克海默(Max Horkheimer,1895~1973)和特奥多·威·阿多尔诺(Theodor Wiesengrund Adorno,1903~1969)所总结的启蒙的辩证法也就是:作为革命意识形态的启蒙辩证法有三重基本使命,揭露虚假意识(或反动意识);自身则体现为(理性或现实)历史的自由意识;作为这种意识,它是正当且神圣的革命性行动。正如我们看到的,它主导了人类的整个现代史,并且是许多社会运动的源泉。

正是启蒙主义思想家的这些思想,使人的精神跟从中世纪一路走来的旧日的生活与观念世界决裂,使"人的眼睛变得明亮了,知觉变得敏锐了,思想变得灵敏并有解释能力"(黑格尔)。也正是这些思想在欧美的迅速传播,对欧美的资产阶级革命起了影响和推动的作用,促进了欧洲社会的进步,而且对亚洲国家的思想解放起了催化剂作用。

于是,在滕尼斯时代,事实上也是在滕尼斯身前身后的整个市民社会时代,人们普遍产生了一种得自经验与理性的认识,即在过去的时代,人是以群的状态整体地存在的,而个人——不是肉体意义上的"一个人",而是每个人的自由个性、独立人格与个人权利——只是现代性的产物,自由主义者更是把个人本位视为现代社会的基本特征。

所以,正是启蒙的现代性造就了现代意义上的人——公民,而人的现代化是政治、经济和社会现代化的基础,是实现由传统社会向现代社会转变的最根本保证,也是现代化社会稳定、持续和健康发展的基石。一个国家、一个城市现代化历史进程的演化就是人的价值观、心理素质、行为特征的转变与培育的过程。

什么样的人才能算做现代人呢? 1974 年,英克尔斯出版了他通过开展问卷调查和结果分析撰写而成的《从传统人到现代人:六个发展中国家中的个人变化》一书,书中探讨了现代人在十二个方面的主要特点,并将其归并为九个特征:

> ①乐意接受新经验,并对革新和变革持开放态度;②思想活跃,对周围范围广泛的问题形成并发表自己的观点;③着眼现在或未来,而不是迷恋过去;④相信人类可以在很大程度上控制环境,实现自己的目标;⑤处理事务具有计划性、组织性;⑥信任感,相信社会和其他人是可以依靠的;⑦分配公平,个人报酬与其技能和对组织的目标的贡献成正比⑧具有抱负,愿意接受正规教育和科学知识;⑨了解和尊重别人的尊严。①

显然,在英克尔斯看来,一个现代人应该具备开放的心理、充分的主体性、健康的价值取向、先进的思维方式、全面提升的素质、积极的行为方式以及和谐的社会关系。此后,英克尔斯对现代人基本素质和特征的概括也就成为评价现代人的指标体系,这一体系尤其强调人的参与意识、开放意识、进取精神、创新精神、独立性和自主性。

---

① [美]A. 英克尔斯:《从传统人到现代人》,中国人民大学出版社 1992 年版。

具有如上基本素质和人格特征的现代人,才称得上公民。现代意义上的公民概念,从其产生来看,就具有宪政的意义,和民主政治紧密相连。首先,它必须与政治国家相适应,特指具有某一国家的国籍,并依据该国的法律规定享有相应的权利、承担相应的义务的自然人;其次,公民概念意味着公民权利,意味着人人平等,即政治国家对公民个体的权利配置,意味着公民个体的独立地位,权利使自然人成为构成国家的独立单元,公民概念使公民个体获得了自主与独立;再次,公民概念蕴涵了公民与国家(或公民权利与公共权力)关系的普遍意义,即以国家与公民的两极对立假定为基础,构建了不同于"君权神授"的公共权力来源于公民权利且归属于公民的理论前提。

公民社会,是英文词语"civil society"的译称。公民社会强调公民对社会政治生活的参与和对国家权力的监督与制约。公民社会这一概念中包含若干基本要素:一个公共权威之外的私人活动空间(市场、家庭、社团等);由私人活动中逐渐产生的公共领域(从早期的咖啡馆到后来的政党和大众传媒);一个外在且独立于国家的社会,一个具有高度自主性的社会,等等。由此,我们把公民社会的内涵界定为:与政治国家相对且在政治国家控制之外的,由一系列与经济、宗教、知识乃至政治有关的、独特的、按照自身法则运行的,不受政治团体干预的自主性机构及其制度构成的那部分社会。一个成熟的公民社会应该具有以下要素:个人主义、多元主义、公开性和开放性、参与性、法治和社会自治等。也就是说,正是公民成为社区的主体,才使得社区的建设和发展有了基本的保障,更有了修正现代性弊端、改变现代性危机的可能性。

总之,启蒙的现代性培养的是具有主体性和理性的现代人,这直接导致了公民的诞生,从而催生了公民社会。当现代意义上的公民成为社区的主体,显然,传统社区的行为方式、结构模式和功能样式都将随之发生巨大的变化。

2. 流动的现代性与社区的结构

中国当代作家韩少功曾经在他的一篇名为《世界》的散文作品中写道:

"在今天，任何一个单独的民族，也无法解决信息电子化、跨国公司、国家毒品贸易等难题。正在延伸的航线和高速公路，网捕着任何一片僻地和宁静，把人们一批又一批抛上旅途，进入移民的身份和心理，进入文化的交融杂会。"①

2000 年，英国著名社会学家齐格蒙特·鲍曼（Zygmunt Bauman）出版了《流动的现代性》一书。在该书中，他试图通过解放、个性、时空、工作和共同体这五个概念来理解当前的社会状况。鲍曼通过详细考察我们从沉重的、稳固的、硬件取向的现代性向轻灵的、流动的、软件取向的现代性的转变，以及这种转变给人类状况带来的深刻变迁，巧妙而又精确地使用"流体"一词，来比喻"现代"这一时间范畴内的"现在"这一阶段。流体因为其流动性，使人把它们和"轻松"的思想联系在一起。因为根据实践经验，我们知道，重量上更轻一些的物体，我们更能够将它移动，并且移动得更快，所以我们自然地把"轻"或"不重"与流动性和多变性联系在一起，而这，就是用流动性来对现代性进行合适类比的充分理由。"现在"是现代性历史中的一个阶段，但它处于不断变动之中，鲍曼就致力于抓住它在变动中体现出来的"新奇"这一实质，以及这一实质所包含的具体内容。

在现代性由"稳固的现代性"向"流动的现代性"发展的过程中，我们会发现，人类的状况产生了深刻的变迁。除了"流动"这一新鲜的形容和描述，令《流动的现代性》一书备受关注的，是鲍曼对人类状况变迁的准确把握和精到分析。

首先，在权力的运作方式上，发生了从权威到榜样的变化，用鲍曼自己的话说就是"不要告诉我，请示范给我看。"②鲍曼指出，稳固的现代性阶段即福特主义式的资本主义阶段，资本主义世界是法律制定者、程序设计者和监督者的世界，是一大群人追求另一小部分人规定好的目标的世界，所以，它也是一个权威的世界，换言之，它是领导和导师的世界。尽管发展到流动的现代性阶段，轻巧的、消费主义式的资本主义并没有废除法律提供的权

① 韩少功：《世界》，《韩少功散文选》，人民文学出版社 2008 年版，第 41 页。
② 齐格蒙特·鲍曼：《流动的现代性》，欧阳景根译，上海三联出版社 2000 年版，第 63 页。

威,也没有使它们变得多余,但它导致了多个权威的出现,而"多个权威"会彼此抵消,于是,权威们不再发布命令,反之,它们开始讨好、引诱选择者。如果说权威是稳固的现代世界的副产品和必要成分,那么,在流动的现代世界中,榜样发挥着更重要的作用,更能获得认可和追随。以健身为例,健身教练总是把自己视为一个榜样,而不是一个权威;其前提是:每一个成年个体都有责任去照顾自己的身体,你身体的不完美是你自己要承担的后果和责任;你只有依靠自己才能解决生活中遇到的问题,毕竟,"解铃还需系铃人"。在日益个体化的生活世界中,健身教练以自己的身体条件作为榜样,试图向追随者暗示,如果你能像我这样积极锻炼,你就会拥有我这样的身体——"三个月以前,我和你一样;三个月以后,你将和我一样"。正是消费主义式的社会状况和日益个体化的生活状况,促使男男女女寻求榜样,而不是追寻领导。在流动的现代世界中,榜样正在取代权威。

其次,在资本与劳动的关系上,如果说稳固的现代性时期是资本与劳动相结合的时代,而流动的现代性时期则是劳动和资本相互分离的时代。在鲍曼的眼里,稳固的现代性阶段,资本与劳动因为相互依赖而不得不彼此结合:工人为了生计而希望被雇佣,资本为了自身的再生产和再增长而愿意雇佣他们。在这种情况下,资本和工人注定要结合在一起,工厂成为他们"共同的栖息地"。庞大的工厂犹如一个封闭的监狱,将劳资双方稳固地囚禁在其中,而促使资本和劳动结合在一起的是这种雇佣关系或者说"交易行为"。此时,国家的首要职责就是促使资本和劳动的"再商品化":国家必须保证资本家有能力购买劳动,而失业者就是资本的"劳动后备军"。然而,伴随着民族国家的衰弱和全球化市场的兴起,社会状况和劳资关系发生了很大的变化,"灵活性"已经变成了现时代的标语,资本与劳动开始分离,连接二者的纽带开始松动。一方面,资本可以"轻装上阵",它可以随地停留,也可以随时离开,因为资本仅仅意味着一个装有手提包、手机和笔记本电脑的行李箱;另一方面,劳动的那个地方也失去了昔日的稳固。比如,福特或雷诺公司的员工几乎可以断定,他们将终生工作在某个固定的地方;而微软公司的员工不知道,他们明天会在哪里。在鲍曼看来,资本与劳动关系的这种进展类似于从婚姻到同居的过渡：通过先前不敢梦想的移动自由，资本切断了自身同劳动的联系。资本史无前例地变成了超区域性的，它已经获得的空间移动能力在绝大多数情况下足以迫使受地域限制的政治机构屈服于它的要求。如果说在稳固的现代性时期，资本要结合的是生产者，那么，在当前流动的现代性时期，它要结合的则是消费者，毕竟，这是一个以消费者为中心的社会。因此，资本要想赢得竞争优势和商业利润，就必须依靠消费者，消费者在场或缺失，消费者的数量和规模，是资本最为关心的。新的全球精英喜欢用"舞蹈"或"冲浪"这样的比喻来表达他们的行动取向，因为移动的速度在当今已经变成了一个主要的或许是首要的社会分层和支配等级的因素，所谓精英就是那些可以快速移动和自由行动的人。

另外，在主导的生活方式方面，人们开始由定居生活向游牧生活转化。在稳固的现代性阶段，公民的权利和义务通常同居住权相连，那些没有"固定地址"的人往往会受到法律的歧视。甚至"现代"的出现就意味着坚持农业生活方式的"固定人口"对狩猎部落和游牧生活方式进行持续而全面的攻击，因此，"在以进步和文明的名义进行的神圣战争中"，游牧人口是有待消灭的主要对象。然而，在流动的现代性阶段，情况正在发生逆转，定居生活相对于游牧生活的绝对优势在迅速消失，占绝大多数的固定人口正在受到游牧精英的控制。流动的现代性对游戏的支配不是在"较大者"和"较小者"之间，而是在"较快者"和"较慢者"之间进行。

为了更形象地表述现代性的这一进程，鲍曼把洛克菲勒和比尔·盖茨分别视为稳固的现代性和流动的现代性的典范，他们分别代表了截然不同的生活方式。洛克菲勒希望不断扩建他的工厂、铁路和油井，并想终生拥有这些东西。然而，盖茨不会因为失去他昔日引以为荣的财产而感到惋惜，因为今天能够给他带来利润的并不是产品的经久耐用，而是产品的不断更新换代。从某种意义上说，洛克菲勒的所作所为体现了现代性稳固阶段的社会状况，而盖茨的做法则揭示了现代性流动阶段的社会状况，因此，我们可以通过洛克菲勒和盖茨来了解各自的时代脉搏。总之，如果说洛克菲勒是"稳固的现代性"的图标，那么，盖茨则是"流动的现代性"的图标。

　　如此一来,在现代性日益流动的进程中,社区的结构与功能自然也将随着社区本身的变迁和发展而发生相应变化。以往,无论是一个村庄、一个小城镇,还是一个城市,其地域范围都具有比较确定的疆界。例如,一个完整的农村社区的地域范围通常是以其村民的聚居点为中心,并将由这个中心辐射到附近的各种服务功能的射线极限点联结起来,构成这个农村社区的地理区域。而一个完全的城市社区的地域范围,通常则是由其市区和包括若干小城镇及乡村的郊区构成的。每个社区都有一定的制度、机构和设施,为整个区域服务,以满足其成员的各种需要。每个社区的社区中心都设有服务性的商店、学校、工厂、政府机关、医疗单位、群众团体等,以整个社区的地域范围为其有效的"服务地区"。社区这种社会统一体正是通过它的各种机构和设施的服务活动来推动各种制度的运行,使社区成员在本社区疆界内得以维持其全部日常生活。同时,社区机构设施的有效"服务地区"又是形成和保持该社区疆界的决定性因素。

　　现在,随着现代社会生活的发展,作为地方社会的社区,其地方性的差异正在逐渐减少,而其内部的异质成分正在逐渐增多。国家义务教育的推行,社会大众传播媒体如广播、电视的普及,以及各地居民人口流动的增加,各社区之间在规范、价值观念以及行为模式上的差异程度已显著降低。社区的许多地方性功能已为"大社会"的普遍统一的功能所取代。比如,随着城市社区的发展,社区地域范围的疆界也不如以往那么分明了。一方面,现代社区日益趋向复杂化的同时也在日益趋向专门化,一个大的社区往往划分或聚集为商业区、文化区、政治区、工业区、开发区等不同的功能分区。一个大城市往往包含着若干个原先相对独立的社区,但在市政府的机构设置和行政区划上则又可能与原先各社区的地域分界不一致。另一方面,长期以来,满足成员日常谋生的需要,是社区的基本功能之一,社区居民一般都是在本社区内就地劳动谋生。现在,这种情况已经发生了变化,现代社区的许多居民每天都到本社区以外的地方去上班。因此,社区成员之间除了具有当地居民的共同利益,还分别具有各自从社区以外谋取生计的种种不同利益诉求。这种情况就从社会纽带和社会交往上削弱了社区地域疆界的确定性。再比如,在中国现阶段,还有一些全国性的企事业组织和政治、文化团体出现,地方社区里的工厂、商店、社会团体等等,有不少就是这些全国性组织系统中的下属单位和分支机构,其决策主要是听命于本系统的上级组织而不是当地社区。因而,作为地方社会的社区,其自主性也有所削弱。

"现代性以前所未有的方式,把我们抛离了所有类型的社会秩序的轨道,从而形成了其生活形态。在外延和内涵两方面,现代性卷入的变革比过往时代的绝大多数变迁特性都更加意义深远。在外延方面,它们确立了跨越全球的社会联系方式;在内涵方面,它们正在改变我们日常生活中最熟悉和最带个人色彩的领域。"①

随着现代性的不断推进,人类对自然界的开发和掌握能力日益增强,交通通讯手段日趋发达,人类的活动空间也日渐扩大。小到私人交往、家庭交际、工作关系,大到国家之间、洲际交往乃至宇宙交通,加上赛博空间赋予现代人平等的沟通权利,现代人无远弗届,几乎没有不能到达的地方。生活空间的开放性决定了生存方式的运动特征和不确定性,亦即齐格蒙特·鲍曼所说的"流动性"。漂泊和流动的现代生活毫无疑问地改变了传统社区的结构和功能,令社区问题和社区发展变得更为复杂多变。

3.未完成的现代性与社区的功能

如前所言,现代性一方面创造了更符合人性发展、更加体面舒适的物质生活,创造了空前的社会生产力和社会繁荣,创造了政治上的民主和法治;另一方面却带来一系列社会问题,以至于面临重重困境,遭遇发展危机。现代性的第二幅面孔,遭到了诸多思想家的批评,后现代性理论应运而生。

后现代性思潮大致表现为三种比较鲜明的态度:否定性(解构性)的后现代性,建设性(建构性)的后现代性,虚假(迪斯尼式)的后现代性。所谓否定性(解构性)的后现代性理论,就是要对现代性的基础进行彻底颠覆,对构成现代性的所有二元结构(诸如:主/客、真/假、本质/现象、事实/价值,

---

① 吉登斯:《现代性的后果》,译林出版社2000年版,第4页。

等等)进行彻底消解。该流派认为,由于根本就不存在什么"绝对的真理"、"普遍的规律"、"永恒的结构"、"不变的本质"等,因此,现代性思想的这种结构无论看上去多么合理、多么复杂,实际上都是虚假的和无效的。因此,不是经由现代性,而是只有通过瓦解现代性,才能真正实现人的自由和解放。所谓建设性(建构性)的后现代性,就是试图在批判和反思现代性的同时,重建超越现代性的价值观,以"无根基"的后现代性完全取代现代性。也就是说,要摆脱现代性的普遍模式和绝对真理,只有通过建立人与自然、人与社会、人与人的新型关系,才能真正达到目的。所谓虚假(迪斯尼式)的后现代性,主要是要摧毁现代性的过程中种种理性和普遍性力量对人的控制与压抑,寻求思想和生活上的自由的最大化,从而最大限度地释放出被现代性所压抑的创造性。

尽管后现代性思想方兴未艾、甚嚣尘上,呈现出各种各样的形式、内容和色彩,但总的来说,后现代思想家始终不可能以摆脱现代性的态度和方式来面向未来。后现代性因此被视为现代性的反思性。事实上,虽然我们质疑进步的逻辑,捍卫"多元性"和"地方性"的尊严,但是却无论如何也回避不了现代性和现代化进程的,也就是说,"人类社会的发展除现代化之外,还看不到有别的出路"。

于是,德国思想家、法兰克福学派的第二代旗手哈贝马斯(Habermas, Jürgen 1929 ~)1980 年发表了一篇名为《现代性:一个未完成的方案》的著名演讲。在演讲中,他把 18 世纪启蒙思想家的主张称为"现代性方案",并认为这是一个迄今尚未完成的方案,西方业已形成的现代文明秩序是需要医治和修补的。他充满信心地认为可以在现代性传统中来改造现代性,并将现代性的两幅面孔一分为二,然后去芜存菁。总之,作为一种历史实践过程的现代性,是一种同中世纪思想决裂的多层面的历史进程,除了饱含它丰富的历史所指外,现代性还展现出某些独一无二的气质和禀赋,比如它自身的时间观念。这一层意义上的现代性具备一种明确的时间意识,它意味着:越是新的,就越是现代的;比较过去的历史阶段,现在更为进步,更加成熟。这种现代性为一种进步主义和发展主义的人类欲望所主宰,因而转瞬即逝。

"在对转瞬即逝、昙花一现、过眼烟云之物的抬升,对动态主义的欢庆中,同时也表现出一种对纯洁而驻留的现在的渴望。"①

启蒙思想家设计的"现代性方案"至今尚未完成,而西方以及当今中国业已形成的现代文明秩序是需要医治和修补的。在某种意义上说,现代性不仅远远没有完成,而且永远不可能完成,它只能在不断向前推进的时间之流中趋于完成。那么,在不断现代化的进程中,具有主体性和理性精神的现代公民成为社区的主体,不断扩大和展开的空间成为社区的新结构,社区理应在新的社会条件和历史条件下,发挥更为重要的功能,那就是不断趋向现代性的完成。

如前所言,社区的实质就是小社会,是地域性的局部的社会,是社会的具体和微缩,是社会在特定的时空坐标中的体现。社区是历史悠久的社会实体,社区建设的实践客观上也源远流长。大社会中的所有人们,往往对自己所处的社会缺乏认知和把握,而他们无一例外,生活在某一个生于斯、长于斯的特定地域;和一些同样在这个空间生长、彼此亲熟或者在这个空间进行着共同活动的人群结成了一定的社会关系和社会群体;在这个特定的空间地域,他们总是共同拥有一定的生产和生活设施;共同拥有一些或大或小、或多或少的处理公共事务的管理机构;共同拥有某种和在这块共同的土地上共同生活的人们进行沟通的价值观念、行为规范、风俗习惯乃至语言等文化系统;共同拥有对这个共同生活的空间地域的认同、喜爱和依恋之情。构成社区的这些基本要素都是凭借人们的感官就可以直接感觉认知到的东西,人们在社区中展开他们全部的社会生活。人群、地域、设施、管理机构、文化系统和心理认同,人们的社会生活,都是在社区的这些基本要素中进行的,社区是人们参与社会生活的基本场所,是人们从事各种活动的基本舞台。所以,强调社区建设,重视社区发展是十分必要而且相当重要的;对于未完成的现代性而言,社区更是突破口和切入点,是修补和完善现代性的具体场域和实践平台。

---

① 哈贝马斯:《现代性——未完成的工程》,见汪民安等主编:《现代性基本读本》,河南大学出版社2005年版,第109页。

从人类的历史实践来看,早在二战之后,就有许多国家意识到,解决贫穷失业、经济发展缓慢等一系列社会问题,单单依靠政府的力量远远不够,必须充分运用民间资源、发挥社区自助力量,于是,人们开始在实践中认识到社区建设对于促进经济和社会协调发展、提高人民的生活水平和生活质量、扩大民主、改进和加强基层管理与基层服务、维护社会稳定等方面的重大意义,社区发展遂成为联合国倡导的一项世界性运动。联合国早在二十世纪五十年代初期就提出了"社区发展计划",其目的在于加强国家政府和社区之间的联系,充分调动社区成员的积极性,利用社区自身资源和力量解决社区问题,改善社区生活,发展社区经济,从而提高整个社会的发展水平。

实际上,除了大幅度、大面积、轰轰烈烈地推进社区建设之外,在西方的一些发达国家,社区工作的历史可以上溯到十九世纪末。比如美国,早在十九世纪末就成立了一些慈善组织或团体,还在一些城市的贫民区开展了安置所运动。到二十世纪三十年代,社区工作开始专业化,防止青少年犯罪的芝加哥计划、由居民参与提供服务的辛西纳社区组织试验计划等等,都是该国当时极富特色的具体社区工作。到了二战之后,尤其是二十世纪五十年代后期,因为经济社会发展的严重失衡,联合国对社区建设的重视和倡导自然得到美国政府的积极响应。八十年代,美国的社区工作转向有特别需要的人群,也有一些社区发展公司,以经济发展为重点,以改善贫民区居住条件和解决就业为己任。到九十年代初期,克林顿更是把社区建设作为"再创政府"、"复兴美国"的重要手段之一,其"授权区和事业社区"把重新界定政府和社区的关系作为突破口,以期实现政治、经济、社会福利一体化的发展目标。美国及其其他一些国家社区发展的简况告诉我们,社区的形成和发展与社会进步、经济发展和人口变动等因素密切相关,这种关系无疑说明了社区建设对促进经济和社会发展的重要作用。

今天的中国,正处在现代转型的特殊历史时期,诸多的社会变迁正亟待理解,诸多的社会矛盾和社会问题正亟待解决。如前所述,社区建设是促进我国经济和社会协调发展的必需;是社会主义市场经济发展的要求;是加快城市化和现代化进程、建设基层政权和民主政治的迫切要求;是提高人民生活水平的需要;更是一项具有强大生机和活力的社会事业。它既是社会整合的基础工程,又是基层管理体制的重大改革;既是一项加强和巩固国家政权的基础性工作,又是一项为民办好事、办实事的民心工程。党和国家领导人、中央办公厅和国务院办公厅都十分重视社区建设工作,民政部在2000年下发了《民政部关于在全国推进城市社区建设的意见》这一专门文件,社区建设事业在不少地区轰轰烈烈地开展起来,社区建设的观念也逐渐深入人心。

我们应达成共识,从理论的角度认识社区建设的重要意义,在实践的层面上,则要坚持政府指导和社会参与相结合,稳步建立与社会主义市场经济体制相适应的社区管理体制和运行机制。具体说来,就是要加强社区组织和队伍建设,扩充社区管理职能,承接企事业单位、政府机关剥离的部分社会职能和服务职能;以拓展社区服务为龙头,不断丰富社区建设的内容,发展社区卫生,繁荣社区文化,美化社区环境,加强社区治安,完善社区功能;努力建设管理有序、服务完善、环境优美、治安良好、生活便利、人际关系和谐的新型现代化社区。

人类要生存,要发展,就必须处理好三种关系:一是人与自然的关系,二是人与人、人与社会的关系,三是人与自身生命的关系。启蒙的现代性培养人类的理性精神和主体意识,有助于人类健康价值观念和合理行为方式的形成;流动的现代性揭示现代性历史实践过程中的新特征、新问题,又把社区建设的新问题迫切地摆上人们的议事日程;未完成的现代性则断定改造现代性的方案就在现代性的传统之中。我们有理由相信,哈贝马斯在现代性传统中来改造现代性的方案通过社区建设可以实现,社区的功能在现代性这个未完成的方案中能够得到进一步的发挥和体现。

第二章 社区研究及其现代性视角

众所周知,社会由一个个或大或小的社区组成,任何一个社区都是一个规模不等的具体而微的小社会,是整个大社会的不同程度的缩影。而且,社会的一切活动都是在一个个具体的社区里进行的,整个社会普遍存在的一些现象必然会在各个社区里有所表现。具体说来,就是一个社区所面临的许多问题,往往不是某一社区单独存在的,而是更大范围内的社会问题的具体表现。因而社区问题的研究,有助于发现更为广泛的社会问题;而社区发展的推进,则有助于解决更为普遍的社会问题,所以说社区研究是社会研究的具体化,社区发展是社会发展的具体化。

社会学诞生以来,尤其是社区的角度确定以来,人们通过社区研究对社会进行典型调查,从微知著,研究和探讨社会发展的普遍规律及同类社区的共同特点。从这个角度来说,社区研究就是社会研究,对了解和把握整个社会的问题和变化至关重要。吴文藻先生曾说:"'社区'一词是英文community 的译名。这是和'社会'相对而称的。我所要提出的新观点,即是从社区着眼,来观察社会,了解社会……社会是描写集合生活的抽象概念,是一切复杂的社会关系全部体系之总称。而社区乃是一地人民实际生活的具体表词,它有物质的基础,是可以观察的。"①费孝通先生也曾经指出:"以全盘社会结构的格式作为研究对象,这对象并不能是概然性的,必须是具体的社区,因为联系着各种社会制度的是人们的生活,人们的生活有时空的坐落,这就是社区。每一个社区有它的一套社会结构,各种制度配合的方式,因

---

① 吴文藻:《现代社区实地研究的意义和功用》,《社会研究》1935 年第 66 卷。

之，现代社会学的一个趋势，就是社区研究，也称作社区分析。"①

　　作为地方社会，社区不可避免地存在着这样或那样的社会问题，例如住房紧张、贫困户较多、教育资源缺乏、犯罪率较高、交通拥挤，以及老年人问题等等。社区研究就是要揭示这些问题与该社区其他方面生活的相互联系，并提出解决的建议，帮助社区依靠自身的力量尽可能有效地解决问题。通过社区研究，人们还可以了解某一社区的地方特点，因地制宜地进行改革和建设。除此之外，社区研究还要揭示一个社区表现出来的社会问题和其他社区以及更大范围的社会总体状况的相互联系，以把握社会的状况，提出应对的方略。

　　总之，社区研究作为研究整个社会的起点，无论是对于一个社区本身或对于整个社会来说，都有重要的意义。事实上，同整个大社会相比，社区则显得具体可感，易于把握，更具有研究的可能性和可行性。正因为如此，从滕尼斯开启社区研究的新视角，社区研究就一直在社会学领域占据重要位置。

第一节　社区研究溯源

　　社区研究，在中国社会学史上也称社会学调查或社区分析。它是指运用社会学的理论和方法，对某一特定的社区的性质、状况、功能、问题及变迁所进行的实地调查以及理论分析。在中国，早期社区研究的理论和方法在很多程度上受到美国人文区位学都市研究和英国社会人类学初民社会研究的影响，并在清末民初的社会调查运动中成长起来。

1. 英美早期社区研究

　　如前所言，西方社会学者对于社区的研究，发端于滕尼斯。1887 年，他在《社区和社会》（又译《共同体和社会》）一书中对社区与社会作了系统的

---

① 费孝通：《论社会学》，《费孝通选集》，天津人民出版社 1988 年版，第 4—5 页。

阐述和比较,认为社区既是社会的最简单形式,又是一种自然状态,社区的成员对本社区具有强烈的认同意识,他们重感情、重传统,彼此之间全面了解。① 滕尼斯关于社区的理论,为以后的社区研究打下了基础。

社区研究方法,最早由社会人类学家发明。英国著名的社会人类学家马林诺夫斯基被公认为这一方法的首倡者之一。他首开"参与观察"的先河,以一个社区为研究对象,来书写民族志。马林诺夫斯基认为,人类学者不应把物质文化、人类行为、信仰与理念分割开来,进行分别的排列组合,而应把它们放在"文化事实"(cultural facts)或所谓"分立群域"(isolates)的整体中进行考察。所谓分立群域,即一个方法论优先的整体分立社区,通过"田野工作"(fieldwork),对这一社会空间单位的整体进行考察,展现它们之间的互动和关系。他强调,只有通过在分立的小型社区进行长期的直接参与与观察,社会人类学者才有可能对当地社会进行全面考察,并把当地社会的家庭、经济、法权、政治、宗教、巫术、技术等行为特质放在一个整体里加以分析,解释为什么社会和文化形成一个难以切割的整体。因此,社会人类学者的使命就是通过田野调查,理解人的文化性、制度性的活动与人的基本需求之间的关系,研究文化满足人的基本需要的方式,即文化的"功能"是如何实施的。

早期人类学者为了研究他们所谓的"野蛮社会",选择当地的一个小型社区作为工作地,采取参与观察的方法,深入到当地百姓的生活之中,与他们打成一片(一般需要一年以上)。然后重回"文明社会",用自己的语言将当地的文化予以描述,书写民族志。马林诺夫斯基就是以创作"科学人类学的民族志"为己任,试图有别于早期多属野史、游记类的民族志。他首开"参与观察"的先河,长期生活在一个社区(特洛布里安德岛),与几乎所有社区成员成为熟人,对他们的活动规律和细节了解甚为深入,他的调查具有"直接观察"、重视民间生活和民间知识、亲自参与等特点。1922 年发表的《西太平洋上的航海者》一书,堪称人类学研究的开山之作。马林诺夫斯基

---

① 参见前文引述。

这种"科学人类学的民族志",在当时,是与功能主义的分析方法相结合的,直到二十世纪四十年代,这种研究方法一直是西方人类学的主流。

在美国,社区研究也在其早期社会学中占有极重要的地位。美国的芝加哥学派,就是以研究都市社区而闻名于世的。20世纪二三十年代,这个学派研究了美国大城市芝加哥的都市化过程,用以说明美国城市的结构和动态。他们不但以整个芝加哥市作为研究对象,而且还以芝加哥市内的犹太人聚居区、波兰移民区、上层阶级邻里、贫民窟等作为单个的社区研究对象,从而从不同的层次上研究了都市社区。芝加哥学派的人文区位学理论,就是在分析社区区位的基础上发展起来的。该派的主要代表人物 R.E. 帕克对于社区本质特征的认识,形成了社区概念中的"区位学派"。①

在同一时期,美国学者 R.S. 林德和 H.M. 林德夫妇俩又开创了社区研究中以小镇为对象的全貌研究,即描述社区的各个不同部分并解释这些不同部分的相互关系。1924年,年轻的林德夫妇研究了当时美国印第安纳州的一个名叫"莫西"(Muncie)的美丽市镇,1929年出版的《中镇:现代美国文化研究》一书反映了这方面的研究成果。他们在书中比较全面地描述和解释了这个大约有3.5万居民的小镇的状况,包括居民的谋生、安家、利用闲暇、参加宗教活动等方面的内容。沃特伯格(Wattenberg)这样评价《中镇》:"它描绘了所谓'典型'美国社区的全身肖像:它的公民不仅思考宗教,而且考虑家庭、性、政治、收入和犯罪。这个国家当时正值滚动的高潮,在核心地带,林德夫妇发现了一种普遍向上的社区精神。"②

从50年代以来,在美国的社区研究中,又发展了关于社区权力的研究,目的是要了解社区里的权力分配状况,并据以辨认哪些人是真正左右着社区决策的。1953年出版的美国学者 F. 韩特的《社区权力结构》一书,是对亚特兰大市的权力分配进行研究的成果。他认为,如果辨认出这些"真正"的领导人物,同他们进行恰当的沟通或对他们施加压力,就可能促进当地社区的重大社会变迁。自韩特之后,社区权力的研究已经成为社区研究的重

---

① 参见帕克等:《城市社会学》,宋峻岭等译,华夏出版社1987年版。
② 参见蔡禾主编:《城市社会学:理论与视野》,中山大学出版社2003年版。

要内容之一。

2.清末民国的社会调查运动

作为一种社会研究的技术或者说方法,社会调查对于近代中国社会科学的"中国化"或者社会学的"本土化"进程,发挥了不可替代的关键性作用。

晚清时期,尤其是鸦片战争以来,面对"三千年未遇之强敌"不断的外力冲击,面对由此而形成的"三千年未有之变局"(李鸿章语),一向以"中庸"自许的中国人,不能不紧张应对。然而,不管是顽固的复古主义者,还是主张全盘西化的拿来主义者,他们在讨论国是之时,都把真实的国情抛到了九霄云外。他们当中一些激进的人士,主张全盘西化,举凡中国原有的一切,无不被他们置于打倒之列。《辛丑条约》签订以后,为了适应变化的形势,清朝政府加快了举办"新政"的速度,筹备立宪即为其中一项重要工作。

晚清政府为立宪及起草民律、商律之需要,在各省区成立了调查局,组织力量对民商事习惯进行了广泛的调查;民国初年,北洋政府司法部也于各省区审判机构创设民商事习惯调查会,开展了全国性的民商事习惯调查运动。这两次大规模的民商事习惯调查,汇总了清末民初时期社会生活的风俗习惯。从现存的资料所反映的内容看,清末民初民商事习惯调查的地域几乎涉及所有省份;调查的内容涉及民法总则、物权、债权、亲属、继承等民事习惯,以及商事总问题、具体商事行为等商事习惯。这两次调查对推动中国法制现代化的历史进程颇有助益。[①]

另外,准确地了解国内的人口情况和实行完善的人口统计登记制度则是实行宪制选举的前提。清政府借助一些西方的人口统计理念和技术,由民政部拟定《调查户口章程》,这个章程就成为整体人口统计的政策上的基础。1912年民国刚成立时,国民政府似乎也进行过一次全国性的人口调查,俗称"民元人口调查",据推算,当时我国人口约3.7亿。经过长期不懈

[①] 眭鸿明:《清末民初民商事习惯调查之研究》,法律出版社2008年版。

的探索和实践,近代中国的人口调查已经形成了比较先进的人口统计学理念和技术。

　　另外,还有一些先进的中国知识分子,走出书斋,放下笔墨,开始以投入社会实践的精神来进行社会的改良和变革。而要做到这一点,亦即找到一条有效的民族自救的出路,"必先根本了解中国国家本身的内容","必先从社会调查入手",否则,要"以他国的方法解决我国的社会问题",只能是"穿洋靴于缠足",不伦不类了。由此,"中国社会调查运动"在 20 世纪二三十年代蔚然而成。被誉为对"中国社会调查运动""鼓吹最力工作最久的一员勇将"李景汉先生,认为社会调查"是以有系统的方法从根本上来革命","是要实现以科学的程序改造未来的社会,是为建设新中国的一个重要工具,是为中国民族找出路的前部先锋。"①民国时期另一位致力于社会调查的著名社会学家陶孟和先生这样说道:"从前我国的士大夫,向来抱着半部论语治天下的态度,对于现实的社会状况毫不注意,只以模仿古人为能事。等到西洋的炮火惊醒了这迷梦,又完全拜倒在西洋文明之下。"②中国知识界要么模仿古人,要么师事西方,其所以如此,都是因为他们对于现实的社会状况毫不注意所致,可见现实社会状况之重要,而要了解和掌握社会状况,非社会调查所不能为也。

　　李景汉(1895～1986 年)是中国著名社会学家、社会调查专家。他1917 年赴美国留学,专攻社会学及社会调查研究方法,先后在珀玛拿大学、哥伦比亚大学、加利福尼亚大学学习,获学士、硕士学位。1924 年回国,任北京社会调查所干事。1926 年任中华教育文化基金委员会社会调查部主任,兼任燕京大学社会学系讲师,其间他对都市的下层生活作了重点调查。1928 年任中华平民教育促进会调查部主任,赴定县调查。1935～1944 年历任清华大学社会学系教授、国情普查研究所调查组主任、西南联大社会学系教授等职。之后赴美,曾实地参加美国农业人口普查,出席国际人口会议,1949 年开始在联合国粮农组织统计专家室工作,并先后任辅仁大学社会学

---

① 《社会调查在今日中国之需要》,《清华周刊》第 38 卷第 7、8 期合刊,1932 年 11 月 21 日。
② 李景汉:《定县社会概况调查》,中国人民大学出版社 1986 年重版。

系教授兼主任,北京财经学院教授,北京经济学院教授,中国人民大学计划统计系教授。1979 年被聘为中国社会学研究会顾问。1984 年被聘为中国人民大学社会学研究所顾问。

李景汉一生贯彻他的理念,做了大量的社会调查,运用普查法、个案法、抽样法等多种调查方法对中国的都市与乡村进行广泛和深入的调查。他在定县所做的调查是中国首次以县为单位的系统的实地调查,也是中国知识分子运用西方社会学的方法进行实地调查的典范之一。《定县社会概况调查》一书为研究 20 世纪 30 年代中国北方的农村社区提供了翔实的资料,在国内外产生了深远的影响。

从晚清到民国时期,社会调查首先是一种服务于社会改良、社会建设和社会革命的实用性工具;其次,就中国社会学科的发展来看,社会调查作为一种社会研究的技术方法,对于近代中国社会科学的"中国化"或者社会学的"本土化"进程,同样发挥了极其重要的作用。对此,夏明方教授在《清末民国社会调查与近代中国社会科学兴起》一文中做了如下总结:

其一是"事实"与数据的生产与保存。当时,第一批本土的社会学、人类学、经济学、人口学、民俗学等等社会科学学者,经过周密的问卷调查或深入的田野访谈(当时叫"实地研究"或"实地调查"),并经过系统的标准化的加工整理和综合性的量化分析,得到了大量的"事实"和数据,为我们了解当时的社会状况提供了大量的材料。

其二是理论上的探索和创新。民国时期的社会调查者除了提供"事实"之外,还通过理论与调查之间的反复互动,从大量的事实之中提炼出新的概念,并把若干新的概念密切联系起来,组成一个概念体系或"概念格局"(Conceptual Scheme),进而达致对社会共相或社会整体的认识。20 世纪 40 年代,费孝通先生在《禄村农田》的导论中回顾自己从事社会调查的经历时,对其早年的研究工作如《花篮瑶社会组织》、《江村经济》作了一次"痛苦"的反省,认为那个时候"极力避免理论上的发挥","主张调查者不要带任何理论下乡,最好让自己像一卷照相的底片,由外界事实自动地在上射影",结果不仅"埋没了许多颇有意义的发现",而且因为"在实地调查时没有理论做导线,所得到的材料是零星的,没有意义的"。经过这两次实地研究的磨练,费孝通吸取教训,改辙更张,按照英国著名的社会人类学家布朗的指引,舍弃那种"只是某一人群社会生活的闻见的搜集"的"社会调查",而走向"社会学的调查"或"社区研究",即"依据某一部分事实的考察,来证验一套社会学理论或'试用的假设'的"。事实上,除了印证和检验已有的社会学理论,早期研究者还致力于新概念的提炼,并进而达到对社会共相或社会整体更精到的认识。

其三是调查经验的积累和调查方法的改进与完善,或者可以说是中国特色的调查学的建立与发展。从事社会调查的学者无不深知,对社会进行调查要取得圆满的结果,是与被调查的社会本身有一个圆满的良性运行状态密不可分的,尤其是举办全国性的国情调查或人口普查。然而,要建成这样良性运行的理想社会,又绝非一点一滴的改良可以一蹴而就。于是,他们退而求其次,选择某一村落或县份从事小范围的地区调查,是为"实验调查"。其目的,一则为正在兴起的社会科学研究提供可靠的素材,或为局部地区的社会建设提供政策建议,更重要的则是在调查的组织实施、调查的设计与规划、调查的方式与方法、调查资料的整理和分析等各个方面,发现问题,积累经验,从而使源自西方的现代社会调查更加适合中国社会的实际状况,建立起中国自己的社会调查体系,也为更大范围的国情普查或人口调查奠定方法论的基础。①

总之,在社会学中国化的过程中,社会调查扮演了极为重要的角色,发挥了极为重要的作用。民国时期的中国社会学界在实践中逐渐把社会调查确立为研究社会的一个基本方法,他们通过实地调查取得事实和数据、再联系本土材料来分析和解读中国社会,并进而进行了中国社会学的重要尝试,所取得的成果十分可喜。调查结果比较著名的有1930年出版的《北京生活费调查》(陶梦和)和1933年出版的《定县社会概况调查》(李景汉)等等,这些调查活动及有关出版物,标志着中国社会学实地研究的第一阶段,是中

---

① 详见夏明方:《清末民国社会调查与近代中国社会科学兴起》,中国网 china. com. cn2007 年 8 月 3 日。

国社会学发展史的"第一个里程",而《定县社会概况调查》是这一里程的代表作。

显而易见,清末民国时期的一部分中国知识分子之所以大力鼓吹和倡导社会调查,是因为中国从传统走向现代的转型过程影响到国人的认知观念,并投射到学术领域。此一时期的社会调查既是他们对社会剧变的一种激烈的反应,也是对此前已然发生的种种现代化努力的一种深刻的反思,因而这一时期的社会调查,理所当然是当时蓬勃而起的改造中国的社会运动的一部分。

3. 中国早期社区研究

20世纪以前,中国文化被西方的一些人类学者作为"古代社会"、"亚细亚生产方式"或"东方史"的"残存"或断片,放在全球文明史中加以论述,它本身所具有的社会科学意义和研究价值被进化的阶段论所抹杀。19世纪后期,荷兰人类学家兼汉学家德格鲁特(De Groot)曾经在闽南地区进行宗教调查,该调查可以说已经具有"参与观察"的某些特征,但是其田野工作缺乏社区背景,而且解释框架仍是弗雷泽的进化论。20世纪初期,深受社会学派熏陶的法国汉学人类学家葛兰言(Marcel Granet)在解释中国文化时还是采用"上古史"的方法。二三十年代以后,这种状况发生了很大变化。1925年,库尔伯(Daniel Kulp)在广东凤凰村的家族调查成为最早的汉人社区功能分析。不过,这一研究在人类学界所引起的关注十分有限。

在中国本土,作为一门独立的和现代的学科,社会学是20世纪初从西方传来的。20世纪20年代以后,在中国的一些教会大学及其他与西方联系较多的大学首先设立了民族学和社会学专业,开设了民族学和人类学的课程。最早讲授这些课程的大多是从西方留学归国的学者,如潘光旦、吴文藻、杨成志等人。当时,功能学派的理论在西方民族学和社会学界盛极一时,在西方留学归来的这些中国学者也基本上成为这些学派的信奉者。正如费孝通曾经说过的:"我们的社区研究,在方法上是从英国的社会人类学的实地调查里发展出来的。"①

潘光旦(1899～1967)在美国哥伦比亚大学研究院学习时,师从历史学派大师博厄斯,并受著名的进化学派民族学家摩尔根(L. H. Morgan)很大的影响。吴文藻留学哥伦比亚大学人类学系期间,该校人类学系几乎集中了当时美国最著名的人类学和社会学界的精英。杨成志则在法国巴黎大学获得民族学博士学位,并接受了功能学派理论。这一代学者全面掌握了西方人类学和社会学最前沿的理论和方法,习得了西方人类学和社会学界一些大师级学者的精髓,当他们回到中国并用这些理论研究中国社会时,他们很快从照搬西方的做法中走出来,在学科理论和研究方法上都开始结合中国实际,并逐渐发展出了本土特色的研究。

作为我国著名的社会学家、民族学家和人类学家,吴文藻(1901～1985)先生对于社会学的中国化亦即中国社会学的学科建设具有缔造之功。他16岁考入清华学堂,1923年赴美留学,1928年获博士学位。从1929年回国一直到1938年,吴文藻一直在燕京大学任教,并担任燕京大学社会学系主任。当时,中国的民族学和社会学还处于照搬模仿西方的阶段。吴文藻先生的缔造之功就表现在:

第一,他最早提出了中国化的教学改革方案。他的中国化主张包括了三个方面的工作:确定一种有效的理论框架;用这种理论来指导对中国的研究实践;进一步培养能独立从事研究的人才。在理论框架方面,他选择了英国的功能学派。他说:"功能学派是社会人类学中最先进,亦是现今学术界最有力的一个学派。"

第二,在中国社会的研究实践问题上,他最早提出了将社会学与民族学的方法相结合的社区研究法:"我所要提出的新观点,即是从社区着眼,来观察社会,了解社会……社会是描写集合生活的抽象概念,是一切复杂的社会关系全部体系之总称。而社区乃是一地人民实际生活的具体表词,它有物质的基础,是可以观察的。"②也就是说,以社区为视角来观察中国社会,

① 费孝通:《论小城镇及其他》,天津人民出版社1985年版,第270页。
② 吴文藻:《现代社区实地研究的意义和功用》,《社会研究》1935年第66卷。

是早期社会人类学的中国学派的基本方法论。

第三,在培养人才方面,吴文藻亦作出了很大贡献。1937年,他送两位优秀学生费孝通和林耀华分别到英国伦敦大学和美国哈佛大学留学。费孝通在伦敦大学经济学院时,他的导师是功能学派的创始人马林诺夫斯基(B. Malinowski)。林耀华的老师则是哈佛大学的胡顿(E. A. Hooton)等人。二人回国后,分别在吴文藻任系主任的燕京大学社会学系和潘光旦任系主任的清华大学社会学系任教。1937年抗日战争全面爆发,日本策划并鼓动满蒙独立,中国出现边疆危机。吴文藻先生先后将其学生李有义、林耀华、费孝通和陈永龄派到西藏、四川凉山、广西大瑶山和新疆去作调查。此后李有义成为中国藏学研究的主要开创者之一,林耀华的《凉山彝家》和费孝通的《花篮瑶社会组织》都成为民族学研究的经典,陈永龄先生自此从事新疆民族研究几十年。在二十世纪五六十年代,他们是站在中国民族学、社会学和人类学界最前列的一批顶尖级人物。他们在教学与科研中将民族学与社会学的理论和方法相结合,提倡实证性的社区研究,并将边疆和少数民族地区作为研究的重点,这些已然成为社会学界的学术传统,今天仍在继续并已得到发扬光大。

所以说,真正起到中国人类学和社会学开创和变革作用的,是以吴文藻为代表的、以燕京学派为核心的一批受功能主义人类学影响的中国本土人类学家。吴文藻结合英国功能主义人类学和美国芝加哥学派的社会学理论,提出对"社区"的系统化界说,主张"社区"是了解社会的方法论和认识论单位,是"社会生活的各方面都密切地相互关联而成的一个整体","一个特殊的社会结构",一个"社会功能和社会结构二者合并起来"的"社会体系"。也就是说,在中国社会学创建的一开端,社区的视野和方法就成为主导和关键。在1934到1949年间,费孝通、林耀华等分别以英文发表一系列作品,均是在"社区论"和"功能论"的方法论前提下写成的,而费孝通的《江村经济》(1939)是功能主义社区研究的典范之作。

费孝通(1910~2005)是我国著名的社会学家、人类学家和民族学家。他1930年就读燕京大学社会学系,后考入清华大学社会学及人类学系,成为我国最早获得本土社会人类学硕士学位的青年学者。1936 年赴英国伦敦经济学院留学,1938 年获博士学位后回国任云南大学社会学系教授,1945 年转入西南联大,为清华大学教授,1947 年回返北平,继续任教于清华大学。新中国成立后,他历任清华大学、中央民族学院、中国社科院、北京大学等学校或研究机构教授,并承担一系列行政职务和社会兼职。在中国早期社区研究发展过程中,如果说吴文藻的功绩主要是在教学和研究中积极倡导了具有社会人类学意义的社区调查,那么,费孝通的贡献则在于他以投身于实践的精神所做的一系列最具经典性的研究。

费孝通的社会人类学体系的建构,并非单纯的"社区方法论",而是结合了社区分析、比较研究法、应用人类学、社会结构论的复杂体系。不过,在方法论上,他强调以 1932 年在燕京大学讲学的美国社会学家帕克(Robert Park)的"社区"(community)理论为核心,以其人类学导师马林诺夫斯基的"分立群域"概念为立家之本。在《乡土中国》(1947)一书中,费孝通说:"以全盘社会结构的格式作为研究对象,这对象并不能是概然性的,必须是具体的社区,因为联系着各个社会制度的是人们的生活,人们的生活有空间的坐落,这就是社区……社区分析的初步工作是在一定时空坐落中去描写出一地方人民所赖以生活的社会结构……第二步工作是比较研究,在比较不同社区的社会结构时,常发现了每个社会结构有它配合的原则,表现出来的结构的形式不一样。"[①]

费孝通初访江村是在 1936 年。此前的 1935 年,费孝通从清华大学研究院毕业并获得公费留学资格,根据其导师史禄国教授的主张,在出国前应到少数民族地区实地调查一年。费孝通回忆说:"因偕前妻王同惠赴广西大瑶山。该年冬,在瑶山里迷路失事,妻亡我伤。经医治后,我于翌年暑期返乡休息,准备出国。在此期间,我接受家姊费达生的建议,去吴江县庙港乡开弦弓村参观访问,她在该村帮助农民建立了生丝精制运销合作社。我被这个合作社所吸引,在该村进行了一个多月的调查。在出国前夕才离开该

---

① 费孝通:《乡土中国》,北京三联书店 1985 年版,第 94—95 页。

村。这次调查不是有计划的,是出于受到了当时社会新事物的启迪而产生的自发行动。"①

在伦敦经济学院人类学系著名学者马林诺夫斯基教授的亲自指导下,费孝通以在江村调查时所获得的第一手资料为基础,撰写了题为《江村经济:中国农民的生活》的博士论文,顺利通过答辩并获得博士资格。马林诺夫斯基在为该书所写的出版序言中预言,费孝通的作品是社会人类学发展的里程碑,理由有三:第一,费著将促使人类学从简单的"野蛮社会"(the savage)走向复杂的文明社会;第二,此书将开创本土人类学的发展途径;第三,《江村经济》注重探讨社会变迁,将会有益于人类学应用价值的推进。事实证明,马林诺夫斯基的预言的确富于前瞻性,《江村经济》不仅成为一个时代社会人类学的描述文体范本之一,而且,更重要的是,它以社区为研究视角激发了中国人类学界对方法论的讨论和应用。

《江村经济》(英文书名为《中国农民生活》)一书是费孝通以小型社区管窥中国社会整体状况的实验性范例。它涉及江村(江苏吴江开弦弓村)社会生活的所有方面,把经济、社会关系、仪式等方面的素材,以功能的整体观加以联系、概括及分析。费氏直接采用了马林诺夫斯基所用的叙述框架,表现出对文化器具(即各种用具、物品、社会团体、观念、技术、信仰、习惯等人类创造物所合成的整体)与人的基本需求的相关性的充分关注。另外,他还以他的姐姐帮助农民建立的生丝精制运销合作社为例,探讨与技术引进相关的社会变迁动力。与其他人类学者不同的是,费孝通所关注的是当前中国的社会结构与社会形式,而不是人类衍生和变化的历史以及远古社会的推演,他从事人类学研究不是为了从现时代可观察到的事实,推知远古社会的风俗和制度,而是为了以功能的角度解释中国社会的基质和社会变迁的动力。在这一过程中,社区研究是他切入中国社会的"时空坐落":"目的确是要了解中国社会,而且不只是这个小村所表现出来的中国社会的一部分,还有志于了解更广阔更复杂的'中国社会'"。②

---

① 费孝通:《江村经济——中国农民的生活》,商务印书馆 2001 年版。
② 费孝通:《社会调查自白》,知识出版社 1985 年版,第 29 页。

在江村研究之后,费孝通继续以社区研究为方法,开展了"云南三村"社会经济模式的比较研究,并在理论上对中国社会与发展进行超区域的论述。那就是,对中国这样一个与简单的"野蛮社会"有深刻差异的"复杂文明社会"进行社区分析,是否能体现中国社会的特点? 换言之,社区研究针对的是小地方,在大型的文明社会中,小地方无疑也是大社会的一个部分,但是,它们是不是可以被视为大社会的"缩影"(microcosm)? 他认为,通过精心的选择,一个或者几个社区可以作为一种"类型"的代表,通过积累众多的"类型",可以达到反映中国社会结构的总体形态的目标。正是基于这样的认识,20世纪40年代,费孝通在云南指导了对农村、工厂、少数民族地区等不同类型社区的研究工作,并选定了禄村、易村、玉村等不同的社区,来观察土地权集中和其他因素,如手工业、资本累积、家庭组织等方面的关系,与江村研究进行不同社区类型的比较研究。

正是吴文藻、费孝通以及李安宅、林耀华等学者所从事的不同形式、不同类型的社区研究,把西方社会学理论以及社区研究方法和中国的实际相联系,对促进社会学的中国化以及认识中国社会状况都起到了重要的作用。但由于中国早期的社区研究局限在学术圈子之内,故而没能在中国社会变迁的过程中发挥理论指导实际的作用,因此不能真正解决当时中国的社会问题。

第二节　社区研究的概念群与理论模式

经过数代学人的持续努力,经过长时间的不懈探索,目前,社区研究已经成为一个体系完整的研究领域,因为研究角度和研究结果的不同,出现了众多的概念,并形成了一系列理论模式。

1.社区研究的基本概念

为了分析和理解的方便,有学者将社区研究领域所涉及到的诸多概念分为实体性概念、特质性概念和过程性概念三大类。①

所谓实体性概念，是指那些具有实体性、可见性的概念，具体在社区的研究中，包括社区组织、社区资源、社区文化、社区中心等。其中，社区组织指的是社区内有目的、有计划建立起来的，具有一定功能的各种团体和机构。可分为经济组织(如工厂企业、宾馆酒楼、金融税务以及农村的各种生产联合等机构)、政治组织(如政府机关、公检法机关、政党组织等)、文化组织(如学校、影剧院、图书馆、博物馆、青少年宫、各种游乐场所等)、福利组织(如福利院、老年人活动中心、福利工厂、残疾人康复中心等)。随着市场经济的发展，各种民间组织例如社区的中介服务性机构成为社区组织的重要组成部分。社区资源是指社区赖以存在的物质资源和社会资源的统称，物质资源包括海洋、湖泊、山脉、道路、土壤、阳光等经济条件和环境条件，社会资源包括和社区发展有关的人力资源、智力资源、文化资源和关系资源等。随着科学技术的进步，物质资源的跨社区流动越来越不受自然环境的制约，从这个意义上来说，传统社区的发展主要靠物质资源，而对现代社区的发展而言，社会资源显得更为重要。社区文化是指通行于一个社区范围之内的特定的文化现象，由外在文化和内在文化两部分构成，外在文化是指社区配备的文化教育设施以及开展的技术培训、文化体育活动等，内在文化则是指社区居民的价值观、道德意识和行为取向等。

所谓特质性概念，是指社区居民行动的过程、状态或产生的结果，如社区整合、社区归属感、社区参与等。其中社区整合是指社区各部分、各因素之间相互适应与调节，并进而达到一种相互合作与依赖的过程与状态。社区整合是社区持续发展的动力源泉，但却是一件复杂的系统工程，是多种因素、多种力量相互影响和综合作用的结果，主要表现在社区认同感的增强、社区居民积极性的提高、社区合作的增加、社区参与的增多等方面。社区归属感是指社区居民把自己归入某一地域人群集合体的心理状态，这是一种表现为情感、情绪、心理倾向的自发的心理状态，是社区居民内心情感的自

---

① 参见蔡禾主编：《社区概论》，高等教育出版社 2005 年版，第 30 页。

然流露,非外在力量所能左右。社区参与是指社区居民自觉自愿参加社区各种活动或事务的过程,这是一种公众的参与,意味着社区居民对社区责任的分担和成果的共享,它使每一个居民都有机会为谋取社区共同利益而施展和贡献自己的才能。

所谓过程性概念,形成于对社区发展的状态或过程所进行的研究,包括社区控制、社区冲突、社区解组、社区发展、社区规划、社区管理等。社区控制是指在社区范围内实施的对社区居民或社区组织行为的限制或约束,它通过社会风尚、行为规范、法律制度等手段来保证社区的和谐与稳定,使社区成员能够按照一定的社会秩序进行生产和生活。社区冲突是指社区内的个人或团体为各自的利益和目标而产生的相互抗争的行为或过程。传统社区的封闭式经济压抑竞争、反对竞争,因此表现出职业的终身制;现代社区,竞争作为市场经济发展的必然产物,已经为人们所习见。社区冲突还有可能发展为斗争,甚至战争。社区解组也称为社区解体,是社区中一个或几个子系统由于某些原因而丧失特定功能的状态或过程。社区发展是指社区成员与决策机构合作,有目的、有计划地改善社区的经济、社会、文化、教育等状况,解决社区共同问题,提高居民生活质量和促进社会协调发展的过程。社区规划又称社区设计,是指为了有效地利用社区资源,合理配置生产力和城乡居民点,提高社会经济效益,保持良好的生态环境,促进社区开发与建设,从而制定比较全面的发展计划,亦即对一定时期内社区发展目标、实现手段以及人力资源的总体部署。社区管理则是指对社区的组成部分及其发展过程进行的组织、指挥、监督和调节。社区管理与社区规划是社区发展最基本也最重要的手段和方法。①

2. 社区研究的理论模式

社区理论是关于社区研究的各种理论、学说与观点的统称,又称社区探究法。由于各社会学家所持的角度和所抱的观点互不相同,形成了各种不

---

① 详见蔡禾主编:《社区概论》,高等教育出版社 2005 年版。

同的社区理论,比较有影响力的主要有人文区位理论、社区权力理论、社区社会关系理论、社会体系理论、社区冲突理论、社区发展理论等。

①人文区位理论。着眼于把社区作为一种空间现象或区域单位来研究。芝加哥学派的重要代表人物帕克在《人文社区:城市和人文区位学》一书中提出这一研究视野。该理论在发展过程中可分为古典理论、社会文化区位理论、新正统理论亦即地区分析论等。古典区位理论即二十世纪二三十年代由芝加哥学派提出的理论,它借助于生物学进化论的原理,强调研究都市环境的空间格局。其主要的研究话语包括竞争、中心化、集中、隔离、入侵、延续等表达区位过程的概念。社会文化区位理论以 20 世纪 40 年代美国社会学家怀利为代表,认为诸如思想感情和象征体系这样一些文化上的变项,对于都市的空间格局有重要影响,从而为区位研究提出了一个新的研究方向。新正统区位理论的主要代表人物有 A. H. 霍利和 O. D. 邓肯。该理论修正了古典区位理论,把研究的焦点从空间分布转移到人口的适应,认为技术、文化、社会组织、环境是关键的适应机制。

②社区权力理论。对社区权力进行的理论研究大致可分为精英控制模式、多元权力模式和其他权力模式三类。精英控制模式最早由林德夫妇提出,亨特(F. hunter)运用"声望法"研究得出社区最重要的决策是由少数权力控制者作出的结论,随后又有学者提出著名的"寡头统治铁律",无论社区内的社会多么民主,依然会出现官僚集团,这些精英彼此渗透,形成一个权力精英群体。多元权力模式论的代表人物是戴尔(R. Dahl),他认为,社区的权力不是由极少数人或一个小群体控制,而是分散在多个团体或个人的集合体中,各个群体都有自己的权力中心。其他的社区权力研究提出了多种多样的权力模式,如罗斯就把社区的权力模式区分为金字塔型、委员会型、多元分布型和无定型 4 种。越来越多的职业分化形成越来越多样的职业团体,影响到社区权力的分配,最后则导致"政治结晶化",即社会结构多样化、异质化,不同的阶层和团体对应着不同的社会地位、利益需求和政治倾向,而代表不同利益群体的政治团体在权力体系中的存在分散了权力。

③社区社会关系理论。通过邻里这一最基本的社区单位,社区研究者

研究得出了社区失落论、社区继替论和社区网络理论等。社区失落论的代表人物是齐美尔、沃思。沃思认为城市具有三种生态学上的特质，即人口众多、高密度、异质性，这些特质不可避免地使城市形成不同于农村的生活方式并带来许多社会问题，使人们丧失了对人情味的温暖感受，人与人之间猜忌和相互怀疑多于信任和彼此依靠，滕尼斯所讲的个体之间、邻里之间关系密切的传统社区在现代城市中已不复存在，故称作社区失落。社区继替论的代表人物是刘易思和甘斯。他们发现，城市居民并非彼此没有联系的单个个体的聚集，城市居民仍然有邻里关系，仍然存在地方社区感，仍然利用邻里关系来进行社会交往，并获得各种社会支持，在城市，人与人之间仍保留着亲密与信任的互助关系。社会网络理论将社区从邻里地域的限制中解脱出来，超越于地域概念，强调研究人们之间的关系，又称为"社区解放论"。其代表人物为费舍尔、谢尔曼等，他们总结了以往城市社会学家对社区进行研究的主要特点，指出社区生活和人际关系的研究一直局限在同一地域的邻里关系之间，忽视了社区居民其他重要的日常活动和社会交往领域，比如共同兴趣或价值观等，他们主张应从地域和场所的局限中解放出来，接触和结交更广范围的朋友，建立超出邻里关系甚或根本与邻里关系无关的初级群体关系。

④社会体系理论。把社区视为集中于某一地方，而又比较持久的相互作用的体系，作为许多个人、群体、机构之间相互交往、相互作用的网络来分析社区的结构及社区的功能。社会体系理论在社区研究中的应用，主要表现在三个方面：一是把社区作为交往互动的场地；二是将社区视作大社会的次体系；三是注重分析社区的纵向格局与横向格局。

⑤社区冲突理论。其基本的理论假设是：社区是一群人聚集在一起，但却追求各自利益的地方；冲突不仅是必然的和固有的，而且还是对社区发展有用的部分；冲突是社会中现有的不平等产生的必然结果，是剧烈社会变迁的前奏。最早运用冲突理论来研究社区的是美国学者 J. S. 科尔曼，他在地方社区范围内研究社区冲突，并于 1957 年出版《社区冲突》一书。

⑥社区发展理论。美国社会学家 F. 法林顿在 1915 年写成的《社区发

展:将小城镇建成更加适宜生活和经营的地方》一书中,首次使用了社区发展这个概念。社区发展是一种有计划地推动社区变迁的方式。1960 年,联合国理事会提出社区发展这一概念,把社区发展作为一个工作过程,其核心含义是指在一个特定的地域范围里,组织和教育社区民众,从社区的共同意识、利益和需要出发,有计划地推动和引导社区居民共同参与,使自身的努力和政府联合一致,合理利用社区资源和外来援助,改善社区经济、社会和文化状况。[①]

有关社区的研究,已经形成和正在发展的相关理论还有很多。其所以如此,恰恰是因为社区不仅是现代社会的微观基础,而且是社会学研究的一个重大主题。这些社区研究,或以社区为研究对象来反映更广阔的社会空间和更复杂的社会结构;或以社区为单位,对某种社会学理论或命题进行检验和求证;或通过对特定社区的观察和调查以推动社区的发展。他们的理论成果和研究方法,对于我们更加深入地认识转型期中国的社会问题和社区发展,应该说具有极为重要的借鉴意义。

第三节　社区研究的现代状况与现代视角

"社会学因转型而诞生,这种转型是指从先前社会生活方式的特征,急转成为西方工业化的社会秩序。"[②]吉登斯所以会将"变迁中的世界"视为现代社会学关注的最为重要的主题之一,是因为在他看来,社会学本身就是这种变迁的产儿。

1. 社会的批判:社会学的现代历程

人类的一切学科成果和知识体系都是某一具体时空条件的综合产物。具体到社会学这一学科门类,从时间维度上看,它是特定时代精神和历史条件的产儿和结晶;从空间维度上看,它是特定地理区域和具体社会形态的自

[①] 详见黎昕主编:《中国社区问题研究》,中国经济出版社 2007 年版,第 12—24 页。

[②] 吉登斯:《社会学》第 4 版,北京大学出版社 2003 年版,第 4 页。

我意识和自我认识。此外,作为学科发展规律的结果,社会学还是自身知识传承与演变的产物。具体说来,对于社会学的产生,启蒙运动确立了基本的思想源泉和知识动力,法国大革命成为主要的政治动因,而工业革命则提供了深厚的社会基础。

作为资产阶级革命和科学技术进步的结果,西方社会从文艺复兴时代开始并很快完成了其从传统农业社会向现代工业社会的转变。这场转变摧毁了旧的社会关系和社会秩序,不但造成了工业的发展和技术的进步、地理上的探索和殖民地的扩张,而且也带来了阶级结构的变化、都市化、宗教变迁,以及新的世界观和价值观。不过,这场大变迁并不是一帆风顺的:工业革命在建立资本主义体系的同时,也摧毁了城市中的封建行会和农村中的庄园经济,并造成了小手工业者和农民的大批破产,成为无家可归的无产者;都市化既造就了中产阶级,促成了市民社会的形成,也带来了拥挤、贫困、污染、噪声和犯罪等一系列新的社会问题;宗教变迁既除去了对人类精神生活的传统束缚,也带来了精神世界的坍塌和价值观念的紊乱。

正因为如此,对现代社会的批评在现代文明的一开端就开始萌生。事实上,在十八世纪的启蒙运动内部,卢梭即已发出极其不和谐的声音。早在1871年,尼采在他的第一部学术著作——《悲剧的诞生》中,就已经开始了对现代文明的深刻批判。他指出,在资本主义社会里,尽管人们所能获得的物质财富日益增多,但他们并没有得到真正的自由和幸福。僵死的机械模式压抑人的个性,导致其生命本能的萎缩,并由此使人们失去自由思想的激情和创造文化的冲动,使现代文化显得如此颓废。这是现代文明的病症,要想医治现代疾病,必须恢复人的生命本能,对人生意义做出新的解释。

可以说,正是现代社会变迁带来的这些消极和负面的影响,使得人们寻求秩序的需求突显出来,进而表现为对建立一门致力于恢复秩序、重建社会的社会科学的需求,而社会学正是在这样的背景下应运而生的。1838年,法国哲学家、社会学家孔德在其《实证哲学教程》第4卷中首次提出"社会学"一词,从此,社会学诞生。之后,"西方社会学自诞生以来在其理论形态上出现了实证主义、人文主义和批判主义三种不同的发展取向,且分别经历了古典社会学理论、现代社会学理论和当代社会学理论三个不同阶段,并最终形成了一种现代化研究范式。"①

沈杰在《西方社会学史上几个标志性的时代》一文中提出,如果从社会学的知识特征尤其是研究范式的演变以及流派的分化与综合,我们还可以把西方社会学知识体系的发展进程划分为五个具有标志性意义的重要时代。在此概述如下:

①创始之初的社会学。如上所言,社会学是顺应西欧急剧的社会变迁、顺应社会变迁之下对于秩序的需求而产生的。在西欧工业化、都市化的过程中,产生了大量的社会问题,需要思想家加以解释并提供解决的方案。与此同时,自然科学已经形成较为完整的体系,人类对于自然界的认识日益精进,采用的研究方法和手段不断改善,学科的分化也愈来愈精细。因此,人们对于深入地认识社会提出了较高的要求。社会学就诞生于这样一个激剧变迁的时代。从问世的第一天起,它就在参与现代社会的设计与建构,并在此一过程中逐步成长起来,因此,社会秩序如何成为可能,如何恢复和重建,是社会学一开始就关注和思考的一个根本性问题。孔德(A. Comte)把社会学划分为社会静力学和社会动力学两大部分,其实表达了他对这门学科所赋予的使命:将社会稳定与社会发展作为关注的核心。

在这一期间,社会学历史上产生了第一批著名的社会学大师及其经典的社会学理论:孔德的社会发展三阶段理论、马克思(K. Marx)的资本主义理论、韦伯(M. Weber)的合理化理论、迪尔凯姆(E. Durkheim)的社会团结理论、斯宾塞(H. Spencer)的社会类型理论、托克维尔(A. Tocqueville)的民主社会理论、帕累托(V. Pareto)的精英循环理论、滕尼斯(F. Tönnies)的社区与社会理论、齐美尔(G. Simmel)的形式社会学说等等。在这些富于原创性和体系性的理论中,第一批社会学大师重点考察了社会结构的广泛领域,关注人类社会在历时维度上的演替轨迹与发展规律,并不同程度地预见到了现代性进程中所可能隐含的各种阴暗面相。从实质内容上看,这一时代

①　夏建中:《现代西方城市社区研究的主要理论与方法》,《中国人民大学复印报刊资料(社会学)》2000 年第 8 期。

的社会学大师们集中关注的主题就是现代性的发生学,致力于挖掘的则是现代社会的消极特征。值得特别提及的是,此一时期的欧洲出现了后来一直影响着整个社会学发展进程的三大经典思想家即马克思、迪尔凯姆、韦伯,从而形成了社会学三大传统:马克思的唯物史观社会学、迪尔凯姆的实证主义社会学和韦伯的理解社会学,与此相关,社会学中形成了三种基本的方法论:唯物史观方法论、实证主义方法论和反实证主义方法论。

②第一次综合的时代。两次世界大战之间,社会学传入美国,随即在美国完成了社会学的本土化过程。随着芝加哥学派和制度学派的兴起,人际互动、邻里关系、社区发展和越轨犯罪等等一时成为研究重点,库利(C. H. Cooley)、米德(G. H. Mead)、帕克(R. E. Park)、凡勃伦(T. B. Veblen)等成为了代表人物。在从经典社会学向当代社会学转折的过程中,帕森斯(T. Parsons)作出了很大贡献,经由他,经典社会学理论完成了一次综合和创新,并且在综合的基础上,提出了具有社会学意义的社会行动理论。他认为社会系统以制度化价值体系为标志,其核心是规范化的角色关系,共享价值的一致是社会秩序形成的基本因素。在帕森斯看来,社会系统受文化模式和人格系统的渗透,他在致力于说明所有行动系统的性质时,提出了一套度量这些系统特征的概念,即"模式变量"。帕森斯系统性地提出了结构功能主义的宏大理论,他的理论核心就是关注社会的稳定、整合与均衡。他的模式变量不仅将现代性的量度具体化了,而且还乐观地描绘了一种似乎具有普适性的现代性的理想模式。

此一时期,结构功能主义成为社会学的"正统共识",变为占据引领地位的理论和学派,当时广泛开展的社会结构、社会分层、社会变迁和现代化研究,基本上都是按照结构功能分析模式进行的,以至于"结构功能分析"几乎成为了"社会学研究"的同义语。而上述中国社会学建构时期的第一代学者,吸纳和采用的也基本上是功能主义的研究理论和研究方法。

③第一次分裂而多元并存的时代。战后,帕森斯的结构功能主义理论受到了严峻的挑战,不同学派的许多社会学家都以帕森斯学说为论战的靶子和批驳的对象,力图在批判结构功能主义的过程中建构和发展自己的理

论体系,于是逐渐引发出了后帕森斯社会学的诸种流派。从 20 世纪 60 年代起到 70 年代下半叶,在广泛的怀疑与彼此的攻击中,西方社会学发展进程步入了一个后帕森斯时代,更准确地说,是反帕森斯时代。顾名思义,这是一个帕森斯结构功能主义强势地位丧失,理论流派或研究范式多元化的时代。古尔德纳(A. W. Gouldner)1970 年出版的《西方社会学危机的来临》与米尔斯(C. W. Mills)1959 年出版的《社会学的想象力》代表着社会学的激进主义思潮,他们都对传统社会学奉为指导性方法论的实证主义展开了批判,强调对于作为社会行动主体的人的生命价值和主观意义的理解及其阐释。另外,出于反对结构功能主义对均衡论的过分强调,达伦多夫(R. Dahrendorf)、科塞(L. Coser)创立了冲突理论。出于重新恢复社会学中人的地位这一目的,霍曼斯(G. Homans)、布劳(P. Blau)提出了社会交换理论。米德(G. H. Mead)强调心智、符号及其意义对于人际互动的重要作用,布鲁默(H. Blumer)以此为基础提出了"符号互动论",并与库恩(M. Kuhn)一起进一步把它发展成为强调社会结构是互动中的人们的产物,并将人视为自我生成的能动者的理论。戈夫曼(E. Goffman)则从拟剧的角度并基于理性人假设来阐发符号互动论。由舒茨(A. Schutz)创立的现象学社会学,旨在探讨日常生活世界的建构以及行动者主观意义的形成。另外两个代表人物伯格(P. Berger)和卢克曼(T. Luckmann)将微观层次的现象学理论与宏观层次的经典社会学理论进行了结合,并努力运用于经验研究层面。加芬克尔(H. Garfinkel)基于现象学社会学、符号互动论和语言哲学,所创立的常人方法学反对以往社会学的概念、工具和统计技术等对社会现实真正本质的扭曲,而旨在探索日常生活环境本身所产生的而非外在所强加给社会世界的意义,从而把社会行动者视为社会世界的能动创造者。

④新的综合:个性并存与相互借鉴的时代。进入 20 世纪 80 年代,针对后帕森斯时代社会学诸种学派多元纷呈的复杂局面,社会学各主要理论传统的代表人物都纷纷在重返古典的基础上力图对当代的多元化理论进行综合和创新。吉登斯(A. Giddens)创立的结构化理论,一方面批评了将社会结构视为独立于个人行动之外的功能主义理论,另一方面也批评了忽视社会

结构对个人及其行动所起的制约作用并从而将社会结构还原为个人行动的主观社会学派,他"结构二重性"的理论宗旨就是要清除这两种理论取向之间的对立和二元性质。哈贝马斯(J. Habermans)提出了沟通行动理论,他指出:自启蒙以来,人类的技术旨趣一直居于理解旨趣和解放旨趣之上,相应地,科学知识始终凌驾于解放知识和批判知识,其结果导致了权力和金钱对于生活世界的侵蚀。他以建构行动理论来重塑合理性命题,沟通行动因为具有真正的合理性,因此内含着促进生活世界振兴的解放潜力。亚历山大(J. Alexander)发展了"新功能主义",注重向互动论、交换论、冲突论、现象学社会学、常人方法学等吸取养分,并在功能主义的范畴中将它们统一和整合起来,建立起一种新的多维综合性的一般理论。布尔迪厄(P. Bourdieu)的实践理论力图解决法国思想传统中两种倾向之间的矛盾:一是萨特的存在主义,因为过分强调人的主观能动作用,而忽视客观现实的制约性;二是列维—斯特劳斯的结构主义,因为过分强调社会构造和观念形态的影响,而忽略人的实践能力和能动性。布尔迪厄建构起的实践理论把实践视为社会客观条件与个人能动作用之间的中介。柯林斯(R. Collins)提出的新冲突理论旨在克服结构功能主义仅注重均衡性的问题,他将交换论、符号互动论、拟剧论甚至网络理论等微观社会学的思想结合进冲突理论范式之中,建构了一种以冲突概念为核心的综合性的社会学一般理论。卢曼(N. Luhmann)致力于系统功能主义理论的建构,以系统论、控制论和胡塞尔的现象学等为理论资源,以提供一种更完善和更复杂的对世界的理解为目标,力图发展出一种社会学的宏大理论。总的说来,这一时代的社会学发展主要表现为综合性的理论体系的建树。

⑤后现代论争:全面反思与重建的时代。20世纪80年代以来,西方社会学领域出现了现代性与后现代性问题的大论战。后现代主义崛起于20世纪70年代,并在80年代达到顶峰,它的影响从最初的文学艺术、哲学领域日益向人文社会科学的其他领域渗透,社会学也概莫能外。在社会学的后现代论争中,主要出现了鲍德里亚(J. Braudrillard)、鲍曼(Z. Bauman)、哈贝马斯、吉登斯这四个人物。他们的思想及其立场,成为后现代社会学理论

进入全面反思与重建阶段的代表。鲍德里亚认为社会学只能描绘现代性的扩展及其变化,后现代境况的出现使现代事物失序、各种界限崩溃,整个社会的内爆导致了"社会性的终结",因而社会学也就成为多余的。鲍曼认为,当人们不再相信现代意识形态制造的宏大承诺,后现代性这一社会状况就到来了,这是一个无根的陌生世界,原有的权威和规则都已经失效,为新问题提供答案的责任落在新的一代人身上。哈贝马斯力挽狂澜,极力捍卫启蒙和现代性,主张"现代性是一项未竟的事业",启蒙理性之光尚有潜能亟待开发。在他看来,现代性方案之所以在实践中一再出现偏差,根本原因就在于未能按照科学、道德、艺术各自不同的范式去发展合理的理性化制度。吉登斯认为当今时代是一种与理想型的现代性或者更确切地说早期现代性颇有差异的高度现代性(high – modernity)或晚期现代性(late – modernity)状态,由于现代性极端化带来的诸种后果和风险已使关于"进步"的宏大叙事落空,解决现代性问题的途径已非导致这些问题的规则与资源所能提供,一些可能超越现代性限制的新社会型构正或多或少地以背离现代性原有基础的方式萌生,吉登斯把这一作为未来发展可能图景的后现代体系称为具有浓厚现实主义成分的乌托邦。另外,贝克发展了自反性现代化(reflexive modernization)理论,他认为简单现代化或正统现代化意味着由工业社会形态对传统社会形态进行抽离和重新嵌入,自身性现代化则意味着由另一种现代性对工业社会形态进行抽离和重新嵌入。[①]

　　与西方社会内部生长起来的原发性的现代化路径不同,中国是一个后发现代化国家,中国社会一开始是在极为被动的情况下对现代化作出了应急的回应,之后才开始自己主动的现代性追求。19 世纪末 20 世纪初,西方社会学开始传入中国。一方面,孔德社会学的实证精神、斯宾塞社会学的生物进化思想与维新志士的社会改良思想相吻合,西方社会学得以在中国迅速、广泛地传播,并对当时中国的社会思想产生了深远的影响。另一方面,马克思主义在中国的传播,形成了中国社会学的马克思主义传统。中国社

---

① 详见沈杰:《西方社会学史上几个标志性的时代》,《云南大学学报(社会科学版)》2004 年第 3 卷第 2 期。

会学沿着唯物史观方法论和实证主义方法论这样两个不同的传统，经历了四个阶段的发展：

①传入和成长时期(1891～1927)。19世纪末期，康有为、梁启超等维新派知识分子将社会学引进中国，提出了"群学"的概念，典出于《荀子·王制》中关于群的概念。尔后，严复开始完整地介绍西方的社会学系统理论，并译述了斯宾塞的《社会学研究》一书，定名为《群学肄言》，在该书序言中，严复给群学下了明确的定义："群学何？用科学之律令，察民情之变端，以明既往、测方来也。""今夫士之为学，岂徒以弋利禄、钓声誉而已，固将于正德、利用、厚生三者之业有一合焉。群学者，将以明治乱、盛衰之由，而于三者之事操其本耳。"之后，章太炎翻译出版了日本学者的《社会学》，被认为是国人始用"社会学"的开端。群学一词在短暂地使用之后就渐为社会学一词所代替。与此同时，有关马克思主义创始人的生平与思想的介绍和讨论也开始出现于中国思想界，李大钊、瞿秋白等进步人士的积极传播，为马克思主义的中国革命实践，起到了播种的作用。

②发展和繁荣时期(1928～1951)。20世纪20年代后期，一批受过专门训练，并以教授、研究社会学为职业的第一代中国社会学者群逐渐形成。潘光旦、吴文藻、费孝通等前述学者的努力与尝试，完成了社会学的中国化过程，使社会学初具规模，其学术地位得到了初步的确定。当时，很多高校设立了社会学系，社会学被教育部列为大学教程，自编社会学教材15种，成立社会学研究机构和中国社会学社，编辑出版《社会学刊》等。一时之间，中国社会学呈现出蓬勃发展的景象，在理论研究和应用方面都取得了较大成果。其中代表性的成果已在前文中介绍，在此不再赘述。

③取消和停滞时期(1951～1978)。新中国成立后，中国社会性质发生了根本变化，中国社会科学领域运用马克思主义的立场、观点与方法全面清理和改造旧中国的社会科学遗产，并在此基础之上进行新中国的社会科学学科建设，社会学的教学与研究被取消，学科建设遭遇重大挫折。

④恢复和发展时期(1979～今)。中国社会学的恢复与重建于1978年以后开始，1979年中国社会学研究会成立，费孝通提出恢复社会学研究的

最初与最直接的动因是解决当时迫切社会问题的现实需要。经过 30 年的重建与发展,中国的社会学学科建设已经取得很大成绩。到目前为止,中国社会学研究机构有 50 多个,大学里的社会学系和专业有 80 多个,社会工作系和专业有 200 多个,社会学学科的硕士授予点有 100 多个,博士授予点有近 30 个,专任教师 4000 多人,在校本科生和专科生约 4 万人。

中国的社会学发展到今天,走过了极其曲折艰苦的一个过程,总算修成今天的硕果。尽管如此,在费孝通先生看来,中国的社会学尚未充分成熟,其根本的一点就在于过分重视科学性,而忽略了人文性甚至没有扩展到人文性。他在"社会学传统界限扩展论"中提出"社会学是具有'科学'和'人文'双重性格的科学",社会学的价值,不仅仅在于由科学性决定的"工具性","社会学的人文性,决定了社会学应该投放一定的精力,研究一些关于'人'、'群体'、'社会'、'文化'、'历史'等基本问题,为社会学的学科建设奠定一个更为坚实的认识基础。"费老认为:"'人'和'自然'、'人'和'人'、'我'和'我'、'心'和'心'等等,很多都是我们社会学至今还难以直接研究的东西,但这些因素,常常是我们真正理解中国社会的关键,也蕴含着建立一个美好的、优质的现代社会的人文价值。社会学的研究,应该达到这一个层次,不达到这个层次,不是一个成熟的'学'(science)。[①]"

科学性和人文性的统一,是中国社会学成熟的必经之路,也是费孝通先生逝世前对中国社会学发展和拓展所做的又一重大贡献。这一理论的提出,可以看作是费老对世界社会学反思、重建的潮流所做的一种具有鲜明中国特色的回应。在特定的时代条件下,把社会学当作经验科学、虽然以种种新面目出现、实则由实证社会学占据主流地位的中国社会学界,必须重新进行思考。尤其是随着和谐社会和科学发展观的提出,费老的观点会越来越显示出它的重要性。联系美国人类文化和社会心理学家英格尔斯所提出的人的现代化问题,我们不得不承认:要避免畸形发展的悲剧,避免现代文明的弊端,就必须具备富于真实生命力的广泛的现代心理基础。遗憾的是,英

---

① 费孝通:《"试谈扩展社会学的传统界限"》,《北京大学学报·哲学社会科学版》2003 年第 3 期。

格尔斯所谓的现代心理基础,指的是执行和运用这些现代制度的人自身从心理、思想、态度和行为上都必须经历的一个向现代化的转变过程,和费老所说的"建立一个美好的、优质的现代社会的人文价值"相比,远非同一概念。

　　总体上说来,在中国社会学一百多年间的曲折历史中,它一方面每时每刻、自觉不自觉地在处理着与中国社会现实、与中国学术传统特别是中国历来的社会思想的关系,同样也无时无刻不在处理着与外国社会学和社会思想的关系,并且正是在这种处理中实现了并且还在继续实现着自己的创新作用,并由此创建自己的中国特色的。郑杭生把中国社会学百年的发展轨迹概括为"立足现实,开发传统,借鉴国外,创造特色"四句话。所谓立足现实,就是中国社会学把现实的中国社会作为自己的立足点、出发点和归宿点。所谓开发传统,就是中国社会学注意吸取几千年历史上丰富的社会思想,特别是关于社会治乱兴衰的思想,以此来观察现实的中国社会,并对西方传入的社会学给予中国特色的理解和阐释。社会学的中国化,首先当然是立足现实,同时也是与开发传统分不开的。所谓借鉴外国,就是中国社会学界注意借鉴国外社会学,其中包括欧洲、美国和日本的一些理论和方法。所谓创造特色,就是在立足现实、开发传统和借鉴外国的基础上,中国社会学进行自己的创造。这里,"立足现实,开发传统、借鉴国外,创造特色",是统一的整体,不能相互分割。缺少其中之一,就会这样那样影响中国社会学的健康发展和成熟。[①]

　　社会学作为一门科学,是在现代性萌芽并在具体社会的历史实践过程中大行其道的时候诞生的,也可以说是在人工建构的社会环境日益扩大并日益取代自然环境的过程中,登上历史舞台并有所发展的。"现代性将人摆在自然之巅的一个玻璃盒子里,坚持人与自然界其他事物彻底分离的态度。它脱离地球共同体这一更大的故事来构思人类的故事。""要想成为真正的后现代就要反对分离性,要打开盒子把我们重新放回到更大的背景,即地

---

①　郑杭生:《改革开放 30 年:日趋成熟的中国社会学》,《江苏社会科学》2008 年第 3 期。

球、宇宙、神圣的整体中去。"①在对现代性的反思中,人们建构起了社会学学科,也就是说,从诞生之时起,社会学就是一门具有反思性特征的学科。**在某种意义上可以说,现代性与社会学是一种"异面同体"之物,从一个方面看,现代性是社会学的社会形态;从另一方面看,社会学则是现代性的知识表征。**如果说社会学产生于对现代社会条件下出现的诸多社会问题不得不作出的回应,那么社会学在现代社会的发展过程事实上都与对于现存社会的批评密切相关,尤其是后现代社会学,更是促进了现代性病理学的发展。因此,后现代社会理论,不论是对于社会学学科的健康发展,还是对于现代化事业的合理进展,都大有裨益。

社会学一路走来,在积极回应社会现实的过程中走到后现代,而正是社会学领域的后现代论争,引起了社会学家对于人类社会未来发展进程的重新思考和定向,不止是社会的批判,更重要的是社会的重建。

2. 社会的重建:社区研究的现代视角

断裂的社会面临重整的任务。如果说诞生于 19 世纪中叶的社会学是传统社会断裂的直接结果,或者说是因传统社会断裂而生的所谓"现代性"的产儿,那么,社会学乃至整个社会科学的诞生不过是西方知识界对因工业文明和民主政治而导致的旧制度的崩溃所产生的混乱状态和秩序问题的一种反应而已。如果说对现存社会秩序的批判是社会学的研究方法和手段,那么秩序的寻求和整个社会的重建就是社会学的学科目标,这决定了社会学从一开始就与西方社会建设有着不可分割的内在联系,而社会学理论在某种意义上也就是社会建设理论。

从一开始,在社会学的先驱者们那里,恢复秩序和重建社会的努力就在理论和经验两个层面上展开。倡导实证主义的孔德在缔造社会学之初,就赋予了这一学科以鲜明的经验研究品质。它要求社会学家必须获得并利用第一手的经验资料来论证假设、建构理论,而不能单凭抽象的思辨活动对社

① 查伦·斯普瑞特奈克:《真实之复兴》,张妮妮译,中央编译出版社 2001 年版,第 2 页。

会作形而上学的推演。因为在孔德眼中，"唯有全面重建才能结束现代重大危机，这种重建工作，从精神角度而言主要在于建立一门足以适当解释一个人类历史的社会学理论。"①在孔德之后，尽管其他经典社会学家们提出的理论各异、所作的努力不同，但究其根本都是对人类尤其是欧洲文明在整个19世纪和20世纪之初所遭遇的社会危机做出的回应。马克思和迪尔凯姆意识到他们生存的时代是一个危机四伏的时代，但他们又都对未来抱以乐观主义的态度。马克思描述了资本主义社会的无序和崩溃的必然性，但他也设想将有一种更为人道的社会体系的诞生，并解决在资本主义社会无处不见的物化和异化现象；迪尔凯姆则相信："工业主义的进一步扩张，将建立一种和谐而完美的社会生活，并且，这种社会生活将通过劳动分工与道德个人主义的结合而被整合。"②和马克思、迪尔凯姆不同，滕尼斯、齐美尔、帕雷托特别是韦伯，则以悲观主义甚至绝望的心情来对待上述危机。在韦伯眼中，现代西方世界正在面临一个巨大的悖论：在这里，人类社会要想取得任何物质方面的进步和扩张，都必须付出巨大的代价，这个代价就是与个人的创造性和自主性天然不容的科层制"铁笼"的不断扩张。

与理论探索同时甚至更早一些，作为社会重建的另一个方面的经验社会研究也在欧洲各国积极开展起来。其实，远在孔德提出"社会学"这一名词之前，经验研究就出现在十七八世纪的英国和法国，以后又扩展到德国和美国。随着资本主义的不断崛起，一些由政府官员、慈善家、医生、教师、企业家等社会名流组成的现代社会的批判者与重建者，以及独立从事研究的科学家等就着手进行相关的经验研究。他们完成的研究主要包括三个方面的内容：①对贫困、卖淫、犯罪等社会问题的研究；②对监狱、贫民院、医院等处理各类社会问题机构的研究；③致力于改进政府工作、了解工农业发展状况，以及反映人口、移民和教育费用的调查分析与统计报告等。这些研究不仅有着明确的经验取向，而且其研究者也大都致力于通过影响立法等手段，来改善实际的社会发展进程。

---

① 孔德：《论实证精神》，商务印书馆2001年版，第43页。
② 吉登斯：《现代性的后果》，译林出版社2000年版，第6—7页。

　　20 世纪 90 年代以来的当代西方社会学理论,出现了各种思潮迭起、理论流派错综交织的大分裂和大综合局面,但也呈现出一些基本的规律和特征,其中有一点就是:各种理论思潮在经历重构之后发生了一系列的"转向",在转向的过程中,他们都在不断强化理论的现实性、应用性和实践性功能。具体说来,在西方社会理论界出现的多元综合和跨学科研究趋势中,许多以前被遗忘或者容易被忽视的问题都被纳入到了社会理论的考察范围,从身体、语言、欲望、情感、消费、同性恋到观念、旅游、历史、空间、文化、全球社会,几乎很难有什么问题可以逃过社会理论无所不在的目光。一些以前在传统社会学理论领域中被长期忽视或者很少涉及的研究领域,经历了一系列的理论重构,之后又发生了重大"转向",其中富有重要影响力的如后现代转向、女性主义转向、文化转向、空间转向、身体转向、历史学转向、语言学转向等等,都对传统社会学理论产生了重大的冲击。这一系列转向,其动力来源应该说就是回应社会现实的挑战,就是改造社会现实的努力。

　　社会现实是极其复杂的,是多层次、多领域、多维度并存的,而社会学理论作为对社会现实的一种学术反思,其本身就应该像社会现实一样,多层次、多领域、多维度展开。无论是何种取向的社会学研究,其理论的本质都是对人类社会实践的一种反映,都是对社会现象和社会行为的一种解释和说明。如果说理论建构的主要任务和目的在于为社会现实和社会实践提供一套合理化的解释,那么古典社会学理论家们已经做到了,他们为他们所处身的那个时代提供了许多解释,而当代社会学理论家们也应该继承传统,对当下的社会状况及其变化趋势做出及时而又合理的解释,并在关注当下社会状态的同时不断突出理论的应用性和实践性。然而,当代许多理论家指出,当今社会学越来越受到抽象化、自我指涉式的理论化的威胁,越来越远离经验研究和社会实践领域中的真实议题。因此他们主张,社会学理论的主要任务就是建构出可直接用于经验研究和实践指导的分析工具,包括概念、解释性命题、实践性指导原则等。布尔迪厄猛烈抨击了空洞的理论化倾向。另一位理论家查菲兹(J. S. Chafetz)也认为,社会学理论本应该同经验研究极度相关,所以社会学理论应该发展出一套"多样化的实践工具"——

包括具有普遍意义的解释性命题和概念。还有一些学者,如鲁尔(J. B. Rule)认为,当代社会学理论已经越来越失去了对其学科的一些永久性议题如越轨、经济增长、国民暴乱等的关注,而社会学理论的生命力就在于对现实问题的强烈关注和对社会实践的指导意义。

社会学理论之所以出现空洞化、远离社会实践的趋向,与其说是社会学对科学主义、实证主义长期过分追求的结果,还不如说是由于当前社会现实的快速变化所导致的整个社会学知识体系难以适应人类新的社会实践需要的表现。从更深层次的社会根源来看,当代西方社会出现了科学主义、科技理性的危机,而这种危机的根源又导源于现代性本身的危机以及现代性与现代化之间的不一致性。全球化所带来的社会现实的根本变化,导致种种危机的同时,也致使社会学总体性危机的时代到来。

对此,许多当代理论家提出,社会学理论必须实现一种彻底的转换,要为适应新的社会现实的变化去开辟、去创新,如果我们不能塑造一个"新人",那至少也要培养一种"新的关注方式",一种新的社会学眼光,倘若没有这种真正的转换,没有思想的更新,没有精神的巨变,社会学理论对社会现实的认识与反思就无从谈起,社会学从诞生之时起就携带的反思性与批判性也只能沦落到一种"理论无意识"和"想象力枯竭"的境地。

总之,在现代社会学200多年的历史上,无数社会学家都曾苦思冥想、殚精竭虑,尝试着提出各种概念和假设、建构各种理论和体系,去解释因现代性的出现而发生变迁的人性和社会秩序,以图影响人类社会的走向、为社会重建找到大道通途。如果说社会学的危机主要表现在实践层面上,那么,社区的研究及其此一研究所具有的实践品质对于修补现代性的缺陷、拯救现代性的危机应该说具有无法替代的重要作用。社区理论是社会学的重要内容,无论西方还是中国,现代社会学的发展可以说一直伴随着社区研究和社区发展的进程。

社会学19世纪之所以会出现在西方,是因为此前几百年以来开始出现的全新的社会生活和组织模式导致了欧洲传统的社会秩序发生了有史以来最为剧烈的变化,而急剧的社会变迁提高了人们自觉地思考社会形式的程度。而当前,转型中的中国社会正在成为各种社会变迁的集中地、各种理论思潮的汇集点。一方面,中国社会学要继续自觉学习、借鉴欧美强势社会学的精华,使自己能够用世界的眼光,用前沿的理论,从整个人类实践的高度来解释中国社会的当代变化,建构有中国特色的本土化的社会学理论,从而使自己真正成为世界社会学中不可缺少的一支,在逐步培养和提高同国际社会学界平等对话的能力和实力的同时,为改变学科和学术的话语权一直由西方垄断的局面做出中国社会学家自己的贡献。另一方面,中国社会学首先必须立足于中国的社会实际,特别是抓住当前中国社会急剧变化的机遇,去调查、去研究、去概括、去总结,并要深入研究中国社会思想史和中国社会学史,从中国丰富的社会思想资料中,从中国悠久的优秀学术传统中吸取养料。

在结合当下中国现实的基础上,杨建华等人指出了当前社会学研究中的热点和前沿问题。具体说来,这些理论热点和前沿问题主要集中在以下领域:社会结构变迁与社会分层研究、和谐社会研究、社会组织与社会政策研究、社会建设与社会质量研究。

在中国,伴随着改革开放的深入,社会现代化快速发展,社会结构发生了急剧变化,新的社会利益关系格局也在逐步形成。社会变迁及社会结构和利益的分化会不会导致社会不同群体的对立和冲突,日益成为学界关注的焦点。这一问题又主要集中在中国社会变迁与现代化研究、中国社会结构转型与社会分层的特有机制以及社会中间阶层的崛起、特征与社会功能这三个方面。目前,对现阶段中国社会结构变迁机制及其阶级阶层结构变化的分析、解释,大致有三种不同的判断,即"层化论"(陆学艺)、"碎片论"(李强)和"断裂论"(孙立平)。

此外,自党的十六届四中全会提出构建社会主义和谐社会的重大命题,我国社会学界对和谐社会研究便给予了极大关注,围绕着和谐社会的界定、建设和谐社会的必要性和可能性、影响和谐社会建设的主要问题及和谐社会研究的生长点等论题,展开了广泛研究,形成了不少有价值的学术观点。社会学界普遍认为,社会结构的不合理与社会关系的不和谐、社会制度改革与社会政策创新的滞后、社会失范和社会价值迷失这三者是影响社会和谐的主要问题。必须要以构造合理的社会结构、调整国家与社会的关系、创新社会体制和社会政策为手段,去化解和消除那些不利于建设和谐社会的负面因素。具体地讲,就是扩大中等收入群体的规模、调节好收入分配、建构公共服务型政府、提升弱势群体融入社会的能力和机会,等等。由于构建和谐社会是一项战略任务和一个历史过程,所以可以肯定,和谐社会研究将会在较长的时间里成为一门"显学"。就目前来看,和谐社会研究的重要生长点包括这样一些方面:社会整合机制研究,社会公正研究,社会管理研究,社会阶层研究,社会流动研究,劳资关系研究,利益协调机制研究,社会组织研究,社会保障制度研究,社会政策研究,民意表达机制研究,社会基本价值观研究,等等。

社会组织是相对于国家政权组织与市场经济组织而言的,是社会自我管理、自我服务和利益表达的组织化形式,也是现代公民社会发育成长的重要依托;对其进行恰当的社会定位既是一个政治问题,也是一个重要的学术问题。近年来,随着社会主义市场经济体制的建立和完善,中国诞生了各类非营利组织,社会组织理论和实务研究异常活跃。相关学者除了继续探讨社会组织的性质、作用等问题之外,还针对各类社会组织的定位和功能展开具体研究。学界普遍认为,社会组织的发展及其社会服务职能的发挥,是对国家社会管理的参与,起着在国家与公民之间传承社会政策、反映公民意见和需要的传导机制作用,有利于政府职能的转变和社会管理体制的创新。尤其值得一提的是农村各种专业协会,一直是社会组织研究的重要对象。自20世纪90年代中期以来,在全球化背景下,社会政策的概念和应用发生了很大变化。在我国,经过多年的探索,社会政策"摆脱了被动应付矛盾和问题的阶段,步入了在矛盾凸显的发展阶段而能引致和谐的佳境",创造了在矛盾凸显中引致和谐的中国特色的社会政策。

党的十六届六中全会从构建社会主义和谐社会的高度提出了社会建设的理论体系和实践要求,并把一系列关于社会建设的概念第一次写入中央文件,把社会建设作为"四位一体"的其中"一位",这对中国的社会学来说无疑是巨大的鼓舞。目前学界对社会建设的探讨同样集中在理论和实践两个方面。从理论上来说，学界普遍认为社会建设是从社会所处的现实发展阶段出发，顺应社会发展的趋势，遵循社会发展的客观规律，动员各种社会力量，在社会领域从事的各项建设。其主体由政府、社会组织（包括非政府组织）及公民构成，其原则是社会的公平与正义，其目标是和谐社会与科学发展，其内容包含了社会结构的调整与建构、社会流动机制建设、社会组织建设、社会阶层利益关系协调机制建设、社会事业建设、社会保障制度建设、社区建设、社会安全体制建设与社会管理体制建设等 9 个方面。从实践进程来看，近年来中国社会尤其是农村社会的发展获得了难得的机遇。社会主义新农村建设的提出和中央政府先后实施的一系列支农惠农举措不仅对农村发展产生了积极影响，也引起了中国社会学界的广泛关注。社会学界对与新时期农村建设密切相关的领域如农村土地制度、社会保障、社会资本、文化传统、乡村治理、村民自治及城乡关系等问题展开了广泛研究。研究焦点主要集中在三大关系上，即城乡关系、国家与农村社会的关系以及传统与现代的关系。社会质量与社会政策、社会建设的研究紧密相关，但是，从 2004 年开始，社会质量研究越来越受到社会学者的关注，特别是 2008 年以来发生的三鹿奶粉等、食品、药品安全事件，使社会质量的研究更是引人注目，正在日益成为一个重要而又相对独立的研究领域。①

　　综上，中国社会转型中出现的社会问题直接催生了中国当前社会学的热点问题，在对这些热点问题的理论研究和实践推进中，社区是最基础的单元和最基本的单位。正因为如此，中国社会学恢复和重建之后，社区研究的理论研究与实践探索也随之有了新的发展。1957 年，费孝通重访江村；1981 年，费孝通又一次到江村进行短期访问，并写了"三访江村"的文章。三访江村以后，从 1982 年 1 月至 1997 年 3 月这 15 年间，费孝通造访江村达 21 次之多。在此过程中，他的研究视野逐渐发生了重要转移：从农村转向小城镇，从小城镇转向区域发展。1984 年以来他发表的"小城镇，大问

————————

① 详见杨建华等：《当前社会学研究的热点和前沿问题》，《光明日报》2009 年 2 月 11 日，转引自中国社会学网 2009 年 3 月 17 日。

题"、"小城镇,再探索"和"小城镇,新开拓"等系列论文就是佐证。20 世纪 80 年代末开始,城市社区在中国经济和社会发展中的地位和作用日益显示出来,我国社区研究的重心开始转向城市社区建设和社区发展。

总体上说来,在社会学最初引进中国之后,早期的中国社区研究主要受到西方功能主义社会学和人类学研究方法的影响,"社区"虽然被当成一种方法论的单位加以研究,但是它的意义仅仅在于为人类学者提供一种借以窥视社会的"分立群域",从事此种研究的学者相信,透过社区,可以了解中国整体社会结构,或至少了解其中国社会的基层结构。到改革开放之后,亦即中国社会学得到了恢复和重建之后,社区的研究具有了更为现代的视角和更为开放的视野,社区中多种文化模式的交错、社区的"缩影性"、社会权力多元化、文化地方化等现象引起广泛关注。

社区研究的发展在 100 年间所表现出来的演进线路,是"社区"作为方法论单位,向"社区"作为社会现象和社会透视单位的结合体转变的过程。这种转变促使社会学者在从事社区研究之时,除了关注社区内部权力结构和功能之外,还关注更大场域的国家与社会的关系、传统与现代、中国与西方的关系。这样一种转变为中国社区发展与当今中国的现代转型之间建立联系奠定了坚实的基础。在中国现代转型的过程中,社区究竟能扮演什么角色,发挥什么功能? 社会学的反思性和实践性决定了有关社区发展的讨论不可能停留在书斋和讲坛,相反,它应该直接来自社区发展的当代实践,它更应该指导社区发展的当代实践。

第三章 社区发展与当代中国的现代转型

社区发展(community development),亦即"社区建设",是指在政府指导下,通过调整、强化社区自治组织和其他社区组织,依靠社区力量,利用社区资源,整合社区功能,发展社区事业,改善社区经济、社会和文化环境,把社区与整个国家的社会生活融为一体,从而通过社区建设促进整个社会进步的持续发展过程。

现代性转型是用以表述当代中国基本问题的一个重要命题,也是近代以来的100多年间中国社会变迁的主要脉络和中国国民追求的主要方向。现代性转型不仅仅是按照一种时间的逻辑,它遵循着自己特定的内涵和指向,指的是从传统社会的生活方式和思想观念向以现代核心价值观(自由、理性、个人权利)为支撑,以市场经济、民主宪政和民族国家为基本制度的现代文明秩序的转变。

在上一章我们谈到,社区研究的发展在100年间所表现出来的演进线路,是"社区"作为方法论单位,向"社区"作为社会现象和社会透视单位的结合体转变的过程。这种转变为中国社区发展与当今中国的现代转型之间建立联系奠定了坚实的基础。由此,也进一步确认了社区发展在中国社会转型过程中的重要性。但直到今天为止,我们还是极为遗憾地看到社会学家的社区研究理论和政府推动的社区发展实践之间的分离,看到社区居民作为社区行动主体与现代公民和现代意识之间的疏离。从启蒙的现代性到流动的现代性再到未完成的现代性,现代性对社区发展提出的要求、设置的任务还远远不曾落实。

第一节　现代性转型：当代中国的一个基本命题

按照韦伯的现代化理论，欧洲14至16世纪的文艺复兴、16世纪的宗教改革和18世纪的启蒙运动是对人的价值的发现和认同，使人从神权和皇权的专制统治中解放出来，获取了本来就应该属于他们的自由、权利和理性。为了保障个人的自由和权利，人们选择了市场经济、民主宪政和民族国家的制度。这样一种价值观和制度形式被称为与传统社会不同的现代社会或现代性社会。这一起源于欧洲的现代性价值观和制度体系已有数百年的历史。

从1840年鸦片战争开始的中国的近现代历史，其变迁的动力机制和内因逻辑就是寻求属于中国的现代化之路，即从传统社会向现代性社会的转型。在中国近代历史演进的过程中，几代中国人为实现现代化做过的努力、走过的历程、遇到的艰难、发生过的分歧和争论，虽然迄今我们还是不曾见到以现代化为主题写出来的中国近代史，但他们在中国现代化路途上留下的足迹，却还是历历可辨、无比清晰。胡绳同志在《从鸦片战争到五四运动》一著再版之时，专门在序言中谈到了他在修改过程当中思考过的三个问题，其中之一就是是否可以以现代化为主题来叙述和说明中国近代历史的问题。他认为这一主题对于中国近代历史来说显然是很有意义的，只不过近代中国的历史进程十分复杂，"在中国近代史中，现代化也就是工业化和与工业化相伴随着的经济、政治和文化等各方面的变化。从19世纪后期到20世纪初期的中国，现代化就是资本主义化。那时社会主义的问题还没有提上日程。中国的资本主义化当然就是中国国内各种社会力量的对比和斗争的问题。而且还不只是国内的问题，因为这时已经渗入了外国帝国主义的侵略势力。可以这样看，最早促使中国走向某种程度的现代化的不是别的什么力量，就是帝国主义。说只是某种程度的现代化，是因为帝国主义在全世界所到之处，按照自己的面貌来改造一切社会制度落后的民族和国家，但并不是要使它们真正成为和自己完全一样，而只是使那里发生以有利于自己实行殖民统治为严格范围的朝向资本主义的变化。"因此，"讲现代化，也不能不区别帝国主义所允许范围内的现代化和独立自主的现代化。"①

1. 百年中国：现代化进程和现代性追求

如绪言中所说，现代性与现代化是我们这个时代的主导精神和各民族共同追求的事业，但现代性与现代化不是同一事物，它们是互为表里、互相促进、彼此联系但却各不相同的两个概念，在历史背景、精神源泉和构建现代国家上存在着同一又相异的关系。现代性从中世纪末开始萌芽，在其发展的过程中取得了具有普世意义的理性形式：科学精神、人文精神、法治精神和自由、平等、民主的理念。现代化的出生比现代性稍晚，它由物质、制度和人口状况三个层面组成。中国现代化研究专家罗荣渠先生在《现代化新论》中提出："从历史的角度来透视，广义而言，现代化作为一个世界性的历史过程，是指人类社会从工业革命以来所经历的一场急剧变革，这一变革以工业化为推动力，导致传统的农业社会向现代工业社会的全球性的大转变过程，她使工业主义渗透到经济、政治、文化、思想各个领域，引起深刻的相应变化；……作为人类近期历史发展的特定过程，把高度发达的工业社会的实现作为现代化完成的一个主要标志也许是合适的。"②

至于现代性的界定，亨廷顿认为：现代性是现代化的完成，只有完成了现代化，才能获得现代性。他说："过渡型国家和现代国家的显著区别，令人信服的证明了现代性意味着稳定，而现代化意味着动乱这一点。"③周穗明等学者认为："现代性是现代化的理论抽象、基本框架；现代化是现代性的具体实现；现代性代表着与'传统性'不同的理念和因素，现代化代表着与'传统社会'不同的崭新的时代和社会形态"。④

显然，现代化是一个动态的过程，现代性是一种静态的抽象；现代化是

---

① 胡绳：《从鸦片战争到五四运动》（再版序言），人民出版社 2001 年版。
② 罗荣渠：《现代化新论》，商务印书馆 2004 年版，第 17—18 页。
③ 亨廷顿：《变化社会中的政治秩序》，三联书店 1989 年版，第 41 页。
④ 周穗明等：《现代化：历史、理论与反思》，中国广播电视出版社 2002 年版，第 165 页。

外在的表象,现代性则是内在的本质;是现代性引导了现代化运动。不管是现代化还是现代性,实际上都是人类文明的一种深刻变化,是现代文明的形成、发展、转型和国际互动的复合过程,是文明要素的创新、选择、传播和退出交替进行的复合过程,是追赶、达到和保持世界先进水平的国际竞争。具体到中国的社会现实,现代性指的是自由、理性、个人权利等核心价值观和以此为基础建立的市场经济、民主政体和民族国家等一整套制度,即现代文明秩序;而现代化主要是指经济的发展和民众福祉的改善,即所谓"民富国强"的发展方向,它的内涵主要是经济和物质的指标。现代性偏重于指称中国社会现代进程中的文化价值体系层面,以中国文化价值的现代重构为核心,强调生活方式、生存价值、伦理道德、生命体验等方面的重要性;而现代化偏重于指称中国社会现代进程中的经济和社会制度层面,以经济建设为核心,突出科技、工业、商业、政体等方面的重要性。显然,二者相比较,现代性具有更为根本和重要的意义。由此,我们也才以"现代性"来指称当前中国的发展方向和精神追求。

中国是一个拥有五千年辉煌文明的泱泱大国,曾经长时间地以天朝帝国的风度和威仪,以灿烂的文化、以无与伦比的繁荣和发达,雄踞在地球的东方,雄居于人类历史上的世界民族之林。所以,古代中国人几乎都持有一套几千年来固定不变的认知心理和体验模式:中国式天下的"中央",属于"华夏",而周边的四邻则是"蛮夷";我们是"天朝上国",是天下的主宰、世界的中心。在鸦片战争以前,中国和中国以外的世界几乎完全隔绝①,中国古代文明几乎自成一个自足的圆融的和谐的但却又是孤立的封闭的保守的系统。这个系统的特征是:

第一,经济上实行以封建国家所有制为强大背景的地主制与自耕农所

---

① 虽然明朝的历史上曾有郑和7次奉命出使西洋的航海活动,其时间之长、规模之大、范围之广都是空前的,郑和访问了30多个在西太平洋和印度洋的国家和地区,不仅在航海活动上达到了当时世界航海事业的顶峰,而且对发展中国与亚洲各国政治、经济和文化上的友好关系,做出了巨大的贡献,但这一活动主要是要达到宣扬明朝国威的政治目的。因为其全部的开支都依赖明朝强大的国力来支撑,没有对中国带来什么经济实惠,于是,明朝全盛时期过后,再也没有雄厚的经济实力来支持这项庞大的工程了,下西洋随之停止。这是中国古代历史上最后一件世界性的盛举。

有制。社会生产以家庭为单位,农业与手工业结合在一起,男耕女织,尊祖孝宗,一团农耕文明的和气景象。"大儿锄豆溪东,中儿正织鸡笼,最喜小儿无赖,溪头卧剥莲蓬",正是这副景象的绝佳描绘。

第二,政治上采用以中央集权主义为最高原则的官僚型政治结构。在这种结构中,天子南面而治,作为国家权力的最高代表,集行政、立法、司法于一身,具有无法限制的至大权力。所谓"普天之下,莫非王土;率土之滨,莫非王臣",所谓"君叫臣死,臣不得不死",正是这种权力关系的生动写照。

第三,以大一统为宗旨,以儒家正统学说为主流的和谐型文化结构。这个文化结构最突出的特征是强调了群体的和谐一致,孔子最早创立的"仁—礼"结构以温情脉脉的理论形态规范了"君君,臣臣;父父,子子"的封建秩序,"天人合一"的"中庸"之道又为之提供了更深厚的依据和方法。"观乎人文,以化成天下",是这种文化形态的伦理阐释。

正是这种根源于农耕文明、服务于中央集权的政治结构的文化系统,保障了古代中国在人类文明史上尽管朝代循环但却经久不衰的繁荣和辉煌;也正是这种内在精神里对科学技术充满排斥的文化系统,在中国封建末世失却生命力,导致了近代中国面对西方现代文明的被动、衰朽、不堪一击。

总之,在进入近代社会的时候,中国已经落后到了只能被动挨打的程度。站在近代社会入口处的中国,处在极为深重的忧患之中,内外交困,危机重重,一下子被西方强国的坚船利炮击碎了天朝大国的沉醉心态,才发现自身巨大的肌体已是千疮百孔、风雨飘摇。虽然,学界也有人认为,中国古代自宋明以来就已生长着现代性的萌芽,中国的现代性实际上是中国社会自身内在矛盾演化的必然结果,西方起到的只不过是一种催化剂的作用。对此,已故历史学家陈旭麓认为:

> 在明清之际,中国社会一度出现过比较明显的转变迹象。主要是:(一)星星点点,互不联系的资本主义萌芽破土而出;(二)徐光启、李之藻、宋应星、李时珍、方以智等人的科学思想的出现;(三)黄宗羲、唐甄的民主思想如流星过夜天。此外,还有后来出现

的《癸巳类稿》、《镜花缘》、《红楼梦》。这些东西给中国社会带来了新气象,产生过明亮的火花。但是,它们在总体上又是微弱的,不能突破封建主义的硬壳。一直到龚自珍,还只能是"药方只贩古时丹"。在中国,新东西的出现只能在鸦片战争之后。①

诚然,鸦片战争标志着中国社会的现代性进程在西方的撞击下拉开了帷幕,鸦片战争是一块清晰的界碑,标注着古典中国的解体和现代中国的建构。那时的中国人,尤其是知识分子,普遍感受到中国人传统地位失落的危机,渴望急切地探索中国人世界地位的重建。于是,变革图强成为中国人迫切的需要和强烈的呼声,现代化问题由此出现。现代化或者说现代性,当时是用"西学"、"西化"、"欧化"等用语来表述,因为它确乎来自外部。除了亡国灭种的危机感受,还包含现代性给中国人的日常生活带来的巨大诱惑和实际影响,具体说来,就是西方器物的输入和使用带来一种丰富而新奇的诱惑,给予中国民众一种"混合着痛楚的甜蜜的召唤"②。洋务运动、戊戌变法和辛亥革命作为中国近代历史进程的主线标志,从器物、制度等方面开始艰难的现代化变革,而它们无一例外都失败了;此后的五四新文化运动,则致力于思想观念层面的改造,用现代化来拯救中国已成为有志之士的共识。1949年,毛泽东建立的新中国实现了民族国家的构建,中国从此获得了真正意义上的主权,同时启动了工业化的进程,但新中国的国家治理仍带有较强的传统社会色彩。在大力的宣传和鼓动下,此时的现代化成为一个全民皆知的口号。1954年9月15日毛泽东在第一届全国人大第一次会议的开幕词中说:"准备在几个五年计划之内,将我们这样一个经济上文化上落后的国家,建设成为一个工业化的具有高度现代文化程度的伟大国家。"③周恩来在这次大会的政府工作报告中对现代化作了发挥:"如果我们不建设强大的现代化工业、现代化农业、现代化交通运输和现代化国防,我们就不能

---

① 陈旭麓:《近代中国社会的新陈代谢》,上海人民出版社1992年版,第19—20页。
② 王一川:《中国现代性体验的发生》,北京师范大学出版社2001年版,第32页。
③ 《毛泽东选集》第5卷,人民出版社1977年版,第133页。

摆脱落后与贫困。"①1964年,周恩来在第三届全国人大上更明确地提出了实现农业、工业、国防、科技四个现代化。从此"四化"口号喊了二十多年,人们以为现代化就是四化,实现了四化,中国就是现代国家了。

邓小平领导的改革开放首先在经济领域开始了向市场经济的转轨,创造了中国经济增长的奇迹。这一时期,人们开始认识到现代化不只是在一些产业部门和国家部门引进先进技术问题,而且还要在制度层面上对不适应于现代化的政治和经济体制、文化和科技体制进行改革,特别重要的是要建立新的干部制度、用人制度和培养现代化人才。邓小平在1980年提出:"我们进行社会主义现代化建设,就是要在经济上赶上发达资本主义国家,在政治上创造比资本主义国家的民主更高更实际的民主,并造就比这些国家更多更优秀的人才。"②

八十年代初,中国进入到现代性转型进程中最具有重要意义的年代,其主要标志是所谓"第二次思想启蒙运动"的发端和市场化经济体制改革的启动。市场化改革是现代性转型的一个组成部分,虽然这一变革更多隶属于现代化变革的范畴,但它的意义不仅仅在于资源配置的效率,也不仅仅在于民族的振兴和民众福祉的改善,它实际上在更深的层面上反映出了人的自由、理性和权利为代表的现代价值观得到了认同和尊重。"思想启蒙"与市场化改革发生在同一个时期,因为它们之间具有内在逻辑上的一致性。作为当时政治家、各界社会精英与广大民众的共识,中国的现代性转向也从"思想启蒙"中获得了不可估量的活力。③

然而,从九十年代一直延续到今天,思想启蒙与市场改革的共识却出现了破裂。对于八十年代的新启蒙运动,许纪霖先生认为:

> 在这二十年中,最值得重视的是八十年代中后期的新启蒙运
> 动,其上承思想解放运动,下启九十年代,成为当代中国的又一个

---

① 吴振坤:《中国社会主义现代化建设问题》,中央党校出版社1984年版,第2页。
② 《现代化研究(二)》,商务印书馆2003年版,第34页。
③ 参见秦晓:《现代性于中国社会转型》,《经济观察报》2009年8月18日。

"五四"。二十年来思想界的所有分化和组合几乎都可以从中寻找到基本的脉络。新启蒙运动是一个十分复杂的思想运动,其有渴慕西方现代化的同质性诉求,又有对其进行批判性和反思的潜在性格。文化态度的同一性与思想内涵的异质性,构成了新启蒙运动混沌的表象和复杂的内在分歧,成为九十年代中国思想界三波分化的渊源所在。①

于是,正如秦晓先生所言:八十年代初的"思想启蒙"在批判"资产阶级自由化"和清除"精神污染"的运动中夭折,并变奏为以实现"四个现代化"为目标的"思想解放运动";政治体制改革被悬置,市场化改革在产权、政府职能、要素价格等方面裹足不前。与此同时,社会上大面积、大范围地出现了贫富悬殊、贪污腐败、道德失范、信用缺失、环境破坏等诸多负面的现象。面对此情此景,不仅仅是精英的共识破裂,普通中国老百姓的现代性体验也因此变得日益糟糕,人们似乎已经在逐渐失却对于现代化和现代性的信心。

经过 100 多年、跨越三个世纪的现代化建设和现代性追求,当今中国正处于社会转型的关键时期。事实上,中国的社会转型自晚清始,到今天它依然是一个"未完成的计划";有序地推进这一进程,是"对政治家、社会精英和民众的社会历史责任感的呼唤"(秦晓)。

在社会学中,社会转型指的是一种整体的和全面的社会类型过渡,具体来说,就是社会整体从传统型向现代型的转变过程。在社会转型过程中,从社会的经济结构到其他社会结构层面,从社会体制到社会行为规范,从物质生产到社会观念,都要发生明显的变化。具体说来,当今中国的社会转型,具有如下基本特征:

①当代中国的社会转型,是一场整体性变动或结构性变迁。一方面是经济体制的转轨,即从高度集中的计划经济体制向社会主义市场经济体制转轨;二是社会结构的转型,即由农业的、乡村的、封闭的传统社会结构,向

① 许纪霖:《启蒙的命运——二十年来的中国思想界》,中国社会科学报刊网,2009 年 5 月 21 日。

工业的、城镇的、开放的现代社会转型。这是一个走向工业化、城市化、市场化的进程，又是一个开放性、多样性、多元化的进程，社会结构、社会组织、社会人群、社会秩序、社会精神、社会价值等，都正在发生深刻的分化和转变。

②社会重组和社会秩序调整并举，社会体制正在不断重建，社会机制正在发生全方位的转换。随着社会主义市场经济制度的逐步建立，原来以行政关系为纽带的社会组织体制，正在被包括市场经济关系在内的，以多种关系为纽带的新体制所取代。以市场为基础的经济资源的多元化配置，和以公共利益、公共事务为基础的社会资源的多元化配置方式正在形成。社会成员和各种社会组织在社会中的位置和相互关系正在重新确定，各类社会组织的发育及功能分化不断加强，集中统一的行政组织模式正在被以行政为主导、日趋专业化和独立化的多样化组织所取代。社会人群的利益分化，社会角色和人际关系的变动正呈现出全新的特点，社会成员正逐步由"单位人"向"社会人"转变。

③随着经济的持续增长和快速增长，随着人民生活水平的不断提高，社会观念和精神价值发生了重大转变，人们思想活动的独立性、选择性、多变性、差异性明显增强，传统的人治观念、权利和义务分离的观念、重义轻利观念、重社会轻个人观念等，都已经发生动摇，并正在向法治观念、民主观念、利益观念、个人观念转变，人民群众的民主法制意识和政治参与意识都在不断提高。

④作为一个经历了传统社会主义阶段的后发国家，当代中国的社会转型具有明显的"叠加性"。当前的中国，不仅面临着先发国家未曾有过的历史任务，如从高度集中的计划经济体制向现代市场经济体制的过渡，从单一的公有制向以公有制为主体的多种所有制形式过渡，而且，它还集中了先发国家在不同历史阶段相继出现的多重问题，如大量农民向城市的迁移和比较突出的人口老龄化问题等。这些情形的叠加，使得当代中国的社会转型更加复杂、更加困难，持续的时间也将更加漫长。①

---

① 参见刘祖云：《从传统到现代——当代中国社会转型研究》，湖北人民出版社2000年版。以及其他相关著作。

　　总之,中国的社会转型,既没有生产方式工业化和政治制度民主化的社会基础,也没有进行和完成题中应有的相关进程,几乎完全在一个农业文明的基础上生发出来。作为一种外来的理念和植入的逻辑,政治现代化和社会市场化以及相应的现代价值观,都还是个"未完成的计划"。

2. 未来中国:现代化的实现和现代性的完成

　　19世纪中期,在现代化问题刚刚出现在中国之时,洋务派、改良派和革命派向西方学习现代化只不过是要引进兵器和先进技术,最多也只要求引进一些制度和学说,其目的是所谓"师夷长技以制夷",现代化只落脚在"器"的层面上。

　　新中国建立以后的几十年间,现代化仅只被我们看作工业化,顶多也就是实现四化的问题,现代化既无多层面关系,也无一个对社会多领域的改革过程,更涉及不到人的现代化问题。上个世纪70年代末期之后进行的市场经济改革使国人对于现代化的认识向前推进一步,但现代性仍然是一个未完成的课题和未实现的方案。

　　近三十年来,中国通过改革开放所取得的经济发展成就确实是毋庸置疑的,但经济发展只是现代化发展的一个指标,甚至并不是现代性转型的主要标志。在中国,核心价值观的形成、政治体制改革、社会进步、法治建设等方面都还有很长的路要走。即使是仅就经济发展而言,我们也不应掩盖和漠视成就之下存在的问题和付出的代价。这些问题和代价可以概括为两点:其一,未能很好地避免资本主义工业化早期曾经出现的社会弊端,如贫富差距拉大、环境生态破坏、腐败滋生、道德失范、信誉缺失等;其二,过早地出现了现代资本主义社会的精神病态,如对金钱权力的崇尚和追逐、人与人之间关系的紧张、人精神世界的孤独和工具理性对人的异化等。

　　正因为如此,在当前国内思想界和社会实践领域关于"当代中国问题"的研究和表述中,"现代化"是一个更为普遍使用的主题词,人们大都认为,经济现代化是当前中国的主要目标和主要任务,经济体制改革、经济增长的可持续性是当前中国发展的主线,政治、社会、文化领域的发展被视为经济发展过程中派生的、最终由经济决定的问题。而我们之所以用"现代性"而不是"现代化"来表述中国发展的目标，是因为我们更注重两者之间在同一性之中包含的差异性。处在中国近代历史开端的洋务运动和辛亥革命先后失败，都在向国人证明，思想文化层面上的现代性变革或者说以中国文化价值的现代重构为核心的现代性问题比以经济建设为核心的现代化努力更为核心和关键。于是，随之而来的新文化运动发生，然而，一直到1949年新中国建立以及八十年代的思想启蒙与改革开放，思想领域对中国社会转型所发生的重大影响都未能真正建构起中国现代文化价值体系，中国的现代性转型并未实现。虽然情况无比复杂，任务十分艰巨，但是，直到今天，我们仍然认为："中国的问题应从社会转型的角度来认识和解析，或者说当代中国的问题不是现代化建设的问题，而是现代性社会构建的问题。"（秦晓）

如果说现代化和现代性相比更具有实践的品格，更容易落实到实践的层面，也更能够被实践的指标所评估，那么，当代中国改革开放后的现代性追求确实以经济体制改革为肇端和核心，然而，经过30年的经济发展，我们的经济现代化进程距离原发性的现代国家还是存在相当的距离，我们仍然只是一个发展中国家。贺力平在《经济现代化：一个多世纪以来的进程、意义和展望》一文中，通过人口增长率及其变化、城市化、工业和服务业的就业比重、恩格尔系数和文盲率这样五个指标来考察我国经济现代化的进程和状况，因为它们是现代化的结果或伴随物，同时又对国家的现代化进程产生广泛深远的影响，它们是现代化进程中各国政府在制定发展政策时应当充分考虑到的背景因素。现结合中国社会科学院以及其他部门统计的相关数据资料将其主要内容转述如下：

①总体人口趋势

从世界范围来看，中华民族是得以保持古代文明并延续至今的唯一民族，极其有利于研究现代化以前人口变动的长期趋势。几千年中，我国人口出生率和死亡率都在高水平上。从1644年努尔哈赤入关到1851年太平天国起义的近两百年是我国历史上人口增长的一个"黄金时期"，之后，我国人口总数减少的趋势从19世纪中叶一直继续到民国初年。

历史上的人口变化往往伴随着巨大的社会波动，如内外战争、传染病和自然灾害等，都是导致人口变化的重要原因。现代化进程改变了古代人口增长的这种形态。首先从整体上看，世界人口增长自1750年以来显示着加速的趋势，而这一增长主要来自欧洲地区，这显然应归功于自那时以来的经济进步。亚洲地区人口增长在本世纪出现加速趋势，应当说这也与该地区自本世纪初以来开始了大规模的现代化建设这一事实相吻合。两次世界大战之间，欧洲人口增长率大幅度下降，可见20世纪的欧洲，可能已在很大程度上消除了传染病和自然灾害对人口增长的影响，但战争的影响却极大地表现出来了。

在现代化早期阶段上，一个国家会通过改善卫生和医疗条件等而显著地降低死亡率，从而导致人口增长率升高，但人口增长加速会给社会带来巨大压力，甚至使那些刚刚涉足现代化门槛的国家在经济和政治上不堪承受。中国政府将控制人口增长当作基本国策，通过政策手段促使人口出生率下降，应当说是一个明智的、有战略眼光的决策，因为人类所拥有的资源和环境条件以及国际社会的经济和政治结构难以适应和承受巨量的人口增长。

目前，我国的人口出生率和死亡率指标均已靠近美国和日本等发达国家的水平，但明显低于其他一些发展中人口大国。这表明自70年代初以来的人口政策已产生良好效果。但另一方面，目前我国农村的人口出生率高于城市（高出近0.4个百分点，每0.1个百分点意味着近1百万人），这种差别在现有的城乡结构下会对我国当前及以后一段时期的经济发展带来一些负面的影响。

②城市化

现代人口增长通常是在人口流动的背景下发生的，"流动的现代性"决定了人口增长伴随着人口的跨地区迁移。20世纪，人口流动最主要的朝向是城市，最主要的形态是城市化。城市化表示城市人口在总人口中所占比重不断上升的趋势，而这，主要由乡村人口向城市地区的流动所导致。

大多数经济学家都认为，城市人口承受经济波动的能力小于农村人口。因此在一定意义上，城市化可能是各国在现代化过程中所面临的最大挑战。

一方面,城市化是现代化的重要部分和衡量指标;另一方面,如果城市人口大量增加,必然出现基础设施不堪负荷、环境质量急剧恶化以及与此引发的各种城市病。

据中国社会科学院"2009 年中国城市发展高峰论坛暨《城市蓝皮书》发布会"上的介绍,截至 2008 年末,中国城镇化率达到 45.7%,拥有 6.07 亿城镇人口,形成建制城市 655 座,其中百万人口以上特大城市 118 座,超大城市 39 座。这样的发展态势确实令人瞩目。近年来,随着中国城市经济与社会效益的不断提高,城市生产总值和人均收入连续多年保持了 10% 以上的增长率,城市居民的居住条件、受教育机会以及医疗、失业、养老保障等均有大幅度改善。城市作为我国国民经济活动的主要载体,已经成为推动经济和社会发展的核心力量,成为决定政治稳定、民生进步和环境可持续的关键因素。但与发达国家和地区 80% 以上的城镇化率相际比较,目前我国的指标仍有些偏低。同时,因为城镇化率的高速提高,社会经济中的各种关系面临着进行充分调整的巨大压力。

③工业和服务业的就业比重

如果说城市化首先体现和直接反映的是人们居住地理面貌的改变,那么伴随着这种居住地点的变化,人们的就业部门和就业方式必然发生变化。在传统社会,乡村是人们生活的主要场所,农业是他们的主要生产活动方式。在现代社会,人们主要生活在城市,现代化通过层出不穷的技术发明、连续不断的机械化生产工具的运用以及各种形式的企业和事业制度的不停创新,为越来越多的人们开辟了就业的广阔新天地。社会劳动力从农业部门转移到非农业部门成为必然的趋势。

从根本上说,在各产业关系上,现代化的表现应当是各个产业的发展都建立在生产率提高的基础上,通过产业间的市场联结机制,一个产业部门既可以将其生产率提高的效应扩散到其他产业,也可以从其他产业部门的技术进步中受益。在这个意义上,农业劳动人口的减少应当说反映了农业生产率的持续提高以及农业与工业和服务业的经济关系在不断改善。工业就业比重的上升曾经是现代化最突出的表现,随着由制造业生产率的提高所带来的消费效应，这一表现有所改变，服务业就业比重在不断升高之中。

中国社会科学院发布的 2007 年财经蓝皮书《中国服务业发展报告——中国服务业体制改革与创新》指出，2005 年我国服务业劳动就业率仅有 30% 多，远低于国际平均水平，且大部分分布在劳动密集型产业，以知识为基础的现代服务业发展水平滞后。

④恩格尔系数

恩格尔系数即食品在居民消费支出中的比重，从根本上说，它由一个社会在食品生产上的劳动时间分配所决定，而这种劳动时间分配又在很大程度上取决于农业和其他相关产业部门的生产率，那么，我们可以认为恩格尔系数是一个能够很好的反映产出效率和收入水平的关键指标。在前现代社会，人们将他们收入中的大部分用于食品支出，一方面因为食品是人们的最基本需要，另一方面则是因为现代技术出现之前的农业生产率比较低下。

随着生产率的提高和人均收入水平的上升，现代经济中的恩格尔系数有下降的趋势。人们在其基本生活需要得到数量上和质量上的相对增加的满足后，会倾向于增多对其他商品和服务的需求，即增加对商品和服务的多样性需求。

在 20 世纪 80 年代，我国的恩格尔系数属于世界上最高者之列，反映了我们当时的经济发展水平的确较为低下。90 年代，这个指标的全国平均数在 50% 左右或以上，意味着食品价格对国民经济安全具有战略意义。到 2009 年，城乡居民恩格尔系数分别降低到 37% 和 43% 左右，总体上已经进入小康居民消费阶段。按照联合国粮农组织确定的标准，我国总体上已经进入了小康的居民消费阶段。这个阶段，大额的消费产品，像汽车、住房开始进入千家万户，整个消费当中教育、医疗、旅游、文化等新型的消费支出在快速增长。

⑤识字率或文盲率

一切自然资源都是有限的和稀缺的，并服从要素报酬递减律，只有人力资源可能是唯一的例外。因此现代经济的增长只有靠人力资源来持续。开发人力资源需要教育和培训方面的投资。传统社会中的教育主要由个人或家庭自发承担、自主进行,在现代社会中,不仅有更多的个人或家庭开始自觉地重视教育,政府也出面推动教育的普及和发展。教育在公共开支中的比重可作为反映这一过程的一个重要指标,但由于缺乏历史数据,我们可使用识字率或文盲率作为一个综合反映指标。

当代世界经济体系中,几乎所有发达国家或地区已在上个世纪60到70年代将成人文盲率降低到5%以下;但在发展中地区,降低文盲率的任务仍然十分巨大。我国在现代化的过程中,在普及基本教育、降低文盲率方面取得了令世界瞩目的成就,但我们仍然面临一系列问题。如前提及,以劳动密集型技术为主的工业化在一定程度上增加了对非熟练劳动力的需求,这种需求在一定时间内有可能削弱我们经济中的人文基础。而且,目前,我国城乡人口以及男性人口与女性人口在受教育程度上的差距尚十分明显,各级教育的质量标准明显有待提高,各种形式和层次的教育、培训和科技开发尚受到不少经济的和非经济的限制。科教兴国方针的提出和真正的贯彻将会有助于这些问题的解决。[①]

总的说来,按照上述这些统计结果,我国经济虽然增长速度喜人,但仍表现出不发达特征。如果按照英克尔斯在20世纪70年代提出的现代化指标体系来作具体的比照和衡量,更不难发现其间的差距。英克尔斯的现代化指标主要有10个:1.人均国民生产总值在3000美元以上;2.农业产值占国民生产总值比例低于12%~15%;3.服务业产值占国民生产总值的比例在45%以上;4.非农业劳动力占劳动力的比重在70%以上;5.识字人口的比例在80%以上;6.大学入学率在10%~15%以上;7.每名医生服务人数在1000人以下;8.平均寿命在70岁以上;9.城市人口占总人口的比例在50%以上;10.人口自然增长率在1%以下。[②]

---

① 贺力平:《经济现代化:一个多世纪以来的进程、意义和展望》,《国际经济评论》1999年第7—8期。

② 英克尔斯现代化指标体系是在20世纪70年代提出的。这一标准为传统工业社会现代化的实证研究与定量评价开拓了一条新思路,虽然这一指标体系只是传统工业化时代对于现代化的最低要求,较难适应信息化时代对于现代化目标的重新设计,但此标准仍被国际社会广泛用于评判发展中国家的现代化水平。

　　近年来,国内研究现代化的专家学者依据英克尔斯的现代化指标体系对中国现代化的实现程度进行评估,得出的结论主要有:①中国社会科学院朱庆芳、吴寒光等以世界银行出版的《2000 年发展报告》和联合国教科文年鉴、劳工年鉴等重要文献为依据,计算出的结论是 1998 年,中国现代化实现程度为 81.9%,居世界第 66 位。②中国科学院可持续发展研究组认为1998 年中国第一次现代化实现程度为 72.3%①(按照该研究组提出的现代化评价标准,中国现代化的实现程度仅仅为 34.15%)。③中国现代化战略研究课题组认为,2000 年中国第一次现代化实现程度为 76%,在 108 个国家中的世界排名是第 61 位;2001 年现代化实现程度上升到 78%。② 2004年,中国第一次现代化实现程度排世界 108 个国家的第 55 位。2005 年中国第一次现代化实现程度达到 87%,比上年提高了 1 个百分点;中国第二次现代化指数为 39 分,排世界 108 个国家的第 51 位;综合现代化水平指数为 35 分,排世界 108 个国家的第 59 位。在《中国现代化报告 2007》中,该课题组在对有关数据进行分析后预测,如果按照中国 1980 年至 2004 年的速度估算,中国第一次现代化实现程度达到 100% 大约还需要 8 年。就是说,中国可能在 2015 年前后完成第一次现代化,达到 1960 年发达国家的水平。③

　　事实上,以上研究和数据分析都还只是针对第一次现代化阶段。所谓第一次现代化,是和第二次现代化相比较而言的。"第二次现代化理论"是中国现代化战略研究课题组组长、中科院研究员何传启提出的。何传启说:现代化指 18 世纪工业革命以来人类社会所发生的深刻变化,从 18 世纪到21 世纪末的世界现代化进程包括第一次和第二次现代化两大阶段。第一次现代化指从农业时代向工业时代、农业经济向工业经济、农业社会向工业社会、农业文明向工业文明的转变过程及其深刻变化。在第一次现代化进

　　①　中国科学院可持续发展研究组:《2001 年中国可持续发展战略报告》,科学出版社 2001 年版,第 40 页。

　　②　《中国现代化报告(2003)》,北京大学出版社 2003 年版,第 163—164 页。

　　③　中国现代化战略研究课题组:《中国现代化报告 2007:生态现代化研究》,北京大学出版社2007 年版。

程中,经济发展是第一位的,物质生产扩大物质生活空间,满足人类物质追求和经济安全;社会发展具有工业化趋同的倾向。第二次现代化指从工业时代向知识时代、工业经济向知识经济、工业社会向知识社会、工业文明向知识文明的转变过程及其深刻变化。如果说第一次现代化的特点是工业化、城市化、福利化、民主化、世俗化等,第二次现代化的特点就是知识化、分散化、网络化、全球化、创新化、个性化、生态化、信息化等。在第二次现代化进程中,生活质量是第一位的,知识和信息生产扩大精神生活空间,满足人类幸福追求和自我实现;物质生活质量可能趋同,但精神文化生活高度多样化。为此,专家构建了一个包括知识生产经费投入、专利产出、中学和大学普及率、电视和因特网普及率、城镇人口比例、医疗服务、人均能源消耗等在内的指标体系。两次现代化是紧密相关的。在同一个国家和地区,第一次现代化奠定了第二次现代化的物质和社会基础;第二次现代化在许多方面是对第一次现代化的消除和"反向",在某些方面是继承和发展,也有些方面是新发生的。两次现代化的协调发展是综合现代化。[①] 如此说来,仅就现代化建设而言,中国目前的现代转型状况并不乐观,甚至还有一些学者认为,上述一些专家对中国现代化实现程度的计算,都有高估之嫌。产生这一问题的原因,就是所谓的英克尔斯的标准,实际上不是一个现代化结束或完成时的标准,至多只能看作是现代化发展中期的标准,离基本现代化标准也还有一定距离。[②]

　　中国目前的现代化状况不仅距离英克尔斯指标体系还有一定的距离,而且,更为引人关注和忧虑的是,在发展经济现代化的过程中中国还出现了不少的问题。

　　比如粗放型的增长与过大的环境代价问题。某些地区的企业为了满足致富的需要,大量的排污,使空气和水质发生严重的污染。据媒体报道:地处江南地区的生命之源太湖遭到了严重的污染。长江黄河是中华民族的母亲河,它的发源地也受到了严重的污染。由于中国是燃煤大国,传统的燃煤

---

① 参见何传启:《第二次现代化》,高等教育出版社1999年版。
② 参见陈剑等:《中国现代化实现程度分析》,《新视野》2003年第1期。

技术使得大量的二氧化碳和二氧化硫废气排放到空气中，空气和水质的污染将使人的生命和健康受到严重的威胁，这种以牺牲环境和人民健康为代价而换来的高速发展的 GDP 是不受欢迎的，是与社会主义市场经济不相容的。《中国现代化报告 2007》研究指出，2004 年中国生态现代化水平指数为 42 分，在 118 个国家中排第 100 位。如果按照专家构筑的用以反映一个国家生态现代化的相对水平的生态现代化指数①来衡量，中国处于世界较低水平。具体说来，2004 年中国生态现代化的整体水平和多数指标水平，都有明显的国际差距。其中，中国自然资源消耗比例大约是日本、法国和韩国的 100 多倍；中国工业废物密度大约是德国的 20 倍、意大利的 18 倍、韩国和英国的 12 倍；中国城市空气污染程度大约是法国、加拿大和瑞典的 7 倍多，是美国、英国和澳大利亚的 4 倍多。发改委主任马凯也在中国发展高层论坛 2007 年会上表示，2006 年中国经济增长 10.7%，增速已连续四年保持在 10% 或者多一点。但是经济增长付出的资源环境代价过大。2006 年，按现行汇率初步测算，中国 GDP 总量占世界的比重约 5.5%，但重要能源资源消耗占世界的比重却较高，比如标准煤消耗 24.6 亿吨，占世界的 15% 左右；钢消费量为 3.88 亿吨，占 30%；水泥消耗 12.4 亿吨，占 54%。②

与此同时，全球经济一体化导致跨国公司产业链、供应链的重新配置，为中国的经济增长和就业（特别是城镇化）提供了历史的机遇。但加工业的发展大量消耗能源、资源，不仅进一步破坏生态环境，而且造成巨额贸易顺差和资本流动性过剩，形成了当前中国过度依赖国际市场的失衡的经济增长模式。另外，全球经济一体化的进程中，急剧膨胀的金融业已呈现出与实体经济日益脱离的趋势。它一方面支撑、促进了实体经济的发展，另一方面又扭曲了市场配置资源的价格机制，引发了实体经济的动荡和危机。中国的工业化已融入全球经济一体化的进程，在保持经济发展、维护经济安全的基础上推进金融业的开放、改革是一个极具挑战性的重大课题。

---

① 这一指数包括人均二氧化碳排放、生活废水处理率、森林覆盖率、有机农业比例、安全饮水比例、可再生能源比例、长寿人口比例等 30 个指标在内。

② 马凯：《中国为经济增长付出的资源环境代价过大》，中新网，2007 年 3 月 20 日。

比如社会贫富差距进一步拉大的问题。在工业化、市场化过程中逐渐形成了城乡、贫富的二元结构。目前，东西部之间、城乡之间、地区之间、行业之间，人民的收入差距不断拉大，不平衡现象十分严重，这不仅已经开始制约我国经济发展的速度，而且使得社会公平、公正问题引起人们关注。

比如居高不下的房价问题。经济的发展和生活水平的提高，该使大多数人能够买得起住房，能够安居乐业，但事实却恰恰相反，2007 年以来的房价飙升，使居民只好放弃买房或采取贷款购房的办法，几十年的还款计划使他们成为"房奴"。

比如农业人力资源严重缺乏的问题。目前的城市建设需要大量的劳动力，使得农村中的青壮年劳动力大量涌入城市，所以农村中只留下老人和孩子。加上在城市化进程和房地产业蓬勃发展无法阻挡的今天，我国耕地锐减局面，一直未得到根本好转，城市发展、房地产开发与农业生产的争地带来了人地之间的矛盾突出，粮食和蔬菜问题成为当前中国十分严峻的民生问题，也是当前我国的基本国情。

由此可见，经过 30 年的经济体制改革，我国的经济现代化事业虽然取得了极大的成就，但仍然存在各种问题，至于远远滞后于经济发展的政治体制改革和社会发展，更是处于各种各样的风险和挑战之中，当前中国的现代性追求显得颇为艰危。传统的亚细亚生产方式和当代中国的政治格局之间呈现出强政府、弱社会的现状，使"公民社会"缺乏生存、发育的空间和条件；加之政府主导的经济发展模式以及由此产生的市场机制破坏、公共产品缺失和腐败现象，都已经把变革中的中国推向风口浪尖。也就是说，未来中国，还需要艰苦卓绝的努力才能真正完成现代化，才能真正实现现代性，以实现中华民族的伟大复兴，创造中国人民美好的未来。

实际上，英克尔斯认为现代化的核心是人的现代化，并提出人的现代化是现代化社会稳定、持续和健康成长的基石，目前，已经有不少中国人也认识到这一点，即经济现代化的完成必须以人的现代化的实现为前提，没有人的现代化，经济现代化将不可持续。不少致力于实现现代化的发展中国家，正是在经历了长久的现代化阵痛后，才逐渐意识到，一方面，如果国民的文化心理和文化精神还被牢固地禁锢在传统意识之中,必然构成对经济与社会发展的严重阻碍;另一方面,各国传统文化价值和主流意识形态与西方现代价值观的差异,以及由此产生的冲突与融合问题同样影响经济与社会的发展。

人,毫无疑义是现代社会的主体。一个国家可以从先进国家引进作为现代化最显著标志的科学技术,移植卓有成效的工业管理方法、政府机构形式、教育制度以至全部课程内容。但如果一个国家的人民缺乏一种能赋予这些制度以真实生命力的广泛的现代心理基础,如果执行某种现代制度的人,自身还没有从心理、思想、态度和行为方式上都经历一个向现代化的转变,失败和畸形发展的悲剧结局是不可避免的。这一点,英格尔斯已经在他的理论中做了说明和强调。从几千年的农业生产方式中一路走来的传统中国人,在思维方式和个性特征上往往具有如下共性:被动地接受命运;害怕和恐惧革新;盲目服从和信赖权威;不信任乃至敌视新的生产方式和新的思想观念;缺乏创造性的想象和行为;缺乏效率和个人效能感;排斥不同意见和观点;凡事总要以古人、圣人和传统的尺度来衡量评断,一旦与传统不符,便加以反对和诋毁;对待社会事务漠不关心,与外界孤立隔绝,妄自尊大,等等。其所以如此,是和古代中国人"天朝型模的世界观"(殷海光语)密切相关的。中国的古典型体验,就是"那种把中国视为天下之中央、认定中国文化优越于其他民族文化、相信道决定器的体验形态。"①现代科学技术的长足发展以及随之而来的生产方式的变化,尤其是"器"的花样翻新、日新月异,特别要求人们能欣然接受和迅速适应生活方式的改变,成为头脑中沸腾着创造智慧和革新思想的人。而这,依赖于人自身的现代化建设,只有人从心理、态度和行为选择上,都能与各种现代形式的经济发展同步前进,相互配合,一个国家的现代化才真正能够得以实现,而现代性价值观的确立,也才具备基本前提。一言以蔽之,人的现代人格、现代品质,决定了现代化的成功与否。一个国家,只有当它的人民是现代人,它的国民从心理和行为上

---

① 王一川:《中国现代性体验的发生》,北京师范大学出版社 2001 年版,第 42 页。

都转变为现代的人格,它的现代政治、经济和文化管理机构中的工作人员都获得了某种与现代化发展相适应的现代性,这样的国家才可真正称之为现代化的国家。否则,高速稳定的经济发展和有效的管理,都不会得以实现。即使经济已经开始起飞,也不会持续长久。所以,人的现代化是国家现代化必不可少的因素。它并不是现代化过程结束后的产品,而是现代化制度与经济赖以长期发展并取得成功的先决条件。

在本书的第一章,笔者曾经介绍英克尔斯在《从传统人到现代人:六个发展中国家中的个人变化》一书中对于"现代人"的研究,他把现代人的特征作了九个方面的概括和列举。总体上说来,一个现代人应该具备开放的心理、充分的主体性、健康的价值取向、先进的思维方式、全面提升的素质、积极的行为方式以及和谐的社会关系。

总体上说来,以"现代化"作为当前中国社会主题和发展关键词的叙事版本,显然偏重经济指标,对人的发展关注不足,甚至很多时候在经济发展的背后往往是人的发展的"牺牲",也是"现代性"的牺牲。所以,虽然生活在现代化的城市社区,但许多市民的公民意识、民主意识、科学意识、法制意识和文化道德水平较低,也没能获得现代化理应承诺给民众的幸福感。

在2010年1月举行的"世界现代化400年暨《中国现代化报告2010》专家座谈会"上,中国现代化研究中心主任何传启介绍说,在世界现代化研究中,人的现代化研究是现代化研究的一个重要领域,人的现代化评价是现代化评价的一个重要内容,人类发展水平的定量评价可以作为人的现代化的定量评价的一个重要指标。如果说人类发展评价可以而且必须与现代化评价相协调,那么,现代性也可以由此建构起某种特定的评价指标体系和数字模型。

联合国开发计划署曾经于1990年推出一个人类发展指数,用以衡量一个国家在人类发展的三个基本方面的平均成就:健康长寿、知识和体面的生活水平。这一指数比较适合第一次现代化过程的个人现代化,能够反映工业经济时代的人类发展水平。为适应第二次现代化和知识经济的世界潮流和时代需要,何传启提出了"新人类发展指数",并完成1980~2007年间世界131个国家和1990~2007年中国34个地区的新人类发展指数评价。这一指数通过健康长寿、知识普及、信息共享、环境优美和富裕生活(优质生活)这五个方面来衡量一个国家或地区在人类发展方面的成就。1980年中国新人类发展指数排世界第91位,2007年中国新人类发展指数排世界第63位。改革开放以来,在过去27年里,中国的世界排名上升了28位。[①]

　　发展态势是明显的,现代化成就是巨大的,但是问题也是明显的。作为一个发展中国家,一个现代化的后发国家,我们的第一次现代化尚未完成,又迎来了以知识经济为特征的第二次现代化浪潮[②]。在理论上,鉴于西方国家的现代性先于现代化出现的历史事实以及现代性引导现代化运动的重要判断;在实践上,鉴于中国当前社会发展与经济发展之间的矛盾,鉴于西方国家的发展经验,社会的发展成为完成现代化和实现现代性的重中之重。那么,回到我们的主题上来,社会的发展和转型必须以社区的建设作为落实和进行的切入点,又必须以社区的发展作为检验和评估的基础,因此,社区的发展和当前中国的现代性追求密切相关、无法剥离。

第二节　社区发展的现代性使命

　　进入21世纪之后,中国已成为全球性的经济大国。与此相对应的则是政治体制改革的滞后和价值道德体系的缺失,这更使得中国当代的社会转型呈现出某种程度上的扭曲和失衡。如上所言,如今,中国的现代化进程已经走到了一个十分关键的路口,面对十分艰危的局势。我们要以刚刚走出传统中国背景、身上还免不了携带着传统因素的国人为基础,我们还要以农业生产方式为基础,却不得不承担起历史的责任,营造包容、开放的文化,在

---

　　① 中国新人类指数排世界第63位,《四川新闻网—成都商报》2010年1月31日。
　　② 从18世纪开始的世界现代化进程被分为第一次和第二次现代化两大阶段。第一次现代化指从农业时代向工业时代、农业经济向工业经济、农业社会向工业社会、农业文明向工业文明的转变过程及其深刻变化。第一次现代化的特点是工业化、城市化、福利化、民主化、世俗化等。第二次现代化指从工业时代向知识时代、工业经济向知识经济、工业社会向知识社会、工业文明向知识文明的转变过程及其深刻变化,其特点是知识化、分散化、网络化、全球化、创新化、个性化、生态化、信息化等。

稳定与自由、和谐与多元、民生与民主、国家利益与个人权利、治理的效率与制衡之间应寻求一种均衡，因为后者是现代性社会价值体系和政治制度中的核心和基础。

如第二章所述，社会学的产生正是源出于西方现代性变迁所带来的诸多消极和负面的影响日益积淀下来，使得对秩序的寻求和重建成为那个时代的主旋律，进而对建立一门致力于恢复秩序、重建社会的社会科学的需求突显出来。自 1838 年法国哲学家、社会学家孔德在其《实证哲学教程》第 4 卷中首次提出"社会学"一词，作为一门学科的社会学经历了很复杂的演变。但无论其理论形态和研究方法如何变化，其初衷和目的却是万变不离其中，那就是致力于社会秩序的建构和社会和谐的追求。19 世纪末 20 世纪初，西方社会学开始传入中国。在此后的一百多年间，中国社会学走过的道路虽然曲折，但它却无时无刻不在处理着与中国社会现实之间的密切关系，一方面体现着社会学的实践特性，另一方面也切切实实地对社会现实作出了自己的回应和解释。可惜的是，直到今天为止，我们发现，社会学家的理论研究和社会实践者的建设实际之间总有一条时隐时现的鸿沟，究其主要的原因，无非就是**社区作为二者中介的重要性尚未真正得到关注**。

社区研究作为社会学研究的一种视野和一种方法，自 1887 年德国社会学家滕尼斯在其《社区和社会》一书中提出之后，一直蓬勃发展，并形成了自己的概念系统、理论模式和方法论。在中国，"社区"的概念是由费孝通等燕京大学的一批青年学生在 1933 年才从英文翻译而来，中国的第一代社会学家，大多在西方接受教育，普遍受到当时在西方民族学和社会学界盛极一时的功能学派的影响，成为这些学派的信奉者。所以费孝通曾经说过："我们的社区研究，在方法上是从英国的社会人类学的实地调查里发展出来的。"如果说西化是中国现代化起步阶段的发展目标，那么，西学又是中国社会学发生时期的学习对象，而西方的现代性、现代化以及社会学都是在自身内部生发起来的，对于中国社会而言，它们都是外来的理论和植入的逻辑，无论是现代化建设、现代性追求还是社会学发展，都还必须进行切合中国实际的转换和适应。

　　党的十六届六中全会从构建社会主义和谐社会的高度提出了社会建设的理论体系和实践要求,这对中国的社会学来说无疑是巨大的鼓舞和促动。社区是能够被观察和把握的社会的微缩景观,而注重实地调查的社区研究,更大程度上发挥了社会学回应社会问题、干预社会进程的实践品格,对于转型期的当代中国来说,无疑具有极其重要的意义。

1. 社区理论:现代性的建构

　　在中国现代化和现代性的进程中,已经出现了种种负面的现象和迫近的问题,它们中有一些是发达国家进行现代化建设的过程中也不可避免地出现了的,有一些却是中国特定的历史背景和文化传统所带来的;有一些表现在社会现象的表层,有一些却还隐匿在社会现实的深层——不管怎样,这些负面的后果已经严重动摇了人们对于现代性的信心和热情。而社会发展和经济发展的不平衡问题一方面严重地影响了经济的发展速度,另一方面也阻碍了社会的进步,使现代性本身也显得危机四伏、苦难重重。

　　在种种社会问题之中,我们所能够看得到的主线是:因为经济社会发展离不开发展社会各项事业,社会的进步体现在各种社会事业的发展状况。所以,就我国目前的情况,必须注重发展社会事业,才能把我国建设成为繁荣富强的国家,最终实现我们的现代性追求。而这一切,都能够通过社区得到体现和落实。

　　总体上说来,当代中国的社会发展表现出两方面的基本特征,而这两方面又构成了巨大的矛盾:一是市场化改革引发了对于社会结构现代化的内在要求,具体表现在市民社会与政治社会相分离的内在要求上;二是由于中国的政治社会长期统治着从个人、家庭、组织到社会的各个层面,市民社会几乎长期处于完全缺失的状态。因此,尽管市场化的发展提出了从政治国家中分离出市民社会,形成新的社会结构的要求,但由于市民社会过于弱小,可能一时担负不起提供社会规范,防止社会失范的重任。具体到社区之中,就是社区生活和社区发展的主体——人的现代化尚未完成;相应的社会制度和价值体系也难以建构起来。因此,在中国的社会发展中,社区应担负起双重任务:一是在中国社会的现代性发展过程中,以其反现代性的价值内涵担负起对现代性缺陷的反拨任务,从而应对现代性危机,起到社会整合的作用。由于中国目前尚处于社会现代性发展的初期,这一任务尚未迫在眉睫地成为社区发展最主要的任务。二是在中国现代性的历史进程中,在政治社会与市民社会分离的目标任务上,利用社区与政治社会相对分离的特点来催生市民社会。在中国,由于目前的社会失范状态十分严重,社区发展的这一任务显得尤为急迫。①

目前,我们的社区研究和社区发展,应该说也都取得了很大的成就,但如何通过更深入的思考、挖掘和阐释,使之成为与现代性价值观和现代性社会规范相融合的体系,这应该还是学术上的一个重要话题。社区理论首先要通过自身的现代性建构,才能更好地指导社区实践,以现代人为主体推进我们的现代性进程。

秦晓在《现代性与中国社会转型》、《当代中国问题研究:使命、宗旨和方法论》和《"中国现代性方案"求解》等一系列文章中论述了他对中国现代性问题的基本看法,我们可以将其高屋建瓴的宏观论述和具体而微的社区视点结合起来,来建构符合当前中国实际的一种现代性方案:

①模式与走向:目标的确立。

西方主流现代化理论认为,以 18 世纪启蒙运动思想家倡导的自由、理性为核心价值观,以自由主义思想和现代民主政体、自由市场经济和资本主义工业体系、民族国家为代表的欧洲、北美的现代文明秩序,在全球具有普遍意义。对于中国来说,起源于欧洲的现代性价值观念和制度体系是否具有普世性,这其实是一个颇有争议的问题。有不少人认为,西方现代社会已经被证实是一个病态的社会,不能成为我们转型的目标;而中国改革开放所取得的现代化成就意味着中国已找到了适用于自身国情并且可以超越西方现代社会弊端的现代性目标模式。对此,当然也有很多的不同意见。秦晓指出:在通向现代化的道路上,不存在一个区别于欧洲、北美模式的所谓中

---

① 参见雷晓明:《市民社会、社区发展与社会发展——兼评中国的社区理论研究》,《社会科学研究》2006 年 7 月。

国模式。中国现代化进程是否能够持续、社会转型是否能够实现，取决于现代核心价值观的建立和政治体制的改革。而且，"以这个标准来判定，中国模式所创造的经济奇迹并非真正意义上的现代性社会转型。"因为经济发展和社会变革必然会诱发民众对个体自由和政治民主的诉求，这就需要一个对现代价值观念予以认同，并对各种政治主张和学术思想有较大包容性、对各种利益群体有较强协调能力的政体。这一政体的正当性就是现代民主制度。在经济发展、社会变革过程中，从传统的集权政体向现代民主政体的转型是不可避免的。

秦晓进一步指出，回首中国一百多年来所经历的社会变迁，无疑是一个现代性转向的进程，这一进程的目标是构建现代文明秩序，从而带给人类更多的福祉。从这个意义上来说，启蒙运动倡导的理性、自由作为现代性的核心价值观，理应具有普世的意义。如果说当代西方社会呈现的病态反映了现代性社会本身的问题和危机，那么它们也是全人类在现代性进程中所面临的共同课题。但这些问题和危机并不能构成现代文明秩序的瓦解，更不应由此而完全抛弃启蒙运动所倡导的价值观。现代性本身，就具有一种内在的"反思性"，在问题和危机面前，应该通过现代性的理性精神和反思精神进行批判和重建，使现代文明秩序在自我扬弃中不断获得新的生命力。

中国自晚清开始的现代性转向，由于内部和外部的种种原因（内部是强大的封建传统思想和中央集权制度，外部是西方列强对中国的侵略和扼制），未能经历一次较为彻底的思想启蒙运动。对中国来说，现代性就等同于民族独立、民富国强和现代化，这就是中国模式产生的历史、政治和文化背景。自由和理性作为核心的现代价值观，在中国从来就没有真正建立起来。毫无疑问，社会发展的根本目的应该是人的发展，因此，到目前为止，中国的现代性转向尚未完成，现代文明秩序尚未建立。我们需要进一步强化以自由和理性作为核心的现代价值观，并以此为基本模式和大致走向，通过社区研究领域的现代性理论建构，来确定和落实符合我们实际的具体目标和微观路径，从而接近并实现我们的现代性目标。然而，"中国目前社区发展的实际操作仍然是在政府主导下进行的；相应的研究活动事实上在较大程度上也是在'学术利益'驱动之下响应政府要求的结果。社区研究的这种状况也从学术层面反映了中国政治社会的现实。"①

目前,社区及社区发展研究是中国社会学界的一大热点,但其背景则是我们前面所说的中国市场经济发展与社会发展的严重脱节,市场经济的进一步发展缺乏具有自主性的社会结构的支持。在这种情况下,学术界和政府都已经意识到了社区的重要性,提出了以社区管理来替代传统的政治社会管理的改革方向。在路径的选择上,和中国现代性方案的激进与保守相对应,社区的发展同样也表现出方案的殊异与路径的不同。

②激进与保守:路径的选择。

如果说在现代核心价值观的确立、现代文明秩序的建构这两个问题上,中国与西方是普遍性基础上的特殊性差异,那么在路径的选择上,西方现代化的道路并不具备普遍性,中国只有另辟蹊径。以自由和理性为核心的现代价值观之所以具有普世的意义,其立足点是人的幸福。在实践的过程中,我们却不难发现,起源于欧洲的现代性价值和制度体系并不具有普世性,而现代化、工业化、小康社会、和谐社会也都不能准确、完整地反映现代性进程的实质和目标。对此,"新左派"作出了自己的阐释。它们认为现代化并不意味着西方化,或者说世界上不存在一个惟一的现代化道路和模式。现代化道路和模式的选择首先要基于本土的历史规律和文化传统,同时还受到不同历史时期外部环境、人们的价值观、道德观的约束。秦晓指出,在中国构建现代文明秩序的过程中,消除贫困、解决温饱是社会转型的基础;充分就业和保持城镇化进程是转型中宏观经济政策的必保底线;急于求成和积重难返都会激化社会矛盾,造成硬着陆,稳妥而又不失时机地推进这一进程是社会转型路径的选择;在错综复杂的国际关系中捍卫主权和独立,提高中国的国际地位和在世界事务中的影响力是社会转型的重要条件。

自欧洲启蒙运动以降,产生了三种近代思潮,即自由主义、激进主义和保守主义。激进主义对社会变革采取暴力或革命的方式,崇尚"宏大叙

---

① 雷晓明:《市民社会、社区发展与社会发展——兼评中国的社区理论研究》,《社会科学研究》2006年7月。

事",颠覆传统、摒弃经验,它对陈旧的观念、制度具有杀伤力,但其本质是一种"乌托邦工程"且难以避免自身的异化。保守主义则崇尚传统和经验,通过自发的演变实现社会的转型和发展。保守主义与自由主义两者尽管主张不同,但对现代性的核心价值观都是认同的,保守主义保守或捍卫的主要是个人的自由和权利。一般而言,激进主义作为一种社会思潮,能对其产生制衡的只有保守主义。由于长期的集权制度,中国的传统和经验中缺乏现代价值和现代制度的基因,难以自发地走上现代性转型的路径,这就使激进主义获取了在中国生存和发展的诱因。在中国近现代不同时期,社会思潮中占主流的是自由主义和社会主义两者的混合(即在推行市场化改革中融入社会主义的公平、公正思想),它们都带有激进主义的色彩。而中国的保守主义是反现代性的,不能对激进主义思想形成制衡。在某种意义上说,中国近现代的社会转型始终伴随着激进主义对保守势力的挑战、抗争,而又未能避免最终自我异化、走向反面。因此,在推进中国现代性转型的过程中,认识激进主义在中国存在的某种必然性,保持对激进主义的警觉,避免陷入"激进—异化"的怪圈,在理论和实践上都应具有特殊意义。

具体到社区建设的问题上来,滕尼斯将社区理解为建立在一致的自然情感和文化意识基础上的"自然社会",其成员之间具有排他性的紧密的社会联系。这种生活共同体具有本位意义,个体则处于从属地位。可见,社区具有反现代性的功能和社会整合的功能。也就是说,从功能上来看,社区似乎具有保守主义的性质,和激进主义在中国社会转型中所占有的主导地位恰成对峙之势,因此在推进社区发展的实践过程中,以激进主义和保守主义之间的制衡来维护现代性的稳步推进,不失为一种值得关注的视角和路径。

③规范与实证:方法的确立。

在以现代化和现代性为关键词的"当代中国问题"的研究上,应秉承科学的精神,倡导开放、包容的学术文化。从根本上来说,学术方法的基本要义是遵循规范、注重实证。规范性研究方法是一个演绎的过程,可以表述为一个分析框架。它包括:设计研究的问题和目标、确定初始状态和约束条件、设定假设条件、寻找影响研究对象的相关因素及其互动关系、选择最优结果并做出相应的制度安排。实证研究是一种归纳的方法,它根据研究对象在现实中的变化,确定与其变化相关的因素及其相关度,它是对规范性研究的补充和修正。"当代中国问题"的研究尤其是中国现代社区的建构就需要建立一个规范性的分析框架并附以实证的支持。

哈贝马斯把18世纪启蒙思想家的主张称为"现代性方案",他认为这是一个未完成的方案,西方的现代文明秩序是一个需要医治和修补的制度。中国的现代性转型已走过了100多年的历程,但中国的"现代性方案"同样尚未完成,对现代核心价值观、对未来模式和路径重新认识和定位,这是现代性的历史使命,是一个决定中国未来走向的、不可逾越的现实问题,是一个可能对人类"现代性方案"做出贡献的愿景。而这一切,都必须落实到社区发展的具体实践当中,才能得到确认和体现。对此,"科学发展观"和"和谐社会"的提出是理念上和政策上的重大突破。党的十六届六中全会作出《关于构建社会主义和谐社会若干重大问题的决定》,反复强调了构建社会主义和谐社会的理念和要求,要落实科学发展观,保证群众充分享受改革发展的成果,保证全社会最大限度的公平和正义。

无疑,只有解决好当前中国在现代化建设过程中出现的种种负面问题,才能真正落实"科学发展观"和"和谐社会"的理念。为了解决社会发展滞后于经济发展的问题,目前的中国,发展社会事业是构建和谐社会的根本举措。一方面,按照中国现有的"强政府、弱社会"的现状,政府应加大对社会事业的投入,深化社会领域的各项改革,分别对就业、教育、医疗、文化、环境等方面的改革和发展做出全面部署,为社会事业发展提供良好的体制、机制和政策;另一方面,通过社区的发展尽快培育现代人与公民社会,来达成社会的和谐。

就业是民生之本,目前,我国已经进入青壮年人口比重最高的时期,也就是就业压力最大的时期,扩大就业应该成为经济社会发展和经济结构调整的重要目标,大力发展劳动密集型产业、服务业、非公有制经济和中小企业,多渠道、多方式增加就业岗位。继续实行促进就业的财税、金融政策,支持自主创业、自谋职业。要深化户籍、劳动就业制度改革,逐步形成城乡统一的人才市场和劳动力市场。针对农民工工资长期得不到提高和拖欠工资等问题,要完善劳动关系协调机制,全面实行劳动合同制度和工资集体协商制度,维护劳动者特别是农民工的合法权益。

教育是提高人力资源能力的主要途径,要通过教育把人口压力变为人力资源财富,就必须坚持教育优先发展,促进教育公平,大力实施科教兴国战略和人才强国战略,全面实施素质教育,建设现代国民教育体系和终身教育体系,强化各级政府提供教育公共服务的职责。公共教育资源尤其要注重向农村、中西部地区和贫困地区倾斜,以缩小城乡、区域教育发展差距。

文学艺术、新闻出版、哲学社会科学等文化事业,一方面满足人民群众日益增长的精神文化需求,另一方面对于塑造现代人格、提高民族素质、促进经济发展和社会全面进步具有重要作用。要积极发展文化事业,以促进社会的进步和国家的繁荣。

当前中国医疗卫生方面的问题十分突出,公立医院的公益性质淡化,公共服务职能减弱,在追求利益最大化的驱动下,药价虚高,医疗费用惊人,加上医疗保险的覆盖率低,导致民众对医院缺乏信任感、对生活缺乏安全感。改革医疗卫生体制,是当前社会领域改革面临的重大课题。

社会的和谐总体上包括三大要件:一是人与自然的和谐;二是人与人的和谐;三是人的自身和谐。当前,在片面追求经济现代化的过程中,我们已经付出了自然环境被破坏的巨大代价,所以加强环境的治理和保护,促进人与自然相和谐也是和谐社会的关键。

如果说"科学发展观"和"和谐社会"的提出是理念上和政策上的重大突破,那么,如何通过社区和社区发展的理论建构来真正落实,既是最为关键的课题,也是最为重要的渠道。和谐社会和社区发展,理应成为也完全能够成为与现代性价值观相融合的体系。

2. 社区实践:现代性的实施

何传启在《中国现代化报告2010》中写到:"在18世纪以前,中华民族创造了辉煌历史;在欧洲中世纪的千年里(约公元500～1500年),中国走在世界前列;在18~20世纪期间,中国成为工业文明的落伍者。在农业文明时代,中华民族是农业文明的一个创造者;在工业文明时代,中华民族是工业文明的一个学习者;在知识文明时代,中华民族将成为知识文明的开拓者。21世纪将是中华文明全面振兴的世纪,将是中华民族伟大复兴的世纪。让我们携起手来,为中华民族的伟大复兴添砖加瓦。"①

吉登斯在1985年出版的《民族—国家与暴力》一书中,以全球社会变迁的历程为叙述框架,对现代社会转型的一般模式进行了独特的论述。吉登斯认为,现代社会转型除了"生产力"的提高(马克思)、人的理性化(韦伯)和社会分工的发展(杜尔凯姆)之外,更重要的是国家形态的变化。所谓"现代社会"与"传统社会"的差异,主要在于现代社会以民族—国家为特征,其突出表现是国家与社会的高度融合。吉登斯把具体的社会转型过程分为三段:传统国家时代、绝对主义国家时代以及现代民族—国家时代。在传统国家时代,阶级分化十分明显,城乡之别不仅体现出阶级差异,而且还表示传统国家行政力量涵盖面的局限性。政府对社会的行政控制被限制在城市之内,传统国家与社会的关系较松散。在绝对主义国家阶段,也就是传统国家向现代国家的过渡期,大型帝国逐步蜕变为分立的国家,法律成为全民性的规范。现代民族—国家19世纪初才在欧洲开始出现,其推动力在于行政力量、公民观以及全球化。尽管吉登斯本人也认为他的国家与社会关系史模式只是一种"理想模式",对中国社会变迁史仍然具有一定的说明意义。中国国家是从城邦国家转变为官僚—继嗣帝国,经历明清的绝对主义国家,在本世纪初进入民族—国家的。在这一转变的过程中,同样经历了国家与社会分离到国家与社会充分一体化的变迁。

吉登斯在此书中对于国家与社会关系从传统国家经绝对主义国家到现代民族—国家的演变过程的考察,也隐含了社区作为社会的主要单位所经历过的一系列地位变动。可以说,民族—国家的成长史是以社区内部的人民不断地被从地方性的制约中"解放出来",直接面对国家的全民性规范、

---

① 摘自中国现代化战略研究课题组中国科学院中国现代化研究中心编:《中国现代化报告2010:世界现代化概览》。

行政监视、工业管理、意识形态的影响和制约的过程。中国社区的历程也证明了国家与社会关系变迁的这一历史过程:从原有的较为自立的社区及其外联区位体系,经历绝对主义国家的行政区位制约,走向"全民"社区行政"细胞化"的历程。①

当然,中国历史的独特性、中国社会变迁的绵延性、历史在现实中的回归性,都是值得注意的现象。"传统的复兴"、"社区生活的回归"等现象,就是社区在现代场合的延伸和发展。近年的社会调查发现,在现代国家建立之后,社区并没有在中国社会消失或完全被"细胞化",相反其作用有愈演愈烈之倾向。

涂尔干也认为,在社会的劳动分工中,各种社会功能必须协调一致,并形成一种比较固定的行为规范,才能避免社会失范,而这需要各种微观组织,如上述各种职业群体以其权威积极主动地涉足每一个道德规范的形成过程。因此,"要想治愈失范状态,就必须首先建立一个群体,然后建立一套我们现在所匮乏的规范体系"。他说:"无论是整个政治社会还是国家,显然都担负不起这一重任。这是因为,经济生活不仅是独特的,而且每时每日都在朝着这个方向发展,远远超出了上述权威的作用范围。只有在与职业活动关系紧密的群体作出有效规定的情况下,职业活动才会认识到自己的功能,了解到自己所具有的需要和每一次的变化状况。满足这些条件的独立群体是那些从事同一种工业生产,单独聚集和组织起来的人们所构成的,这就是我们所说的法人团体(corporation),即职业群体。"②显然,涂尔干把重构人类生活的希望寄托在与社会分工相适应而出现的社会组织"法人团体"或者"职业群体"上。

如果说何传启的论断对中国的现代性前景和现代性使命进行了乐观的展望和构想的话,那么,吉登斯和涂尔干等社会学家的研究却进一步向我们表明在中国社会的现代转型过程中,社区承担现代性使命、完成现代性目标

① 参见吉登斯:《民族—国家与暴力》,胡宗泽等译,生活·读书·新知三联书店1998年版。
② 参见肖瑛:《法人团体:一种"总体的社会组织"的想象——涂尔干的社会团结思想研究》,《社会》2008年第2期。

的可能性和重要性。而这,显然不能停留在有关社区理论的现代性建构层面上,必须通过社区的实践活动才能达成。

社区是历史悠久的社会实体,与人类相与随行,早在前现代社会就作为人类社会的主要聚集和粘合形态,起着社会整合的作用;社区建设的实践客观上也源远流长。或许正因为如此,社会学领域的经验研究一直方兴未艾。从世界范围来看,在整个19世纪甚至更早,英国的很多改良主义者和改革家们就产生了对社会研究的需求,但他们的兴趣并不在于建构社会学理论,他们只将经验社会研究视为改革和立法的必要准备。他们进行了大量的以收集个体统计资料为特征的调查研究,如对流行病的调查、对贫困人群的调查等。这些研究直接影响到19世纪末20世纪初医疗条件的改善,以及养老金、失业补助和最低工资法的通过。1830年后,由于急速发展的工业化以及由此引起的社会问题的增长,法国的经验研究也兴盛起来。他们研究工业化背景下纺织企业工人的身体与生活状况,调查家庭开始表现出的不稳定趋势。从19世纪中叶起,德国的经验研究也开始浮出地表。之后,经验社会研究及其和理论社会学最完美的结合都在美国实现。在美国南北战争结束到第一次世界大战之间的半个多世纪里,美国经历了快速的都市化、工业化过程,与此相伴的是日益增多的移民、城市和劳工问题。在这种背景下,出现了强有力的以群众为基础的改革运动。在声势浩大的改革与重建运动中,大批的社会工作者、调查研究人员、行政人员和慈善家都急切希望进入高等学校深造。美国的芝加哥大学和哥伦比亚大学建立起世界上最早的两个社会学系,而它们都与外部社会发生了密切的联系,其工作重点在社会问题的研究,以及为社会改革者和社会工作者进行假期培训上。

实际上,和社会学领域的经验研究相表里,西方一些发达国家的社区工作也可以追溯到19世纪末。19世纪80年代,许多资本主义国家经历了大的社会动荡,产生了普遍的社会危机,贫困、失业、犯罪等社会问题仍很严重,对社会制度造成经常的、潜在的威胁。当时,最早开始也最早完成工业革命的英国,在经济发展水平上远远超过了其他各国,但同时表现出更加尖锐的社会矛盾和现实危机。从事社会问题研究的人,特别是从事实证社会学研究的人激增。宗教界人士也积极倡导研究和解决社会问题,他们成立了专门的慈善事业委员会和英国统计协会,一起进行社会调查,以便掌握和发动社会舆论,以引起官方对社会"阴暗"面的注意,并就"减轻社会弊病",完善社会制度提出建议。社区睦邻运动(the settlement movement)就是在这样的背景下,由英国宗教界人士和一些社会科学研究者倡导发起的。东伦敦教区的牧师巴涅特目睹了许多社会的黑暗面,下决心要改善教区居民的生活,他在社会上奔走呼吁,动员人们为改造他所在的社区出力。他于1884年在伦敦东区建立了一个大学社区睦邻服务中心,命名"汤恩比服务所",这成了社区睦邻运动的开端。继"汤恩比服务所"之后,许多类似的服务机构在英国相继成立,社区睦邻运动轰轰烈烈地开展起来。社区睦邻运动的方法,及其所提倡的服务精神和取得的成就,无疑给当时面临种种社会问题而束手无策的世界各国提出了一条可行之路,因而在短期内迅速传遍欧洲大部分国家。东南亚及日本等各国也竞相效仿。许多社会学家也加入到社区睦邻运动的行列中。实际上,它成了一场社区改造运动,成为在更大范围内解决社会问题的一种尝试。这一运动在美国影响最大,开展得也最为广泛。1886年,美国的社会工作者亚当斯创办了著名的社区睦邻服务社苏尔大厦,促进了全美社区睦邻运动。到1937年,美国已有了300多个类似服务中心。这些服务机构的共同特点是:①设在贫民区,工作人员住在区内,与贫民共同生活;②工作无既定计划,只因居民的现时需要而定;③尽量利用本社区内的资源,培养居民的自助与互助精神;④服务机构既是服务中心,也是当地的文化中心。①

　　苏尔大厦是由社会工作史上享有盛名的J.亚当斯和A.G.斯塔尔创办的,是美国最著名的社区睦邻服务所。苏尔大厦集结了许多自愿者,他们不仅全力帮助邻里解决困难,而且还为人们提供从事教育、艺术、音乐、娱乐等活动及发展友谊的机会。这一机构还是一个大型的研究室,研究一些引起争议的问题,诸如贫困、劳动、教育、政治、立法、选举权、公民权以及战争与

---

① 隋玉杰:《社区睦邻运动》,详见中国社会工作协会网页,2006年7月13日。

和平等。服务大厦的主要目的是改善和发展社区居民的福利。苏尔大厦服务所对其所在地芝加哥市市民的生活改善有很大贡献，它的成功经验广为传播，许多国家都派人前往那里参观学习。社区睦邻运动在数十年内遍及美国各地，其发展程度远远超过了英国。由于社区睦邻运动的推动，1922年首次国际社会服务工作会议在伦敦举行，在这次会议的基础上，1926年成立了国际服务所及邻里服务中心联合会，总部设在荷兰的乌得勒支市，并在当时的国际联盟派有视察员。

在加拿大，作为现代合作运动的社区同样在19世纪后期就出现了。1861年，在斯科舍出现了最早的合作社；1862年，在爱德华太子岛，建立起"农民银行"；1870年，在新不伦斯威克省的圣约翰，青年妇女基督教协会成立，以后发展为全国性的团体；在八十和九十年代，在不列颠哥伦比亚省和阿尔伯达省的矿业社区，成立起合作社，进行合作消费，他们提出的口号是："一人为大家，大家为一人"。本世纪二三十年代，在许多大大小小的社区内，人们组织起多种形式的成人教育机构和演出剧社，建立起大范围的图书馆系统，并成立学习俱乐部。通过学习，社区居民了解到他们遇到的各种问题存在的根源，并成立了工会等组织，解决了从妇女选举权到移民等各种具体问题。这些基层民众的合作运动应该看成是二战后加拿大社区运动的历史渊源和社会基础。[①]

第二次世界大战以后，随着经济的发展和社会结构的调整，社区运动在西方更加普遍地开展起来，并蔓延到许多发展中国家。不少国家意识到，解决贫穷、失业、犯罪经济、发展缓慢等一系列社会问题，单单依靠政府的力量远远不够，必须充分运用民间资源、发挥社区自助力量，从基层做起，即由公众参与，提出自己的需要并切实加以解决。在社区实践的过程中，人们又进一步认识到社区建设对于促进经济和社会协调发展、提高人民的生活水平和生活质量、扩大民主、改进和加强基层管理与基层服务、维护社会稳定等方面的重大意义，社区发展遂成为联合国倡导的一项世界性运动。联合国

---

① 姜芃：《社区在西方：历史、理论与现状》，《史学理论研究》2000年第1期。

早在 20 世纪 50 年代初期就提出了"社区发展计划",在 1955 年的《通过社区发展推进社会进步》的文件中说:"可以暂时把社区发展定义为旨在通过整个社区的积极参与和全面依靠社区的首创精神,来为社区建立一种经济条件和社会进步的一种过程。"①其目的在于加强国家政府和社区之间的联系,充分调动社区成员的积极性,利用社区自身资源和力量解决社区问题,改善社区生活,提高社区经济,从而提高整个社会的发展水平。

如此一来,西方社会各种各样的社区运动更是蓬勃开展起来。我们仅以加拿大的魁北克省为例,就可以发现社区发展对于现代性进程的推动力量。从上个世纪 60 年代初开始,魁北克的社区组织大量产生,从逐渐趋于政治化和激进主义,到转而向以服务为宗旨的社区转变,社区一直都是社会的主导力量和中坚部分。到现在,非政府组织和志愿者组织大量出现,政府已经认识到社区是一种廉价有效的社会服务方式,国家已经承认社区是促进社会发展的合伙人。1991 年,加拿大政府公布了"健康和社会服务法"(health and social services act),这一法令规定了政府与社区合作共同来承担保健任务,资助的多少根据社区负责的人口以及流行病的发生情况来决定。

通过对西方发达国家社区发展的简况进行回溯,我们不难发现,社区的形成和发展与社会进步、经济发展和人口变动等因素密切相关,而这种相关性无疑说明了社区建设对促进经济和社会发展的重要作用。

当然,社区的历史几乎和人类的历史同步发生,社区的发展并不是在二战以后突兀地生长出来的。作为基层的和微观的社会组织,它既有自己组织上的根源,也有思想上的根源。此外,各地的社区是与各自的政治、经济以及历史文化紧密地结合在一起的,并不存在一个统一的定式。

在中国,因为自鸦片战争以来一直面临着严重的民族危机,如何避免亡国灭种的悲惨结局是当时的有识之士更为关心的问题,而国民生计相对而言便成了次要问题。所以社区睦邻运动在中国的影响相对要小一些。但毕竟有第一代攻读社会学的留学生把西方的社会学理论及其实践引入中国,

---

① central office ofinformation, community development 1966, london:coi, ibid. p. 16.

并试图使之在中国的土地上开花结果，所以社区睦邻运动在学人们的积极实践下也结出了自己的果实。

1917年沪江大学社会学系在上海杨树浦工人区创建的"沪东公社"，可以说是社区睦邻运动在中国的翻版。沪东公社从为周围工厂的工人开设补习班开始，为杨树浦民众提供丰富多彩的服务，包括建设民众图书馆，设立民众代笔处，开办民众食堂和民众茶园，成立民众同乐会，以电影为先导，通过各种俱乐部活动，比如民众歌咏会、学徒联欢会等多种形式进行娱乐活动和"公民教育"，另外还组织了施诊所，对求治者分文不取。抗战时期，沪东公社直接参与当时的难民救济，以及专门面向学徒开设夜校等。沪东公社的活动一直持续到1952年，随着全国高等院校院系大调整，沪江大学被撤销，之后沪东公社才无疾而终。1949年4月1日，在沪东公社创办的《沪东》双周刊上，创刊小言如此写道："沪东双周号今天诞生了。沪东公社是杨树浦工业区唯一的社会工作中心，三十年来它帮助了无数的劳工们获得知识，砥砺品格，更帮助了无数的贫苦者解决衣食，觅得职业，它是劳工们和贫苦者的朋友，并且永远是他们的朋友……我们呼出我们的困难和需要，使社会人士予我们以同情合作，使我们能做更多有益人群的工作……我们热诚地接受任何善意的批评和指望，使本刊能逐渐接近读者们理想的境地。"[1]

20世纪20年代初，晏阳初组织了中华平民教育促进总会。20年代末，晏阳初以河北定县为点，开展文艺、生计、卫生、公民四大教育，力图解决百姓的愚、穷、弱、私四大病根，增进其知识力、生产力、强健力和团结力。晏阳初的平民教育实验在中日战争爆发之后中止。

与晏阳初的实验类似，20年代末陶行知也曾在南京建立晓庄师范学校，其办学宗旨不仅是要为当地培养小学教师，而且是要成为社区自治中心。学校不仅设置了幼儿园、小学、成人夜校，而且办起了面向公众的图书馆、卫生所，甚至组织了自卫队，使教育和社区自治紧密结合。

---

① 周淑利等：《沪江大学和沪东公社》，《兰台世界》2009年12月。

　　1928 年，梁漱溟提出了"乡治"的主张，到 1931 年，完成了他的"乡村建设理论"。从 1931 年开始，在韩复榘的支持下，梁漱溟在山东邹平县展开了"乡村建设"实验，建立乡农学校、农村合作社以及乡村自卫组织，试图找出一条"政教富卫"合一的新型农村模式。

　　此外，还有阎锡山的村本政治和土地村公有，李宗仁、白崇禧的新桂系在广西进行的民团建设，都可以视之为由欧美等西方国家开启的社区运动在中国的翻版和移植，也可以视之为是中国本土化社区工作的早期实践。

　　新时期，社区建设成为经济和社会发展的重要内容。1986 年，为了配合城市经济体制改革和社会保障制度建设，国家民政部就倡导在城市基层开展以民政对象为服务主体的"社区服务"，首次将"社区"这一概念引入了城市管理；1989 年 12 月 26 日全国人大通过的《中华人民共和国居民委员会组织法》又明确规定：居民委员会应当开展便民利民的社区服务活动，第一次将"社区服务"引入法律条文；1991 年，国家民政部又提出了"社区建设"这一概念，并在全国各个城市中广泛地开展了社区建设活动；1998 年，国务院又将"推进社区建设"的职能赋予了民政部；1999 年，国家民政部正式启动了"全国社区建设实验区"工程；2000 年 11 月 3 日，中共中央办公厅和国务院办公厅正式转发了《民政部关于在全国推进城市社区建设的意见》。可见，将社区建设推向深入已是不可阻挡的趋势。对于今天的中国来说，社区建设具备自己独特而又丰富的内涵，它是"对社区工作的总体概括，是指在党和政府的领导下，依靠社区力量，利用社区资源，强化社区功能，解决社区问题，促进社区政治、经济、文化、环境协调和健康发展，将社区建设成为管理有序、服务完善、生活便利、卫生整洁、环境优美、治安良好、人际关系和谐的现代化的新型社区。它也是社区资源和社区力量的整合过程。"①社区建设的重要性和必要性被提到了前所未有的高度，总之，社区建设是促进我国经济和社会协调发展的需要；是社会主义市场经济发展的要求；是社会转型的必然需求；是维护社会稳定和推进精神文明建设的需要；

---

　　①　周文建、宁丰主编：《城市社区建设概论》，中国社会出版社 2001 年版，第 8—9 页。

是加快城市化和现代化进程、建设基层政权和民主政治的迫切要求；是提高人民生活水平的需要；更是一项具有强大生机和活力的社会事业。它既是社会整合的基础工程，又是基层管理体制的重大改革；既是一项加强和巩固国家政权的基础性工作，又是一项为民办好事、办实事的民心工程。目前，在党和政府的重视和推动下，社区建设事业在不少地区轰轰烈烈地开展起来，社区建设的观念也逐渐深入人心。

实现现代化是中国几代人的追求和梦想，也是中国 21 世纪的国家目标；实现现代性则是当前中国更为重大的主题和更为核心的主旨，是实现现代化的保障。社区发展，亦即"社区建设"，事关国计民生大计，事关现代人格塑造与公民社会培育，事关整个中国社会的现代性事业，认识到这一点，社区的理论建构和实践指导都将步上更准确的轨道，发挥更重要的作用。

第四章 城市社区:中国现代性的中心区域

人类从茫茫的荒野之中走进城市,这是人类社会的最伟大的进步之一……人类一旦走进了城市,整个社会就进入了加速度的发展状态。

——张鸿雁

社会是一种"积累性的活动",而城市正是这一活动过程中的基本器官。

——刘易斯·芒福德

作为中国 2010 年上海世界博览会的主题,"城市,让生活更美好"这句话已经变得耳熟能详、妇孺皆知;上海,作为中国最大的城市之一,也日益成为许多中国人甚至非中国人梦想的福地。其实,从本质上来说,城市(city)只不过是人类居住的基本形式之一,这里的大多数居民从事工商业及其他非农业生产活动,而城市社区,就是一定区域内有特定生活方式并且具有成员归属感的人群所组成的相对独立的社会共同体。

作为人类群居生活的高级形式,城市的出现,是人类走向成熟和文明的标志。西方诸多文字中的"文明"一词,都源自拉丁文的"Civitas"(意为"城市"),这并非偶然。城市是人类的创造,它所具有的兼收并蓄、包罗万象、不断更新的特性,同时又不断促进人类社会形态和文明秩序的完善。但人类进入现代社会以来,在城市飞速发展的过程中,高密度的城市生活模式导致人们的城市生活越来越面临一系列挑战:交通拥挤、环境污染、资源短缺、文化冲突等等。而且,显而易见的是,如果不加以控制,城市的无序扩展会进一步加剧这些问题,最终侵蚀城市的活力、带来文明的倒退。

正是城市的飞速发展所带来的一系列社会问题，一直困扰着人类，才导致社会学学科的出现，并由此带来了社区研究的理论热潮和社区建设的社会实践。

第一节　城市社区与现代性问题

城市是伴随人类文明的进步发展起来的，同时也是人类文明的主要组成部分。早期人类居无定所，他们三五成群，渔猎而食，随遇而栖。在漫长的历史演进中，随着农业的出现，人类开始定居的生活，出现了早期的村落。相应的，用于军事防御和举行祭祀仪式的城市出现了。当然，这时的城市并不具有生产功能，只是个消费中心；并且城市的规模很小，因为农村提供的余粮不多，只具有消费功能的城市不可能保持太大的规模。早期的"城市"便形成了。

《吴越春秋》一书有这样的记载："筑城以卫君，造郭以卫民。"据考证，城以墙为界，有内城、外城的区别。内城叫城，外城叫郭。内城里住着的君，在早期应该是猎物和收获很丰富的群体，而外城居住的民则是收获贫乏、难以养活自己，依附在收获丰盈的群体周围的平民百姓群体了。显然，人类最早的"城"其实具有"国"的意味，每个城郭和它所控制的农村，构成相应的行政单位，相对封闭，自给自足。从社区角度来分析，此时的城市社区，其功能和结构均相对单一，社区人口具有较高的同质性。

《易·系辞下》中说："包氏没，神农氏作……日中为市，致天下之民，聚天下之货，交易而退，各得其所。"《世本·作篇》记载：颛顼时"祝融作市"。颜师古注曰："古未有市，若朝聚井汲，便将货物于井边货卖，曰市井。"这便是"市井"的来历。三国时谯周在《古史考》中也说："神农作市，高阳氏衰，市官不修，祝融修市。"这些古代文献记载说明，在新石器时期，随着社会经济的发展，劳动产品增多，剩余产品出现，于是人们开始从事物资交换活动，并因此出现了"市"。

1. 城市:现代化的引擎

如上,从城市的起源来看,"城,在古代,是由于生产和防御需要而出现的一种大规模永久性、防御性设施,这种防御设施或由土筑,或由石砌。早期,人类祖先生活在恶劣的自然环境中,为了生存,他们筑城主要是防御野兽侵袭。""市,是市场的简称,是商品交易的场所。市的起源可以追溯到原始社会。""城市不是从来就有的,它是在一定的历史条件下形成的,以非农业人口为主体,人口、经济、政治、文化高度集聚的社会物质系统。"[①]

总之,城市是人类社会发展到一定历史阶段的产物,它的出现与生产力的发展以及由此引起的社会大分工,与剩余产品不断增加导致私有制的出现以及由此引起的社会成员大分化,与精神文化的发展特别是早期文字和原始宗教以及反映社会等级制度的礼仪制度的出现,与掠夺性战争的频繁发生和夯筑技术的发展等因素密切相关。马克思、恩格斯指出:"物质劳动和精神劳动的最大一次分工,就是城市和乡村的分离。城乡之间的对立是随着野蛮向文明的过渡、部落制度向国家的过渡、地方局限性向民族的过渡而开始的,它贯穿着全部文明的历史并一直延续到现在。"[②]

关于城市的起源,学术界大致有三种说法:一是防御说,即建造城郭的目的是为了不受外敌侵犯;二是集市说,即随着社会生产发展,人们手里有了多余的农产品、畜产品,需要有个集市进行交换。进行交换的地方逐渐固定了,聚集的人多了,就有了市,后来就建起了城;三是社会分工说,即随着社会生产力不断发展,一个民族内部出现了一部分人专门从事手工业、商业,一部分专门从事农业。从事手工业、商业的人需要有个地方集中起来,进行生产、交换。所以,才有了城市的产生和发展。[③]

由于各个国家、各个民族的发展历史不同,城市的出现并无统一的时

---

① 参见张鸿雁:《城市形象与城市文化资本论——中外城市形象比较的社会学研究》,东南大学出版社2002年版。

② 《马克思恩格斯全集》第3卷,人民出版社1960年版,第56—57页。

③ 参见朱铁臻:《中国城市手册》,经济科学出版社1987年版,第2—3页。

限。据大量的考古发现证明，世界上最早的城市产生在生态条件良好的两河流域和尼罗河流域。我国最早的城市产生于原始社会末期，亦即原始社会向奴隶社会的过渡时期。总体上说来，城市作为农村的对立物出现在历史上是在公元前3500年，即人类由野蛮向文明过渡的时期，距今约5000多年历史。也就是说，在某种程度上，人类的文明史可以置换为人类建造城市的历史。

与人类300多万年悠久而漫长的穴居、逐水草而居和分散居住时代相比，城市历史只有短暂的五六千年，但它却是人类进入文明时代的标志。从乡野走进城市，从天然的穹庐走进人造的居地，这是人类文明最伟大的进步之一，这一步的意义对人类而言是至关重要的。人类从此由蒙昧走进了文明，由童年走向了成年——城市，作为划时代的界标，揭开了人类文明史的序幕。事实上，人类一旦从蛮荒的乡野步入城市，整个社会就进入到一种加速度的发展状态。"人类所有的伟大文化都是由城市产生的。第二代优秀人类，是擅长建造城市的动物。这就是世界史的实际标准，这个标准不同于人类史的标准；世界史就是人类的城市时代史。国家、政府、政治、宗教等等，等等，无不是从人类生存的这一基本形式——城市——中发展起来并附着其上的。"①

有人说，中国缺少真正意义上的现代都市，作为一个幅员辽阔、历史悠久的农业大国，中国的城市都是在乡土中国的深厚土壤中生长起来的，中国的一些古老城市，其内涵和格局都包含着很浓重的乡土气息。我们可以通过追溯中国城市的演变历史，分析城市如何从乡土中国的背景中脱颖而出，成为中国现代性的策源地和现代化的引擎，如何带动中国现代转型过程中社会经济、政治和文化的发展。

①古代中国的城市发展。

中国是世界著名的文明古国，也是世界六大城市带发源地之一。距今7000到8000年前的新石器时代，在黄河流域和长江流域产生了相当进步

---

① 帕克、伯吉斯：《城市社会学》，华夏出版社1987年版，第3页。

的农业经济,永久性的村落也开始出现。河南渑池仰韶村遗址,面积近 30 万平方米;陕西西安半坡遗址,面积约 5 万平方米;临潼姜寨遗址,面积为 5.5 万平方米。仰韶文化时代的这些村落,规模已相当可观。

距今 4000 至 5000 年的龙山文化时期,生产力有进一步的发展,氏族社会走向解体,部落之间的战争也日趋激烈,这时出现了城市的萌芽——城堡。河南登封王城岗古城、淮阳平粮台古城、郾城郝家台古城、安阳后岗古城、山东章丘城子崖古城和寿光边线王古城,是考古发现的 6 座古城遗址。这些古城规模小,功能单一,虽然具有城堡的形态,但离城市的标准尚有不小的差距。

公元前约 2000 年的中国夏代,出现了迄今所发现的最早的城市——在河南偃师二里头发现的宫殿遗址。其中还发掘出青铜器、玉器、兵器等,说明当时已形成国家的早期形态。在二里头附近的尸乡沟发现的一座早商城址,被认为是第一代商王成汤所建的"西亳"。除此之外,目前还发现了 6 座商代前期的城市遗址。商代最著名的城市,当属位于今天河南安阳的殷墟,其范围广达 30 平方公里。继商之后的周王朝为巩固统治,实行分封制。为防御侵占和保护领地的需要,统治阶级把筑城看作是立国的一项根本方略。"立国"就是在自己的封域内选择适中的地点,营建可以防守的城池。因此,早期城市的功能是以政治、军事为主的。

周初的城市,主要仍分布在黄河中下游地区,但向北已扩展至太原、北京附近,向南则至汉水、淮河流域。自此之后,我国城市的分布就以这一地区为中心,逐渐向四周生发。春秋战国时期,我国奴隶制社会逐渐走向解体,封建制度最后得以确立。这一时期是社会的大动荡、大分化时期,也是经济和城市的发展相当活跃的时期,初步形成了都城—郡城—县城三级城市体系;城市的经济功能大大强化,从而导致完整意义上的城市出现,据司马迁《史记·货殖列传》等载,当时全国有 20 多个较大的商业城市;城市规划也有重大突破,据《周礼·考工记》记载,西周时期开始出现城市规划思想,到了春秋战国时期,各国间战争频繁,为城市防御目的普遍修筑了城墙,并在宫城外修筑第二道城墙,形成完整的城郭制度。

公元前 221 年，秦始皇建立中央集权制的封建国家。但是，秦的兼并战争严重破坏了原来的六国城市，由商鞅开始实施的贱商政策同时严重阻碍了城市经济的发展，对后世中国城市的发展产生深远的不利影响。汉代，中国的经济重心在北方，城市的分布也以北方为主。但东汉末期的军阀混战以及边远地区游牧部落的侵占，使黄淮流域的经济遭到极大破坏。而江南地区的经济自孙吴以后逐渐发展，南方的城市发展水平逐渐赶上并超过北方，至唐后期南方城市成为我国新的经济重心。

从东汉末年起至元统一中国，中国处于分裂、统一、再分裂、再统一的循环之中。直到隋重新统一中国。隋代，全国有郡 194 个，是秦时的 4.85 倍；县 1255 个，较秦增加了 50% 左右。这意味着隋的城市发展水平大大超过了秦。继隋之后的唐代行政区划有重大变化，形成了以首都、道治、郡府、县城四级行政中心为主体的城市体系。这也是今天省、地、县三级地方行政区划的由来。而且，随着经济的增长，唐代大量出现大中商业城市。据统计，唐代城乡人口合计超过 10 万的大城市有 15 个，还有一批数万人口的中等城市。唐都长安是全国最大的城市。据宋人宋敏求《长安志》称，长安有近 8 万户居民，约 43 万人。加上不列户籍的人口数量，估计唐长安城内外总人口约 60 万。这是当时世界上规模最大的城市。

公元 755 年"安史之乱"的爆发，使唐由盛转衰，著名古都长安、洛阳遭到彻底破坏。继五代之后的北宋虽然是一个蓄贫积弱、苟且偷安的朝代，但在中国城市发展史上，北宋产生了一次"城市革命"。主要表现在：首先，传统的坊市制被打破，商业由定时限地的古代型商业向全天的、不受地点限制的近代型商业转化，随着城市商业的空前发展，封闭的城市开始向开放型的城市转化。其次，新型的城市型聚落——镇、市开始显现，城市等级体系的层次更为丰富。再次，大中城市继续发展，首次出现百万人口的特大城市。首都开封的城内人口有近 10 万户，约 50 万人。加上不入籍人员，开封人口最多时估计接近 100 万，是我国有史以来可以较为确信的第一个百万人口城市。北宋画家张择端的《清明上河图》描画北宋都城东京（即开封）市民的生活状况和汴河上店铺林立、市民熙来攘往的热闹场面，生动细致地再现

了一个舟船往复、店铺林立、人烟稠密的繁华城市景象。北宋词人柳永的
《望海潮》这样描写杭州之富庶繁华：

> 东南形胜，三吴都会，钱塘自古繁华。烟柳画桥，风帘翠幕，参差十万人家。云树绕堤沙，怒涛卷霜雪，天堑无涯。市列珠玑，户盈罗绮，竞豪奢。重湖叠𪩘清佳。有三秋桂子，十里荷花。羌管弄晴，菱歌泛夜，嬉嬉钓叟莲娃。千骑拥高牙，乘醉听箫鼓，吟赏烟霞。异日图将好景，归去凤池夸。

相传金主完颜亮就是听到"三秋桂子，十里荷花"的唱词之后，便艳羡钱塘的繁华，加强了他侵吞南宋的野心。而柳永正是以反映都市繁华的词作，扩大了词的内容。除歌咏杭州以外，柳永还在词中歌咏过苏州、扬州、成都、洛阳和北宋都城汴京等，为宋代都市的发达和繁荣留下了生动形象的文字记录。到了南宋，其都城临安的人口估计仍可高达70万左右。开封和临安，在当时均为世界上最大的城市。

元、明、清三代的统一局势，造就了我国城市发展史上最为雄伟、辉煌的都城——北京。但是，北京城的规划却将皇宫置于全城的中心，并按《考工记·匠人》所述的"左祖右社"的思想布置了天坛和地坛，这种"皇权至上"的布局充分反映了封建统治者利用城市规划来维护其最后统治的意图。从总体看，这一时期的城市发展未能在宋代的基础上取得全面突破，其最为显著的特征是作为商品经济产物的工商业市镇大量涌现，它们主要集中在商品经济比较发达的东南沿海一带。宋代长江三角洲上的苏州、松江、常州、杭州、嘉兴、湖州六府有71个市镇，明代增至316个，清代增至479个，平均每县分布8到9个市镇，构成四通八达、商品流通的市镇网络。另外，明清时期的大中城市也获得了一定的发展，出现了30多个大中城市，其中，广州作为明清实行禁海政策后的唯一对外开放城市，发展尤为迅速，成为仅次于北京的全国第二大城市。苏州则是手工业最为发达的城市，在封建社会城市普遍为消费性城市的情况下，苏州已具备一定的生产功能。明清时期，虽

然在一些工商业城镇中已出现资本主义萌芽,但却未能像同期的西欧城市那样导致资本主义的产生。这就注定了中国城市要从领先于世界的先进水平之上逐渐落伍。鸦片战争后,中国城市的衰落愈见明显。直到上个世纪20年代上海兴起之前,中国没有一个城市可进入世界十大城市之列。[①]

总体上说来,中国古代城市发展表现出不同于西方的独特的历史文化特征:首先,绵延几千年的历史期间,中华文化始终长盛不衰,城市建设制度也得到了不曾中断的延续和发展;其次,因为以儒家思想为主导的中华文化所具有的多元融合的特征,中国古代的城市生活也表现出丰富性、包容力与活力;第三,超稳定的结构和封闭的特征使城乡社会生活表现出极强的秩序性和统一性。之所以如此,是因为中华文化所具有的极为稳固的内在力量所表现出的强大的生命力。直到今天,这种文化特征还是以其强大的生命力沉潜在人们的意识深处,成为当前中国现代性追求过程中的隐在力量。

②城市化与中国现代城市发展。

城市化是指由以农业生产方式为主的传统乡村社会向以工业和服务业为主的现代城市社会逐渐转变的历史过程,具体包括人口职业的转变、产业结构的转变、土地及地域空间的变化等。到目前为止,关于城市化的概念,国内外学者分别从人口学、地理学、社会学、经济学等角度予以了阐述。人口学把城市化定义为农村人口转化为城镇人口的过程,即人口向城市地区集中、或农业人口变为非农业人口的过程。地理学所研究的城市化是一个地区的人口在城镇和城市相对集中的过程,城市化也就意味着城镇用地扩展,城市文化、城市生活方式和价值观在农村地域的扩散过程。从社会学的角度来说,城市化就是农村生活方式转化为城市生活方式的过程,是城市先进社会经济要素在乡村的普及程度。转化和发展的根本目的是为了提高人民的生活水平,改善人们的生活质量,促进人的技能和素质的提高,提高人类社会的整体发展水平,使人与人、人与自然的关系达到和谐发展。经济学上从工业化的角度来定义城市化,既认为城市化就是农村经济转化为城市

---

① 以上内容参见吴刚:《中国古代的城市生活》,商务印书馆1997年版。以及其他相关著作。

化大生产的过程。尽管不同的学科对城市化的含义做出了不同的解释。但其内涵是一致的:城市化就是一个国家或地区的人口由农村向城市转移、农村地区逐步演变成城市地区、城市人口不断增长的过程;在此过程中,城市基础设施和公共服务设施不断提高,同时城市文化和城市价值观念成为主体,并不断向农村扩散,此外农村中城市特质的增加也属于城市化。城市化就是生产力进步所引起的人们的生产方式、生活方式以及价值观念的转变的过程。①

从世界范围内来看,18 世纪英国率先开始的工业革命使生产力得到惊人的发展,使产业结构从传统农业向近代工业转型,使人口向城市转移和集中。由于农民不断涌向新的工业中心,城市在英国获得了前所未有的发展。也就是说,是在工业革命的推动下,现代化工业城市得到了迅速形成和高度发展的,工业化和城市化互为因果、互相促进、彼此增长,并由此导致了人类社会的深刻变化。在某种程度上,现代化就是人们对这一变化的表述。随着城市化进程的加快,到第一次世界大战前夕,英国、美国、德国与法国等西方国家,大多数人口都已生活在城市里。

西方现代化的过程是一个政治领域民主化、经济领域工业化、社会领域城市化和文化领域理性化的过程。对此,我们可以如是理解:**经济领域的工业化是现代化的动力,政治领域的民主化是现代化的保障,文化领域的理性化是现代化的核心,而社会领域的城市化是现代化的平台**。也就是说,现代化所带来的一切社会变革都是在城市上演和展开的。如今,社会领域的城市化已经在全球范围内形成世界性的潮流,并直接导致"城市社会"的来临。

就中国而言,1840 年鸦片战争爆发,外国资本的大举入侵,不仅对中国封建经济的基础起了解体作用,同时又给中国资本主义生产的发展造成了某些客观的条件和现实的可能。西方资本主义世界的工业新技术和大机器生产的浪潮也波及我国,虽然与资本主义国家相比,中国近代以来的城市化

---

① 详见百度百科"城市化"词条。

进程显得十分缓慢,但城市发展的速度却超过中国历史上以往任何时期。在中国广袤的土地上,这一时期的城市发展开始形成二元结构的城市体系。具体说来,随着清政府在鸦片战争中被迫打开闭关自守的大门,中国开始加入世界经济体系,资本主义工商业首先在沿海、沿江城市中出现,随后波及东北和内地广大地区,由此形成一批近代工商业城市。上海等城市逐渐成为全国或各个地区的经济中心,并形成以它们为中心的商品生产、流通的经济网络乃至城市网络。与此同时,广大内地城市很少受现代经济的影响,其职能变化不大。这样,我国近现代城市体系形成以近代工商业城市为一方、以各级行政中心城市为主体的二元结构,其中,近现代工商业城市居于统治地位。另一方面因为城市发展的不同走向,中国的现代化进程出现了明显的区域差异。随着资本主义工业的发展,产生了不少新兴的矿业或工矿业城市,它们多位于东北及华北地区。这样,自魏晋南北朝以来,我国城市主要在南方发展的趋势发生了逆转,北方成为城市的主要发展区,其中东北成为我国近现代城市化速度最快的地区。40 年代初,沈阳人口接近百万,长春人口达 80 多万,哈尔滨、大连人口超过 70 万,加上抚顺、鞍山、本溪、吉林等城市,形成工业城市密集带。资本主义在南方的发展主要是在条件较好的长江中下游地区和珠江三角洲等地,其中一些地理位置优越的城市发展尤快。如上海,鸦片战争前人口仅为 10 多万,1949 年人口增至 545 万,成为我国最大的经济中心。在长江三角洲,还形成由上海、苏州、无锡、常州等城市组成的城市密集带的雏形。但是,在很多交通不便、又没有什么特殊资源和外来经济条件刺激的地区,城市不仅发展不快,甚至还有所衰落。广大西部地区在近现代城市化进程中是最落后的,由于缺乏现代经济的支撑,绝大多数城市的发展处于停滞状态,从城市职能到空间结构基本保持前工业社会城市的特征。①

　　中华人民共和国成立初期,规定人口在 5 万以上的城市可以准予设市;1951 年底政务院在《关于调整机构和紧缩编制的决定》中,规定人口在 9 万

---

①　可参阅周蜀秦:《中国城市化六十年:过程、特征与展望》,《中国名城》2009 年第 10 期。以及其他相关论文及著述。

以上可以设市;1955 年 6 月 9 日,国务院第一次颁布《关于设置市镇建制的决定》规定聚居人口 10 万以上的城镇可以设市,聚居人口不足 10 万,但属重要的工矿基地、省级地方国家机关所在地、规模较大的物资集散地或边远地区的重要城镇,确有必需时,可以设市。1986 年 4 月 19 日,国务院批转民政部《关于调整设市标准和市领导县条件的报告》,第一次在市镇建制中加入经济指标。规定总人口在 50 万以上的县,驻地所在镇非农业人口在 10 万以上、常住人口中农业人口不超 40% 、年国民生产总值在 3 亿元以上,可以撤县设市,或总人口在 50 万以上的县,驻地非农业人口在 12 万以上、年国民生产总值 4 亿元以上,可以撤县设市。

从城镇人口规模的角度来看,当代我国的城市是由特大城市、大城市、中等城市、小城市和建制镇所构成的。其中特大城市人口在 100 万人以上;大城市为 50～100 万人;中等城市为 20～50 万人;小城市则为 20 万人以下。从城镇行政级别的角度来看,现阶段我国的城市是由省级市、地级市、县级市和乡级建制镇所构成的。

现阶段我国城市已开始进入快速发展时期,据有关专家们预测,今后几十年,我国的城镇化将会继续保持快速发展的势头。"1949 年,我国的城市化率仅为 10.6% ,1978 年增长到 17.92% ,近三十年只提高 7.3% ,发展速度很慢。改革开放以来,城市化速度加快,城市化率由 1978 年的 17.92% 增长到 2000 的 36.09% ,22 年增加了 18.17 个百分点。'十五'期间,我国城市化发展迅速,由 2000 年的 36.09% 增长到 2004 年的 41.8% ,2005 年达到 43% ,年均增长 1.4% 。"[①]

由这些数据可以观察到,中国作为一个发展中国家,其城市化进程的开端较晚,但其城市化发展的速度却较为迅速,特别是改革开放以后,我国逐步放开了原有对人口流动的控制,大量农民工流向了城市,同时加快了城市化的进程,因此这三十年来的城市化速度尤为突出。

城市化是现代化最重要的衡量指标之一,城市以及与之相对应的都市

---

① 曾凡慧:《城市化的现状、问题与对策》,《经济研究导刊》2007 年第 4 期。

景观、工业空间、公共性、广场、资产阶级、法权意识等等,是现代性的有机构成,因此,在中国正经历的令世界瞩目的发展转型与城市化进程中,城市成为现代化的引擎,很大程度上推动了中国现代化的进程。

2.城市:现代性的策源地

所谓策源地,就是策动、起源的地方。如果说中国的现代化运动是由鸦片战争所带来的外力推动的话,那么,中国的现代性追求则起源于渴望变革图新的内在需求,而城市,就是中国现代性的策源之地。五四新文化运动中,最引人注目的显然是以《新青年》为中心的激进主义知识分子群体。他们以西方现代性的知识话语作为批判中国传统文化的工具,以西方现代化的现实作为中国现代性进程的目的,试图在中国实行比较彻底的思想与社会变革,"激进反传统"成为他们重建文化秩序与社会政治秩序的元话语。

众所周知,由陈独秀1915年在上海创立、1917年转移到北京的杂志《新青年》是新文化运动兴起的标志。该刊宣传民主与科学,提倡新文学反对旧文学,提倡白话文反对文言文。1917年以后受到俄国十月革命的影响,开始宣传马克思主义。新文化激进知识分子激进反传统的思想文化革命主要以《新青年》为阵地展开,体现在道德伦理和文学革命两个层面。季进在《论新文化激进知识分子的现代性追求》一文中对此进行了论述,其主要观点如下:①

在道德伦理方面,陈独秀、鲁迅、吴虞、李大钊、胡适等人发表了许多文章,对封建道德伦理礼教与封建意识形态作了不遗余力的批判与清算。鲁迅写道:"我翻开历史一查,这历史没有年代,歪歪斜斜的每页上都写着'仁义道德几个字。我横竖睡不着,仔细看了半夜,才从字缝里看出字来,每本都写着两个字:'吃人'!"(《狂人日记》)第一次深刻揭示出了传统道德伦理的"吃人性"。在《我之节烈观》、《我们现在怎样做父亲》等杂文中,鲁迅对纲常礼教进行了深刻的批判,认为"节烈"是非人道的封建夫权主义的畸

---

① 季进:《论新文化激进知识分子的现代性追求》,《江苏大学学报(社会科学版)》2003年第1期。

形道德，这种传统道德实际上是一种用历史的力量杀人的"无主名无意识的杀人团"。而"孝道"，从生物进化观点来看，"长者本位道德"有着明显的反进化本质，因此，应该彻底抛弃这种传统孝道，以合乎进化法则的"幼者本位道德"取代礼教的"长者本位道德"。应该说，以"打倒孔家店"为号召的反传统运动标志着一个激进的文化批判时代的到来，"反孔批儒"几乎成为其文化激进主义的基本主题，对于推进当年思想领域的现代化起到了巨大作用。五四知识分子置身于一场历史性的政治变革进程之中，面对传统政治体制向现代政治体制的艰难转型，他们表现出一种巨大的政治热情，而且，他们对时政和国民的关心与传统士大夫文人的庙堂之忧有根本的不同，他们不再把委身权威去充当奴仆作为达到目标的途径，而是以现代知识分子的方式直接面对社会发言。他们一方面同情人民疾苦，为下层劳苦大众而呐喊，另一方面以现代观念烛照其落后与愚昧，以"哀其不幸，怒其不争"的态度对他们进行思想文化启蒙。一方面揭露和抨击专制主义传统，另一方面启发人们意识到个人的价值、尊严和权利，克服奴隶性而培养现代公民意识。

在文学革命方面，《新青年》也始终围绕着一个核心问题，即中国文学的现代化问题。新文化激进知识分子从文学的内容与形式上去批评传统，提倡白话文，反对文言文，提倡新文学，反对旧文学，并且大力译介外国文学以为参照，从根本上推进了萌动于晚清与民国初年的中国文学的现代性进程。1917 年 1 月，胡适的《文学改良刍议》以文学进化的观点，提出了著名的文学改良八项原则；陈独秀的《文学革命论》，提出更为激进的主张；刘半农发表了《我之文学改良观》、钱玄同发表了《寄陈独秀》和《寄胡适之》、傅斯年发表了《文学革命申议》和《文言合一共议》。在文学革命的理论宣传蔚成大观的背景和语境中，各种新文学社团如文学研究会、创造社、湖畔社、新月社、语丝社等纷纷涌现，《新青年》、《小说月报》、《新潮》、《学灯》等报刊陆续推出了一些新文学作家与作品，文学创作方面也取得了引人注目的实绩。鲁迅、胡适、郭沫若、叶绍钧、冰心、郁达夫等人的作品，充满了精神涅槃、个性解放的精神，从内容到形式都体现出对文学现代性的追求，代表了文学革命的最初成果。其中最突出的显然还是鲁迅,他的《呐喊》、《彷徨》将思想革命与文学革命有机地融为一体,以文学的手段,传达出激进反传统的主流话语,对中国20世纪的现代性进程产生了极大的推动作用。

总之,以《新青年》集团为核心的中国现代知识分子为自己的全部努力确立了一个全新的目标:人。新文化运动一开始就确立了自己的努力方向:"科学与人权并重。"所谓"伦理的觉悟",所要完成的全部内容就是"人的解放";文学革命在价值层面上就是要变"非人的文学"为"人的文学";新文化运动不遗余力地攻击旧传统,因为他们认定中国几千年的传统"吃人";他们介绍西方文明并主张西化,因为现代西方的自由、民主、平等体现了对人的尊重,对"天赋人权"的认可和保障,更有利于人的生存和发展;新思潮最深刻的意义在于再造新的文明,而梦想中的新文明就是能够保障个人自由、尊严与权利的文明。①

这是五四新文化阵营的共同选择。以西方的价值观念为参照系,以上海、北京等城市为策源地,五四新文化表现出现代性特征,以《新青年》为核心的知识分子成为真正意义上的中国现代知识分子。因为他们不仅获得了独立的人格和自由的思想,而且获得了现代社会最具根本性的价值观念。

显然,城市是中国现代性的策源地;与此同时,作为现代性策源地的城市,在主体、结构和功能上都表现出独到的特征。

①市民:城市社区的主体。

市民,顾名思义,就是居住在城市的人民。人是城市的主体,是城市化的出发点和归宿。城市,是人的创造;城市化进程,也要首先确立以人为本的思想。

是否尊重人的价值和个体自由,在欧洲,是现代与中世纪的一个分水岭;在世界范围内,这也成为识别和确认一种文明是否进入现代或者是否具有现代性的重要标志。西方的现代性以文艺复兴和思想启蒙运动为基础,其初衷十分鲜明,经济上的工业化和市场化、政治的民主化、思想和宗教信

---

① 参见李新宇:《从"新民"到"立人":五四启蒙思潮的形成》、《五四知识分子的自我定位》等文。

仰的自由化、生活方式的城市化等等一切过程,都以人的解放、幸福和权利保障为指归。因此,现代性的基本特征就是一切以人为中心,以人为目的,而在国家治理和社会组织建构中,则要以保障个人的自由、尊严和权利为最基本的原则和最核心的依据。

中国的五四一代知识分子,也正是以人为目标来体现他们的现代性追求。他们在古老的中国传统中成长起来,远涉重洋去学习使国家富强的各种技术。但是,在异国的土地上,他们看到了中国人和西方人不同的生存状态,从而对西方现代的制度和文化心向往之。他们强烈地意识到,中国人应该从专制制度中解放出来,应该从纲常名教和各种奴役关系中解放出来,应该从各种腐朽的思想和观念中解放出来,使自己真正成为自己的主人。他们强调人权天赋,肯定人们追求个人幸福和快乐的权利,强调个人的自主和道德的自律,呼唤个人自由和人格平等,从政治领域到道德领域,全面地确立人的最高价值。从另外一个角度来说,这一代知识分子大多出生农村,或者来自不发达的中小城镇。他们从中国的农村腹地走到上海、北京之类的大城市,再进一步留洋海外,接受西洋现代城市文明的洗礼。他们所看到的西方人和中国人不同的生存状态,往往是城市和农村的区别。在这个时候,城市和农村的区别,不再停留在地域意义和社会形态方面,而是两种文化形态和经验方式的区别,直接导致了他们对于个体在世界上的生存境遇或生存价值的深刻体会和深层反思。

王韬(1828~1897),作为中国早期的现代知识分子中体验全球性境遇的先行者,于1867年从香港启程赴欧洲游历,在他的《漫游随录》中写道:

> 所足奇者,一入苏夷士而气候顿异,初经意大利而光景一新。自此驱车而过法国,经来昂,至巴黎,见夫闾阎之喧阗,都会之繁华,宫阙之壮丽,物玩之奢侈,吁其盛已。楼台金碧,尽是九重;箫管嗷嘈,奚止十里,皆销金之窟也。所以言欧洲之富者,首推法京。由法渡七十里海峡而至英,虽见见闻闻稍或有异,而大致无殊。英

法名区胜境,悉数之而更仆难终,惟得之目击身亲者,珥笔而记之。①

正是在这样的亲历亲闻之中,中国现代知识分子不再像自己的国人一样习惯于几千年的专制制度,沉醉于"天朝大国"的古典体验之中,为自己悠久的历史而自豪,相反,他们看到了中国人和西方人不同的生存状态,感受到强烈的对比,从而对西方现代的制度和文化心向往之。

事实上,早在《新青年》创刊之前,中国早期的现代知识分子就已经认识到了人的尊严、自由和权利的重要性,于他们则是表现在对于开发民智、改造国民精神的呼吁和阐发上。维新变法失败之后,流亡中的梁启超把"新民"当作中国社会变革的当务之急,他意识到,中国的灾难并非因为礼崩乐坏或对传统权威的背叛,而是恰恰由于中国人对于传统权威的迷信,在于失掉了人格的独立和思想的自由。他在 1900 年给康有为的信中写道:"中国数千年之腐败,其祸及于今日,推其大源,皆必自奴隶性而来,不除此性,中国万不能立于世界万国之间。而自由云者,正使人自知其本性,而不受钳制于他人。今日非施此药,万不能愈此病。"在《新民说》中,他承认人格的独立、思想的自由和权利的平等对于社会进步的重要性,对个人权利进行过精彩的辩护:"一部分之权利,合之即为全体之权利,一私人之权利思想,积之即为一国家之权利思想。故欲养成此思想,必自个人始。""国民者一私人之集结也,国权者一私人之权利所团成也。……其民强者谓之强国,其民弱者谓之弱国"②

《新青年》集团从人的立场出发,以人为目的,引进西方自由、民主、平等和人权的价值理念,试图打破中国文化传统中一切禁锢人、扼杀人的封建枷锁,以求中国人也能告别奴隶状态和奴隶性格,过上像人一样的生活。在他们那里,人,成了最高价值尺度;人格的独立,思想的自由,个人的权利,成

---

① 王韬:《漫游随录》,岳麓书社 1985 年版,第 42 页。
② 转引自李新宇著:《从"新民"到"立人":五四启蒙思潮的形成》,《齐鲁学刊》2000 年第 3 期。

为神圣不可侵犯的事物。他们鼓吹个性自由,为孩子而呼唤,为妇女而呐喊,为平民而鸣不平,努力创建一个与过去的历史极不相同的世界,这个世界被他们称作"人国"或"人的世界"。正是为了人的解放,他们向传统发起了猛烈的攻击。陈独秀把中国传统社会认定为宗法社会;胡适提醒人们,要看一个国家的文明,需要考察三件事:第一,看他们怎样对待小孩子;第二,看他们怎样对待女人;第三,看他们怎样利用闲暇时间。他认为"可惜我们中国禁不起这三层考察";鲁迅的概括是集中而有力的:"中国人向来就没有争到过'人'的价格,至多不过是奴隶,……修史时候……有更其直截了当的说法在这里——一、想做奴隶而不得的时代;二、暂时做稳了奴隶的时代。"①无论对于历史还是对于现实,他们的指控都在于这种文明把人不当人,在于它践踏和剥夺人的权利。在这里,人,成为他们批判传统文化的唯一价值尺度。

他们重新审视传统的国家伦理,发现以"君为臣纲"为核心的统治秩序虽然随着辛亥革命的胜利而失掉了理论上的合法性,但作为一种文化积淀却仍然留存于人们的头脑中,成为一种文化上的集体无意识。所以,新文化运动的领袖们要为辛亥革命进行的政治体制变革进行一场思想文化上的补课,大力宣传现代民主政治理念。他们重新审视家庭伦理,审视父与子、长与幼的传统秩序,以幼者为本位对长者本位和父亲权威进行了批判,以激烈的姿态颠覆了传统秩序。他们重新审视两性关系,批判几千年历史上形成的夫为妻纲和男尊女卑的等级秩序,开始为女性的平等地位和自由权利而呐喊。② 由此可见,新文化阵营之所以反传统,根本理由就是中国传统"吃人",从根本上否定人的生存权利和独立价值。在重估传统的同时,新文化运动主张世界化,在某种程度上就是西化。因为西方国家的职能是保障公民的权利,使个人的生命、财产、自由和尊严不受侵害。公民纳税养活官员并维持国家机器的运转,国家就必须为公民提供相应的服务。因此,每一个

---

① 鲁迅:《灯下漫笔》,见《坟》。
② 遗憾的是,在鲁迅先生的笔下,《祝福》中的旧女性祥林嫂和《伤逝》中的新女性子君都找不到出路。

人都有独立的人格,有个人的价值、尊严与权利。而这一切都不见于"普天之下莫非王土;率土之滨莫非王臣"的中国传统。因此,他们向往西方现代文明,希望中国人从传统中走出而化入这种新的文明。因为这种文明能够带来人的自由、尊严和权利的保障。

中国第一代现代意义上的知识分子的努力已经为我们奠定了很好的基础,而今天的中国,已经在城市化的道路上走出了很远。城市化的过程中出现了而且还必将出现很多问题,我们只有在坚持城市化本身的前提下,从促进人们的生产方式、改善人们的思维方式和提升人们的价值观念出发,坚持以人为本的可持续发展之路,才是城市化的长久之路。事实上,伴随着城市社会的到来,完全意义上的市民社会的形成将成为必然,人的现代化由此成为社会整体现代化的核心。

必须要强调的是,作为近现代历史产物的个人自由观念乃是一种公民自由,即在由必要的、正义的法律所确立的个人与社会之间关系之基础上,个人不受社会限制的那一部分权力。显然,个人自由只有在适宜的社会结构下才能得到保障和发展。在现代史上,否定个人自由的价值,将社会发展政治化或者国家化曾经是屡见不鲜的现象。其所以如此,是因为政治国家对于市民社会的侵蚀和控制导致社会结构的单一化,或者说是政治国家对于市民社会发育和成长的强力限制,政治价值观和政治规范在不同程度上替代了市民社会的价值观和交往行动准则。也就是说,只有在政治社会与市民社会相对分离的社会状态下,个人自由才可能在不受国家干预的市民社会中得到保护和发展。个人在相对独立于政治国家的市民社会中,在法律的保护下运用财产权来追求自己的利益,并以契约的形式与他人发生关系。在这里,个人必须面对各种机遇并作出自主选择,个人自由就将在这种自主选择中逐渐得到发展。因此,市民社会既是以合理化的利益追求、契约和法律为要素的西方市场经济发展的制度条件,而且从个人自由发展的社会条件来分析,无疑也是保障和发展个人自由的制度基石。①

----

① 参见胡万钟:《论政治社会与市民社会的对立和统一》,《内蒙古社会科学》2007 年 7 月。

所谓市民社会,俞可平先生在《正在兴起的公民社会与治理的变迁》中认为:"公民社会,常常又被称为民间社会和市民社会,其实它们是同一个英文术语 civil society 的三个不同中文译名。但这三个不同的中文称谓事实上并不是完全同义的,它们之间存在着一些微妙的差别。……'公民社会'是改革开放后引入的对 civil society 的新译名,这是一个褒义的称谓,它强调 civil society 的政治学意义,即对公民的政治参与和对国家权力的制约,越来越多年轻学者喜欢使用这一新的译名。不少学者实际上交叉使用公民社会和市民社会两种用法,前者强调 civil society 的政治学意义,后者着重于其社会学意义。"①显而易见,公民社会这一概念孕生并演进于西方社会,它在不同的时代、以不同的结构出现在社会理论中,既体现着时代进步中社会自组织的痕迹,又印有公民个人理性建构的倾向。俞可平先生将它界定为:"市民社会亦称公民社会,就其一般意义而言是指社会中各个个人私人利益关系的总和,它是国家政治生活之外的所有社会秩序和社会过程,它通常只有在把政治国家当作自己的参照体系时才有意义。市民社会代表'私'的领域,而政治国家则代表'公'的领域。市民社会的显著特征在于,它是相对于政府而言的非官方的社会结构和过程,诸如各种民间组织机构、非政府机构、中介组织、社会运动等均属于市民社会的范围。"②

有学者认为,尽管市民社会是西方世界近现代历史发展的产物,但从政治国家与市民社会相对分离的结构主义角度来分析,非西方世界也存在出现市民社会的潜在可能,因而也可能会以自己的方式实现社会发展。历史地看,前现代国家在政治社会之外必然还存在非政治社会,或称为民间社会;民间社会与市民社会虽然具有很不相同的价值观和行为规范、经济活动方式、社会结合形式,但在与政治社会相对分离这一点上却是共同的,因此,几乎任何一个前现代国家都可能存在市民社会发展的社会结构基础,都有可能建设"小政府、大社会"即"小政治社会、大市民社会"的政治格局和社

---

① 俞可平等:《中国公民社会的兴起与治理的变迁》,社会科学文献出版社 2002 年版。
② 俞可平:《社会主义市民社会:一个新的研究课题》,刊载于《增量民主与善治》,社会科学文献出版社 2003 年版,第 196 页。

会形态。在中国,由于市民社会缺乏一个自然的生长过程,因此,借助于与市民社会具有一定同构性的社区的发展,有利于催生中国的市民社会。但是社区本身又具有反现代性的价值——内涵,因此,社区与政治社会相对分离的特征使其可能成为发育市民社会的社会结构资源,而其反现代价值内涵又使其具有抑制现代性无限伸张的作用。①

总之,对于当前中国来说,"在一个张扬'现代性与公共性'的崭新历史平台上进行'公民社会'研究,任重而道远。它围绕着民主、自由与平等这类基本的政治价值而展开。现代'公民社会'的崛起是市场化与民主化的产物,它在相对独立于政治国家的历史进程中,不仅厘清了与政治社会之间的界限,而且凸显其在价值领域的公民本体论与在政治领域的公民自主性。"②但是,社会发展的基础在于个人自由,而保障个人自由需要一个政治社会与市民社会相对分离的社会结构。在现阶段的中国,完全可以利用社区作为发育市民社会的"发生性和结构性资源"来发展市民社会。

②家庭、邻里、中介组织:城市社区的结构。

作为一种区别于乡村的、相对永久性的、大量异质性居民集居的大型聚落,城市是一种以非农职业为主,具有综合功能的社会共同体。其中,家庭、邻里、中介组织,成为城市社区构成的基本单位。

家庭是由婚姻、血缘或收养关系所组成的社会组织的基本单位,是最基本的社会设置之一,也是人类最基本、最重要的一种组织制度和群体形式。事实上,家庭作为最小的社会组织,是所有社会组织中能够最敏感、最迅速地反映社会生活变化的单元。

按照家庭的人员构成,亦即家庭结构,我们可以把家庭分为核心家庭(由一对父母和未成年子女组成的家庭)、主干家庭(由一对父母和一对已婚子女或者再加其他亲属组成的家庭)和扩展家庭(由一对父母和多对已婚子女或者再加其他亲属组成的家庭)。随着社会的变迁,现代城市的家庭

---

① 详见雷晓明:《市民社会、社区发展与社会发展——兼评中国的社区理论研究》,《社会科学研究》2006 年 7 月。

② 周国文:《公民社会概念的溯源及研究述评》,《哲学动态》2006 年第 3 期。

结构上出现了核心化和多样化的趋势。由一对父母和未成年子女组成的核心家庭成为城市家庭生活的普遍模式，同时出现了单亲家庭（由单身父亲或母亲养育未成年子女的家庭）、单身家庭（人们到了结婚的年龄不结婚或离婚以后不再婚而是一个人生活的家庭）、重组家庭（夫妻一方再婚或者双方再婚组成的家庭）、丁克家庭（双倍收入、有生育能力但不要孩子、浪漫自由、享受人生的家庭）、空巢家庭（只有老两口生活的家庭）等。①

在中国传统的大家庭里，人伦关系的核心是亲子关系，这是一种情感纽带较紧密的血缘关系，并因为受到各种人伦关系的制约，形成婚姻与家庭的强大外部维系力。而在现代核心家庭里，人伦关系的核心是夫妻关系，这是一种后天的、偶然的、松散的性关系和感情关系。同时这种以夫妻关系为家庭轴心，重视情感因素的取向，自然带来人们普遍追求精神契约，努力提高婚姻质量的积极变化。但情感的不稳定、易波动的特性又使婚姻关系相应变得脆弱。由此出现了多种多样的家庭结构模式。

家庭结构的变化必然导致家庭功能的变化，现代家庭与传统家庭相比较，强化了情感功能，弱化了生育功能；强化了消费功能，弱化了生产功能。随着情感满足逐渐居于家庭各项功能中的核心地位，在婚姻的契约中缔结的两种相联系的社会关系——夫妇关系和亲子关系都呈现出平等化的趋势，现代生育观的建立也促进了家庭重心的下移，关爱子女成为现代家庭生活的重要内容。在中国传统的大家庭里，整体主义占主导地位，家庭的价值高于每个家庭成员的个体价值，因而，夫妻间的矛盾往往服从于家庭整体利益的要求。而在现代小家庭中，个人本位主义观念越来越强，个人的价值越来越高于家庭的价值，从而易于发生家庭和婚姻危机。总之，当今中国家庭，人口规模不断缩小，功能逐步由家庭走向社会，家庭保障功能减少，性满足的专一性逐渐被打破，生育和抚育功能大大减少。同时，人们"以家为本"、"家庭至上"的传统家庭观念也向"以人为本"、"个人和家庭兼顾"的现代家庭观念转变。同居、婚外恋、离婚等现象在今天更是成为社会的一种

---

① 王跃生：《当代中国家庭结构变动分析》，《中国社会科学》2006 年第 1 期。

普遍现象，直接对原有的家庭模式产生冲击，导致了传统婚姻和家庭的动荡和解体。在某种意义上，现代家庭的裂变，也可以说是家庭现代演变的一种必然现象，是现代社会的经济关系与现代道德发展在现代家庭中的必然反映，是家庭伦理现代化中规律性的现象。

葛红兵在《现代都市的单身群落》一书中对传统家庭和现代家庭在结构和功能方面的变迁做了详尽的分析。他认为：传统家庭表现出如下特点：家庭自然经济；性以及感情需要；生养哺育子女；只有婚生子女享有财产继承等权利；女性生活保障；女性家务活动场所；以家庭为中心的天伦之乐；老有所养。而当代生活中家庭的传统意义不再，表现在：家庭经济瓦解，代之以社会化大生产；性以及感情满足的渠道多样化；试管婴儿、克隆技术为非婚生育提供了可能，现代法律保障非婚生子女与婚生子女同等的地位；家庭作为教育单位的职能已经让位于学校这种现代教育制度；妇女获得同工同酬权利；家用电器的广泛使用，家务劳动需求下降；娱乐行业兴起，娱乐活动社会化；社会养老保险和老龄福利。通过这一对比，葛红兵认为传统社会中家庭所担负的职能在现代社会中正在逐渐地社会化，这些职能从家庭中转移出去，一方面解除了家庭的负担，另一方面也使家庭在人类社会生活中的地位下降。

同时，现代婚姻和家庭对于社会的意义也表现出不同。具体而言，传统家庭表现为：男权为中心的家庭结构有助于稳定国家和社会秩序；家庭可以保证男人为社会而努力工作；家庭消费促进社会生产；为国家和民族繁衍后代；家庭在国家战争时期的重要作用，会强化人们对于民族国家的归属感以及为国家而献身的热情。而现代家庭则表现为：国家维护政权稳定的手段，一是法制，二是人权；家庭并不是保证人们为社会工作的必要条件；社会生产力的提高可以满足每一个单身者相对充裕的物质生活需要，反过来也促进了社会生产；非婚生子女同样享受国家公民待遇；反种族歧视法，使民族血缘的重要性在国际化之中逐渐消亡；人类应该杜绝战争，战争也可以通过理性对话而避免。通过这一比较，葛红兵得出的结论是，婚姻家庭在现代社会中已经不再是社会生产的组织者、社会秩序的维护者、社会道德的实行单位,现代社会的基本单元已经最大限度地落实到了个体的、独立的人身上。现代社会反对人对家族和家庭的依附,反对妇女对于丈夫的人格的依附,反对成年子女对于父母的人生依附。人格独立是现代人格的核心,现代社会正是建立在这种以人格独立为基础的现代人之上的。无论是政治选举,还是工业生产,无论是职业教育,还是社会保障,现代社会的立足点都是个人而不是家庭。家庭在现代社会不再具备组织者的功能,在社会政治生活中也没有单元功能的作用。①

作为社区的基本单位,家庭的结构和功能正在现代社会的推进中发生彻底变化,与此同时,作为社区基本构成的邻里关系也在现代进程中发生变化。邻里是因为空间上的接近而形成的人际关系和社会群体,也是一种需要长时间交往才能建立的比较稳定的相互依赖关系。20世纪20年代,佩里(Clarence Perry)在编制纽约地区规划的时候,提出了邻里单位的思想。其思想可以概括为以下六条原则:第一,邻里单位四周被城市道路包围,城市道路不穿过邻里单位内部;第二,邻里单位内部道路系统应限制外部车辆的穿越。一般应采用尽端式道路以保持内部安静、安全和低交通量的居住气氛;第三,以小学的合理规模为基础控制邻里单位的人口规模,使小学生上学不必穿越城市道路。一般邻里单位的规模约为5000人左右,规模小的为3000~4000人;第四,邻里单位的中心建筑是小学,它与其他的邻里服务设施一起放在中心广场或绿地上;第五,邻里单位占地约160英里,保证儿童上学距离不超过0.5英里(约0.8km);第六,邻里单位内小学附近设有商店、教堂、图书馆和公共活动中心。②

佩里把在住宅附近一带设有生活服务设施的用地称为"家庭邻里"。他相信,在一个布置得当的邻里单位里,公共生活会活跃起来,居民们在利用公共生活服务设施的时候经常接触,就会产生邻里间的联系。

中国是礼仪之邦,向来注重邻里关系,有"远亲不如近邻"的俗话,唐代诗人杜甫在《寄题江外草堂》诗中所说的"霜骨不堪长,永为邻里怜"即为中

---

① 葛红兵等:《现代都市的单身群落》,广西师范大学出版社2003年版。
② 详见百度百科"邻里"词条。

国传统社会邻里关系的生动写照。但是随着现代性的发展,当前中国社区的邻里之间融洽和谐、互帮互助的传统关系似乎已经被不少城市人淡忘,越来越多的城市居民"躲进小楼成一统",出现了邻里之间"对门不相识"甚至"老死不相往来"的状况。1999年,王彦斌和吴晓亮完成的《昆明城市住宅小区居民生活方式与生活意愿研究》课题研究显示,城市小区居民之间的邻里互动频率低而且深度有限。社会学家认为,造成现代城市居民邻里关系疏远的主要原因有:城市住房的市场化改变了同一单位职工共住一楼或同住一社区的格局,客观上造成了邻居间的不熟悉;现代城市住房的布局设计,在空间上阻隔了人们的密切交往;沉重的工作压力与较快的生活节奏,使人们少有时间和机会进行更深入的沟通;生活的私密性逐渐加强,越来越多的人把家庭作为一个独立的空间,不希望他人打扰自己的私生活等。

随着传统邻里关系的淡薄和消逝,社区服务机构或者说中介组织作为传统邻里关系的功能替代物出现,与此同时,小区公共空间作为邻里交流的新场所出现。

中介组织又称第三部门(Third Sector),是来自西方社会的概念。政府和企业是现代社会经济政治结构中的两个基本部门,所谓第三部门,是指介于政府与企业之间,具有非营利性、非党派性、一定志愿性、自主管理的致力于社会问题解决的社会组织。在不同的国家,第三部门有不同的称谓,如:"独立部门"、"非营利组织"、"非政府组织"、"志愿者组织"、"慈善组织"、"免税组织"、"公民社会组织"等等。

美国约翰—霍布金斯大学的萨拉蒙(LesterM. Salamon)教授提出了被学术界奉为经典的中介组织的基本特征:一是组织性。组织性意味着有内部规章制度,有负责人,有经常性活动。纯粹的非正规的、临时积聚在一起的人不能被认为是非营利领域的一部分。非营利组织应该有根据国家法律注册的合法身份,这样才能具有契约权,并使组织的管理者能对组织的承诺负责;二是民间性。非营利组织不是政府的一部分,也不是由政府官员主导的董事会领导。但这不意味着非营利组织不能接受政府的资金支持;三是非利润分配性。非营利组织不是为其拥有者积累利润。非营利组织可以盈利,但所得必须继续用于组织的使命,而不是在组织缔造者中进行分配;四是自治性。非营利组织能控制自己的活动,有不受外部控制的内部管理程序;五是志愿性。无论是实际开展活动,还是在管理组织的事务中均有显著程度的志愿参与。特别要求形成有志愿者组成的董事会和广泛使用志愿工作人员;六是公益性,即服务于某些公共目的。萨拉蒙认为:有组织的志愿性活动正在全球范围内开展,大量民间的、非营利的或非政府组织(即第三部门)正在世界各地建立。非营利组织的兴起,源自于来自公民个人、政府以外各种机构以及政府本身的一系列压力。它反映了众多独特的社会和技术变化,以及积蓄已久的对国家能力的信心危机。①

国外对第三部门的研究,主要探讨了为什么会存在第三部门、第三部门的概念界定以及不同社会制度下的法律规定,研究了各个国家第三部门与政府之间的关系,预测了第三部门在各个国家的发展趋势等问题,并形成了几种有代表性的解释第三部门的理论,如:市场失灵或政府失灵理论解释了为什么有些公共物品要由第三部门提供;合约失灵理论解释了为什么有些私人物品要由第三部门提供;供给理论解释了为什么有人愿意花费时间、精力和金钱进行非营利性活动;志愿失灵理论则解释了第三部门内在的局限性。除了萨拉蒙之外,亨利·汉斯曼(HenryB. Hansman)和伯顿·韦斯布罗德(BurtonWeisbrod)的研究也颇具代表性。

美国法律经济学家亨利·汉斯曼提出了合约失灵理论。这一理论认为,市场经济作为一种资源配置方式,在现代经济生活中发挥着巨大作用,但其先天的缺陷决定了其在提供公共物品时存在着严重的"搭便车"现象,在提供复杂的个人服务、服务的购买者和消费者分离、存在价格歧视和不完全贷款市场、提供公共物品等制度条件下,由于信息不对称,仅仅因为生产者坑害消费者的机会主义行为,都会出现"合约失灵"现象,所以通过非市场的政府或第三部门干预,可以有效弥补市场机制的缺陷。

美国经济学家伯顿·韦斯布罗德提出了政府失灵理论。该理论开创了

----

① [美]莱斯特·萨拉蒙:《非营利部门的崛起》,谭静译,《马克思主义与现实》2002 年第 3 期。

运用经济学解释第三部门的先河。按照传统经济学理论，市场失灵的存在证明了政府干预的必要性，但是政府也有其私欲，其公共权力的运行并不总会维护和增进社会的公共利益，因而人们更倾向于由第三部门提供公共服务和满足公共需求。韦斯布罗德认为，个人在收入、财富、宗教、种族背景、教育水平等方面存在着不同，因而个人对公共物品的需求呈现出差异性，而政府提供的任何商品的数量和质量都是由政治决策过程决定的，往往只反映了"中位选民"的需求和偏好，这就使得政府提供公共物品受到诸多条件的限制，而第三部门所具有的公益性和自治性正好弥补了这一缺陷，使得第三部门成为满足个人对公共物品需求的替代性工具。

显然，中介组织之所以在各国蓬勃发展，与政府神话和市场神话的破灭密切相关。在我国改革开放以来的现代性进程中，"小政府、大社会"成为政治体制改革的重要目标，使社会生活的自组织性不断增强，中介组织亦呈现出一派兴旺的景象。到 1998 年底，我国共有各类社会团体和民办非企业单位近 90 万个，事业单位 130 万个；截止 2007 年底，我国社会团体发展到 21.2 万个，较之 1988 年增长了约 48 倍。[1] 中介组织在我国社会组织系统中占有重要地位，对社会经济、文化发展起到越来越大的推动作用。有国内学者预言，在未来，非营利组织的规模和重要性将不断增长，许多在过去几十年间由政府承担的义务，将被社区组织——非营利组织取代[2]。

具体说来，第三部门在一定程度上克服了政府失灵和市场失灵亦即政府神话破灭和市场神话破灭所带来的社会问题，加速了政府职能转变和社会转型，同时加强了政府和社会的整合。第三部门活动范围涉及教育、扶贫、社会福利、环境保护等诸多方面，形成了巨大的社会资源网络，整合了分散于民间的各种社会资源，为城市低下收入阶层提供了大量价格低廉的服务，减轻了政府负担。同时，第三部门还提供了大量就业机会，从而增加社会资源运用的透明度与合理性，援助社会弱势群体，推动滞后地区与弱势产业的发展，扩大社会公平，缩小贫富悬殊，促进社会改革进程等，这都为政府

---

① 参见廖明：《我国社会团体发展与管理二十年》，中国社会组织网。
② 李亚平、于海：《第三域的兴起》，复旦大学出版社 1998 年版，第 4 页。

职能的转变和社会转型提供了有力的支撑。

在改革之前,公民和政府及企业等大型组织机构的整合,主要是通过单位制来完成的,尤其是城市居民,几乎全面依附于其所在的单位。进入社会转型期后,单位制解体,公民与大型机构之间的关系需要由一种新的整合方式来维系。第三部门的兴起在大型机构特别是政府与公民之间搭建了一座桥梁,它一方面传导政府政策,另一方面又反映民众诉求,使政府以一种新的社会整合方式实现了对社会的控制。

在当今中国,第三部门所具有的很强的社会服务功能使其有利于我国社会保障体系的建立和完善。第三部门为社会成员提供中介服务和直接服务,将需要者和提供帮助者联结起来,如各级工会组织提供的就业咨询及指导服务,以及自愿者组织为老人、残疾人、少儿及普通居民提供的各项社区服务等。由于第三部门不是以营利为目的,比起市场化的商业经营,其社会性福利服务在管理上也更具人性,同时对受助者的需要反应更为积极,因此这种组织形式及其活动能有效增进一个地区的公共利益,推动该地区社会保障体系的建立和发展。值得注意的是,因为各种各样的原因,当前中国的第三部门运作,也出现了失灵的趋向。①

另外,第三部门倡导了社会文明。面对市场原则带来的"金钱至上"之风和科层体制造成的人际疏离,第三部门所倡导的关心人类发展和互助互爱的旨趣及其坚守的人道主义精神如同扑面春风,给社会带来了一股清新空气。一些第三部门中的志愿组织,通过各种非营利的、公益性的活动,帮助人们学习和实践公共道德,学习文明的生活规则和与人相处之道,关心共同利益,积极参与社会生活,倡导社会成员间团结互助的人际关系和无私奉献的道德风尚,这一切具有提高公民素质、倡导社会文明的积极作用。

实际上,第三部门还在人权、环保、国民素质能力培养以及转型期社会的成员权益维护方面做了很多工作,这些工作可以在一定程度上缓解市场化或全球化进程中的弊病。第三部门中还有一部分团体是由海外组织发起

---

① 潘左华:《第三部门失灵及其矫治》,《云南行政学院学报》2005 年第 4 期。

创办的,它们成为全球第三部门网络中的一部分,扩展了我国对外交流与合作,有利于我国经济和社会的开放与发展。[①]

总之,随着城市社区中传统家庭关系的解体和传统邻里关系的消解,中介组织的重要性日益显露,并且它必将在社区发展和我国城市社会的重构中发挥重要作用。

第二节 城市社区发展与城市现代性进程

城市是人类经济和人类社会的生活结晶和空间投影,是社会变迁的产物和社会发展的标志;同时,城市也是人类财富的集中地,是人类精神文化与物质文化的中心与动力。从某种意义上讲,人类文明史就是城市产生和发展的历史。"城市产生以后,人类的聚落形态发生了明显的分化,城市逐渐形成一定地域范围的政治、经济、文化中心,城市以外的广大聚落逐渐转化为乡村,人类社会从此出现了城乡差别。在城乡矛盾之中,城市一直居于主导地位,在整个社会经济发展中处于支配地位,推动着整个社会经济的发展,它是人类文明进步的标志。"[②]

但是,当人类的城市化进程发展到一定的阶段,城市社区的结构和功能都发生了很大的变化。在城市化、工业化以前的传统社区里,政治、经济等各种功能都较强,居民同质,价值观相同,关系密切,出入相友,守望相助,疾困相扶,乡亲、邻里情感及心理上的认同感强,社区是人们生存的基地和福利的依托。

然而,随着工业化、城市化的加速,以上社区功能大多弱化了:首先,社区不再是居民就业及谋生的主要基地。因为人口流动,人们可以在一个社区居住,但在另一社区工作,从而使居民在经济上对社区的依赖减弱,这就使社区的经济功能淡化。同时,因为居民的异质性增强,同一社区居民的血

---

① 刘静仑:《"第三部门"的作用》,《经济论坛》2002 年第 19 期。

② 张鸿雁:《城市形象与城市文化资本论——中外城市形象比较的社会学研究》,东南大学出版社 2002 年版。

缘、职业、教育水平等都有了较大的差异,从而使社区传统的政治管理功能难以实现。此外,由于城市单元式住宅及新的生活方式(如电视机的普及等)也很大程度上影响了人们的交往,这就淡化了社区的社会功能。在现代都市里,人际关系原来的那种亲密和谐及相互认同被冷漠、孤独、无助所替代,城市里出现了贫困人口飞速增长、居住环境脏乱差、缺医少药、犯罪率高、治安混乱等许多社会问题。因此,许多社会学家意识到了工业社会给现代都市带来的危机,呼吁要复兴社区,强化社区功能以解决工业化带来的一系列城市社会问题。西方社区建设由此而生。经济学和社会学据此把城市纳入了学科研究的视野,进而出现了独立的城市科学。从社区研究的角度来说,城市科学有助于从理论上帮助城市在现代性进程中克服现代性的弊端,从而达到建设以人为本的和谐城市社区的目的。

1. 现代性进程中的城市社区研究

"西方的城市社区建设最初是建立在社区复兴、社区重建的理念基础之上的,在当时西方工业化进程给西方带来的社会变迁这种背景下产生的。"①正因为如此,在研究的具体内容方面,西方的社区研究与社区现实问题的解决紧密相关。因为西方城市化的程度很高,加之城市又是现代化的引擎和现代性的策源地,所以西方的社区研究在某种程度上就是城市社区研究。

在社会学出现的 19 世纪,因为欧洲工业化和城市化进程加快,一些西欧国家的城市人口成倍增长,大都市相继出现。由于人口急剧膨胀带来的压力,一些城市出现了住房、食物、交通、就业、卫生、医疗保健及社会秩序等方面的诸多问题,甚至导致社会动荡的出现。这种现象引起了许多学者的关注,他们对各种城市社会现象进行了系统的研究,发表了大量的论著。其中,影响最大的学者有我们一再提及的滕尼斯、迪尔凯姆、齐美尔和韦伯等。

德国社会学家滕尼斯的《社区和社会》一书,对都市社会与农村社会作

---

① 何彪等:《西方城市社区建设历程及其启示》,《城市问题》2002 年第 3 期。

了系统的比较研究。他认为,农村社会是传统的"礼俗社会",而都市社会是现代的"法理社会";礼俗社会是富有生机的整体,而法理社会只不过是机械的集合体。

法国社会学家迪尔凯姆(E. Durkheim,1858～1917)着眼于都市社会的发展变化,提出了与滕尼斯相对立的观点。他认为,农村社会的基础是一种机械联合,都市因为内部分工复杂,居民彼此联系、相互依存,形成一种不可分割的整体,在这个基础上的联合是真正的"有机联合",所以都市与"机械联合"相比较,是巨大的进步。

德国社会学家齐美尔(G. Simmel,1858～1918)系统地考察了大都市的精神和心理生活。他在《都市与精神生活》(1903)一书中提出,都市生活环境复杂,生活节奏较快,社会组织严密,时间观念强,感官刺激强烈。所以都市里的精神异常和越轨犯罪行为远远高于农村。而金钱在都市生活中之所以如此重要,原因之一就在于发达的劳动分工要求有普遍化的交换手段,金钱恰恰发挥着这个至关重要的作用。

德国社会学家韦伯(M. Weber,1864～1920)在《论城市》(1921)一文中提出了"完全的城市社区"的概念,指出一座城市应该具备贸易、军事、法律、社交和政治等多方面的功能。

上述学者的理论研究对都市社会学的起源与发展产生了深刻的影响。到19世纪末20世纪初,美国的工业化和城市化高速发展,其中,芝加哥的发展颇具典型性,并由此产生了著名的社会学芝加哥学派,因为该学派主要研究城市的各种社会问题、城市生活方式和社会组织,所以他们所从事的研究又叫作城市社会学(urban sociology)。城市社会学以都市的区位、社会结构、社会组织、生活方式、社会心理、社会问题和社会发展规律等作为主要研究对象,是社会学中最早的分支学科之一。

芝加哥学派的主要代表人物帕克(R. E. Park)、伯吉斯(E. W. Burgess)、麦肯齐(R. D. Mckenzie)和沃思(L. Wirth)等人,都以芝加哥城为主要研究对象,对都市现象比如失业、贫困、社会动荡、拥挤、无根漂泊等等问题展开了全面的、系统的研究,并进行实地调查,突破了主要从理论上研究都市的欧洲社会学的传统，从而把社会学带入了一个全新的时代。他们的研究成果，在《城市社会学》一书中得到了集中反映。[①]

帕克对都市的各部分社会成员作了深入的研究，对都市的劳动分工、组织结构、传播媒介、心理因素作了仔细的考察。并于 1916 年出版其代表作《对都市环境中人类行为进行考察的建议》。1925 年，伯吉斯和帕克合编了《都市》一书，1926 年伯吉斯又编纂了《都市社区》一书，这两本书是最早系统研究都市的社会学著作。伯吉斯提出了解释都市内部结构的同心圈假设，从而对都市社会学的研究做出了杰出贡献。

麦肯齐的博士论文《邻里》(1921)是都市社会学的重要文献之一，他的学说对都市社会学产生了重大影响。

沃思在他的《都市性状态是一种生活方式》(1938)一文中，提出一个地区里人口规模越大，密度越高，异质性越强(成分越复杂)，则这个地区的生活方式越表现为都市状态。他的论文将芝加哥学派长期进行的描述性研究提到理论性分析的高度。

随着城市社会学的发展，分化出了许多不同的流派。各学派研究的内容主要有：城市社会的产生、形成和发展规律，世界各地区的城市化过程；城市环境包括城市的自然环境和人工环境；城市的社会结构主要指城市的经济结构、劳动结构、职业结构、家庭结构以及阶级和阶层结构等等；城市的社会组织，包括经济类、行政类、文化类、政治类、社区类、家庭类以及其他类型的社会组织以及它们的运行机制；城市的生活方式尤其是影响城市生活方式变革的社会因素等；城市的社会心理和城市问题等等。

1981 年，美国社会学家 J. 沃顿(JohnWalton)提出"新城市社会学"(New Urban Sociology)，也有的学者用"新马克思主义城市社会学"或"城市政治经济学"来称呼该学派。该学派产生的社会背景缘自 60 年代欧美国家普遍出现的城市危机。

具体说来，上个世纪 60 年代，一些欧美国家由于城市郊区化的发展和

---

① R. E. 帕克、E. W. 伯吉斯、R. D. 麦肯齐：《城市社会学》，宋俊岭等译，华夏出版社 1987 年版。

城市中心产业的外迁,城市中心税收减少与财政收入降低,城市的公用设施无力维持,城市零售业与服务业萎缩,城市就业机会下降,失业人口迅速增加等原因,陷入城市危机之中。进入 70 年代,城市危机非但未能得到有效的遏制,而且表现出更进一步加剧的趋势。美国的一些城市持续爆发社区居民抗议运动和城市骚乱。法国巴黎发生了举世闻名的学生运动和工人罢工。英国以及其他一些欧洲国家,由于住宅短缺和工人失业,出现了"擅自居住者"与政府的对抗。整个欧美社会不断出现贫民窟暴乱和种族冲突,犯罪率迅速增长,城市居民人心惶惶。

在这样的背景下,社会学家将目光转向城市大众特别是贫民和少数民族人口身上,新城市社会学学派认为城市象征着由利润机制造成的财富与权力的不平等,是资本积累与阶级斗争集中的空间场所,是资产阶级而不是劳工大众受惠于政府的城市政策与运行机制。

新学派又可分为法国、美国和英国三个流派。具体说来,就是以卡斯泰尔(M. Castells)为代表的法国结构马克思主义城市社会学、以哈维(D. Harvey)为代表的美国政治经济学和以帕尔(R. Pahl)为代表的英国新韦伯主义。夏建中在《新城市社会学的主要理论》一文中,对三个流派的研究做了概括性的归纳和总结。

卡斯泰尔在其代表作,也是新城市社会学的奠基之作《城市问题》中,用结构马克思主义的观点来分析城市社会。他认为,城市空间是社会结构的表现,社会结构是由经济系统、政治系统和意识形态系统组成的,其中经济系统起决定作用。他提出了集体消费这一重要概念。他认为,在农业社会中,劳动者起初主要是通过私人消费再生产自己的劳动力(如休息、休养、生殖、学习等);随着城市化的发展,城市劳动者的个人消费已日益变成以国家为中介的社会化集体消费。因为这些集体消费资料(有人称之为社会资本)任何私人资本都不可能独立兴建,只有通过国家的介入,直接干预公共事业的生产、分配、管理与消费的组织过程才能提供集体消费资料。所以,资本主义社会的国家已成为一支凌驾于社会生产方式之上的独立力量,"成为日常生活的真正管理者"。卡斯泰尔明确提出,资本积累和阶级斗争是社会经济系统中两个相关和关键的特征。他认为,城市只是由国家政府政策加以补充的市场机制的物理扩展;国家一方面代表统治阶级的利益,另一方面也不得不采取一定的措施缓和阶级矛盾,防止社会动荡;随着资本的市场运动,政府在何时、何地、以何种方式、在多大程度上组织和介入集体消费过程,必将极大影响城市空间形态的变动。但是卡斯泰尔指出,那些服务于资本利益的城市计划和政策,并不必然符合广大城市居民和贫困阶层的利益。

在《城市与百姓》中,卡斯泰尔还着重分析了欧美社会中蓬勃发展的城市社会运动。在他看来,长期的城市社会生活使百姓们逐步产生了一种新的人与城市之间的互动关系和相应的社会利益、价值观念,即人对自己社区的看法。在同一社区中生活的城市居民可能超越阶层、阶级、种族、文化的界线,组织成政治团体,为捍卫社区的共同利益而进行斗争。如果政府不能向社区提供足够的集体消费资料,社区居民就组织社会运动来表示不满并进行抗议活动。这些社会运动对于影响政府城市政策的决策具有巨大作用。在卡斯泰尔看来,城市社会运动有三个主要目标:①抵制以利润获取为主要目标,坚持提高集体消费水平的城市规划;②社区文化的创造与认同(Identity);③政治上自治管理,市民组织具有参与决策权。但是他指出,城市社会运动有局限性,它只能改良城市,却不能改变社会。他重申了自己一贯的主张,阶级斗争才是社会变迁的主要动力。

新城市社会学在美国的代表人物是戴维·哈维。在《社会公正与城市》一书中,哈维根据马克思关于资本主义生产与再生产周期性的原理,提出了资本三级环程流动的观点来解释资本运动与城市空间发展的关系。在资本运动的初级环程内,由于资本主义生产的基本矛盾,会出现商品和资本的"过度积累";于是,在国家的干预下,资本投资进入次级环程,这是城市发展和变迁的主要决定因素;资本进入第三级环程是指对科学技术、文化教育、医疗事业和公共福利事业的投资,初级环程和次级环程中的过剩资本在寻找投资机会时,也会考虑这些领域,但是从其本性上讲,私人资本并不情愿向不直接产生利润的第三级环程投资。由于国家从整个社会出发制定的各项政策的干预和介入，以及主要为了提高劳动力再生产的水平，保证劳动力能更多地创造剩余价值，私人资本与国家携手进行投资活动。私人资本在三大环程内投资与生产的不断运动和国家的干预作用，使资本积累周期性的矛盾得以暂时缓解。

英国新城市社会学的代表人物是阿德尔纳·约翰·雷克斯（Arderne-John Rex）和帕尔（Raymond Edward Pahl）。他们继承了韦伯的科层制、市场情境理论，认为阶级是由市场情境中的市场地位所决定。在《种族、社区与冲突》（1967）一书中，雷克斯指出，国家与私人资本对城市住宅的投资，促成了"住宅市场"的兴起，对于不同住宅的拥有，就产生了不同的"住宅阶级"。帕尔在雷克斯理论的基础上，以"城市管理者"（Urban manager）的理论，进一步指出城市资源的分配不平等是造成社会冲突的根本原因。

在对新城市社会学进行批判的基础上，上个世纪 80 年代后期，美国城市社会学家罗根（J. Logan）、莫洛兹（H. Molotch）、费因斯坦夫妇（Su－san & Norman Fainstein）等人力图研究地方精英集团对城市建设的影响。当代世界著名的社会学家安东尼·吉登斯（Anthony Giddens）也强调，城市社会学的研究，应当从国家经济重建以及世界体系研究转向当地研究，应当主要研究当地社区活动和实例。于是，在当今欧美日社会学的相关研究中，越来越多的学者已将注意力转向具体社区的案例研究。①

随着中国现代化和现代性事业的发展，城市已经成为中国经济、政治、科学技术、文化教育的中心，是现代化工业集中的地方，也是现代性价值集中的地方，在中国现代化建设和现代性追求中起着主导作用。中国的社会学者根据马克思主义关于城市的理论观点，联系中国城市的实际情况，并借鉴西方城市社会学的有关理论和方法，正努力创建有中国特色的城市社会学。他们对中国城市的历史发展和社会改造、改革开放中城市社会结构的变化、各类城市在现代化建设中的社会功能、城市物质生活和精神生活中的社会问题以及社会主义城市的管理等，进行了多方面的调查和研究，有关城

---

① 以上关于"新城市社会学"的主要内容参见夏建中：《新城市社会学的主要理论》，《社会学研究》1998 年第 4 期。

市社会学的论著也相继问世。

2. 现代性追求与城市社区发展

当今中国社会正处在快速转型阶段，改革开放使体制转轨与结构转型相交织，这一变革几乎囊括并影响到社会有机体的各个领域、各个层面。其主要表现是：正在从高度集权的计划经济体制向市场主导的自主经济体制转变；正在从单一公有制向以公有制为主体、多种所有制经济共同发展的经济结构转变；正在完成工业化的历史过程；正在从乡村型社会向城镇型社会转变，其城镇化速度之快，势头之猛，超过了以往任何时期；正在从"礼俗社会"向民主、法治社会转变；正在从年轻型人口结构向老龄化社会转变；正在从封闭半封闭社会向开放型社会转变；以及小康型社会生活方式正在来临，等等。宏观社会转型的这些突出特征从根本上左右着社区的变迁。具体到当代中国城市社区的微观层面，这些历史性变化表现为：

第一，旧城区改造、新城区开发和城市中产业结构的调整等等，使社区的空间分布结构发生了显著变化，随着原有的农村人口不断向城市迁移和集中，城市社区的人口密度随之明显增大。

第二，经济类型的多元化、大规模的"民工潮"和公有企业改革，以及人口老龄化等等，使社区的人口结构发生了显著变化。如老年人口尤其是离退休人员显著增多，许多社区正在逐渐变成老龄化社区；成千上万离土又离乡的进城农民，如今已成为社区人口的重要组成部分；下岗失业人员急剧增加，且有进一步增多的趋势，他们中有些人已与原单位脱离了关系，有些人虽然属于在册职工，但除了领取少量的生活费以外，几乎与单位无更多的联系；至于越来越多的个体、私营从业人员，一开始就是游离于"单位体制"以外的群体，但却从属于家庭所在地的社区。

第三，小康型生活方式的来临和收入差距的拉大等等，使社区居民生活需求向多元化的趋势发展。进入小康生活的居民开始追求生活质量，追求生活的丰富多彩和自我价值的实现。

第四，市场经济机制的形成和"单位体制"逐渐衰落，使社区在社会管理和社会服务系统中的地位比以往任何时候都更加突出。

当代中国城市社区所发生的这些历史性变化在不少文学作品和影视作品中也得到了形象体现。比如电影作品《洗澡》,就把传统的澡堂描述成传统社会中一个体现人伦温情的安全所在、一个抵制现代化和商业化冲击的和谐场所,而影片拆毁澡堂建造商场的结尾,既切合了当今城市化进程的实际,又为一种传统生活方式的消逝唱起了挽歌。还有贾樟柯的电影作品《世界》、《三峡好人》等,表现了城市规划与拆迁对于普通人生活的重大影响,表现了现代城市中移民的命运,在普通人的生活被现代化、工业化尤其是这一过程中的自然环境的破坏和退化所影响的主题之下,我们看到了规模和速度空前的现代化及其负面后果。观众通过这些艺术作品所呈现的淳朴的社群、温暖的亲情、宁静的生活方式,不由唤起对于前现代生活方式的记忆和乡愁。

正是在这种情况之下,社区发展在中国具有深厚的文化基础和历史传统。除了建构符合中国国情、有中国特色的城市社区理论之外,当前的中国,还应致力于城市社区发展的实践,力图通过城市社区管理和城市社区服务来体现国人的现代性追求。

①街居体系的转型与城市社区管理。

毋庸置疑,现阶段,我国的城市社区管理仍带有浓厚的行政色彩,实行的基本上还是"市辖县"的社会管理体制。中共中央、国务院办公厅在2000年转发《民政部关于在全国推进城市社区建设的意见》,将城市社区定义为"聚集在一定地域范围内的人们所组成的社会生活共同体"。现在,我国都市社区的范围被正式界定为经过社区体制改革后做了大规模调整的居民委员会辖区,在居民委员会基础上调整充实的社区委员会则作为社区居民的群众性自治组织,负责社区日常事务的管理。如果说国际上关于社区的概念一般是指"原发社区"或者"自发社区",那么我国的社区明显地属于"行政社区"。①

---

① 转引自杨宜勇:《社区就业》,《经济学家》2004年3月24日。

新中国成立以来,城市基层管理经历了一系列体制的变迁,而当今中国构建的行政社区,与之密不可分。它反映了转轨时期城市基层管理体制改革的迫切需要,具有显著的中国特色。夏建中在《当代中国城市社区的组织与服务》一文中,把新中国成立以来我国城市基层管理体制变迁的历史,大体上分为3个阶段:

第一阶段:1949~1959年。解放后,在废除保甲制度的基础上,确立区为一级政府,成立街道办事处,作为区政府的派出机构。街道办事处下属的居民委员会,名义上是群众自治组织,实际上却具有行政组织的色彩,在所管辖地段实行类似"行政管理"的职能,其经费也从政府预算中列支。

第二阶段:1960~1977年。城市社会彻底"单位化",行政机关和企、事业单位既是一个经济组织或政府组织,也是一个社会组织,单位社会化、单位政府化,单位不仅要兴办社会福利,满足"单位人"的日常生活需要和提供生老病死的必要保障,而且要承担相当一部分社会管理的任务,从社会治安和社会救济,单位包办一切,这样就造成了个人对单位的全面依附,具有中国特色的传统"单位社会"就此形成。

第三阶段:1978年至今。随着改革开放的不断推进,社会主义市场经济体制逐步确立,政府、单位(企事业)和社会的角色和功能逐渐清晰,单位社会逐渐萎缩,城市基层社会的组织结构发生了一系列新的变化,大量的"社会(社区)人"出现,政府和企业剥离、转移出来的许多社会职能和服务职能,要由社区组织来承接。在国家政策的大力支持下,社区的影响和实力日益扩展,开始向城市基层管理体制的主导地位回归。[①]

在我国这种严格的行政管理体系下,"城市"的确定也必须具备一系列的人"市"标准,如对总人口规模、非农人口比例、国民生产总值等,都有明文规定,此外,还要综合考虑地区均衡、民族构成等因素。虽然对作为研究对象的中国城市社区的划定还存在不同看法,但是,大多数研究者都同意将城市现行的街道委员会(或办事处)或更低一层的居民委员会辖区作为城

---

① 参见夏建中:《当代中国城市社区的组织与服务》,《社会学》2000年第7期。

市的社区观察和研究单位。因此,研究中国社区组织和社区居民生活,街道委员会和居委会应是最主要的研究对象。

当代中国城市的街道办事处和居民委员会同样存在一个曲折发展的历史过程,从上个世纪80年代中期开始,我国经济体制改革的重点从农村转向城市,社会转型过程中所引发的经济和社会问题促使街道办事处和居民委员会的职能也在发生深刻变化。

首先,街道办事处开始自办街道企业,到90年代中期,全国建成了一批成规模、有实力的街道企业,街道办事处的经济职能得到前所未有的增强;

其次,随着企业单位内部的改革,越来越多的职工失业、下岗,这部分人逐渐脱离了原来的单位,成了"社会人",这一部分居民的人事关系转移到社区,由街道办事处和居民委员会进行管理;

再次,改革使人们的社会自由空间迅速扩大,一方面,城镇人口流动现象急剧增加、规模急剧膨胀,给城市管理、社会治安带来极大压力;另一方面,大量个体户、民营企业劳动者需要社会来管理。因而他们的居住地所在的街道办事处被赋予了越来越多的责任;

最后,居民对居住社区生活质量的意识和要求越来越高,居民希望在社区的生态环境、治安环境和社区服务等方面得到改善和提高,希望在养老育幼、问医拿药、日常生活和人际交流等方面得到便利的社会文化服务,街道办事处和居民委员会的职能不得不随之加强。

正是在这一背景下,街道办事处和居委会的职能开始朝经济、尤其是社会服务的方向转变。1987年9月,全国开展城市社区服务工作,"社区"这个社会学的专业术语逐步成为妇孺皆知的名称;相应地,街道也成立了社区性和服务性的机构。街道办事处和居委会的面孔上增添了现代化社区的新色彩。我们应当承认,这不仅仅是术语、名称的变化,而是标志着我们国家的基层组织已开始从政府管理型向社会自治和服务管理型变迁。①

总之,旧有经济体制下都市社区采取的是已成型的"两级政府、三级管

---

① 参见夏建中:《当代中国城市社区的组织与服务》,《社会学》2000年第7期。

理"的管理体制,即以市级政府、区级政府为行政核心,市级政府、区级政府、街道办事处三者自上而下的管理模式;组织框架由相互联系的区、街、居三级组织构成。街道办事处管理居委会,要处理大部分具体的社区事务,管理范围"多而杂",街道办事处实质上是一个集行政、经济、社区管理与服务于一身的综合性机构。造成了社区管理机构设置不规范、职能不明确和执法权交叉或空缺现象。行政职能部门配置不健全、不完善,又带来了管理人员的工作效率低下,责权不一。居民因此对居委会普遍缺乏认同感和信任感。

要解决这些深层次矛盾和体制性问题,必须对现有的社区管理体制进行积极的制度创新。尤其是随着越来越多的社会成员由"单位人"向"社区人"、"社会人"转变,对社会管理与控制的方式和机制更是提出了创新的迫切要求。街道办事处和居民委员会必须积极转变和改善各个利益单元的现有职能,塑造各个"角色"在社区中的"新形象",克服各种束缚社区发展的制度性障碍,建立一种能够协调多方利益冲突,并实现社区社会资源配置最优化和公共利益最大化的管理模式,从而进一步培育和健全市民社会,促使政府、市场和市民社会三者之间良性互动,形成一种"均衡"态势,推进我国城市社区建设的现代化进程。

第一,积极转变街道办事处的政府职能,对社区中的政府"角色"进行准确定位。通过实现政事分开和政社分开,来建设市民社会的社区形象。

第二,真正实施和完善基层民主制度,逐步推行社区直选,实现居民自治。积极转变居委会的半官方性质,包括居委会在内的各社区组织都应由居民选举产生。

第三,大力促进公众参与,全面提高居民对社区事务管理的参与度,改变目前绝大多数居民对社区事务近乎"不闻不问"的态度。在国外,公众参与不是一句空话,而是有切实的制度保障的。每一个建设项目在申请批准过程中都有咨询公众意见的过程,特别是关系到环保、文物保护等问题,还常有专家和媒体参与;私人建房也要征得四周邻居的同意,如有不同意见,可交由社区委员会或规划部门调解、仲裁。另外,公众还可通过媒体和议员表达意见，甚至通过示威、游行等方式干预城市发展事务。总体上看，公众参与使具体建设项目的效率有所降低，但对其科学性和稳定性是有好处的，更重要的是，它促使城市建设管理走向透明和公平。当然，在我国要考虑到公众参与的现实情况，居民参与度的提高不是一蹴而就的，它需要长时间的积累和逐步的改善，同时还需要进一步加强公众参与的法制建设，培育居民参与社区建设的制度环境，并从法律上明确居民在社区公共事务中的权利和义务，在制度上、组织上、经济上予以保证和强力支持，从而为居民参与提供法制保障。

另外，在社区的经费问题上，实行"条费转块"、"费随事转"，事权与财权相统一。并且集中精力优化经济发展环境，积极进行社区经济产业结构调整，大力发展社区经济和第三产业，配合搞好驻地大企业的"退二进三"，吸引民营、私营、三资企业来社区投资发展，努力提高社区的经济实力，为社区管理体制改革提高坚实的经济基础等。总之，在城市社区的管理问题上，原有的街居体系必须积极转型，才能真正适应现代性需求并且进一步推动现代性进程。

②弱势群体与城市社区服务。弱势群体(social vulnerable groups)，也叫社会脆弱群体、社会弱者群体。弱势群体包括儿童、老年人、残疾人、同性恋者、精神病患者、失业者、贫困者、下岗职工、灾难中的求助者、农民工、非正规就业者以及在劳动关系中处于弱势地位的人。它是一个主要用来分析现代社会经济利益和社会权力分配不公平，社会结构不协调、不合理的概念。社会学关于社会问题的研究、社会学的分支学科社会工作和社会福利的发展和普及，使弱势群体概念成为社会科学主流话语之一。2002 年 3 月，朱镕基总理在九届全国人大五次会议上所作的《政府工作报告》使用了"弱势群体"这个词，从而使得弱势群体成为一个非常流行的概念，引起了广泛关注。

社区服务发端、发展于西方工业化国家。英国的社区照顾是当代西方发达国家社区服务工作的一个范例。作为一种运动，它起始于 20 世纪 50 年代，最初是针对"住院式照顾"提出来的。社区照顾有两层含义：一是社区内照顾。亦即不使被照顾者离开他(她)所熟悉的社区,而是在本社区内对其提供生活服务;二是由社区来照顾。也就是动员本社区的人力资源,运用社区支持体系开展照顾服务。至上个世纪70年代,社区照顾在英国各地已相当普及。①

当代美国的社区服务也颇具规模。各种类型的社区志愿服务活动十分活跃,服务领域包括照顾老人、儿童、残疾人、病人和单亲家庭成员等等,服务内容包括免费送午餐、咨询服务、安慰电话等等。美国社区服务设施很多,仅以社区老年服务设施来说,有提供综合长期服务的养老院、托老所、荣誉公民社区中心,有提供饮食服务的食品供应所、荣誉公民营养室、上门送饭服务所,有为贫苦老人服务的收容所、暂住处、公营住所,有为体弱多病的老年人设立的服务性公寓、一般护理公寓、护士护理公寓,等等。

我国城市社区服务是在民政部门的积极倡导下逐步发展起来的,仍然体现出中国特色。上个世纪80年代初期,城市成为改革的重点,随着经济的快速发展,城市人口的急剧膨胀,家庭结构的小型化,人民消费结构的多元化,社会承担的问题越来越多。与此同时,民政部门开始酝酿城市社会福利工作的改革,改革的目标是:将国家负责的社会福利制度改革为社会化的福利制度。其中的重要措施之一就是在街道建立"社会福利服务网络"。1987年初,民政部提出了"社区服务"的概念。1987年9月,民政部在武汉召开了部分城市社区服务座谈会,明确了社区服务的内容和任务,以及社区服务和民政部门的关系,这次会议的召开是我国城市社区服务产生、兴起的标志。其后,武汉、上海、北京等城市的民政部门开始选择一些城区和街道,在相关理论的指导下,有目的、有计划、有步骤地进行社区服务的试点。1993年8月,国家计委、民政部、体改委、财政部等中央十四部委联合下发了《关于加快社区服务业的意见》,这是社区服务发展中的第一个政策性文件。在此基础上,民政部于1994年底在上海召开了全国社区服务经验交流会议,进一步澄清了社区服务发展中存在的一些模糊认识,重申了它的福利

---

① 参见唐忠新:《社区照顾:英国养老主要方式》,《社区》2004年第14期。

服务宗旨和坚持社会效益为主的基本原则,强调了开展社会性服务的重要性,为社区服务进行了重新定位。1995 年,民政部颁布了《社区服务示范城区标准》,在全国布置开展创建示范城区的活动。①

在政府的推动下,目前我国的社区服务取得了很大的成绩:一是从起步阶段的单项服务扩展成了系列化服务;二是兴建了一大批社区服务网点和社区服务设施;三是社区服务队伍从无到有、迅速发展,已形成一支专职、兼职和广大志愿者组成的社区服务大军。

《民政部关于在全国推进城市社区建设的意见》指出,社区服务的主要内容是开展面向老年人、儿童、残疾人、社会贫困户、优抚对象的社会救助和福利服务,面向社区居民的便民利民服务,面向社区单位的社会化服务,面向下岗职工的再就业服务和社会保障社会化服务。也就是说,社区服务从一开始,主要针对的就是城市社区中的弱势群体而展开的。对于调整城市化过程中因为社会经济利益和社会权力分配的不公平以及社会结构的不协调、不合理所出现的弊端,社区服务从底层做起,起到了很重要的调节作用。

从长远来看,我国城市的社区服务具有广阔的发展前景。据有关专家测算,如果按达到发展中国家的平均水平计算,目前,我国第三产业还至少应有 9000 多万人的就业容量,其中社区服务业还至少应有 2000 多万人的就业容量。这说明,作为第三产业之重要组成部分的社区服务业还具有相当大的发展潜力。再从广大城市居民对社区服务的需求来看,几年前的调查研究表明,我国城市的社区服务项目仅为社会需求的 20% 左右。另据国家统计局于 1999 年对北京、上海、广州等 7 个城市的调查,需要家电维修、上门送报、家庭保洁等 17 个社区服务项目的家庭占总数的 70%。这些社区服务项目累计可以提供 2000 万个临时就业机会,目前空缺 1100 万个。而且,伴随着经济、社会的发展和生活水平的提高,人们对社区服务的需求还会进一步上升,从而为社区服务业的发展提供了广阔的前景。不仅如此,社区服务业作为社会保障体系和社会化服务体系中的一个重要行业,内容

---

① 参见夏建中:《当代中国城市社区的组织与服务》,《社会学》2000 年第 7 期。

相当广泛,它几乎遍及日常生活的各个领域、各个层面,从而具有多方面、多层次发展的优势。所有这些都预示着我国城市的社区服务具有广阔的发展潜力。①

因此,我们有必要在现有的基础上,进一步发展社区服务。显然,要使社区服务工作得到真正的提升,首先就必须在思路和对策上做出相应的调整。

一是努力探索社区服务社会化、产业化的运行机制。适应市场经济体制的要求,出台和完善一系列优惠政策,吸引和鼓励政府有关机构、社会中介组织、企事业单位和各界人士共同投资兴建社区服务设施,发展公有民营、民办公助、股份合作制、个体私营等各种类型的社区服务事业;进一步完善无偿服务与有偿服务相结合的制度;扩大社区服务对象,强化社会服务功能。

二是大力推进社区居民自治建设。按照政府依法行政、社区依法自治的原则,使社区居委会的工作实现新转变。社区建设的宗旨是发挥居民自我管理、自我服务、自我教育、自我监督的能力,使居民获得认同感、归属感、安全感和亲情感,增强居民之间的凝聚力和建设社区的积极性,从而使社区成为社会的"减震器"。因此,要大力发动居民广泛参与社区服务活动,进一步优化、壮大志愿者队伍。一方面大力动员吸收中青年居民加入志愿者队伍,优化年龄结构;另一方面动员吸收文化水平较高的居民尤其是专业技术人员加入志愿者队伍,优化智力结构。同时,完善社区事务民主决策机制,凡是和群众切身利益相关的事项,都要通过听证会、协商会、议事会、座谈会、民意调查会等,广泛听取意见,充分发扬民主,建设畅通的居民意愿表达渠道。

三是进一步完善多样化的服务形式。在多样化的服务形式中,邻里互助和设点集中服务,以及协同包户服务等等形式应引起重视。社区服务最重要的是让居民有一种守望相助的温情感,突出公益性,不能完全搞成商业

---

① 详见唐忠新:《中国城市社区建设导论》,中国社区信息化网 2009 年 6 月 3 日。

性的行为。另外,还可以逐步推行社区矫正工作。2003 年 9 月 1 日,最高人民法院、最高人民检察院、司法部、公安部联合发文,允许对那些罪行轻微、主观恶性不大的五种服刑人员进行社区矫正,并在北京、上海、天津、山东、浙江、江苏开展试点工作。这与香港的"社区服务令"相仿。香港的"社区服务令",一方面起到惩戒作用,同时又最大程度尊重了当事人的人格尊严,有益于当事人以健康的心理状态重新回归社会。

就目前中国的现实来看,社区服务实施的主体,既有作为基层政府组织和社区建设主导的街居体系,又有各种各样的社会中介组织,更有具备现代特征的城市公民。总之,在现代性进程中,在现今新形势下,对层出不穷的各种新情况、新问题,我们应该进一步拓宽发展社区服务的对策和思路,这也是"与时俱进"的时代呼唤。应该说,在城市社区建设和管理的新阶段,社区服务业急需有一个突破性的大发展。这既是调整产业结构、加快都市第三产业发展的需要,又是开发就业岗位、搞好再就业工作的迫切要求,还是满足都市居民日益增长和变化的物质文化生活需求的重要途径。从发达国家的经验和我国现实情况的调查结果来看,社区服务业既是今后城市经济的一个新的增长"亮点",又是现代性追求的重要体现。

第三节　当前中国城市社区的主要问题和对策研究

城市是现代化的引擎,现代性的策源地,同时也是现代性的中心区域。无论中西,城市在现代性和现代化进程中的地位和功能都是不可否认和无法低估的。作为人类文明的最大成果之一,城市集中了现代性带给人类的诸多福祉。比如物质生活的富足、交通和通讯的便捷、整齐有序的景观、清洁卫生的环境以及个人主体性的极大张扬等等,这一切都向我们显示了人类进入现代社会以来,在物质生产领域所取得的前所未有的巨大进步,所积累的无与伦比的巨大财富。难怪《圣经·启示录》要把至高的荣耀和无上的福祉赐予城市:"那城内又不用日月光照。因有神的荣耀光照。又有羔羊为城的灯。列国要在城的光里行走。地上的君王必将自己的荣耀归与那城。城门白昼总不关闭。在那里原没有黑夜。人必将列国的荣耀尊贵归与那城。"但与此同时，城市也呈现了现代性的后果和悖论，出现了许多前所未有的巨大矛盾和亟待解决的重大弊端：环境恶化，空气污染，水资源不足，交通事故剧增；人的精神世界贫困化，人对城市的疏离感增加，人对城市的排斥力和陌生感增加。人的精神需要与物质商品的消费发生错位，过多的感官享受与刺激导致人的生理心理疾病，而人所需要的精神文化、社会公益设施等却往往得不到满足。这些都可以称为"都市病"，或"社会问题"，会威胁社会的良性运行和可持续发展。

所谓城市中的社会问题，是指城市在生存、发展过程中出现的一些失调、冲突现象和特定的障碍、难题。它具有一定程度的普遍性，广泛存在于许多现代城市；更重要的是，它具有很大程度上的消极性，是对城市的生存与发展极为不利的因素，在某种程度上甚至会导致文明的倒退；不过，它还具有某种程度的人为特征，是人们能动作用的后果，这也就意味着人们可以通过改变自己的行为方式和价值选择，消除这些障碍，解决这些难题。

显然，当现代性以人的理性和科学知识为武器对自然和人本身进行改造时，人本身也和自然一样，受到技术"框架"的控制，失去了外在的和谐与融洽，人成为赤裸裸的宇宙主宰者，在人与自然、社会的尖锐对立中，人自身也失去了最基本的保护，丧失了存在之根，并由此失去自己原初的生命体验，无法本真地存在。人处于异化之中，人的尊严、价值、自由等均被剥夺。

在现代主义文学艺术中，人的这种处境得到了极为形象而又深刻的表现，导致人陷入此种处境的现代性和城市社会遭到了揭露和批判。波德莱尔的《恶之花》第一次摒弃浪漫主义对田园牧歌生活的歌颂，转而以愤世嫉俗的态度揭露城市的丑恶和人性的阴暗，其中的"巴黎即景"是一幅赤裸裸的工业社会大都市的写真画。在波德莱尔笔下，巴黎风光是阴暗而神秘的，吸引诗人注目的是被社会抛弃的穷人、盲人、妓女，甚至不堪入目的横陈街头的女尸。甚至在描绘人的精神状态时，他往往也运用极其丑恶的意象。以《忧郁之四》为例，诗中出现的意象全部是丑的：锅盖、黑光、潮湿的牢狱、胆怯的蝙蝠、腐烂的天花板、铁窗护条、卑污的蜘蛛、蛛网、游荡的鬼怪、长列枢车、黑旗。这些令人恶心的、丑陋的意象纷至沓来，充塞全诗，它们充分显示了现代都市人"精神的骚动"和情感的变异，无怪乎波德莱尔被称为"资产阶级的浪子"。卡夫卡的《变形记》中，由于沉重的肉体和精神上的压迫，人失去了自己的本质，异化为非人。其他名篇如《判决》和《乡村医生》等透过荒诞的细节和神秘的迷雾，寓示人类患了十分严重的病症，已经使肌体无可救药。而卡夫卡其人其书也就成为20世纪初期资本主义社会的精神写照：异化现象，难以排遣的孤独和危机感，无法克服的荒诞和恐惧。

当前的中国，正处在现代性转型的征程中。重塑价值观，构建现代人格，追求个体、多元、自主及平等与宽容、进步与创新，是我们的目标。现代性的制度和观念有待我们去建构，启蒙理性在我国社会尚未完成，现代性的事业可谓任重而道远。然而在社会转型的漫漫征途上，在现代性的中心区域——城市，我们同样遭遇了严重的"城市病"。

在分析当前城市的病症之时，我们准备借用"生态"这一术语。所谓生态，原本是指生物在一定的自然环境下生存和发展的状态，也指生物的生理特性和生活习性；生态学，则是指研究生命系统与环境相互关系的科学。这是一门由德国动物学家 E·海克尔于1866年率先命名的学科。从海克尔为生态学命名，直到20世纪20年代，生态学作为一门独立的学科，主要还是自然科学的一个门类，是自然科学中一门研究昆虫、草原、海洋、湿地等对象及其它们间相互关系的生动有趣但却无关宏旨的学科。20世纪30年代以后，随着地球生态环境问题的日益严重，生态学变得举足轻重、引人注目，在社会科学领域也有人开始运用生态学的原则和方法，生态学越来越浓重地呈现出人文的色彩。生态学"已经不再仅仅是一门专业化的学问，它已经衍化为一种观点，一种统摄了自然、社会、生命、环境、物质、文化的基本观念，一种革新了的、尚且有待进一步完善的世界观。"①就连生态学家也承认生态学已经走出科学家的象牙塔："生态是一种竞争、共生、再生、自生的生存发展机制；生态是一种追求时间、空间、数量、结构和秩序的持续与和谐的

---

① 鲁枢元：《生态批评的空间》，华东师范大学出版社2006年版，第6页。

系统整合功能;生态是一种保育生存环境、发展生产力的战略举措;生态是技术、体制、文化领域里一场深刻的社会革命;生态是一种追求人类社会不断进化与完善的通向可持续发展的过程。"①

　　正因为"生态"已经成为当今时代的关键词,也因为生态学已经成功地实现了自己的人文转向,我们在分析当前中国城市社区的主要问题之时,决定借用生态这一术语,分别从自然生态、社会生态和精神生态三方面加以解析。这一分析框架建立在以人为本的基础上,因为人不仅是一种生物性的存在、一种社会性的存在,还是一种精神性的存在,人与物或者说人与自然的关系即人的自然生态,人与他人的关系即人的社会生态,人与他自己的关系即精神生态。

1. 城市自然生态问题

　　自然生态问题,在某种程度上就是环境问题。众所周知,就全球范围来看,我们赖以生存的生态环境今天正变得岌岌可危,自然灾害日益频繁地发生:2004 年的印度洋海啸夺去了 22 万人的生命;2005 年的美国南海岸的飓风使几百万人无家可归;2006 年年初的菲律宾泥石流使大约 1800 人葬身泥海……2007 年的春季,雪灾与冰冻肆虐大半个中国;2008 年的 5 月,中国四川遭受重大地震灾害;2010 年的初夏,干旱笼罩着西南中国;青海的地震又令不少无辜的生命沉沦废墟。无疑,这种种灾难是自然的报复、是地球在向我们宣泄它的愤怒,如果我们还不接受灾难的昭示和警戒,遭遇危险的就不再仅仅是受灾的局部地区,整个人类生命都将陷入困境和绝境。环境问题由此成为举世关注的热点问题,"生态"一词由此成为一个全球性的流行语汇,成为一个热门的时事话题。1972 年联合国人类环境会议上通过的《人类环境宣言》确认环境问题是人类面临的重大危机。1987 年世界环境与发展委员会在《我们共同的未来》报告中第一次阐述了可持续发展(Sustainable Development)的概念。1992 年联合国里约环境与发展大会通过的

---

　　① 王如松等:《人与生态学》,云南人民出版社 2004 年版,第 4 页。

《关于环境与发展的里约宣言》以及《21世纪议程》，把实施可持续发展战略、改善人类生态环境作为人类共同的目标和使命。所谓可持续发展，指的是既满足现代人的需求，又不损害后代人满足需求的能力。换句话说，就是指经济、社会、资源和环境保护协调发展，它们是一个密不可分的系统，我们既要达到发展经济的目的，又要保护好人类赖以生存的大气、淡水、海洋、土地和森林等自然资源和环境，使子孙后代能够永续发展和安居乐业。正是在这种时代背景和现实条件下，胡锦涛总书记把"建设生态文明"作为中国共产党的行动纲领写进了政府工作报告。所谓生态文明，是人类社会继原始文明、农业文明、工业文明后的新型文明形态。它以人与自然协调发展作为行为准则，从而实现经济、社会、自然环境的可持续发展。生态文明是在人类历史发展过程中形成的人与自然环境、人与社会环境和谐统一、可持续发展的文化成果的总和，是人与自然交流融通的状态，其核心是从"人统治自然"过渡到"人与自然协调发展"。

全球范围内的环境问题显然和全球范围内的工业化进程、城市化步伐密切相关。具体到中国城市，我们的居民所面临的环境状况丝毫不容乐观。

①环境的污染。人类的城市生活中有四种最基本的污染，即空气污染、水污染、土地污染、噪音污染，而这些污染都是人类活动造成的。

城市中大量存在的工厂大量排放的废气和粉尘、汽车尾气、家庭对能源的消耗、加油站、各种喷雾剂如空气清新剂和杀虫剂、空调制冷剂等等，严重污染了城市的空气。

水是非常重要而且珍贵的资源，但城市中因为工厂排水、家庭排放生活用水以及农业生产过程中化肥、杀虫剂、除草剂的大量使用，已经严重污染了地表水，使干净的水样越来越少。生活污水中常含有大量的高磷洗衣粉，被磷污染的湖水富有营养，使大量藻类生长，从而导致湖内缺氧，细菌繁殖，鱼类死亡，最后湖也死亡，变成一片沼泽。这样，淡水资源就逐渐缺失了。城市中的水污染，不光是地下水、地表水污染，还有天上水的污染。众所周知的是酸雨，空中的酸性化合物随雨雪下到地上，会使森林死亡，酸化湖泊、土地。加拿大的死湖就是例证。目前，我国酸雨的覆盖率已达我国国土面积的 40%。

土地污染主要由垃圾造成。垃圾中有毒有害物质非常多,一旦渗入土壤就污染了土地,农民种的蔬菜、粮食中也就可能含有有毒有害物质,通过食物链最终会危及人体健康。中国现代化的过程中,消费方式的改变造成垃圾迅速增长。而目前垃圾的处理是要么"埋",要么"烧"。"埋"不仅占用土地资源,而且还会污染地下水;"烧"则很容易产生有毒有害气体,最终危及人类健康。可见,垃圾如果处理不好,会直接影响我们的生活质量。

②物种的灭绝。物种是指个体间能相互交配而产生可育后代的自然群体。已经灭绝的物种是指在过去的 50 年里在野外没有被肯定地发现的物种。英国生态学和水文学研究中心的一支科研团队在最近出版的《科学》杂志上发表的英国野生动物调查报告称,在过去 40 年中,英国本土的鸟类种类减少了 54%,本土的野生植物种类减少了 28%,而本土蝴蝶的种类更是惊人地减少了 71%。一直被认为种类和数量众多,有很强恢复能力的昆虫也开始面临灭绝的命运。科学家们据此推断,地球正面临第六次生物大灭绝。中国科学院动物研究所首席研究员、中国濒危物种科学委员会常务副主任蒋志刚博士也认为,自工业革命开始,地球就已经进入了第六次物种大灭绝时期。据统计,全世界每天有 75 个物种灭绝,每小时有 3 个物种灭绝。显然,我们正在遭遇一场严重的生物多样性危机。[①] 在地质史上,由于地质变化的原因,生物曾经历过 5 次自然大灭绝。现在,由于人类活动造成的影响,物种灭绝速度比自然灭绝速度快了 1000 倍,地球进入第六次大灭绝时期。这一次物种大灭绝由人类活动引发,是现代人类真正经历的第一次物种大灭绝。

从生态学的角度来说,生态系统中贮存于有机物中的化学能在生态系统中层层传导,通俗地讲,是各种生物通过一系列吃与被吃的关系,把这种生物与那种生物紧密地联系起来,这种生物之间以食物营养关系彼此联系起来的序列,在生态学上被称为食物链。在一个生态系统里,每一个物种都

---

① 蒋志刚:《我们正面临第六次物种大灭绝》,《生命世界》2004 年第 10 期。

有它的特殊功能。每灭绝一个物种,就有几个、几十个物种的生存受到影响。因此,每一物种的灭绝都和人类的命运相关。据专家预测,到21世纪末,全球变暖会导致1/2的植物面临生存威胁,超过2/3的维管植物可能完全消失。专家警示,如果人类不能尽快认识到这一现状,采取相应措施保护物种多样性,减少有害物质的排放,就必然受到自然灾害的不断侵扰。

③资源的耗损。今天的城市,人们所使用的许多东西都是人工制造的,没有它们我们似乎不能生存,但它们都是消耗地球资源制成的,比如塑料来自于石油,纸张来自于森林……当这些东西不断地提供给人类时,地球却在不断地消耗自己的资源,而许多资源是不可再生的,比如石油,如果我们无限制地生产我们需要的东西,资源终将被消耗殆尽。日本曾有学者说,我们也很向往美国高消费的生活方式,但是如果全世界的人要达到美国现在的人均消费水平,需要有20个地球的资源来支持。

上述城市自然生态问题在城市化的过程中极为明显地暴露出来,人们常常将它称之为发展的代价。关键的问题是,这样的代价一经付出,就再也难以补救。在追求现代性的过程中,我们应该时刻牢记着城市自然生态的问题,并从中国的和合文化和生态观念中汲取思想资源,以改进人与自然的关系,使我们的经济社会能够可持续发展。

中国的和合文化具有悠长的渊源。据考证,在甲骨文和金文中就出现了"和"、"合"两字;《易经·乾·象辞》提出"保合太和,乃利贞"的观念,认为讲求"和"是一切美好事物的发端;《管子·幼官》将"和""合"并举,指出"畜之以道,则民和;养之以德,则民合"、"和合故能习,习故能偕"、"偕习以悉,莫之能伤也",认为培养道德,人民就和合,和合就是和谐,和谐促成团聚,只有和谐团聚,才会避免受到伤害;《墨子·间诂》说"离散不能相和合",从反面说明和合的重要性;《国语·郑语》认为:"和实生物,同则不继。"《中庸》说:"中也者,天下之大本也;和也者,天下之达道也。致中和,天地位焉,万物育焉。"孔子所说的"礼之用,和为贵。"孟子所讲的"天时不如地利,地利不如人和"等,都是和合思想的体现。总之,中国古代文化认为天与人、天道与人道、天性与人性是相类相通的,因而可以达到和谐统一,中国传统文化就是一种和合的文化，极其重视万物及社会的和谐。其中，自然的秩序以及人与自然的和谐，是一切的本原、根基和肇始，正如李约瑟在《中国人的世界科学技术观》中所写的："古代中国人在整个自然界寻求秩序与和谐，并将此视为一切人类关系的理想。"所以《周易》说："观乎人文，以化成天下"，人与天地自然彼此交融的思想基调在中国文化的起点上就奠定了。

中国古典哲学中渊源最深厚、影响最深远的儒家和道家思想都包含着非常丰厚的生态学内容。孔子提倡"天命论"，认为自然不可抗拒，并据此提出了"钓而不纲，弋不射宿"（《论语·述而》）的论点，这是一种与自然和谐相处的追求，同时也蕴涵可持续发展的思想；孟子认为："知其性则知天矣"，肯定了人性与自然之间的深刻联系；早期儒家的"中和位育"观，目的也是保证万物能各就其位，融洽相处，达到万物共同发展繁荣；《中庸》曰："万物并育，而不相害，道并行而不相悖，小德川流，大德敦化，此天地之所以为大也。"这样，人文自然两相辉映，充分呈现了"天人合一"中人文世界与自然世界交会相融的"天下"伦理观，也描绘了品物流行，生生无穷，天人和合的理想图式和美丽景象。道家创始人老子认为宇宙间"四大"中的"地"、"天"、"道"都是按自然规律运行的，"人"当然不能例外，他还进一步提出："人法地，地法天，天法道，道法自然"（《老子》第二十五章），强调人要以尊重自然规律为最高准则，以崇尚自然、效法天地作为人生行为的基本归依，在此基础上，老子主张"见素抱朴，少私寡欲"、"知足不辱，知止不殆，可以长久"，这无疑就是一种生态的、可持续的生活方式。庄子所提出的"天地与我并生，而万物与我为一"的"天人合一"观念是人与自然和谐相处的最高境界。中国文化中，这种"天人合一"亦即主张人和自然和谐统一的思想从先秦一直延续到明清时期。宋代张载在《正蒙》中提出了"民吾同胞，物吾与也"的命题，意即人类是我的同胞，天地万物是我的朋友，天与人、万物与人类本质上是一致的。这些思想表明，古代"和"文化表现在人与自然的关系方面，主张的是天人合一、物我调谐的境界，强调的是人类对自然的尊重和保护，对万物的亲善和友爱，反对一味地向自然界索取，反对片面地利用自然和过度地开发自然。

正是基于古典哲学中具有生态学理论基础的思想和言论，中国古代很早便非常注重对自然的保护。早在传说中的五帝时代，中国就建立了管理山林、川泽的机构——"虞"，这是世界上最早的环境保护机构。后世许多朝代除了沿袭这一行政设置外，还设立了"大司马"、"川师"、"渔人"等官职，来管理一些相应的自然资源。据《周礼》记载，当时的山虞执掌山林政令，只许在规定的日期伐薪。公元前11世纪，西周颁布了我国最早的环境保护法令《伐崇令》，其中规定："毋毁树木，毋动六畜。有不如令者，死无赦。"夏代也严令春季不许伐木，以有利于草木生长；夏季不许捕鱼，以有助于鱼鳖成长。春秋战国时期，管仲任齐国宰相时，也颁布法令规定封山时段。秦代产生了我国最早的环境保护法律《田律》，其中规定："春二月，毋敢伐材木山林及雍堤水。不夏月，毋敢夜草为灰，取生荔麛鸁鷇……毒鱼鳖，置井罔，到七月而纵之……"自《田律》之后，我国历代都颁布了有关自然保护的法令。在某种程度上，中国封建社会正是依靠这些对天人关系的正确认识，依靠人的自我调节和物的循环再生这种生态观念，维持了数千年的稳定和繁荣。[①]

正是立足于自然与人文的和合关系，中国古代就萌生了对于我们现代人来说仍然是非常重要的生态思想和生生观念。显然，在古代中国，自然与人文、或者说宇宙观与人生观是一个有机浑融的整体。难怪西方当代不少思想大家，在反思现代性的弊端之时，会把目光投向源远流长的中国古代文化。

遗憾的是，如此渊源悠长和深厚独到的生态思想和生生观念，并没能阻挡当代中国在现代化和现代性的进程中步入生态危机和环境灾难。相反，生态现代化的数据和指标显示，2004年中国生态现代化水平指数为42分，在118个国家中排第100位，中国正处于生态现代化的起步期。中国现代化战略研究课题组组长、中国现代化研究中心主任何传启指出，中国的生态

---

① 参见王如松等：《人与生态学》，云南人民出版社2004年版，第60—61页。对此，王惠在《荒野哲学与山水诗》一著中有详细论述。

现代化基本与世界同步,但生态现代化水平的国际差距比较大。要达到发达国家目前阶段的水平,大约需要 50 年的时间。①

莫尔特曼曾说:"我们今天的形势是由我们整个科学与技术文明的危机造成的,是由人类对自然的竭泽而渔造成的。这种危机是致命的,它不单单是人类的危机。……如果不彻底改变我们人类社会的根本方向,如果不能成功地找到另外一种生活方式,和另外一种对待其他生物及自然的方法,这种危机将会以全面的大灾难而告终。"②

如果说社会学家对现代文明发展和现代城市生活还在做着乐观的估计和理性的应对,那么,在哲学家和思想者那里,类似莫尔特曼这样的言论不在少数。虽然我们寄望于人类的理性,但也同样相信,这些话绝非危言耸听、哗众取宠。

2. 城市社会生态问题

就社会生态而言,中国当前的城市中大量存在着边缘群体、贫困与失业、婚姻变迁和家庭暴力、公共安全等问题。

①进城农民工问题。在我国城市化过程中,农村人口向城市的流动形成了最为汹涌澎湃的冲击浪潮。现在,大约有 8000 万~9000 多万的农村籍劳动工人支持着城市的发展,他们是城市新来的工人阶级,既与农民阶级具有先天的血缘联系,又以顽强的流动冲动转化着自己的职业身份。

相对于社会"核心群体"或"主流群体","农民工"被认为是城市的"边缘群体"。"农民工"最初指进入乡镇企业的农民,后来变为数以亿计的外出就业、进城务工的农民。农民跨区域流动、进城务工,由出于打工挣钱的个人行为,形成了走入市场、向非农产业和城镇转移的潮流。③ 人们对农民工的认同经历了四个阶段:第一阶段把农民工称为"盲流",无论是法律,还

---

① 中国现代化战略研究课题组:《中国现代化报告 2007》
② [德]莫尔特曼:《创造中的上帝:生态的创造论》,隗仁莲译,生活·读书·新知三联书店 2002 年版。
③ 李强:《市场转型与中国中间阶层的代际更替》,《战略与管理》1999 年第 1 期。

是政府或市民,都认为他们带来的是负面影响;第二阶段把他们叫做"三无人员";到世纪之交即第三阶段,"农民工"成为一个正式的称谓,"外来妹"、"外来仔"等已经部分地让城市接纳了;第四阶段是现在,社会上开始讨论要不要给农民工以工人待遇、怎么从农民发展到市民等问题。①

从整个社会的角度看,数以亿计的农民工,已经成为一个具有相当规模但却身份模糊、社会地位独特的社会群体,并逐渐成为城市生活中的一个不可或缺的群体。城市中的众多基础设施建设、城市中的众多制造业、服务业工作都是由这个群体完成的。但是,他们虽然居住在城市,工作在城市,制度上却不是城市社会的一员。今天,城市农民工、流动人口的问题已经成为未来50年中国社会能否持续发展、经济能否持续增长,社会能否长治久安的基本问题之一。

据国家农业部的相关统计数字显示,目前,中国每3个产业工人中,就有2个来自农村地区。② 所以,21世纪初期的"农民工"是未来城市新市民的预备队,他们逐步成为城市蓝领工人的主体。在某种程度上,他们的生存景观也就是中国现代性的风景线。然而,为我们的城市做出巨大贡献的农民工的生存状况却并不尽如人意。他们的生活没有基本保障,生存条件十分艰难。在就业、医疗保险、住房、子女入学等各方面与城市人有着不同的执行标准。

农民工在城市的就业竞争中得不到应有的尊重和公平。他们当中的绝大多数只能从事城市人不愿从事的以体力劳动为主的工作,特别是劳动强度大、劳动环境差或具有某种危险性的工作,而且在工作时间较长的情况下,得不到按照有关规定应当给予的补偿和保护。很多企业甚至不顾社会道德,恶意拖欠和克扣农民工工资。据劳动保障部的有关统计,2002年全国23个外来务工人员较多的省份,查处拖欠农民工工资违法案件13000余件,涉及626万人,追讨拖欠农民工工资达3.5亿元。对这样一个庞大的特殊人群和显在的社会问题,文学艺术作品同样也予以了关注。对此,有论者

---

① 《农民工带来了什么城市到底应该属于谁?》,《人民日报华东新闻》2004年02月12日。
② 周正平:《1亿农民工成为推动中国经济发展的新兴力量》,新华网,2003年8月22日。

如是说:

　　上世纪80年代中后期以来,随着我国改革开放的深入和城市化进程的加快,不可计数的农村劳动力纷纷涌进城市里来"淘金"。他们背着简单的行囊、怀揣着对未来生活的梦想、带着一脸的疲惫和茫然,行走在城市的各个角落。听命于时代和现实的召唤,一大批文学与艺术工作者把他们敏锐的目光投向这特殊的群体,"乡下人进城"的叙述因此成为显在的叙事主题。

　　如果从宏观的角度来考量,"乡下人进城"叙事至少在三个层面上同时展开(这里有交叉,但更有侧重):其一,社会政治层面上的"乡下人进城"。作者主要从社会政治眼光出发,把"乡下人进城"当作一个社会问题来提出,用饱含着血泪和控诉的笔调来写"打工族"的苦难生活史,希望整个社会都来关注底层弱势群体。例如尤凤伟的《泥鳅》、吴玄的《发廊》等小说;其二,文明冲突层面上的"乡下人进城"。作者更多地从文化反思的视角来揭示乡下人进城后所面临的农耕文明与工业文明的冲突,多数作品反映出农民工包括作者本人在两种文明冲突中的两难境地,例如夏天敏的《接吻长安街》、张继的《状吉村长李木》等小说,不少作者接续了中国现代文学自"五四"以来所开启的启蒙理性传统,此类小说亦被看作乡土文学的转型;其三,生命存在层面上的"乡下人进城"。作者受萨特的存在主义哲学等后现代思潮的影响,力图在形而上的层面上,更加抽象地探讨人的存在方式、存在困境、自由选择与生命价值,这是一种更深意义上的"乡下人进城"叙事,以贾樟柯的影片《小武》与《世界》为代表。①

虽然,现在国家对农民进城就业的政策限制基本突破,但就业歧视和人

---

① 陈军:《"乡下人进城"影像中的文学叙述》,《文学评论》2007年第4期。

为的壁垒仍有存在。如一些城市由政府限定企业的招工计划,先招收城镇劳动力,后招收农民工,硬性限制企业使用农民工的比例,对农民工就业变相收费等等。城市公共就业服务、政府举办的劳动力市场场所,仍只服务于城镇居民,不向进城农民开放。如在某一个现代化的特大城市,政府设置了专门的劳动力市场,网点分布于城市各个区县,用工信息来自众多企业,求职者进入一个市场网点,就可上网查出全市入网企业的用工信息。但在劳动力市场大门口,却赫然写着"外来农民工不得入内"。有的城市,原本已经形成了自发的农民工劳动力市场,虽然存在问题,但农民能从那里找到活计,经久不衰,但有关部门不是去帮助管理和完善,却要予以取缔。城市有免费为城镇居民、下岗职工、毕业生提供的就业市场,却没有甚至不许有农民工可进入的劳动力市场。而且,社会管理严重歧视农民工,不仅社会保障、住房、户籍制度上歧视、阻碍农村劳动力向城镇转移,而且把进城农民工视为影响"管理秩序"的因素,收容遣送的主要对象,危及他们的行动自由和人身安全。

在户籍制度上,公安部提出的是以在城镇有稳定职业、收入来源和稳定的住所,作为取得城镇户口的条件,而多数地方却把"稳定的居住场所"改换成"在城镇购买住房";放开小城镇户口,也只是针对当地农民,不对外来农民工开放。在社会治理上,普遍存在把农民工作为不安定因素的心理定势,一旦整顿社会秩序,就把矛头指向农民工,强制审查,收容遣送。有一项调查资料显示:重庆市荣昌县杜家坝村的农民说,外出务工一般都需要身份证、外出务工证、暂住证、健康证、所在工厂工作证这五种基本证件。未婚妇女还需办理未婚证,已婚妇女要办婚育证。如此办证,免不了在家乡和打工地两头花"冤枉钱"。

至今,农民工文化生活还未能引起应有的关注。农民工,人在异乡,没有熟悉的环境与亲切的交流,很容易造成心理的孤独与无助,生活的单调和艰难使得很多道德、法律意识薄弱的人容易出现精神崩溃,严重影响正常的城市生活、安全状况。"对于农民工来说,世界是虚幻的,也是荒谬的,一方面他们如此卖力而辛劳地干活,另一方面却过着收入微薄的生活,受到冷遇与排挤;一方面他们具有野草般蓬勃旺盛的生命力,另一方面却命如纸薄,生命得不到任何保障;一方面他们建造和美化着城市,另一方面城市却不给他们共享的权利和机会,这本身就是一种荒谬。"①对于农民在固着在乡里和移动到城市两种不同境况下的行为方式和道德选择,韩少功有一段十分精辟的描述:

> 乡下人也自私,有的人甚至也作恶,但兔子不吃窝边草,胡作非为大多发生在别处,比如去城里溜门撬锁乃至杀人越货。只要一回到家乡,他们大多回归了往日的角色,成了安分守己之人,忠厚传家之士。……
>
> 罪犯为什么常常把家乡排除在作案区之外?也许,一种匿名的身份和陌生的环境,最容易造成道德监控的缺位,造成人们的心理约束荡然无存。相反,回到家乡的人们,彼此之间熟门熟路,知根知底,抬头不见低头见,亲友关系盘根错节,无形的做人底线不难约定俗成。与城市稍异的是,乡村的道德监控还来自人世彼岸:家中的牌位,路口的坟墓,不时传阅和续写的族谱,大大扩充了一个多元化的监控联盟。②

乡下的道德君子到了城市,甚至有可能成为杀人越货的罪犯,无怪乎城市社会比之传统社会更为动荡不宁。而情形之所以发生这样的转变,除了人情社会和法理社会不同的监控方式以及这种监控方式带给人的不同的心理约束之外,不能不说农民在城市里的遭遇加大了他们行为转换的心理动因。目前,政府在农民工的权益保护上也存在两大问题:一是政府自己的一些行为直接侵害了农民的权益,或是行政不公平造成对他们的歧视;二是政府没能承担起应有责任,解决社会上大量存在的侵害群众权益的问题。总

---

① 陈军:《"乡下人进城"影像中的文学叙述》,《文学评论》2007 年第 4 期。
② 韩少功:《中国式礼拜》,《山南水北》,作家出版社 2006 年版,第 86—88 页。

之,农民工权益受到损害,主要是管理体制的原因。从农民工权益保护的角度看,社会管理要解决以下问题:

一是要打破身份限制,实行同工同酬。对身份的限制和约束明显不符合人生来平等、自由、尊贵的现代理念,而同工不同酬就是身份歧视的具体表现。我们应取消临时工、农民工、民工等称呼,打破编外、编内的区别,对所有的劳动者或职工一视同仁,使就业农民工在政治上、法律上、经济上、社会上的权利与原体制内的"在编职工"享有同等权利。尤其是要取消一切不合理的办证,实行身份证一证管理的制度。

二是要改革现行的户籍政策,赋予每一个公民正当和同等的权利。农民工在务工城市消费和纳税,同样是合法合理的纳税人,应享有纳税人的一切权利与自由。建立以工作地和生活地为一体的管理方式,赋予农民工应有的选举权利、参与社区管理的权利、享受下岗和再就业政策的权利等等。

三是加大培训力度,切实增强农民工竞争能力。决定农民工社会地位和经济地位的重要因素之一,是人力资本,这是由基础教育和职业培训所决定的。因而提高农民工自身素质、增强农民工竞争能力,是为农民工摆脱尴尬局面和艰难处境增加"砝码"的举措。

四是要给农民工更多的生活上和工作上的关心,解决他们的后顾之忧。在生活上,要改善他们的居住条件。农民工的子女教育,中央明确提出,要以流入地管理为主。政府要放宽条件,并进行帮助或资助,使农民工子弟学校合法化、规范化。

②城市贫困人口问题。城市贫困人口是一个世界性的突出问题,国外尤其是西方社会学者、人口学者以及城市地理学者对此给予了长期的关注,进行了持久的研究。自20世纪70年代中期以来,伴随着经济重构和社会转轨,在整个工业化世界,尤其在许多大城市,出现以失业、在业低收入、无保障、移民贫困等为主的新城市贫困问题,使得城市贫困问题变得更为复杂化。根据世界银行提供的数据,在上个世纪80年代中期以前,我国城市贫困人口有减少的趋势;而在80年代中期以后,我国城市贫困人口则有明显的增加趋势。进入90年代后,由于我国失业下岗的问题日益严重,城市贫

困人口的数量持续增长,并逐渐在城市中形成了一个以失业下岗人员为主体的新的贫困阶层,而且其贫困程度有不断加深的趋势,以至于成为当今我国都市中一个潜在的安全隐患甚至是具有爆炸性危险的问题。那些陷入贫困的城市居民,因为不能或较少分享到社会经济发展的好处,极易滋生或强化仇富等逆反心理,从而对社会整合和社会稳定构成威胁。

城市贫困指的是城市社会的贫困问题。贫困是指在物质资源方面处于匮乏或遭受剥夺的一种状况,其典型特征是其能够占有的物质资源不能满足他们及其家人基本的生活需要。其中绝对贫困是指难以维持该地区最低水平的生活、需要得到社会救助;相对贫困是指相对于社会上其他群体比较而言收入较低的人口,一般将收入低于城市居民平均收入之50%的人口算作相对贫困人口。① 据我国民政部公布的权威数字,我国目前共有低于城市居民最低生活保障线,即非通过救济难以维持最基本的生存和生活的城市居民14971069人,占全国非农业人口的4.6%(若按全国城镇人口3.9亿,则占3.84%)。也就是说,目前我国城市贫困面在4%左右,每百位城市居民中大概有4~5人属于难以维持基本生活的贫困者。

与非贫困群体相比,我国城市贫困群体总体上处于一种非常窘迫的生活状态。除了政府有关部门的宏观透视之外,一些来自区域的、个案的调查结果更直观、更具体地反映了城市贫困群体的真实生活状态和生存状况。来自江苏省南京、苏州、常州、扬州、盐城5个城市被调查贫困家庭的生活描述显示,在吃的方面,五城市贫困户中的96%"只能买最便宜的蔬菜"、89%"经常连续两天(或一星期)以上吃不上荤菜"、98%"一般不自己买水果吃";在穿的方面,五城市的贫困户67%自己家中"平均每人每年的衣着鞋袜方面花不起60元钱";在行的方面,五城市的贫困户61%选择"公共汽车二三站内的路程能走就走"。②

在计划经济时期,城市贫困层的主体是所谓"三无"(无劳动能力、无依无靠、无固定生活来源)人员,主要是由于个人或家庭的原因导致贫困。这

---

① 李强:《我国的城市贫困层问题》,《中国社会工作》1996年第5期。
② 江苏淮安市民政局:《淮安市市区城镇特困家庭普查报告》(2001年1月)。

一部分贫困人口的数量相对稳定,对社会结构的冲击较小,而且在城市贫困层中所占的比例一直在逐步缩小。近年来的经济体制改革和经济结构调整使城镇产生了一大批新的贫困人口。城市贫困人口构成发生了重大变化,新的贫困人口的产生源于:第一,下岗和失业人员;第二,不能足额按时领到养老金,医疗费也不能报销的退休人员;第三,多数非国有制企业职工没有参加社会保险,在遭遇失业、生病、工伤事故、老年等生活风险时,陷入困境;第四,职业不固定人群,主要是个体小商贩和临时工。该人群文化程度低,无技术专长,收入低微且不稳定,生活较困难;第五,农转非人群。这部分人文化程度低,年龄偏大,主要从事低收入工作,加上家庭人口多,原来生活水平就较低;第六,外来人口。外来常住人口也是城市人口的组成部分,它是一个庞大的特殊人群。由于外来人口素质低,收入不高且不稳定,而家庭负担较重,相当一部分人生活仍较困难。

当今的城市贫困人员之所以陷入贫困,很大程度上是由于社会结构变迁的原因,是社会经济体制转轨和产业结构调整过程中被抛到社会结构之外的人群。虽然这种现象的出现在某种程度上难以避免,但诸多人为的原因也加大了这种现象出现的几率。比如某些政策的执行不当,在某种意义上也催生了新的贫困层。随着社会经济体制转轨的深入和产业结构的进一步调整,在较长的一段时期内,上述城市贫困层的成员还有可能继续增加。如何缓解这些人的贫困状况,将他们重组到新的社会经济结构中去,这不仅关系到社会转型能否顺利进行,而且影响到未来的社会结构形态。

缓解城市贫困,最主要是要通过提高贫困层的自身素质、优化就业环境、完善劳动力市场机制,促进贫困者自主择业,自我"解决"问题;同时,调节和完善收入分配政策,建立、健全有关的社会保障制度。

第一,进一步完善城市最低生活保障线制度。我国自 1993 年起,率先在上海出台了城市最低生活保障线制度。到 2000 年 1 月我国全部 668 个城市和 1689 个县的县镇所在地都已宣布建立了城镇居民最低生活保障线制度,将城市中所有生活在保障线以下的人都纳入了救济范围。

第二,积极开发社区就业渠道。基于城市贫困对象年龄偏大,文化程度不高,无技术或技能单一,健康状况普遍较差,未就业时间较长和家庭不能独立生活成员多的特点,有针对性地开发以社区为基础的支持性就业项目。一是开发基于劳动力的支持性项目,增加贫困家庭的收入,增强他们对生活的自控能力,进而逐步建立被贫困摧毁的尊严感;二是就业支持性项目应以社区为基础,因为在家门口工作不仅能大幅减少城市贫困对象的就业成本,方便他们照料有需要护理的家人,更为重要的是,社区就业较能切合城市贫困对象的自身素质。因为社区岗位(如社区保安、保洁、保绿等)对从业人员的年龄、文化程度和职业技能的要求相对较低,经过短期的职业培训可以很快达到上岗要求。从这个意义上说,社区是城市为贫困人口提供工作机会的重要来源。

从现有的经验看,政府还可以采取三种方式为城市贫困人群创造就业岗位。一是政府直接投资兴办公共服务工作项目,如平地造林、河道管理、市容整治、防疫防灾等;二是政府出资购买公益性岗位,如社区环境保洁、社区保安、社区车辆看管、小区物业管理等;三是培植贫困对象自己的就业组织,如小额贷款组织,社区公共服务社等,进而实现"救急也要救穷"的目标,从更长远一点看,也有助于改善社区基础设施和管理,增强社区服务功能。

第三,逐步完善扩大社会保障体系。

第四,加强贫困居民的家庭文化建设,引导其成员养成积极、健康的生活态度和消费方式。

第五,开展"以人为本"的社会救助,注重对城市贫困人口的情感关怀。同时,鼓励社会和民间的力量共同参与救助行动,大力发展社区的象社会慈善事业。

最后,在进行配套体制改革,完善收入分配机制,控制收入差距,防止两极分化,保证社会公平的同时,还应当充分利用包括社会舆论在内的各种有效手段,约束、控制和引导高收入层的生活方式和消费行为。反对奢侈腐化、铺张浪费,鼓励扶危济贫,养成良好的社会风尚,缓和贫困层的被剥夺感。在舆论宣传中,应抨击那种盲目攀比、仿效高消费的社会风尚。换句话说,缓解贫困不仅要重视消除贫困者自身的局限性,也要重视消除其所处环境的缺陷;不仅要注意提供良好的社会硬环境,也要注意调整其他社会阶层的行为和态度,创造一个良好的社会软环境。①

③城市婚姻变迁和家庭暴力问题。如前所言,在传统的大家庭里,人伦关系的核心是亲子关系,这是一种情感纽带较紧密的血缘关系,并受到各种人伦关系的制约,形成婚姻与家庭的强大外部维系力。而在现代核心家庭里,人伦关系的核心是夫妻关系,这是一种后天的、偶然的、松散的性关系和感情关系。同时这种以夫妻关系为家庭轴心,重视情感因素的取向,自然带来人们普遍追求精神契约,努力提高婚姻质量的积极变化。但情感的不稳定、易波动的特性又使婚姻关系相应变得脆弱。在传统的大家庭里,整体主义占主导地位,家庭的价值高于每个家庭成员的个体价值,因而,夫妻间的矛盾往往服从于家庭整体利益的要求。而在现代小家庭中,个人本位主义观念越来越强,个人的价值越来越高于家庭的价值,从而易于发生家庭和婚姻危机。

西方学者把现代家庭问题概括为六大危机,又称"六 D 危机":违背期望(Deviations from expectations),指家庭成员违背家庭的期望;丧失荣誉(Disgrance),指家庭成员的行为损害家庭声誉;经济萧条(Depression),指家庭收入减少,难以维持原来的生活水平;家庭成员分离(Departure of family),指由于人口流徙和工作变动,家庭成员离家生活;离婚(Divorce),家庭关系解体;死亡(Death),家庭成员死亡。这六大危机导致了传统婚姻和家庭的动荡和解体。此外,堕胎,少女母亲,同性恋,艾滋病,离异夫妻的子女精神与物质生活的困苦,少年儿童的无家可归,人们对两性关系的失望,人际关系的淡漠,安全感、归属感、亲切感的丧失等等,使得一些人对家庭的前途十分悲观,这种现象在世界各地所有工业化、商业化和都市化气息浓厚的城市中尤其明显。② 现代家庭的裂变,在某种意义上,也可以说是家庭现代演变的一种必然现象,是现代社会的经济关系与现代道德发展在现代家庭

---

① 参见陈琳:《现阶段中国城市贫困人口问题研究》,《三农中国·A 版》2009 年第 4 期。
② 邓伟志主编:《当代"城市病"》,中国青年出版社 2003 年版,第 153 页。

中的反映，是家庭伦理现代化中规律性的现象。

当今中国家庭，结构也逐步由紧到松，由单一到多元，家庭人口规模不断缩小，单身家庭大量增加，不完整家庭大量出现，家庭保障功能减少，性满足的专一性逐渐被打破，生育和抚育功能大大减少，很多其他方面的功能也逐步由家庭走向社会，同时，人们的家庭观念也从"以家为本"、"家庭至上"的传统观念向"以人为本"、"个人和家庭兼顾"的现代观念转变。同居、婚外恋、离婚等现象在今天更是成为社会的一种普遍现象，直接对原有的家庭模式产生冲击。家庭危机的防治与家庭伦理的重建是个复杂漫长的过程。

与此同时，城市家庭暴力问题也十分严重。家庭暴力具有隐匿性、多发性和突发性等特征。对于易受害人群，如妇女和儿童，家庭暴力的影响极大。受传统文化的影响，社会对家庭暴力的监控与干预措施不力，舆论对家庭暴力的谴责力度也较低，在大男子主义思想和家长制思想严重的人身上，使用暴力解决家庭纠纷，甚至使用暴力发泄负面情绪，都成了他们当然的权力。一般的邻里对于家庭暴力也往往采取"睁一只眼，闭一只眼"的态度，认为这是人家的私事，这使得大量当时没有造成严重后果的家庭暴力，被掩盖起来。

全国妇联的一项调查表明，中国2.7亿个家庭中大约有30%存在家庭暴力现象，有16%的女性承认遭受过配偶的暴力对待。[1] 对于易受害人群来说，家庭暴力比起街头的暴力伤害可能更可怕。因为，来自家庭之外的暴力，还可以躲避，或向法律救助；而家庭暴力则几乎无法回避。《中华人民共和国宪法》以及《婚姻法》、《妇女权益保障法》的有关规定，是建立反家庭暴力，保护妇女儿童权益的根本法律保证。

就具体的防治与实施而言，社区则是反家庭暴力的前哨阵地，动员社区的力量预防和制止家庭暴力可以起到事半功倍的效果。现在已经有一些城市社区建立了"家庭避难中心"、"反家庭暴力救助热线"、"妇女救助中心"等民间机构，对缓解家庭暴力危害，救助受害人群起到了积极的作用。

---

① 中国青年报2004年3月24日。

④城市公共安全问题。据一些国家安全生产形势的分析,人均GDP1000美元~3000美元这个区间,是公共安全事故的高发期。中国目前正处在这个阶段,所以面临诸多公共安全问题。其中,食品安全隐患大增;重特大事故灾害频发且分布广、损失大;火灾与爆炸频繁;城市黑恶势力成为都市发展中的毒瘤,违法犯罪形式趋向动态化、组织化、职业化和智能化,而且走向国际化,对公共安全构成巨大威胁;恐怖主义行为在国际大背景下,不可避免地渗入中国,他们的首选目标就是大城市;生化泄露与污染事故,经常酿成惨祸。2004年4月,重庆化工厂氯气爆炸事件就是这样发生的,危及市区近百万人的生命安全,等等。

"据国际劳工组织统计,事故给各国经济所造成的损失占GDP的4%~10%。美国1997年因工伤及职业病所造成的损失为1770亿美元,道路交通事故为2000亿美元,两项合计超过了当年GDP的4%;德国在2000年,工伤及职业病损失的支出为1500亿美元,单项达GDP的2%;英国1993年调查,工伤及职业病损失为160亿英镑,也达GDP的2%。一般来讲,发展中国家的事故损失要高于发达国家,有的专家认为,我国工业生产事故所造成的损失,超过了GDP的2%,即每年超过了2000亿元。控制事故的发生,是提高经济发展的效益,提高经济运行的质量,实现稳定和可持续发展的重要措施。"①

从社会发展的角度来说,做好我国安全工作,是实现社会稳定和谐的重要内容。我国现在每年各类事故死亡人数超过了13万,此外,还有大量人员因为事故导致伤残甚至失去劳动能力。每一起事故,都会给受难者及其家属带来沉重的打击,同时还会成为社会的不稳定因素,对城市的正常发展带来干扰,对社会经济发展提出了许多挑战。

3. 城市精神生态问题

德国社会学家齐美尔在《都市与精神生活》一书中就曾经提出,都市生

---

① 向衍荪等:《城市公共安全:一道不容忽视的难题》,《新安全》2005年第6期。

活环境复杂,生活节奏较快,社会组织严密,时间观念强,感官刺激强烈,都市里的精神异常和越轨犯罪行为远远高于农村。个人应使自己适应都市纷繁复杂和变化万千的现象,不然精神很容易失去平衡。持续多年居高不下的心理疾病发病率,已成为世界各国关注的重大公共卫生问题。与显性的社会风险相比,心理、精神疾病的发生和发展都是静悄悄、鲜为人知的,但它对生命安全的威胁亦不可小视。目前,中国现代城市是各类精神疾患频发的重灾区,具体表现在以下方面:

①社会心理失衡现象严重。当前的中国城市,社会心理失衡现象已经日趋明显。一位城市居民,在24层的高层住宅楼里生活了10多年,他有五点感受:一是高高在上,一天24小时,除工作时间外,绝大部分时光在高楼里度过,囿于一种悬空的生活境界,抑制了室外活动的兴趣;二是人情味淡,邻居往往是"老死不相往来",邻里关系比较淡漠,缺乏社会生活气息;三是安全性差,各自的门锁必须格外操心,马虎不得;如果碰上电梯发生问题,不但耽搁时间,还会有人身安全问题;一旦出现火险,高层住宅楼的消防安全至今还是一个难题;四是生活不便,老人、小孩往往总是呆在家里,尽可能不下楼,因怕遇上电梯发生故障,爬楼梯是非常困难的;一旦生病,电梯里放不下担架,只好人扶或人背;如果夜里有病,电梯不开,难以及时就医;自小汽车进入家庭以来,住宅区汽车剧增,由于停车场匮乏,小区道路、绿地、居民活动场地被车辆侵占,致使居民的出行、休闲聊天、健身运动和儿童玩耍等,受到很大影响;五是环境欠佳,高层住宅区,人多楼高绿地少,再加上车多,难以形成绿树成荫的居住环境和住区自然景观,致使人们生活在一个高楼森森的硬质环境之中,难以满足生态条件好和生活质量高的环境要求。

另外,城市规模无节制地扩展,使城市超负荷运转,在水资源和各种物资供应、城市新陈代谢、生态平衡、环境保护、交通组织以及社会秩序等方面背上沉重的包袱,就像是给城市套上了一圈又一圈的枷锁,也给都市人增加了巨大的精神压力。而且,今天的城市,在社会交往层面,人们道德水平滑坡,社会信用度破坏严重,各种不良风气如诈骗、唯利是图、损人利己、卖淫嫖娼等行为有所增加,对社会抱以冷漠的处世哲学已渗透进相当一部分人的心灵中,见义不为、见死不救、肇事逃匿等现象已屡见报端,严重损害着我国人民的整体精神风貌。再加上社会情绪表达渠道的不够畅通等等原因,都加剧了城市社会中的人产生心理失衡甚至发生精神疾病的可能性。据统计,我国目前精神疾病患者约有 1600 万人,神经精神疾病在我国疾病总负担中已经排名首位,约占疾病总负担的 20%。目前已经有学者提出精神病问题开始逐步上升为一种社会公共问题。

随着近年来现代转型的日益复杂和社会发展的日趋加快,人们的社会心理失衡现象也日益严重。在现有的情况下,加强社会情绪表达渠道的建设虽然不能治本,但却是治标的一个良策。它不但是各阶层各群体一种正常的倾诉,而且也是各阶层各群体在被侵害自身利益时的一种自我保护,有利于各个阶层群体的沟通、协调和整合,有利于社会心理健康的重建,是社会进步的表现。

②精神生活和文化消费方式单一、贫乏。根据中国社会科学院发布的文化蓝皮书《2009 年中国文化产业发展报告》,目前城市居民文化消费活动主要集中在:看电视、报纸、影碟和光盘,还有上网、听广播、打麻将、打牌等,文化消费结构单一,消费层次低,还没有完全走出粗放发展阶段。与此同时,中国已经迎来新的消费电子时代,传统电子产品的销售在中国增速减缓,而消费电子领域最先进的代表——数字娱乐产品 MP3、MP4 等增长非常迅速,成为消费电子行业增长的主要推动者,这意味着数字娱乐消费时代已经到来,文化消费形态逐渐多元化。中国传媒大学文化产业研究院实施的《中国城市文化消费调查报告》蓝皮书工程,以量化研究为主要手段,以个案分析为重要补充,对中国城市文化消费的状况也做了深入研究。① 笔者 2004 年曾经在海南省海口市的青少年人群中进行一个有关文学阅读的社会调查,发现经典文学作品的阅读已经逐渐淡出城市青少年的文化生活,与此同时,电子阅读的方式逐渐浮出水面。②

---

① 详见范周等:《中国城市文化消费报告》,社会科学文献出版社 2010 年版。
② 详见海口晚报 2004 年 9 月 20 日相关报道及本人所撰:《阅读调查——网络时代青少年文学阅读的社会学研究》,海南出版社 2004 年版。

在晚唐诗人李商隐的《无题·昨夜星辰昨夜风》中写道:"隔座送钩春酒暖,分曹射覆蜡灯红。"其中的"送钩"和"射覆"都是传统社会的游戏方式,它们体现和强化了人与人之间的温情。随着中国消费电子时代的到来,城市青少年大量投入到电子游戏、网络游戏之中,由此带来现实生活中人际交往能力下降等一系列问题。

如上,中国的城市化尚未完成,就已经遭遇如此严重如此复杂的城市问题,作为中国现代化的引擎和现代性的策源地,城市理应集中体现现代性的福音,因此,疗治城市病症成为当前中国现代转型过程中刻不容缓的重中之重、燃眉之急。在这样一个特殊的历史时期,在这样一种复杂的社会条件下,城市社区的发展面临着历史性的机遇与挑战。根据现代社会发展规律,针对城市社会问题的修复和治理,城市社区发展理应趋向几个方向:

第一,较快改善社区的生态条件,提高人们的生活质量。城市社区发展必须以"人"为中心,满足社区成员生存、享受和发展需要,不断提高社区成员的生活质量,促成社区成员个性和潜力的发挥。

第二,创造更多的就业机会,提高社区的社会保障程度。随着城市化速度的加速,失业现象一直是"现代城市病"的重要表征。失业将大大加剧、诱发其他的社会问题,尤其是社区犯罪问题,影响社区的稳定、安宁,因此,拥有一份职业是每个社区成员所期望的目标。

第三,培育和谐亲善的人际关系,构筑健康的精神家园。在社区内创造一种亲善、和谐的氛围,沟通和密切人与人的关系、人与社区的关系、社区与社区的关系,进行朴实真切的情感交流,弘扬社会公益精神、慈善博爱精神、友好互助精神,从而使社区成员树立高尚的精神追求和道德风尚,这对于增强整个社区的整合、丰富人们的精神生活、释放现代社会生活给人们带来的精神压力、凝聚社区成员的创造性等具有重要的意义。

第四,强化社区成员的参与意识和参与行为。城市社区具有特殊的组织结构和运作机制,联系着社区的每个成员,社区成员也正是通过一定的组织结构和运作机制参与社区生活和社区管理的。只有社区成员的广泛参与,才能培养起现代公民应有的社区意识,形成社区范围内有效的组织结构和运作机制，切实发挥好社区固有的各项功能，社区成员才能真正成为社区的主人和社区发展的主体。

第五，推动社区服务志愿者的工作。从世界各国的社区服务经验看，在社会转型或者社会波动的时期，志愿服务发挥着主要的支持功能，帮助维护社会生活的稳定和保障民众生活基本需求；在社会发展顺利的时期，志愿者服务发挥辅助性的功能，帮助改善社会环境和保障特殊对象的生活利益。

第六，打造休闲文化，促进社区建设。中国城市社区还应该从中国传统文化中汲取营养，创造市民喜闻乐见的各种社区文化形式，以充分打造休闲文化，促进社区建设。"休闲"一是指"用于娱乐和休息的余暇时间"；二是指"发展智力，在精神上掌握自由的时间"。"休闲"就是"非劳动时间"，"不被生产劳动所吸收的时间"。① 在马克思看来，休闲是人的生命活动的组成部分，是社会文明的重要标志，是人类全面发展自我的必要条件，是现代人走向自由之境界的"物化"保障，是人类生存状态的追求目标。人类想要获得自由，首先必须赢得休闲时间。在现代城市社区建设的过程中，充分认识到休闲作为一种生活方式的重要性，通过娱乐休闲活动为城市居民构建满意的生活，是一个极其重要的发展方向。

过去，在中国传统的乡村型社区，人与人、人与自然的关系处于相对和谐的状态。人们对乡村社区认同感强，并从中获得安全感、归属感和自豪感，特别是由于宗族关系，使乡村社区的人们之间的亲情纽带连接得更加紧密，在人们心目中，这个乡村社区就是他们的家园。从乡村社区进入城市社区的人们发现，城市极大地削弱了人与人和人与自然的关系，人被从传统的土地关系、宗族关系中剥离出来，独自承受来自社会方方面面的压力，当代社会向商业型和契约型的急剧转向，又不可避免地加剧了与人生竞争的局面，同时，原来的"单位"不再承担业务与专业之外的社会功能，进一步造成都市人无处补偿、难以排遣的孤独感。在此种情形下，如果社区还不能担当起重建城市人精神家园的责任，城市人的各种隐形和显形精神疾患会累积

---

① 马克思：《马克思恩格斯全集》第26卷，人民出版社1975年版，第287页。

而成社会的巨大隐患。从历史与现实的情况来看,社区是承担这一重大使命的唯一合适之地。

所以,在现代性的进程中,城市社区必须成为市民精神生态的依托地、感情归属的精神空间。通过社区参与和居民自治,在不断的双向交流和多向交流过程中,改变人口、文化、活动高度异质化的社会系统可能带来的负面因素,形成一种兼容并蓄的文化系统,在多种多样的异质文化中融合生成同质型文化社区。

第五章 集镇社区:中国现代性的过渡地带

小城镇,大问题。

——费孝通

小城镇问题,不是从天上掉下来的,也不是哪一个人想出来的,它是在客观实践的发展中提出来的,问题在于我们是否能认识它。

——费孝通

随着商品经济的发展,在中国广袤的土地上,星罗棋布地出现了许多大小不等、功能相异的集镇社区。以至于在今天的中国,仅有都市、乡村两类社区尚不足以构成人群聚落体系的全貌,在都市和乡村之间还存在一种不容忽视的中介型社区,这就是集镇社区。

集镇社区处于从农村社区到城市社区的过渡区域和中间地带,和乡村、都市一起构成转型中国的社区连续体,是农村和城市相互影响的一个中介和一个纽带。因为中国社会的经济转型是以乡村工业化为起点的,而小城镇问题,正是在乡村工业化这一客观实践的发展过程中提出来的,所以集镇社区的研究,具有极其充分的现实必要性;另外,作为转型中国的过渡地带,集镇社区在调整城乡二元结构等方面发挥着独特的作用,在传统中国的现代化建设中占有着相当重要的地位,因此集镇社区的研究,又具有十分深刻的实际意义和理论价值。

第一节　集镇社区的基本特征和现代形态

据《2005 年全国行政区划统计表》统计：截至 2005 年 12 月 31 日，全国共有建制镇 19522 个。集镇（Town）如此快速的发展和如此广泛的分布，使其作为连接大中城市与广大农村居民点的桥梁，已经构成了中国经济社会发展的中间层次，成为中国现代性的过渡地带，并因此成为在文化上处于传统与现代之间的社区类型。

1. 集镇社区：传统与现代之间

①集镇社区的概念和类型。集镇社区亦称城镇社区，是一种"比农村社区高一层次的社会实体的存在，这种社会实体是以一批并不从事农业生产劳动的人口为主体组成的社区。无论从地域、人口、经济、环境等因素看，它们既具有与农村社区相异的特点，又都与周围的农村保持着不可缺少的联系。"①

也就是说，集镇社区是一种兼具农村社区和城市社区某些成分与特征的社区类型。在西方，作为人文地理学概念的集镇，英文名称为"Town"；作为社会学社区研究概念的集镇，其英文名称为"Rurban"，该词是由英文"乡村"（rural）和"都市"（urban）二词缩约合并而来。显然，作为社会学概念的集镇的英文名称，十分恰当地表明了集镇社区作为一个中介社区在城乡关系中的独特性质和独特地位。在中国，类似的名称有很多，诸如城镇、乡镇、镇、集镇与村镇等，当然，这些不同名称的内涵也有些微的不同。具体说来，"城镇"一般指"小城市"，由县级行政区的行政驻地构成，这类小城市的城市中心区通常设立行政建制镇或"街道办事处"的行政建制，城市的规划、功能、基础设施齐全，为本辖区的政治、经济与文化中心。其主要特征是工业与商业比较发达，有一定的流动人口，非农业人口占多数，有配套的城市

---

① 费孝通：《小城镇，大问题》，《走出江村》，人民日报出版社 1997 年版，第 139 页。

基础设施等。"镇"，一般指"行政建制镇"的一部分，通常为工业与商贸区，一般下设自治单位居委会，也包括"集镇"与"村镇"。"集镇"，一般指农副产品集散地，以非农业人口为主，商业比较发达、有一定的工业和市镇基础设施；"集镇"通常为"乡级行政区"行政驻地。"村镇"，一般为"亦工亦农"人口聚居区，"亦工亦农"或"亦商亦农"的人口占有很大比例，有一定的工业与商业，基础设施不完善。早期的"村镇"一般是经由农村人口聚居地"村落"发展形成的，由于人口的增加，渐渐形成了一定的商业和少量的工业；近期或新发展的村镇往往通过行政规划划定。总之，无论城镇、镇、集镇或者村镇，都是指比城市小的人口聚居区，有包括集中供水、供电、排水等公共设施，以及教育、餐饮、娱乐、市场等配套场所，对地区周边的交通、贸易等形成一定的辐射作用，居民大多不从事农业劳作。今天，在我们的城镇建设规划中通常使用的术语为"小城镇"和"集镇"。但是关于"集镇"的概念，国内学术界的界定也不太一致。广义的集镇概念认为，县城镇及所有建制和未建制的镇都是集镇；狭义的集镇概念则只把县城镇以外的所有建制和未建制的镇称为集镇，另外还有一种观点认为，小城市、县城镇、大城市周围的卫星城、工矿区及其他所有建制和未建制的集镇都可以称为小城镇。

我们这里所采纳的，是狭义的集镇概念。"按中国的情况，县以下的多数区、乡行政中心，具有一定的工商服务和文教卫生等公共设施，并有相应的腹地支持，均为习惯上所称的集镇。"[①]它是介于乡村与都市之间的过渡居民区，一方面兼具农村社区和城市社区某些成分与特征，另一方面其性质既不同于从事纯农业活动的乡村，又有别于纯粹从事工商业活动的都市。目前，我国的集镇社区主要担负着农村生产资料和生活资料供应、农产品收购以及满足其影响范围内居民享受教育、医疗、娱乐等需要的职能，无论从政治、经济还是从文化角度看，它都是连结城市和乡村的纽带。经济学家指出，小城镇是城市之尾，农村之首，是工业产品流向农村和农副产品流向城市的纽带，它以乡村为腹地，以大中城市为依托，对调整农村产业结构、合理

---

① 何肇发主编：《社区概论》，中山大学出版社 1991 年版，第 199 页。

布局乡镇工业、改变城乡人口分布发挥着重要作用。

在我国，集镇可分为建制镇和非建制镇两种：建制镇指的是指经省、自治区、直辖市人民政府批准设立的镇，是指国家按行政建制设立、按国家颁布的建镇标准设镇建制的社区，它们一般是相应的政权机构所在地，是乡和县的行政中心、文化教育卫生中心和商业中心；非建制镇是指没有正式设镇建制，但实际上已经具备镇的形式和功能的社区，它们虽然不是其周边腹地的行政中心，但往往成为周边农村地区的文教卫体和商业活动的分中心。

新中国成立以来设镇标准变动过 3 次。1984 年起新规定的建镇基本条件是：县级政府所在地和非农业人口占全乡总人口 10% 以上、其绝对数超过 2000 人的乡政府驻地，并允许各省（自治区）根据实际状况对建镇条件作适当调整。学术界则认为，设镇（建制镇）的具体标准为：聚居常住人口在 2500 人以上，其中非农业人口不低于 70%。据统计，截至 1998 年底，我国农村的集镇总数达到 45462 个，其中建制镇为 19060 个。到 2005 年，我国建制镇发展到 19522 个。

从社区研究的角度来看，对建制镇和非建制镇是集镇与否的划分并不是固定不变的。研究者通常根据多种多样的集镇形态，按照不同的划分标准，把集镇社区划分为几种不同的类型：

第一，按照行政级别和规模，可以把集镇社区划分为：区级镇、乡级镇和村镇。

第二，按照地理位置，可以把集镇社区划分为：沿海集镇、内地集镇和边远集镇。

第三，按照集镇经济的城乡倾向，可以把集镇社区划分为：工矿经济型集镇、农村经济型集镇。

第四，按照集镇的主要功能，可以把集镇社区划分为：中心地方功能镇、商业镇、工矿镇、交通镇、旅游镇和卫星镇等。

在集镇社区的各种分类标准中，最值得关注和重视的是地理位置标准，因为按照此种分类标准划分的不同集镇社区在发展程度上表现出巨大的差异。就沿海集镇和边远集镇而论，沿海集镇密度高、规模大、非农业人口比例高,其乡镇企业发达,经济呈外向型特征;而边远集镇密度低、规模小、非农业人口比重小,其经济结构单一,经济发展水平十分落后。属于沿海集镇的广东珠江三角洲地区,仅仅4万多平方公里的区域里,就有集镇社区200多个,非农人口占到该地区总人口的70%以上;属于边缘地区的青海、西藏等地有部分县城甚至没有设立集镇。

另外,在集镇社区的各种类型中,最经常使用的是按照集镇的主要功能标准所划分的类别。中心地方功能镇,商业、工业、服务业并重,对周围腹地起着中心区域的功能;商业镇以商品集散及服务业为主,比如广东省深圳市沙头角镇就是一个非常典型的以商业作为集镇经济支柱的商业镇;工矿镇是以工业和采矿业为基础发展起来的集镇,如地处长江三角洲的苏南一带,乡镇工业发展很快,在中等城市周边集结了一批工业集镇,工业成为这些集镇经济发展的重要支柱。再如广东省云浮县的高峰镇,矿产资源十分丰富,所以重要发展冶金、建筑材料等重工业,成为典型的工业集镇;交通镇是由交通枢纽发展起来的集镇,这些集镇往往位于铁路枢纽、公路枢纽、渡口、港口或边境,利用其为车辆、船舶、行人必经之地的地理优势,发展起饮食、服务业,并以此为集镇主要经济来源;旅游镇同样也是利用其独特的地理优势:处在一些拥有名胜古迹或优美风景的地方,有条件以旅游业带动整个经济;卫星镇则是分布在大城市的周边,因为大城市的辐射功能而发展起来,同时兼顾疏散大城市的工业和人口,减轻城市压力的功能。①

②集镇社区的结构与功能。上述对集镇的概念梳理和涵义辨析,已经表现出当前中国集镇社区发展的丰富性和复杂性,若就集镇社区的结构和功能解读社区,事情似乎又变得稍微简单一些。目前,从广义的角度来说,中国有五万多个小城镇,其中既有为农业提供服务的农业基础型小城镇,也有以商品经济发展和物资流通为主要功能的商贸型小城镇,以工业生产和加工业为主的工业型小城镇,还有交通镇、旅游镇以及依托大中城市的经济技术辐射来促进自身发展的城郊卫星型小城镇。在农村社区和城市社区的

---

① 黎昕主编:《中国社区问题研究》,中国经济出版社2006年版。

区位结构中，这些小城镇社区发挥着独特的功能，表现出独有的特征。

我国集镇社区的社会经济结构不同于城乡社区，因此在人口、经济、组织、文化、区位等要素方面，集镇社区都具有一些不同于城乡社区的基本特征。

首先，集镇社区的原生态性。即社区所处的特定的自然地理位置和生态状况，决定了其特有的类型特征。与城市社区和农村社区相比，集镇社区形态相对独立，故其范围也较易辨别。与农村社区相比较，集镇社区的基础设施建设水平较高，尤其是与城市特别是大中城市接近的集镇，更多地接受到城市现代化进程的辐射，更易获得居民的认同。与城市社区相比较，集镇社区由于位于农村与城市的中间地带，其生态条件和环境质量一般都要优于城市社区。

其次，集镇社区的人口适中性。即集镇社区的人口规模及密度明显大于和高于农村社区，但明显小于和低于城市社区。集镇社区的人口质量，无论从居民受教育程度还是他们的文化素质来看，都明显优于农村而弱于城市居民水平。由于分工程度的不同，集镇社区从事不同职业的居民之数量及比例关系，亦即集镇社区的人口结构，比之农村社区要复杂得多，比之城市社区则较为简单化。集镇社区的人口流动数量和节奏要远远大于农村社区。随着市场经济的发展和农村剩余劳动力人口的增加，集镇社区的开放度大大提高。一部分农村富余人力必然涌进集镇和城市寻求新的发展机会，而其他城镇的居民也可能因各种缘由流入另外的集镇。这样，集镇社区人口的数量与规模必然随之扩大，人口的流动性和异质性也会大大增强。值得一提的是，近年来我国一些省份和地区，为发展本地经济和解决农村剩余劳动力问题，循着工业化、现代化进程中城镇化、城市化的思路，有组织地建设起一些离土离乡的移民型集镇社区。这是一种全新的社区发展思路。

再次，集镇社区的社会结构现代性。即与农村社区相比，集镇社区的社会群体和组织机构具有较新的内涵及构成。就社会群体来说，农村社区一般较看重家族、宗族和血缘关系，集镇社区的家庭与邻里关系主要以地缘为基础，基本上摆脱了血缘与宗族关系的支配性，故比较讲究交往的平等性。

除了家庭和邻里以外,集镇社区还产生了一些新的业缘即因职业相同、趣缘即因爱好相同等而组成的如朋友圈、活动小组等形式的社群。就组织机构来说,集镇社区具备一系列与经济社会发展相适应的政治、经济、社会、教育、文化等组织和团体及规章制度,凭借它们来有效整合居民及其社群的交往关系。当然,其组织门类不如城市完善,组织构成不如城市复杂,法律法规及相关规章制度的运用程度和控制能力也不如城市。

最后,集镇社区的文化双重性。具体说来,作为某一集镇社区自身的地域状况、人口状况、社会群体与组织结构状况以及经济、政治等历史与现实的综合性反映,文化具有以下三个方面的双重性特征:一是从其价值体系来看,集镇往往是感性成分与理性成分并存,当感性与理性发生碰撞和冲突时,理性的力量就会弱于、让位于感性的力量。情理矛盾、情法矛盾以及以情代法、以权代法的现象,无不体现了这一文化价值导向的特点。二是从其内容的构成来看,集镇既有现代城市文明及整个世界现代化文化形态对其的影响,又保留了许多传统的精华与糟粕,体现了现代性与传统性的交融和冲突。如既有广播、电话、电视乃至电脑、舞厅等现代文化的载体,又可能保存着旧式的茶馆、大家族的祠堂等传统的文化载体;既受着一国主流文化的支配,又保存着反映集镇自身特色的传统性地域文化及其相关的亚文化。三是从其社会心理的构成来看,也呈现了开放性与保守性兼容的态势。因以城市为主体的现代文明及生活方式的冲击和吸引力,集镇居民模仿、学习和消化城市文明、现代文化的积极性大大提高,新事物、新观念越来越容易被居民所接受。然而因集镇社区的地理状况与居民的主体来源同农村有着天然的、紧密的联系,落后的小农意识和思维方式总是这样或那样影响着人们的社会心理,用保守狭隘的心态和习惯去衡量评判国内外、城乡间的新人新事新风尚也成了一个重要特点。总之,"集镇社区作为城乡的中介,它一方面接受城市文化的辐射;一方面又由于成长于农村而带有乡土文化气息。城乡文化在此交汇、融合,形成了独具一格的集镇文化。"①

---

① 黎熙元、何肇发等编:《现代社区概论》,中山大学出版社 1998 年版,第 216 页。

综上所述，集镇社区是介于城市和农村之间的一种独特形态的社区，也是周边农村地区的经济、政治、文化、教育、卫生的中心以及城乡交流的中介环节和流通枢纽。当然，从世界各国尤其是发达国家的情况来看，集镇社区在城乡一体化的现代化过程中，其固有的许多特征已逐渐消失，成为城市社区的一种类型，成为大中城市的卫星城区。随着我国现代化事业的发展，逐步消除城乡结构的二元性，逐步使集镇成为我国都市体系的一个组成部分，成为城市社区的一种新类型，也是不可逆转的趋势。①

从我国集镇社区的建设实际来看，集镇社区的发展为当地的经济发展起到了助推器的作用。在东部沿海发达地区，有些小城镇经济和社会发展水平及规模已超过了内地的一些中、小城市；在中部地区，小城镇已成为带动一定区域农村经济发展的中心。总之，无论是从理论上还是从我国集镇社区的实际建设过程中，集镇社区都表现出处于城乡之间的传导功能、对于农村剩余劳动力的吸收功能、消灭城乡差别的均衡功能以及对农村经济的辐射功能等。

所谓传导功能，主要表现在集镇社区是联结城乡的纽带，是沟通城乡人流、物流和信息流的重要渠道，集镇的这种双向传导功能还对工农业生产起着调节的作用。小城镇作为城市社区和农村社区之间的纽带和桥梁，随着商品经济的发展，会使城乡之间的人员、物资、资金和信息等方面的联系越来越密切，交流越来越频繁。小城镇作为城乡之间进行联系和交流的中间环节，不仅可以为城市提供从农村集聚而来的原材料、农副产品、初级日用品以及各种劳务，还可以为城市向农村转移产品、资金、技术、人才开辟广阔的市场，而且还可以接受城市更新换代但还具有持续使用价值的技术、设备和产品，促进大中城市的产业结构向高、精、尖、新的现代化方向发展，同时为农村走向现代化奠定基础。

所谓吸收功能，是指集镇社区在消化第一产业剩余劳动力方面的功能。按照我国现有的耕作与经济发展水平计算，农业剩余劳动力数量大约在2.7

---

① 参见李斯主编：《最新社区居委会、街道办事处规范化建设与管理实务全书》，金版电子出版公司，第60—62页。

亿人左右,乡镇企业和城市第二、第三产业已吸纳"农民工"约1.2亿人,还有1.5亿劳动力需要从农业中转移出来。将农业中大量存在的"零值农业劳动力"转移到第二、第三产业就业,不会减少农业产出量,却可以带来国民经济产出量的增长,劳动力在部门间转移为中国经济增长提供了额外的推动力。除此之外,现今的集镇社区还成为回乡创业农民工的创业基地。以安徽的情形来看,目前曾经外出打工的安徽农民工约有2%-4%走上了回乡创业的道路,全省约有20万人左右,他们主要从事开发性农业项目,创办工商企业,成为小城镇经济发展的新生力量。无为县有5600名外出人员返乡办起了千家企业,其中年产值超过1000万元的工业企业14家,固定资产投资近2亿元,安置就业人员11万多人。

所谓均衡功能,是指集镇社区在扩散城市大工业,促使生产力在城乡之间的均衡分布方面所具有的独特功能。

所谓辐射功能,是指集镇社区在信息、技术、资金、人才、经济和文化诸方面对农村的辐射,集镇是农村实现现代化的重要基地,是传播城市现代文明的重要场所。[①]

集镇社区的独特功能是基于其独特的经济、组织和文化特征,基于其中介性的结构特点和过渡性的文化特征而发挥的。从理论上来说,集镇社区的建设与发展,对于促进我国广大农村剩余劳动力的有效转移,消除城乡社会的二元结构,实现城市和乡村经济、政治、社会、文化等的可持续协调发展,从而更快更好地推动我国的现代化进程,均有着极其重要而深远的意义。当然,今日中国的集镇社区建设,还存在不少问题,没能很好地发挥如上功能,需要我们加以关注和给予解决。

2. 集镇社区：现代追求与理想形态

集镇的出现与商品经济的发展密切相关,在中国的历史上,集镇社区走过了自己发生、发展的历程,但始终没能形成一定的气候。直到1978年的

---

① 参见黎熙元:《现代社区概论》,中山大学出版社2007年版。

改革开放,才真正为集镇的建设注入了活力和生机。中国集镇社区发展的规律告诉我们,如果说城市的发展说明政治因素的成长必然带来经济因素的渗入,那么,集镇的发展则说明,经济因素的滋长必然导致政治力量的介入。以商品经济作为自身发展的内在动力和必然机制,集镇社区一开始就和现代性发生了千丝万缕的联系,一旦具备条件,必然会作为现代性的过渡地带,得到极大的发展。

①集镇社区的由来和发展。在中国,"镇"的名称最初出现于公元 4 世纪的北魏时代,北魏孝文帝(公元 471 ~ 499 年)时即始"设官将禁防者谓之镇"(《魏书·韩均传》),当时是小型的军事据点。到宋代,因为商品经济的发达,镇成为商业和手工业较集中、县以下的市镇地方行政建制。宋代高承所著《事物纪原》卷七《库务职局》:"民聚不成县而有税课者,则为镇,或以官监之。"而直到近代,镇才作为基层行政建制拥有相应的行政区域和基层行政组织。①

在我国,集镇的由来以及形成机制和城市不同。简单地说,城是传统的政治中心,而镇则是民众的消费中心、乡村的商业中心。具体说来,城市在原始社会末期就已经出现,起先是为了军事和政治目的而修建的,形成之后才由于人口的相对集中而不可避免地实施其生活上的功能并导致经济因素的输入。但是由于封建政权的高度集中,中国古代城市始终带有非常强烈的政治色彩,大大小小的城市往往是大大小小的统治中枢、大大小小的统治机构所在地,也是大大小小的军事防御据点。而集镇的由来一开始就与商品经济密切相关,是顺应经济发展的需要自然萌发的。它首先是从地点适中、交通便利的农村发展而来,其次是从集市发展而来,再次是以在联结两个城市的大路上出现的旅店为基础发展而来。虽然作为集镇前身的集市在春秋时期就已经形成一定规模,但集镇的繁荣局面却是在明清之际,随着我国资本主义的萌芽,社会分工和商品经济的发展而出现的。鸦片战争时期,集镇成为帝国主义对我国的廉价原料实施掠夺的场所,一些沿海、沿江和沿

---

① 参见百度百科"建制镇"词条。

铁路线的集镇发展较快,但大多数集镇却衰落、破败、凋敝。从总体上看,1949年以前,这类建制镇的数量不多,名称不一,建制也比较混乱。新中国成立以来,中国建制镇的发展过程可以分为调整时期(1949~1957)、衰落时期(1958~1978)、恢复时期(1979~1984)和发展时期(1985~今)。

　　具体说来,解放后的头几年,因为土地改革提高了农民的生产积极性,集镇也不断扩大功能,变得再度繁荣起来。但是集镇发展的道路并不平坦,1958年的人民公社化和随后而来的文化大革命,使农村经济遭到严重打击,集镇经济失去了作为源头活水的重要依托,显出一派萧条零落的光景。1978年的改革开放真正为集镇建设注入生机,农村的经济改革带来的商品经济的繁荣,极大地刺激了集镇的发展;农村大批剩余劳动力进入集镇,进一步促进了集镇的繁荣;异军突起的乡镇企业,成为集镇经济的重要支柱,改变了长期以来集镇经济受农村商业经济发展状况牵制和左右的被动局面。

　　如上所言,正如城市的发展告诉我们政治因素的影响必然带来经济因素的渗入一样;集镇的发展则告诉我们,经济因素的影响必然导致政治力量的介入。随着明清商品经济的萌生和发展,原本自然成长的集镇受到政府的关注,中国就此开始了完全的建制镇历史。清朝即在县以下行政区划中设镇,1909年1月,清政府颁布《城镇乡地方自治章程》,规定在50000人口以上的村庄屯集地建镇,设自治组织,议决及办理地方自治事宜,这是明确规定镇建制的首部法规。

　　1949年中华人民共和国建国以后,由于镇的设置缺乏统一规定,镇建制过多。到1954年底,全国设有5400个镇,其中人口2000以下的920个,人口2000~5000的2302个,人口5000~10000的1373个,人口10000~50000的784个,人口50000以上的21个。1955年6月国务院发布《关于设置市、镇建制的决定》,明确了设镇标准。至1978年底,全国仅有2173个镇。取消人民公社制度后,建制镇的建设再次得到重视。1984年11月29日国务院发出新的建镇标准:凡县级地方国家机关所在地,均应设置镇的建制;总人口在二万以下的乡,乡政府驻地非农业人口超过二千的,可以建镇;

总人口在二万以上的乡,乡政府驻地非农业人口占全乡人口 10% 以上的,也可以建镇;少数民族居住地区、人口稀少的边远地区、山区和小型工矿区、小港口、风景旅游区、边境口岸等地,非农业人口虽不足二千,如确有必要,也可设置镇的建制。随后,乡级行政区中的乡也正在被镇逐步取代。

建国以来建制镇的数量一直在变化着,而小城镇亦即集镇的发展与此息息相关。从 1953 年全国第一次人口普查统计,全国共有建制镇 5400 个,基本上是指县城和工商业发达的集镇。到 1962 年以后,由于大跃进盲目吸收大量农村劳动力进城,市镇增长过快,造成工农业和城乡发生比例失调,加上三年自然灾害,粮食大面积歉收,城镇人口的膨胀超出了当时农业的承受能力,全国范围内口粮短缺,城镇居民粮油副食品供应困难,为此国家在60 年代初期采取了压缩城镇人口、减少市镇数量的措施,以至于到 1962 年底,镇的数量调整为 4219 个,至 1965 年镇的数量更是减少到 2000 个左右,之后的十几年,镇的数量基本上维持不变,至 1978 年底,全国仅有 2713 个镇。而此时的小城镇由于农村经济的萎缩、滞后,城镇规模小,功能单一。[①]

②现代性与集镇社区的理想形态。

近二十年来,小城镇得到了迅速的发展。随着农村联产承包责任制的实施和农民生产积极性的提高,农村经济得到发展,大批从土地上解放出来的农村剩余劳动力涌向附近的小镇,他们或开办工厂,或从事第三产业,并以此提高了收入,给小城镇注入了活力与生机。与此同时,不少小城镇凭借日益完善的基础设施,吸引乡镇企业向小城镇集中发展,并形成规模效益,集镇社区由此成为乡镇企业发展的载体。与此同时,小城镇吸纳了大量农村富余劳动力。上个世纪 80 年代,乡镇企业的崛起吸纳了约 1 亿农村剩余劳力,1984～1988 年,乡镇企业平均每年转移农村劳力高达 1084 万人。尽管 91% 的企业分布在自然村,但为乡镇建设提供了财源和理由。这增强了政府选择小城镇建设道路的信心。

周蜀秦指出:"从经验中构建中国城市化本土化理论的角度来看,中国

---

① 参见顾朝林:《中国城镇体系——历史、现状、展望》,商务印书馆 1992 年版。

社会学家一开始就将研究的重点定位在根植于中国且具独创性的中国城市化理论研究上。"①而这一根植于中国且具独创性的中国城市化,就落脚在集镇社区上。1983年,费孝通在江苏省吴江县进行社会调查,并发表报告《小城镇大问题》,他认为小城镇是农村政治、经济、文化中心,小城镇建设是发展农村经济、解决人口出路的一个途径,更为重要的是他指出了"现在所谓'离土不离乡'的遍地开花的社队小工业,根植于农工相辅的历史传统……是将人多地少的压力转化为动力"。1984年,国家降低设镇标准并放宽户籍管理限制,乡改镇的步伐随之加快,有力地推动了小城镇的发展。在经济发达、交通便利、人口密度高的长江三角洲、珠江三角洲、胶东半岛、浙江东南等地,小城镇随着社会经济的发展,发展速度普遍较快。1986年,费孝通又发表《小城镇新开拓》,论证了小城镇在四个现代化建设中的地位和作用。1986年,"江苏小城镇"课题组发表《小城镇区域分析》,费孝通在序言中强调了小城镇发展的意义,也对"离土不离乡"的城镇化"苏南模式"及家庭小规模土地经营方式是否能持续保持农村经济水平的提高提出质疑。费老对小城镇的经典研究影响甚至决定了中国城市化的理论研究主线——中国城市化道路的确定是从发展小城镇开始的。一直到20世纪90年代初期,乡镇企业对中国的财政税收、出口创汇和GDP总值的贡献仍然超过了1/3。乡镇企业的发展使小城镇拥有了发展资金和固定的就业群体,同时成为周围地区剩余劳动力的蓄水池,提高了农民生活水平,加速了农村的城市化、现代化。无疑,小城镇的发展与乡镇企业的发展是分不开的。

20世纪90年代继续延用上十年的城镇化政策。1990年4月1日开始实施的《城市规划法》中,提出"严格控制大城市规模,合理发展中等城市和小城市"的方针。根据《城市规划法》,我国大城市、中等城市、小城市,分别指市区和近郊区非农业人口50万人以上、20万人以上、不满20万人的城市社区。因为《城市规划法》明确指出:"本法所指的城市,是指国家按行政建制设立的直辖市、市、镇",把建制镇纳入城市范畴,因而"城市化"和"城镇化"可以视为同义词。也正是在城市化或者说城镇化的进程中,建制镇的数量也在 1999 年越过峰值出现回调趋势。从 1992 年开始,小城镇的可持续发展受到中国政府的关注,全国先后确立了 111 个综合改革试点镇,对小城镇的体制、财政、户籍等制度进行了改革。

在西方发达国家,由于高度的工业化和信息化,城市与农村的二元结构已基本消除,城乡居民之间生活方式与生活水平的差异已极度萎缩。加之逆城市化的趋向,越来越多的富人和中产阶级将自己的居住地搬出人口密度高、环境污染严重的大中城市,移至郊区和农村的集镇。这种集镇的概念完全不同于我国的集镇概念,实际上是高度现代化了的、环境优美的、生活极其方便的、人口规模不大的、生活品质极高的新社区。而这,正是中国集镇社区发展的理想形态。

就中国的现实条件而言,集镇必须创造条件,发挥其经济集聚功能和社会服务功能,也就是说,小城镇必须能够提供更多更好的就业机会和良好的生活环境。我们制定小城镇发展的各项政策也必须围绕这两个前提条件展开。目前,虽然小城镇发展很快,成为中国经济社会兴旺发达和充满活力的标志之一,但是,小城镇在发展过程中也带来一系列社会经济和环境问题。一是许多小城镇规划随意,建设无序。二是小城镇数量多,但规模太小。三是相当一些小城镇建设对资源的浪费与环境的破坏造成了十分严重的后果。因此,小城镇建设既不单纯是个经济问题,也不单纯是个城市建设问题,而是涉及到经济增长、社会事业发展和生态环境保护全面发展的现代化过程。我们在集镇社区建设的过程中,除了要制定科学完善的各项配套政策措施外,无论是在规划的制定、经济的发展、生活服务设施的完善及科学文明的生活方式的形成方面,都必须紧紧依靠认识到位和科技进步。

集镇作为一种适合我国国情、民情的社区类型,曾经作为城市化的先驱,在现时代乃至在将来都会对我国的社会经济起到重大的作用,所以绝不应该像有些人主张的那样应该大力抑制集镇的发展,以提高城市的发展效益;而集镇的发展也决非一种简单的过渡形式,只能阶段性地发挥它的历史作用,那就是完成农村剩余劳动力的初级转移,在劳动力逐步完成了由农村到集镇的初级转移和由集镇到城市的二次转移之后，集镇就可以功成身退了；事实上，人类城市化的普遍规律告诉我们，集镇必将随着城市社区和农村社区的发展而进一步发展，并成为人类最重要的持久性的居住形式。

第二节 集镇社区的问题分析和原因探索

近年来，随着中国城镇化水平稳步提高，集镇社区的建设也表现出良好势头。但是，从现状上分析，中国的集镇社区发展中仍存在许多问题，其中最为突出的是集镇的规划问题和公共事业问题。相对于集镇社区的理想形态而论，集镇社区的现实发展状况无疑是严重滞后的。本节中，我们将对集镇社区的现状和问题进行分析，并对问题产生的原因进行追踪和探索。

1. 集镇社区：发展现状与存在问题

当前的中国，随着城市化进程的加快，集镇发展迅速；同时，集镇的软、硬件环境有了不同程度的改善，人口聚集功能不断增强；集镇作为连接城市与农村的桥梁，构成了经济社会发展的中间层次，但集镇社区在发展的过程中，也暴露出很多现实问题。

①中国集镇社区的发展现状。中国集镇社区经过数年的发展，已经取得了很大的成绩：

首先，当前中国初步建立了集镇社区的管理体制和社区自治组织。从集镇社区的管理体制来看，无论是"市管街道"、"街道管居"，还是"市、县管镇"、"镇管居"，都从县级政府部门到街道乡镇设置了相应的社区管理机构，配备了专门的工作人员，自上而下地建立了较为完善的社区建设领导和管理体系。县民政部门的主要职责是制定有关全县社区建设和发展的规划和政策，而集镇政府则负责具体政策的制定、执行和协调。从社区的自治组织机构看，"议行分立"已成为社区组织的基本制度，居民委员会在选人、议事、决策、管理、监督等环节引进了民主机制。社区自治组织成员的产生，至少在程序上实现了直接选举和间接选举，社区办事人员实行招聘、考试与选举相结合,社区居委会建立了较为规范的组织网络。社区居委会下设治安调解委员会、民政福利委员会、计划生育委员会、卫生委员会、未成年人协会、妇代会等组织机构,负责专项社区工作的管理和服务。已经建立的社区组织显然为社区民主自治提供了基本的组织条件。

其次,在某些局部区域初步形成了政府、市场、社区互动的社区发展机制。如在社区治安方面,公安部门在社区设立警务室,有专职人员到社区处理各类治安案件,办理相关证件,指导社区开展自我防范等涉及政府行政类的事务,满足整个社会对公共安全的需求,相应的行政费用由政府支付;社区则在政府有关部门的指导下设立民事调解机构,负责本辖区的治安巡逻和治安防范工作;市场则提供专业化的保安服务,为辖区内的单位和部分居民提供专门的治安保卫服务,满足他们的个性需求,相应的费用由接受服务的对象支付。在社区治安工作中,政府、社区与市场互动的运行机制的建立,更大程度上满足了社区居民的安全需求。

第三,集镇社区作为农村的服务中心的地位初步确立。集镇社区服务不仅限于本集镇社区成员,它还作为周边农村的服务中心而存在。由于农村社会事业发展滞后,农村本身的社区服务基本上仍采用传统的互助行为,加之地域上的分散,能力和财力的限制,农村目前仍未确立起有效的社区服务组织和社区服务内容。因此,农村社区服务多由集镇社区服务机构承担,特别是县级的国家政权机构和其他事业性、办事性机构大多集中在城关镇,城关镇因此扮演着农村政治、经济、文化中心的角色,集镇社区中的医院、通讯设施、文化站、广播站、电视传送设施等服务机构,除了服务于集镇社区居民外,还承担了带动周围农村社区服务的任务。[①]

目前,中国的集镇社区发展以政府的推动作为主要的动力来源,在规划整合社区、重构社区组织、优化社区工作者的队伍结构等方面,政府有关部门做了大量工作,对集镇社区的建设发挥了主导作用,但正因为如此,集镇社区自我发展的动力不足,居民自治意识、参与意识没能得到有效培育,甚

---

① 参见黎熙元等:《社区建设——理念、实践与模式比较》,商务印书馆 2006 年版。

至在有些地方,还会对居民自发的维权活动进行压制,进一步抑制了集镇居民有限的民主和自治意识。以此为主要原因,中国集镇社区发展中还存在很多问题。

②中国集镇社区发展中存在的问题。

从宏观上来看,首先,集镇社区发展因为缺乏科学的规划和合理的布局,存在量多面广、规模过小的问题。中国小城镇的分布,从数量上讲,东部地带占总数的45%,中部地带占31%,西部地带占24%。很多集镇建设缺乏应有的规划,造成工厂分散,占用大量农田,土地粗放利用现象严重,规划效益极差的局面;相比较之下,华东及东南沿海地区由于人口密度大,经济发达,交通方便,大中城市多,对外开放早,小城镇分布密度也比较高,布局较为合理。如长江三角洲及珠江三角洲地带,农村每1万平方公里就平均拥有15个左右的建制镇,每个小城镇的人口规模多则几万人少则万人。在那里,不少小城镇目前已发展为大城市的卫星城。成为整个城市圈体系中不可缺少的一部分,而广大的西部地区甚至1万平方公里内还很难看到一个小城镇,而且大多数小城镇还仅仅是一个原始简陋的集贸场所。即使是集镇建设较为发达的地区,也存在着规模偏小的问题,以浙江省为例,据第一次全省农业普查,县城以下建制镇建成区平均占地面积1.86平方公里,平均总人口4984人,其中非农业人口2270人。规划区人口在1万以下的建制镇占总数的80%,规划区人口在0.5万以下的占总数的53%。据宁波市调查,全市小城镇建成区面积平均仅为1.8平方公里,人口1.9万人(含外来常住人口和流动人口)。从第三产业发展、基础设施和公共设施所需人口规模5-10万人看,该省城镇规模仍然明显偏小。

其次,集镇社区发展不平衡,步子较慢。首先表现在地区差异大。在经济发达的苏南地区及珠江三角洲地区,农村小城镇发展较快,除了在数量上持续增长外,在发展规模和经济功能上也有很大变化,经过20年改革开放,其城市化水平已大大提高,相当一批小城镇已发展为现代工商业集中的新型城市,完全脱离了原有农村小城镇的原始粗放状态。如广东顺德、中山、东莞县的一些小城镇都已成为国内一流家电企业集中的基地,其产品已大批辐射到全国各地市场和世界市场。东阳市横店原是浙中地区以农为主的城镇,20世纪90年代以来,以乡镇企业为主体的社团经济得到了迅速发展,到1997年,全镇工业总产值达48亿元,已形成磁性、电子、医药、化工等多个支柱产业。依托乡镇企业,横店小城镇得到迅速发展,现已初步形成工业、商业、住宅和文化旅游区四大功能区的现代化城镇格局。

再次,集镇社区经济动力不足,功能单一,其传导、吸收、均衡、辐射等各种功能都不强。以其对农村富余劳动力的吸纳能力而言,虽然乡镇企业近些年来消化和吸收了不少农村剩余劳动力,但因为乡镇企业的发展受到市场、资源和环保政策的约束,90年代吸纳的农业剩余劳力远远低于预期。原预计乡镇企业吸纳农村劳动力数量在1993年1.12亿基础上到2000年前再增加转移5000万;实际上到1999年底全国乡镇企业职工12704万人,占农村劳动力的27.1%,较上年仅提高0.1个百分点,而农村富余劳力和新增劳力仍在上升中,目前,全国尚有1.5亿剩余劳动力,给经济社会带来巨大压力,严峻的局面使我们亟需寻找新的出路。另外,城镇对区域经济社会发展的拉动力、整合力不强。城镇化的分散发展,导致主要城镇集聚不足,加之城镇建设水平本身就低、管理薄弱,使城镇功能较弱,对区域经济发展的带动不强。据浙江省金华市调查,占全市城镇数98%、人口在2万以下的小城镇,其三产发展水平都较低,除一般商贸、娱乐业外,科研、信息、文化、体育等较高层次三产的发展都比较有限。由于城镇规模小,金融、信息、技术等方面的服务水平低,生产要素市场发育不足,使小城镇在人才和资金的引进、产品技术的更新、产业升级等方面都受到很大的限制,影响了小城镇功能的提高。

此外,集镇社区一方面缺乏相应的政策指导,资源和要素向集镇流动还要受到某些现行体制的束缚;另一方面现有集镇的分布由行政力量主导,按行政区划形成,并非人类自然选择的结果。比如海南省的农垦系统,一个农场的总部所在地往往就是一个集镇,和周边的集镇并立,资源上却未能得到很好的组合,造成很大的浪费。

从微观上来看,首先,集镇社区基础设施薄弱,社会福利设施落后,建设资金投入严重不足。完善的基础设施是保障小城镇生产、生活正常运转必不可少的条件，是衡量小城镇水平的重要标志。如今，集镇社区的基础设施建设滞后于经济发展水平，集镇的交通、污水处理以及文化娱乐等设施严重滞后，服务功能弱，居民生活品质低下。即使是集镇建设相对比较发达的浙江省，也有不少城镇基础设施薄弱，缺乏相应的水、电、路和环卫等配套设施。据该省体改委对全省59个县(市、区)的69个小城镇所做的调查分析，仍有不低于调查数1/6左右的小城镇的基础与公共设施建设滞后于当地经济发展，生产、生活区混杂，道路狭窄，镇貌依旧。其次，集镇社区组织体系不完善、不合理、不严密，功能不完整。再次，集镇社区居民尚未适应城市的现代化生活方式，其原始、松散的行为模式是集镇社区文化落后的重要表征之一。最后，当前的中国集镇社区，还集中了许多矛盾：

比如农民追求现代化的生活方式与户籍制度的矛盾。中国有一个绵延几十年的城乡分割体制，农民和城市居民在户籍制度的限制下不能任意流动。在农村家庭联产承包责任制和乡镇企业发展之后，农民有了选择自主经营的自由，就业的自由，又开始自主选择自己生存的范围和生活的空间，农民不甘愿长期被排斥在现代化进程之外，他们同样也在追求着城市化进程，同样也要求改变自己的生活环境。过去农民盲目流入大城市去寻求就业，去寻求改变自己的生活，虽然弥补了很多大城市的就业空缺，但同时也给大城市带来了很多社会弊病。从90年代开始，一部分农民在城市的边缘以及他们生活栖息的地方去创造自己的家园，逐渐形成我们所讲的小城镇。但小城镇纳入国家建制，必然涉及到一个户籍制度的问题。关于小城镇的发展，自十五届三中全会以来，在全国已经引起了非常重要的关注，十五届三中全会《决定》里面提到了小城镇的发展是我国农村经济、农村社会发展的一个大战略。从这一点上也说明了无论党中央、国务院都已经把小城镇的发展作为目前中国政府一个非常重要的课题来抓，这是当前我们国家政府的一个基本态度。1997年，国务院转发了公安部一个关于小城镇户籍改革试点的指导性意见，就是97年20号文件，这个文件已经开始在全国400个小城镇试点，开始了小城镇的户籍改革试点。户籍改革试点工作尝试打破我们现在的人为的把户口分为农业户口和非农业户口的做法,放开农民向小城镇迁徙的一些限制,这是中国农村改革的一个非常大的突破。

比如集镇发展和农村耕地之间的矛盾。小城镇要发展,必然要占用一些耕地,我们国家的耕地就要面临严重的损失。实际上我们已经在这些方面汲取了严重的教训,1992年全国经济过热的时候,全国出现了8000多个经济开发区,占用了大量的耕地,这8000多个开发区,一共有6000多个是乡以下开发区,这些经济开发区由于资金没有到位,建设严重滞后,大量土地荒芜,造成了耕地的丧失,使一部分农民失去了土地的保障。所以从现在开始,我们要重新认识小城镇的发展对于耕地占用的问题,首先要认清这个事实,就是说它到底对耕地占用产生多大影响。1997年对全国20个省的1035个小城镇的抽样调查表明,现在我们小城镇平均占用耕地大概是1.76公顷,就是说人均占用耕地108平方米,也就是说,小城镇在发展过程中,其耕地占用情况和中等城市是持平的。

再比如发展乡镇企业和环保问题之间的矛盾。农民离开原来的土地,进入小城镇,必然存在一个生存问题,要生存就必须发展乡镇企业,发展乡镇企业必然出现环境污染问题。有些地区,小城镇不良生态环境加剧。比如广西乡镇企业的工业污染以及对工业资源、环境的破坏已经达到相当严重的程度。因为缺乏规划,集镇社区一度过多地发展了低素质、高污染的企业,为了追求那种过多的剩余积累,来保证农村当地经济发展的启动资金,忽视了环保,如小造纸厂、小煤窑等等。加上我们的乡镇企业分布过于分散,村村点火,处处冒烟,使我们进行环保治理的成本很高。一般而言,高技术劳动力密集型的产业所造成的环境污染相对较小,适宜发展;另外,集中发展也利于解决环保规模效益问题。[①]

2. 集镇社区:发展目标与制约因素

如果以集镇社区的理想形态为参照系和建设目标,显然,我国目前的集

---

① 参见顾朝林:《中国城镇体系——历史、现状、展望》,商务印书馆1992年版。

镇社区建设还有很长的路要走。因此,我们应该立足于当前集镇社区建设的现实,从体制等核心问题入手,以解决实际问题为目标,来确立集镇社区建设的内容和目标。

①集镇社区的发展目标。

首先,建立政府主导和社区自治有机结合的集镇社区管理"双强"模式。在社区建设的实践中,在政府的自觉培育与引导下,强化社区居民自治的导向。中国的集镇社区不同于世界上大多数其他国家,他们的集镇社区是自然形成的,社区自治是自发进行的,我们的集镇社区既是自然形成的,更是人为规划的,既有自发性,更有自觉性,这种在自然、历史和行政管理基础上培育和建构起来的社区,体现了政府的主导作用,而且从目前集镇社区居民自治意识很不成熟的现状出发,我们的集镇社区居民自治还只能属于政府主导型自治。但政府应该加强培育和引导,尤其应该注重集镇社区主体——社区居民公民意识的培养,因为从普遍价值和长远目标来看,在社区建设中应该强化的是社区居民自治的导向。

其次,创新和完善集镇社区运行的机制体系。这既是社区建设的基本任务,又是社区进一步发展的前提条件。集镇社区运行机制创新的核心是:按照经济社会发展新形势的要求,重构政府与社区的关系。集镇社区机制建设的主要内容是:一是在转变政府职能的基础上完善政府主导机制;二是在政府赋予自治权力的基础上完善社区民主自治机制、财力保障机制、社会化参与机制和资源整合共享机制;三是在增强社区服务能力的基础上完善市场运作机制。

再次,不断改善人居环境。长期以来,由于我国的城乡政策偏向城市尤其是大中城市,集镇人居环境建设没有得到应有的重视,形成了目前集镇居民面临公共设施与社会服务普遍滞后、基础设施水平较低、生态环境质量不高、人文环境亟待完善等诸多问题。与其他社区类型的发展建设一样,其根本目标还是要落实到"人"的身上。就集镇社区的现状而言,改善人居环境是重中之重。以人为本的集镇社区人居环境建设,其内涵十分丰富,既包括诸如道路、能源、通讯、环保等各种基础设施的社区"硬"环境,又包含文化、教育、科普、体育、卫生、公用设施等社会性服务的社区"软"环境。与大中城市相比较，集镇社区存在很多优势，都市大中城市人口过于集中和庞杂、生活压力过大、生活成本过高，并不一定就是宜居城市。以美国为例，世界上最有资格称得上"国际大都市"的纽约，并不是美国人心目中的宜居城市，相反，排在美国宜居城市榜前列的几乎全都是小城镇。一个有良好的教育条件、充足的就业机会、便利的交通和美丽的风景的集镇，可能成为最宜于居住的地方。[1]

②制约因素分析。

造成我国集镇社区发展中出现问题、制约我国集镇社区发展目标实现的原因是多方面的，其中有一个重要的原因是集镇发展初期受客观条件和主观经验所限，有其现代性进程中的历史必然性，但主要还是由制度和文化教育两方面的缺失造成。

首先，政策环境和体制性矛盾是造成现今中国集镇社区发展滞后、问题很多的重要原因，同时，这种状况仍将成为未来一段时间内制约集镇社区发展的主要因素。

从大的方面来讲，因为政府宏观调控和规范指导力度不够，加之许多人对发展农村小城镇重要性认识不足，没有把这项工作摆上应有的位置。对小城镇发展的政策、农村城镇化规律和城镇规划工作等缺乏研究和重视，不少地方区域城镇体系规划尚未正式开展，致使城镇间在布局、规模、职能和发展方向等方面缺乏宏观调控和协调。而且，当前我国的行政区划与城镇发展也不相适应。目前建制镇主要以行政职能划分地域，造成城镇空间布局不合理，重复投资，重复建设。诸如我们刚才提到的为适应海南省农垦系统建设而出现的集镇重复建设问题就属于此类。另外，如浙江不少经济发达地区，国、省道沿线城镇密集，呈带状发展，镇与镇之间仅有几公里，有的甚至已连成一片。由于分属不同城镇，致使规划建设各自为政，城镇镇区无法达到最低的人口规模，要素集聚能力差，造成基础设施建设的浪费。行政

---

① 参见黎熙元等：《社区建设——理念、实践与模式比较》，商务印书馆 2006 年版。

区划不合理现象，不仅在县（市）域范围内存在，在县（市）域间也有这种情况，如浙江省一江之隔的龙港和鳌江两镇就分属于苍南县和平阳县。行政区划的不合理给政府调控与协调造成困难，制约了城镇的发展及功能提高。另外，从目前的发展形势来看，建制镇设置标准偏低。目前国家规定的建制镇设置标准为乡政府驻地非农业人口在 2000 人以上或占全乡总人口 10% 以上。因标准偏低，使得有些省份比如浙江省出现建制镇数增长过快的问题。由于新设建制镇并非由上一级中心城镇的功能扩散发展起来，所属农村人口和产业的集聚与转移仍然比较有限，相当一部分建制镇的设置只是行政建制意义上的升级，非农产业的基础仍然薄弱，造成小城镇规模偏小、功能较弱，造成了城镇化快速发展流于表面的局面。

从集镇社区建设的现状来看，相关配套改革的严重滞后，致使城镇现有政策体制环境已日益不能适应城镇进一步发展的需要。最为典型的是城乡分割的二元体制阻碍了生产要素在城乡间的自由流动。如户籍政策、劳动就业和社会福利等方面的制度壁垒制约了迁徙的自由，制约了农村剩余劳动力向城镇的转移。另外，农村集体经济体制和土地使用制度方面的创新滞后。农民离开社区不再享有集体经济、土地使用等方面的各种权益，由于缺乏有效的补偿机制，离开农业的农民"弃土"动力不足，"两栖"现象较为普遍。

在行政管理体制上，因为集镇政府角色在职能定位上的偏差，小城镇还普遍存在着"条块分割，多头管理"的现象，一些问题条上"管得着、看不见"，而块上"看得见、管不了"，协调解决难。另一方面，城镇政府政企不分、政事不分，导致行政效率不高。而且，乡镇财政体制不顺、城镇社会保障体系不健全和乡镇企业产权制度改革滞后等，都影响了生产要素向小城镇的流动和集聚。

其次，历史文化因素及教育性缺失，使集镇社区在人的观念、现代公民意识等多方面受到极大的制约，造成了集镇社区今天的落后局面，更将影响其未来的发展。

集镇建设出现的如此之多的问题，归根到底还是人的问题。人口素质不高,不能适应城市现代化的生活方式、观念形态和行为模式,是导致集镇社区低水平发展的根本原因之所在。中国长期以来的小农生产方式和经济形态以及中央高度集权的政治体制等涵养了中国人原生、散漫、被动、静止的民族性格,而中国的现代化建设起步较晚,工业化水平一直比较落后,工业化本身对人的教育功能在中国的大多数地区无法发挥和体现。在某种程度上,城市以及与此概念相对应的都市景观、工业空间、公共性、广场、资产阶级、法权意识等等,一直以来似乎与中国传统社会格格不入。因为中国文明的根源和本质是建立在农业基础上的文明,中国人的传统价值观、生活态度和社会行为模式都是由漫长的小农家庭的生产和生活方式酿造的。因此,通过现代化的生活方式及其他方式,通过这些方式给集镇居民带来的激励机制和制度约束来教育和改变他们,使他们顺利实现观念转型和生活方式转型,更多一些普遍主义、个体主义、协作精神和公民意识,更少一些地方观念、老乡观念、宗族观念和游民状态,这无疑也是改善集镇社区发展落后状况的根本之途。

第三节 当前中国集镇社区的角色定位与发展路径

集镇社区是中国农民所创造的城市化形态,是中国现代化过程中的特殊果实,是中国现代性的过渡地带。国外城市的形态、外貌、管理体制、文化素质及文化生活等,对集镇的影响和覆盖十分微弱。虽然在有条件的情况下,我们也可以引进和借鉴一些国外的经验。但总体上说来,集镇社区是极富中国特色的城市化形态,我们必须在本土经验中寻找当前中国集镇社区的角色定位与发展路径。

1. 集镇社区:中国特色与角色定位

集镇社区的角色定位,包括两方面的含义:一是宏观定位,即在中国整个城市化的现代性进程中,集镇应该扮演什么样的角色;二是微观定位,即具体到每一个集镇,在发展的过程中应该找准自己的角色定位。

从宏观上来看,首先,集镇社区的发展对于中国经济社会发展可以起到很重要的作用。

第一,集镇社区的发展可以解决农村发展的深层次矛盾问题。人多地少,是过去中国农村面临的严重问题。之所以过去农产品的供给经常出现波动,一个重要原因就是农民所占用的耕地过少,从根本上来讲,只有解决农民耕地问题,才是解决农民发展的出路。如何解决农民耕地问题呢? 就是减少农民,我们现在有 2.7 亿剩余劳动力,有 1.4 亿被乡镇企业吸引去了,还有 1.3 亿剩余劳动力,从农业上彻底转移出去,增加农民在土地上的收入,增加对农产品的需求,这样才能使农民富裕起来,才能解决农村经济发展的根本性问题。

第二,集镇社区的发展可以缓解城乡“二元结构”的矛盾。与城市社区和农村社区比较,集镇社区有其特殊的优势。它既集中体现了现代化给人类生活带来的福音,又避免了城市社区快速发展过程中出现的社会矛盾和社会问题;它既摆脱了乡土中国传统社区注重宗法关系的弊端,又维系着人类田园牧歌式的生活梦想。作为中国现代性的过渡地带,集镇事实上也可以作为现代性追求的试验地,充分发挥优势,消除城乡社区各自的弊端,缓解城乡“二元结构”所带来的各种社会问题。

第三,集镇是市场经济的重要职能点。在小城镇很少有国有企业,基本上都是乡镇企业。在城市,上千万的下岗工人或者待业工人是我们城市工作的一个难点,但是在小城镇不存在这个问题,它不存在国有企业,不存在住房制度,没有那么多的社会保障,也不存在我们所形容的社会弊病,所以在小城镇进行改革,具有重要意义。

第四,集镇的发展对于拉动当前国内需求有非常现实的意义。一方面,农民的减少就可以增加对现有农产品的需求。减少了农民,增加了城市居民,就必然增加了对商品粮、农产品的需求,就减少了农产品的过剩,另一个方面,农民从农村的消费环境和生活环境直接向城市居民的转变,同样可以刺激国内需求,从农村的自给自足的消费方式消费环境,从一家一户的相对分散的居住方式集中到城市,开始买商品房,买冰箱、彩电、家具等,可以带动建筑材料业、轻工业等,解决相当大的产品过剩问题。通过小城镇的基础设施建设,还可以带动相应工业的发展,供水、供电、道路、通信设施等等。对我们国家整个的国民经济需求,带来一个相当大的刺激,所以从这几个方面来讲,小城镇的发展确实不仅仅是农村经济、农村社会发展的一个大战略,也是我们国家国民经济发展的一个大战略。

尤为突出的是,中国的集镇发展对中国的城市化起到了一个非常重要的作用,是我们国家城市化的一个重要内容。在很多国家经济发展的过程中,尤其是发展中国家,都存在着城市过大、超大的弊病。巴西、印度城市的两极分化极为严重,城市的环境污染也极为严重。在探讨城市化问题的时候,人们一直想解决城市过于庞大的问题,但是没有找到一种可行性的办法。在中国恰恰走出了这么一条具有特色的小城镇发展的城市化道路,这令许多国家的城市学家都非常感叹。作为中国城市化的重要内容和特殊成果,集镇无疑可以作为现代性追求的基地进行建设和变革。

从微观上来说,我们可以列举几个案例来对集镇的角色定位进行说明。

案例一:云南省昆明市安宁青龙镇

青龙镇位于安宁市西北部,距主城区27公里。全镇国土面积138平方公里,森林覆盖率86%,素有"绿色之乡"的美称。全镇辖4个村委会、1个居委会、35个村小组和1个居民小组,总人口10187人。境内交通方便,成昆铁路、广昆复线穿境而过,安楚高速、320国道、安武、安富、双青、水青等公路四通八达,区位优越。上年末,全镇拥有中共党员426名,设4个农村党总支、1个企业党总支,3个机关事业党支部,1个社区党支部,4个非公企业党支部,31个村民小组党支部。

按照安宁市委、市政府的工作部署,青龙镇紧紧围绕建设生态工业旅游小镇目标,立足服务大工业和农民群众,优化经济社会软环境,加快招商引资步伐,改善城乡生态环境,着力构建和谐青龙。目前,全镇经济高速增长,社会进步,环境美丽,呈现出一派安定和谐的景象。

一、招商引资迈出新步伐

2003 年以来，在安宁市委、市政府的正确领导下，青龙镇党委、镇政府牢固树立"招商就是发展、发展必须招商"的理念，充分发挥我镇区位优势和资源优势，以优惠的政策、优质的服务内引外联，筑巢引凤，掀起了大工业建设高潮。一是引进华电昆明二电厂 4×300MW 项目，一期 2×300MW 工程项目总投资 51 亿元，于 2003 年 12 月 18 日开工建设，2005 年 12 月 26 日建成并网发电。二是引进安宁市永昌钢铁有限公司，对原青龙炼铁厂进行整体收购，先后投资 8.5 亿元进行技改扩建，新建 350 立方炼铁高炉和 28 平方米的烧结机，2003 年 8 月建成投产，年产铁 40 万吨。为扩大再生产，2005 年建设年产 120 万吨炼钢项目，分两期建设，至上年全面完成，目前具备了生产 120 万吨钢坯和 120 万吨铁的规模。三是经多方争取，投资约 2 亿元的瑞升科技有限公司，从昆明高新区迁至青龙，2002 年 8 月建成投产，目前年生产能力达 1.5 万吨。四是由云叶化肥股份有限公司投资 4000 万元，建设年产 30 万吨烤烟复合肥生产项目，选址在原 719 厂废弃的生活区内，一期工程已全面完成。四大企业的引入，成为拉动青龙经济高速发展的强劲动力。经过六年来不懈的努力，至 2007 年，全镇完成财政收入 1.28 亿元，比 2001 年的 345 万元增加 1.25 亿元，增长 37 倍。乡镇企业总收入 16.3 亿元，比 2001 年的 1.3 亿元增加 15 亿元，增长 13 倍。青龙镇实现了由农业经济向工业经济的转变，步入了经济发展的快车道。

由于永昌、华电等大工业的强劲带动，工业经济继续保持快速发展的态势。今年 1~6 月，青龙镇完成财政总收入 1.22 亿元，完成年度计划的 82.8%，同比增长 97.4%；财政支出 1640 万元，完成预算的 65.6%，同比减少 11.3%。非公经济增加值完成 13609 万元，完成年初计划 22000 万元的 61.85%；工业增加值完成 12071 万元，完成计划数 20000 的 85.1%；实交税金完成 6335 万元，完成计划数 4500 万元的 246.7%；镇内从业人员达 4000 人。

此外，围绕安宁市委、市政府下达的目标任务，青龙镇加强领导，落实责任，细化目标，招商引资取得初步成效。上半年，共洽谈青龙寺恢复、绿色农业循环经济项目——沼气发电等 7 个项目。其中，青龙寺恢复已开工建设，第一期总投资5000万元,镇政府给予2000万元补助,用于规划、建设和三通一平等开支,不足部分由重庆南岸观音寺负责筹集。云南赐鑫绿色能源电力开发有限公司沼气发电项目正在办理相关手续。湖北省武汉市东风建材经营部粉煤灰加气砖制造项目、法国拉法基石膏板制造等项目正在洽谈中。

二、园林绿化取得新成绩

青龙镇集中开展了清理农村五堆、清除道路沿线、集镇建筑垃圾、生活垃圾以及清理螳螂川河道工作。投资70万元新建村小组垃圾房92座;投资100万元建设镇垃圾中转站。同时,注重改善环境卫生,集镇安装果皮箱100个,实行街道全天保洁承包责任制,设置专职保洁人员59名;各村(居)民小组设有固定保洁员49人,临时保洁员12人。今年共投入300万元加强集镇、道路和河道绿化建设,新增绿化带1.5万平方米。

目前,青龙镇绿地面积达32万平方米,其中,集镇绿地面积22.9万平方米,绿地率17%,人均公共绿地面积达34平方米。很大程度上改善了城乡生态环境。

三、新农村建设呈现新亮点

目前,青龙镇坚持以工哺农,基础设施建设进一步完善。具体说来,实施了"村村通"工程,全镇有线电视覆盖96.2%以上的农户;完成了36个村民小组入村道路和村间道路硬化;实施了1~4批人畜饮水工程,全镇36个村小组全部吃上洁净水;投资130万元在全镇推广太阳能灯144盏。村级活动场所、村小组多功能室及村级文化室建设得到完善,村(居)委会办公条件明显改善。加大以工哺农力度,着力解决群众关心的热点难点问题。一方面抓好农村剩余劳动力转移工作,不断增加农民收入。全镇18~45岁劳动力转移达2800多人,户均1人以上,全年劳务经济收入达1800万元。2007年,实现农民人均纯收入4502元,比2001年增加1742元,增长63%,预计2008年全镇农民人均纯收入可达到4907元。另一个方面实施"两个百万工程",每年从镇财政各安排100万元资金实施燃料补助和青龙镇大病补助,确保10年内不砍一棵树。目前,青龙镇参合人员住院费核销比例达

88%，农民只需承担12%，受到广大农民群众的拥护。

四、社区服务水平大力提升

青龙发展的今天得益于大企业的引进，大工业的发展。提升服务企业、服务工业的能力和水平，保持经济总量稳中有升，是青龙镇党委、镇政府最根本的职能定位。青龙镇将牢固树立"小政府、大服务"的思想，使这一思想深入人心，变为实际行动，在全镇上下形成"关心工业、支持工业、服务工业"的浓厚氛围；积极推行领导干部联系企业制度，明确领导责任，确定服务内容，切实为企业解决困难和问题；为企业发展营造公平公正、和谐稳定的环境，把服务企业融入到集镇新区开发建设中来，统一规划，整体实施，为企业的发展解决后顾之忧，积极推行社会化服务，着手筹办劳动服务公司，为企业解决绿化、环卫、就餐及岗前培训等实际问题，让企业腾出时间和精力发展生产，实现良好的经济效益。

青龙镇将抓住被列为昆明市旅游小镇和昆明市加快基础设施建设两大机遇，搞好规划建设，提升集镇载体功能和服务功能，学习先进地区的经验和理念，高起点搞好集镇规划，按照统筹经济社会发展，统筹城乡发展要求，借鉴苏州工业园区等先进地区的经验，汇请资深规划部门和专家，结合青龙螳川盆地的特点，于12月底完成集镇规划，使集镇规模超过1平方公里，达到标准小镇目标，在规划中着重处理好地下与地上、远景与边际、绿化与绿地、建筑物的高低轻重等关系，使集镇规划再上一个新的台阶。抢抓机遇，加快螳螂川以西新镇区0.4平方公里的基础设施建设，做到"六通一平"（即道路、供水、排水、供电、通信、有线电视、土地平整并绿化到位），为锁定规划、招商引资、发展新的经济增长点打下坚实的基础。加快重点工程建设。今年下半年要突出抓好青龙学校、"双青"公路、螳川大桥、打金甸水库以及青龙寺恢复、青龙峡功能提升等重点工程项目，尽快通过评审立项并启动实施，为打造生态工业强镇和旅游小镇奠定基础。

经济的发展必将带动社会的进步，青龙镇将继续实施"两个百万元反哺工程"，也就是实施100万元燃料补贴，保护生态，10年内不动一树一木；实施100万元大病救助，解决农民群众看病难、看病贵的问题。此外，青龙镇还将在螳川以西集镇对面征地110亩建设一幢教学设施齐全、配套功能完善,周边环境优美的农村标准化学校,实现发展教育,培养人才,拉动集镇新区发展的目标。同时,结合新农村建设,进一步加快农村基础设施建设,改善村容村貌;推进农村道路和村庄四旁绿化,改善生态环境,加快现代农业观光休闲园建设;以发展现代设施农业为基础,增加旅游服务功能,搞好名、特、优、稀产业的开发,带动沿川农家乐的兴起,构建一条生态旅游观光带,促进农民增收。(详见昆明日报2008年10月9日A03版)

案例二:海南省五指山市毛阳镇

毛阳镇是海南省少数民族地区的一个边陲小镇,位于海南省中部的五指山腹地,山岭连绵、群峰竞秀、山林密布,全镇行政区域面积236.5平方公里,人口1.4万,辖管13个村委会、7个村小组,墟镇上有七所八站及政府职能部门,墟镇附近还驻扎着五七〇、毛丹电站、五指山梯级电站、大江南和琼中水泥厂,以及国家省市(县)等企事业单位。毛阳镇是黎苗汉族聚居地,是五指山市最大的具有北大门之称的民族重镇。海南建省办大特区尤其是1993年以来,毛阳镇的社会经济得到了较快速的发展。本节我们以毛阳镇为例,探讨集镇社区的角色定位和发展前景问题。

今天的毛阳镇是海南中西部地区的一个交通枢纽,交通相对便捷,人流物流相对集中,全镇农村地区基本解决水电路问题,它是全省第一个实现电话程控化的乡镇,可直接拨打国内和世界各地的电话。墟镇上开始出现网吧,信息流通顺畅,逐步与现代化接轨。娱乐设施也开始加大投入,歌舞厅、音乐茶座等的建设不仅丰富了人们的文化生活,也给广大黎苗族同胞提供了一个认识外面世界的机会。

作为五指山市三大乡镇之一,毛阳镇的地域面积和人口规模均居全市各乡镇之首。1990年,作为社区中心的毛阳镇总人口约2000人(其中中、小学学生约600人),是一个很小的集镇。经济文化落后,教育水平低下,卫生条件恶劣。到2000年,毛阳镇的人口已经达到1.4万。从1992年底开始,配合全省的"文明墟镇建设"活动,毛阳镇开展了卓有成效的改造与重建工作。新建了农贸市场,修整了主要街道,对商业网点和饮食店进行了统一规划,墟镇面貌焕然一新。自 1996 年以来,镇政府继续在拓宽道路、美化绿化等方面下功夫,墟镇设施日益完善,人物汇集墟镇日益繁多。现已真正成为该镇的经济、政治与文化中心。

1991 年之前,毛阳镇人民绝大多数居住在传统的"船形屋"之中,九成的自然村无一间瓦房。80% 的居民依然过着"三块石头支口锅,一根竹竿挑家当"的赤贫生活。自 1991 年秋开始,毛阳镇开始实施少数民族居民住宅改造工程。所需资金 70% 由农户自筹,30% 由政府提供补贴。以后,当地居民与外来商人和政府部门继续通过集资、独资等方式建起了一栋栋整齐美观、钢筋混凝土结构的现代化楼房。现在毛阳镇居民已普遍居住瓦房或者平房,家用电器以及现代化的日常生活用品已经十分普遍。

另外,毛阳镇的卫生保健工作近年来也得到长足发展。目前,全镇有医疗机构 12 个,其中卫生院 1 个,村卫生所 6 个,个体卫生所 2 个,企业单位卫生所 3 个,卫生防疫普及率达 100%,特别是在痢疾的防治方面成绩显著,得到世界卫生组织的高度赞扬。

至于毛阳镇居民的思想观念和文化习俗,近些年也发生了极大的改变。改革开放以前,中西部少数民族由于封建思想的禁锢,加之信息闭塞,因此处于未开化的蒙昧时代,缺乏经商意识。尤其是许多黎族同胞将经商看作是一件丢人的事,许多东西宁可让其坏掉也不肯出售;一些"开放"一点的农民也只是将货物摆在路边,然后站得很远朝这边观望,如果有人停下来要买的话,他们才走过来,也没有讨价还价的意识。随着外来人口的大量进入,本地农民的思想观念逐步改变,开始跳出小农经济的圈子,积极发展商品生产,参加市场贸易。自毛阳镇开展少数民族妇女就业培训课程以来,已经有几百名青年妇女离开世代居住的黎村苗寨,走向新兴的城市工业开发区。传统封闭的民族结构和"合亩制"的原始生产方式开始被打破,社会经济得到发展。不过因为传统的黎族地区妇女实行早婚早育,所以直到今天,毛阳地区早恋、早婚、早育的现象仍然很普遍。黎族男女青年流行"试婚"制度,当地称为"势婉"(即玩的意思),外族人贬称"放寮"(即"乱交"的意思)。具体说来,男女青年到了17~18岁左右的年龄,即使不到法定婚龄也不必经双方家长同意,晚上即可聚在一间由家庭提供的单独的小草房中以对歌的形式谈恋爱,情投意合即可同居,然后由男方家庭出面请人"说媒"。所以,少数民族的女青年常有带着孩子出嫁的情况。总体上说来,自90年代以来,随着社会经济的发展,人们思想观念的开放,外来人口的大量进入,新的文化与制度开始冲击黎苗族传统的文化习俗,产生新的思想交融和文化整合,许多黎苗族青年男女已摈弃了自己民族中落后的传统与习俗,逐渐与现代化的社会接轨。

众所周知,海南中西部黎、苗等少数民族在旧中国没有正规的学校教育,今天这些少数民族地区50岁以上的人口几乎全部是文盲。自1993年,毛阳镇通过各种方式筹资兴建学校,以解决少数民族儿童的入学问题。镇政府通过成立专门机构、制定规划、加大宣传、强化群众参与意识、增加教育投入、改善办学条件、加强教师队伍建设、提高教学质量等具体措施努力提高学生入学率和在校巩固率,基本上控制了学生流失。目前全镇有初中1所,完全小学12所,初小1所,教学点4个,教职工约170人,在校学生常年维持在2000人以上。教育设施基本满足九年义务教育的需要,"普九"水平基本达到市、省和国家教育部的要求。

毛阳镇的自然资源十分丰富,改革开放以来,特别是近年来,镇政府充分把握自身优势,始终坚持"以经济建设为中心,发展是硬道理的原则",按照"发展种养为主,工、商、贸、旅齐头并进,协调发展"的方针,大力发展山区特色区域经济,尤以热带水果经济作物种植、矿产和淀粉加工著称。毛阳镇的经济实力明显增强,目前该镇境内分布有两家年产能力共达20万吨的中型水泥厂,一家年产6000吨的淀粉加工厂,各种热带经济作物扶贫种植自1998年来取得很大的成绩,种植面积已达39706亩,其中芒果12525亩,橡胶11085亩,芭蕉7987亩,荔枝278亩,龙眼2103亩,槟榔1974亩,其他1035亩,已逐步向基地化专业化的方向发展,目前全镇较具规模面积在50亩以上的村委会集体经济水果厂达38个,外引内联非公有制企业发展到12家,较著名的有大江南水泥厂、毛阳淀粉厂、空联万头养鳖场等。

总之,如今的毛阳镇已发展成为五指山市的经济重镇,是五指山市北面几个临近乡镇的商业贸易中心。1999 年该镇的农业总产值 2822 万元,乡镇企业总产值 4736 万元,财政收入 79.8 万元,农民的人均收入达到 1568元,生产、生活条件得到了极大改善。

毛阳镇作为一个边远少数民族地区的集镇社区,在短短几年的时间内,综合经济实力有了明显的提高,各方面都取得了很大成就。何以如此?据我们调查和考证,宏观方面是改革开放和建省办大特区的大背景推动了我国经济的飞速发展和民族地区的发展,微观方面则是由于镇政府的正确决策、镇居民市场经济意识的逐步形成和农民思想观念的开放直接造就了毛阳镇的巨大绩效。

几年来,毛阳镇政府能够深入贯彻落实党中央、省委省政府、市委市政府的政策精神,抓住发展机遇,运用优惠政策,结合本镇的实际制定发展方案,确定经济发展规划,扎实有效地实施发展区域特色经济,实现产业结构优化调整的经济规划,加大扶贫攻坚力度,有力促进了毛阳镇的改革开放,两个文明建设同步发展。随着海南建省办经济特区给五指山市带来的很大的意识冲击和发展机遇,镇居民逐渐形成市场经济意识,并直接带动了毛阳镇特色经济的发展,热带水果、旅游、热带农业等成为毛阳镇的特色产业。另外,中西部少数民族的发展,更多的得益于本地农民转变了根深蒂固的小农经济思想,抛弃了传统的风俗习惯,逐步使商品经济意识扎根。他们学习运用先进的耕作技术代替手工操作,摈除"砍山栏"、"牛踩田"等刀耕火种的原始耕作方式。1988 年创办的淀粉加工厂和热带作物经济农场,标志着一种新的经济成分在这里诞生。尽管目前这些企业的管理水平不高,经济效益也不好。然而它对于少数民族农村人民意识的转变和社会经济发展所产生的影响却是重大的。农民开始有了致富的冲动,也有了积累的意识。他们逐步改变了过去那种只想"过得去",不想"过得好"的懒散习俗;教育水平的提高,使得他们能够很快地接受新思想,学会新技能;计划生育政策的深化,少数民族地区居民开始提倡"晚婚晚育",这不仅降低了人口增长速度,更使妇女能够从生儿育女中分离出来,有了参加经济活动、去外地做

工或经商的机会。(詹长智提供)

案例三:浙江省温州市苍南县龙港镇

处在浙江省温州市苍南县的龙港,14 年前还是几个破败的渔村和一片杂草丛生的滩涂,从 1984 年起,龙港周围地区比较富裕的农民自带口粮,自建住宅,在龙港开起了店铺,办起了工厂,在敖江口南岸的盐碱地上建起了一座面积 8 平方公里的农民城。目前,龙港镇拥有城区人口 8 万,绿荫大道 80 多条,成为附近地区的物资集散地,而首先来到城市的农民在建设小城镇的同时,也变革着自己的观念。在龙港,街道两旁几乎清一色的单间独户、每户四五层、八九户连成一体的民居正在被平台式楼房所代替。小城镇的发展不仅带动了教育的发展,其他多项事业也在同步进行。位于福建省连江县城近郊的敖江镇,人口 11 万,海关、商检、口岸等设施一应俱全,小城镇正向小城市逐步靠近,在经济发展中发挥着很大的辐射带动作用。

这些案例一方面显示出集镇社区建设在中国现代化和城市化进程中的重要意义,一方面也可以提供一些集镇社区的发展路子以为参照。

在城市社区和农村社区的结合点上,青龙镇、毛阳镇和龙港镇未来的发展趋势如何? 它应该如何实现自己的角色定位,如何描摹自己的未来图景,如何寻找自己的发展路径呢? 这应该是所有关心集镇社区建设的人应该思考的问题。

以毛阳镇为例,我们认为,首先,五指山市的成立给毛阳镇带来了前所未有的发展机遇;随着五指山市的成立,毛阳镇的旅游资源优势开始显现。在这个大的社会背景之下,毛阳镇的决策者更应该将毛阳镇的规划制定详细,依据特色,发挥优势,开发诸如五指山旅游、五指山野菜等不可替代性的产业资源,打出自己的品牌,以优质的产品和服务带动地方经济的发展。

其次,应该通过毛阳镇的示范作用,确立以小城镇建设带动少数民族地区经济发展的战略规划,提出"经营城市"的概念;毛阳镇应该进一步制定和完善科学、合理的小城镇发展规划,从发展的角度安排路、电、水、通讯等设备,树立环境保护意识,规范小城镇的垃圾处理、绿化建设、水土保护、生产建设污染防治等方面的规划,逐步完善小城镇建设的法规,还应该以毛阳镇的资源为基础,开发特色产业,以自己的主要产业支撑小城镇的发展。

再次,发展区域特色经济,调整产业结构,提出具体措施,建设配套设施。文昌、琼海等市县成功运用了"公司＋农户"的运行方式,使农户在很大程度上摆脱了贫困,走上了富裕的道路,更使得地方社会经济得到发展。毛阳镇可以借鉴这种模式,结合自身实际,发展规模农业、高效农业,以具有特色的产业推动地方经济的发展。

最后,毛阳镇应该保留传统民族文化中合理的部分并发扬光大。现代经济建立在文化之上,一个民族的发展应该是立体式的,是经济、文化与政治的全方位发展。传统民族文化是毛阳镇的一大特色,也是毛阳镇的一大优势,结合这种民族文化优势发展旅游业,不仅能够摒除黎苗族传统中不合理的部分,还能够发扬优秀的文化传统。

毛阳镇近年来的建设成就告诉我们,必须准确地对集镇社区进行角色定位,必须准确地寻找到适合自己集镇特色和类型的发展道路,如果做到了这两点,集镇社区就基本上可以得到适宜的发展,在从农村社区到城市社区的连续体中实施其独特的功能,发挥其独特的功效。当然,毛阳镇只是集镇社区中一个独特的案例,在中国城市化的过程中,不同的案例还有许许多多。

2. 集镇社区:发展路径与现代思路

集镇社区除了上述宏观和微观的角色定位之外,在现代性追求的道路选择上还要遵循一些普遍性的规律和要求。

一般而言,集镇社区发展创新的任务主要是在体制方面,即以"政府到位、社区归位"为中心,从改革完善政府职能,建立社区自我发展机制,健全社区法律等方面入手,使政府管理与社区发展尽可能实现利益的一体化,从而推进集镇社区的发展。

首先,确立以人为本的发展理念,走可持续发展道路。人类社会的发展有两种基本理念:一是"以物为本",注重追求经济的高速增长;二是"以人为本"，强调人的发展的重要性，注重实施以社会公平、社会阶层的和谐为基础的发展战略和相关政策。显然，能否确立"以人为本"的发展理念，是社区建设的前提。我国的城市化必须要走有别于其他多数发达国家所走过的道路。我们现在也不具备发达国家和地区曾拥有过的条件和机遇，甚至对于大多数中西部地区来说，也已不再具备东部沿海地区工业化、城市化时期的机遇和优势。我们必须因地制宜，努力探索适应不同地区、不同经济发展水平和生态条件的城市化路径。小城镇建设作为中国城市化的重要组成部分，在指导思想上，必须尽最大努力，切实实施《中国21世纪议程》所体现的经济和社会的相互协调与可持续发展的战略，使小城镇建设迈入健康发展的轨道。国家科委从1992年开始，会同国家体改委、国家计委等20多个部委通过在部分省市的城镇开展社会发展综合实验区（现已改名为"可持续发展实验区"）工作，为探索我国农村城市化、城市现代化道路，进行了实验，积累了一些经验。

其次，社区发展的核心是社区自治，而中国的社区自治建设，因为特殊的历史和国情，需要走过一个"双重革命"或"双重民主"的过程。一方面是通过建立完善社区自我发展机制实现社区的"自我革命"；另一方面是依托良好的体制环境，实现政府部门与社区自治组织关系的协调与统一，探寻政府依法行政与社区依法自治相结合的互动机制，这需要政府的"自我革命"。相比较而言，体制环境问题更为重要，所以改革完善集镇政府功能，就成为推进集镇社区民主自治建设的前提。

最后，通过定位社区自治组织的职能、培育社区民间组织等举措，建立完善社区自我发展机制，深入进行社区内部变革。社区是一个政治共同体，社区自治组织就是这一共同体的核心。如果将居委会的职能定位在完成政府的行政任务上，必然导致社区自治组织出现功能性缺陷。因此在对社区自治组织进行功能定位的基础上，加强社区自治组织制度建设，并加强民间组织建设和民间资源培育，从而体现现代民主理念，推进社区居民自治。①

---

① 参见王远征：《中国城市化道路的选择和障碍》、《城市化——漫长的思路》等文。

在这些总体性的原则和要求下，各个不同的地区在集镇社区发展决策中，可以根据自己的实际情况，从本地条件出发采取多种推进方式。例如山西省提出"建好一个现代化大城市，搞好5个城市群，发展100个小城镇"的具体推进方式。广东省将广州市区范围由1443.9平方公里增加到3718.8平方公里，城区面积由50平方公里增加到300平方公里。河北省邢台市已出台以"婴儿随父随母自愿，分居夫妇相聚不难，老人投靠子女可办，投资置业买房准迁，农民进城条件从简，引进人才政策从宽"为要点的户籍改革条例。山东、甘肃等省近期也制定出户籍改革细则。浙江省在公共建设和服务领域探索适应市场经济的新机制和多元投资体制，"以土地为资本，用资本引资金"，等等。

总之，在我国，主张走小城镇道路的观点出现较早，呼声很高，至今仍然占据主导地位。其所以如此，是因为它在很大程度上适应了中国国情：现今中国城市数量无法承受农民进城的冲击；而且城市本身的就业压力已经很大，不可能再吸纳农民；其三是每增加一个市民至少需一万元投入，现有基础设施和政府财力都难以负担。此外，一味发展大城市，导致城市贫民窟蔓延，城市环境恶化，不仅降低经济发展速度，还危及社会稳定，这一"城市病"的出现和西方社会的逆城市化倾向都为发展小城镇的观点提供了论据。"大家公认，我国提高城市化水平的基本方向不是把人口集中到城市，而是在农村发展小城镇。"①从小城镇本身来说，在连接城乡，带动农村经济社会发展方面它确有优势。"如果按5万个小城镇计算，只要每个城镇吸纳2000农民进城，就可解决1亿劳力转移问题，如果单靠大城市安置，每个城市需吸纳150万人，显然难以办到。"②

正因为如此，农村城镇化或者称之为"乡村城市化"，是更适合中国国情的一种理论选择，也是现代化建设的必然趋势和必由之途。作为农村社区逐渐发展为城镇社区的一种多方面的综合的社会经济运动，集镇社区在农村人口转变为城镇人口，农村社区固有特点消失和城市社区特点增长的

---

① 徐祥：《也论启动农村市场》，《中国经济时报》1998年7月8日。
② 张庆五：《城镇化：世纪之交中国农村改革与发展的主题》，《经济日报》1994年2月4日。

过程将起到无可替代的独特作用。2000 年 6 月中共中央、国务院发布《关于促进小城镇健康发展的若干意见》之后,为了贯彻中央精神,有关部委在总结试点经验的基础上加强了政策指导,并对一些改革探索予以肯定。目前各地的主要举措包括撤并乡镇和村庄,提高集聚程度,以求获得精简机构,减少重复建设,节约非农用地的效果。还包括抓紧编制县域城镇体系和城镇建设规划,集中发展一个到几个中心镇,建立工业园区以提高集聚程度。也包括深化户籍制度、土地管理制度和城镇管理体制改革。当然,政府的新措施能不能催化市场力量,全面加快小城镇发展,还有待进一步观察。2000 年 10 月,在中共中央关于"十五"计划的《建议》中,把"积极稳妥地推进城镇化"作为必须着重研究和解决的重大政策性问题之一。文件中提出要走大中小城市和小城镇协调发展的道路,这一政策精神在进入 21 世纪时成为改革与发展的新平台。

在这个新平台上,集镇社区应该如何抓住机遇,依据特色,发挥优势,解决问题,加快发展,这显然是一个亟待解决的重大课题。

第六章 农村社区:中国现代性的双重视角

我似乎看到我们这个小农经济延续几千年的国家城乡一体现代工业化的前景。这是我一生梦寐以求的理想。

——费孝通

城乡区别就是社会最现代部分和最传统部分的区别。处于现代化之中的社会里政治的一个基本问题就是找到填补这一差距的方式。

——亨廷顿

农村(rural 或 country),又称乡村,是居民以农业生产方式为经济活动基本内容的一类聚落的总称。原始部落起源于旧石器时代中期;到新石器时代,随着农业和畜牧业的分离,以农业为主要生计的氏族逐渐定居下来,出现了真正的乡村。和城市相比较,农村这种聚落形态具有更绵长的历史和更稳定的质地,正因为如此,伴随着人类生活城市化进程而发生的现代性变革,必然要在传统的乡村社区带来极大的震动。

毫无疑问,现代社会生活是现代性最重要的领域之一。自启蒙运动以来,日常生活的现代性转化,已使社会生活发生了极其深刻的变革,也使乡村这种传统的人群聚落形态具有了双重的意义。

著名学者周宪认为,按照英国社会学家鲍曼"现代性的历史就是社会存在与其文化之间紧张的历史"这一观点,那么,我们有理由相信:存在着两种现代性,一种为社会现代性,另一种为文化现代性,它们之间的关系表现为深刻的历史冲突,现代性迫使它的文化站在自己的对立面。这一点从现代性诞生伊始就表现出来,早在 1863 年,以《恶之花》而震惊西方文坛的波德莱尔,就对现代性作了一个经典界定:"现代性就是过渡、短暂、偶然,就是艺术的一半,另一半是永恒和不变。"①作为文化现代性的产物,现代主义和传统之间的断裂是显而易见的,它那不断创新的冲动似乎就是要冲破传统的羁绊和镣铐。然而,现代主义令人费解之处,并不在于这种和传统的决裂态度,而是作为现代性产物的现代主义转而反对现代性自身。按照鲍曼的观点,我们可以将它理解为现代性内在的反抗和冲突。卢梭、黑格尔、青年马克思、尼采、弗洛伊德、韦伯、齐美尔、斯宾格勒、海德格尔、霍克海姆、阿多诺……一大批思想家对现代性进行了批判,明示了一种现代性的张力,那就是现代性反对现代性。②

　　晚近以来,哈贝马斯坚持启蒙理性,提出应对社会的现代化和文化的现代性二者做出区分。卡利奈斯库则发现,自启蒙运动以来,西方文明史存在着两种彼此对立的现代性,两者构成了无法消除的分裂:第一种现代性是资本主义发展的历史产物,即科技进步、工业革命、经济与社会急速变化的产物;第二种现代性可称之为"审美的现代性",即现代主义文化和艺术,它反对前一种现代性,因此,"规定文化现代性的就是对资产阶级现代性的全面拒绝,就是一种强烈的否定情绪。"③鲍曼也提出,现代性实际在西方历史上体现为两种规划,一种是伴随着启蒙运动一起成长的文化规划;另一种是伴随着工业(资本主义和社会主义)社会一起发展的生活的社会形式。他敏锐地指出了现代性的内在矛盾,那就是现代存在(即社会生活形式)和现代文化(在相当程度上反映为现代主义)的对抗。

　　社会的现代化,在启蒙理性的作用下,逐渐转化为对秩序、统一、绝对和永恒的迷恋,而现代主义文化则是鲍曼所说的"秩序的他者",作为一种审美的现代性和文化的现代性,它揭露的恰恰是另一种现代性的不可能性以及它的专制和暴力。当然,文化现代性仍保持现代民主、现代艺术、现代科

---

　　①　波德莱尔:《现代生活的画家》,《波德莱尔美学论文选》,人民文学出版社1987年版,第485页。

　　②　参见周宪:《现代性的张力——现代主义的一种解读》,《文学评论》1999年第1期。

　　③　Matei Calinescu, Five Faces of Modernity（Durham: Duke University Press, 1987）,p.42.

学和现代个性主义中那种理性的、颠覆的和实验的精神,就其道德和思想的本质而言,它是欧洲启蒙运动伟大传统的继承而非终结,因此,启蒙现代性与文化现代性两位一体,存在于现代性的历史之中。正如贝尔所说:"资本主义经济冲动与现代文化发展从一开始就有着共同根源,即有关自由和解放的思想。它在经济活动中体现为'粗犷朴实型个人主义',在文化上体现为'不受约束的自我'。尽管两者在批判传统和权威方面同出一辙,它们之间却迅速生成了一种敌对关系。"①

如果用一些人类基本的心智活动类型来概括两种现代性的特征和基本形态,那么启蒙现代性最典型的领域是数学,而文化现代性的代表则是艺术。韦伯认为,资本主义的基本精神之一就是"计算";霍克海姆和阿多诺说,启蒙的基本精神就是思维和数学的统一;鲍曼断言:"几何学是现代精神的原型";而与此相对立的正是以现代主义艺术为代表的另一极。如果说前者体现了理性的逻辑力量,代表了那种理性化的统一的秩序和总体性的坚定的追求的话,那么,后者却正好表征了非理性、混乱、零散化。如果我们把启蒙现代性视为以数学或几何为原型的社会规划,那么,文化现代性就是对这种逻辑和规则的反抗;如果我们把启蒙现代性视为对秩序的追求的话,那么,文化现代性就是对混乱的渴求和冲动;如果我们把启蒙现代性视为对理性主义、合理化和官僚化等工具理性的片面强调的话,那么,文化现代性正是对此倾向的反动,它更加关注感性和欲望,主张一种审美理性、表现理性;如果我们把启蒙现代性当作一种绝对的完美的追索的话,那么,文化现代性则是一种在创新和变化中对相对性的赞美;假如我们把启蒙现代性看成是对普遍性片面强调的话,那么,文化现代性则显然是对普遍性的反动,是对平均一律的日常生活的冲击,因为它更加关注的是差异和个别性;如果说启蒙现代性把意义的确定性作为目标的话,那么,文化现代性则是对不确定性的张扬,甚至是对意义的否定;倘若我们把启蒙现代性界定为对人为统一规范的建立的话,那么,文化现代性无疑是以其特有的片断和零散化的方

① 贝尔:《资本主义文化矛盾》,三联书店1989年版,第34页。

式反抗着前者的"暴力",它关注的是内在的自然和灵性抒发;假定启蒙的现代性造就了日常生活的合理化和刻板性的话,那么,文化现代性正好提供了一种"救赎"和"解脱"。一言以蔽之,现代主义所代表的审美现代性,本质上是一种否定性,它不但否定了源于希腊和希伯莱的西方传统文化,更激进地否定了现代资本主义社会的价值观。

　　法国艺术家杜布费认为,西方文明发展到现代,许多看法都是值得疑问的,他激烈地批判了西方文明的以下六个方面:第一,认为人不同于其他物种;第二,坚信世界的样态与人的理性形态是一致的;第三,强调精致的观念和思想;第四,偏好分析;第五,语言的至上性;最后,追求所谓美的观念。杜布费主张,如果拿西方现代文明人的这些观念和原始人相比,后者的许多看似野蛮愚昧的观念其实更合理,更可取。"从个人角度说,我相信原始人的许多价值观;我的意思是:直觉,激情,情感,迷狂,和疯狂。"这种看法在现代主义艺术家中是很有代表性的。假如说启蒙的理性强调的是世界的秩序和统一,强调与理性的一致,那么,杜布费的偏激之言显然是一种强有力的颠覆。对原始野性的赞美和颂扬,不过是颠覆启蒙现代性进而批判其恶果的一个有效策略而已。①

　　正是基于启蒙现代性与文化现代性的对立关系,在现代性关于农村的叙述中,农村便出现了两幅面孔,一个是落后、愚昧的乡村,是社会现代性要毅然决然抛却的传统;一个是美丽、怀旧的乡村,是文化现代性所追求的非理性和原始野性的所在。如果说前者是为了论述启蒙现代性的正面及进步价值,那么,后者则通过构建一个浪漫的田园来回应现代性带来的改变,可以视为一种对启蒙现代性的批判。一个是对前现代生活的批判,一个是对前现代生活的怀旧。于是,中国农村社区就具备了现代性的双重视角,这种双重视角建立在"前现代=乡村"、"现代=城市"的前提之上。当然,在"城市=现代"的想象中,乡村往往被抽离了其实际的内容,只是作为快乐的童年、美好的过去或逝去的乐园,作为一种被现代性破坏、放逐了的非现实空

①　参见周宪:《现代性张力中的美学/艺术"征候"》等文,以及《审美现代性批判》,商务印书馆2005年版。

间而存在。

从启蒙现代性的角度来说,中国农村社区是生产力低下、生产方式落后、经济水平和物质生活条件滞后、人们的思维方式和思想观念愚昧不化的地区;从文化现代性的角度来说,农村曾经是人类最初的居地,现在则是现代人精神的原乡;从社会学的角度来说,学术界目前对于"农村"还存有多种定义。一般情况下,"农村"一词至少有三个方面的含义:第一,人文生态学的,即把人口密度相对低的地方称为农村;第二,经济学的,即把农村看作一种从事农业生产的地方;第三,文化方面的,即把农村作为一种社会文化构成,即把农村描述为和谐的、劳动分工不显著的、相互间主要是初级的、面对面的关系等①。我们所指的农村社区不是单一意义上的,因为农村社区的复杂性,我们不可能从某一个角度对其加以观察和分析,所以,我们的农村社区研究应该具有全面性和综合性。

第一节 农村社区与现代性问题

农村(rural 或 country),又称乡村,是居民以农业生产方式为经济活动基本内容的一类聚落的总称。原始部落起源于旧石器时代中期。到新石器时代,随着农业和畜牧业的分离,以农业为主要生计的氏族开始定居下来,从而出现了真正的乡村。按照历史发展的进程,从世界范围看,乡村这个特定的经济区域可以分为五个历史发展阶段:原始型乡村、古代型乡村、近代型乡村、现代型乡村、未来型乡村。目前,中国乡村正处于由近代型向现代型过渡的阶段。

1. 农村:中国启蒙现代性的起点

无论是从历史还是从现状来看,中国都是一个农业大国,农业过去是、现在仍然是国民经济的基础,中国众多的人口中,农民占了绝大多数,中国

---

① 何肇发:《社区概论》,中山大学出版社 1991 年版。

的文明本质是建立在农业基础上的文明,我们民族的传统价值观、生活态度和社会行为模式都是由漫长的小农家庭的生产和生活方式酿造的。甚至有学者提出,"中华民族是在传统的精耕细作农业基础上孕育发展起来的、以农民为主体的民族,而中华民族的八千年历史可以说始终就是一部农民史。"[①]

如第四章中所言,中国是世界著名的文明古国,距今7000到8000年前的新石器时代,在黄河流域和长江流域产生了相当进步的农业经济,永久性的村落也开始出现。中国已经发掘的最早村落遗址属新石器时代前期,如河南渑池仰韶村遗址,面积近30万平方米;陕西西安半坡遗址,面积约5万平方米;临潼姜寨遗址,面积为5.5万平方米。仰韶文化时代的这些村落,规模已相当可观。显然,从历史的角度来看,农村社区的出现要远远早于城市社区。

从现状来看,经过现代性肇始以来城市化的快速发展,"1949年,我国的城市化率仅为10.6%,1978年增长到17.92%,近三十年只提高7.3%,发展速度很慢。改革开放以来,城市化速度加快,城市化率由1978年的17.92%增长到2000的36.09%,22年增加了18.17个百分点。'十五'期间,我国城市化发展迅速,由2000年的36.09%增长到2004年的41.8%,2005年达到43%,年均增长1.4%。"[②]也就是说,尽管城市化进程不断拓进,但目前的中国,仍然有一半以上的人口生活中农村。

"从基层上看去,中国社会是乡土性的。"这是费孝通先生在《乡土中国》一书中所作出的判断。乡土性虽然并不是中国所有阶层的特性,但是却是传统中国最基础的特性。因为中国是一个以农业为根基的文明古国,传统中国的经济基础以及农业这种产业的自身特性,决定了基层社会的乡土性,以及与此相关的其他社会特征。我们知道,在鸦片战争以前,中国和中国以外的世界几乎完全隔绝,中国古代文明几乎自成一个自足的圆融的和谐的但却又是孤立的封闭的保守的系统。这个系统的特征是:

---

① 转引自周蜀秦:《中国城市化六十年:过程、特征与展望》一文。
② 曾凡慧:《城市化的现状、问题与对策》,《经济研究导刊》2007年第4期。

经济上实行以封建国家所有制为强大背景的地主制与自耕农所有制。社会生产以家庭为单位，农业与手工业结合在一起，男耕女织，尊祖孝宗，一团农耕文明的和气景象。"大儿锄豆溪东，中儿正织鸡笼，最喜小儿无赖，溪头卧剥莲蓬"，正是这副景象的绝佳描绘。

政治上采用以中央集权主义为最高原则的官僚型政治结构。在这种结构中，天子南面而治，作为国家权力的最高代表，集行政、立法、司法于一身，具有无法限制的至大权力。所谓"普天之下，莫非王土；率土之滨，莫非王臣"，所谓"君叫臣死，臣不得不死"，正是这种权力关系的生动写照。

以大一统为宗旨，以儒家正统学说为主流的和谐型文化结构。这个文化结构最突出的特征是强调了群体的和谐一致，孔子最早创立的"仁—礼"结构以温情脉脉的理论形态规范了"君君，臣臣；父父，子子"的封建秩序；"天人合一"的"中庸"之道又为之提供了更深厚的依据和方法；"观乎人文，以化成天下"，是这种文化形态的伦理阐释。

正是这种根源于农耕文明、服务于中央集权的政治结构的文化系统，保障了古代中国在人类文明史上尽管朝代循环但却经久不衰的繁荣和辉煌；也正是这种内在精神里对科学技术充满排斥的文化系统，在中国封建末世失却生命力，导致了近代中国面对西方现代文明冲击时的被动、衰朽、不堪一击。这是一种萧功秦所谓的官学化、名教化的儒家意识形态系统，与高度集权的专制政治体制的结合，导致中国这个传统主权国家在应对西方挑战的过程中不断遭受挫折和屈辱，并直接带来了晚清政府的全面危机。"自近代以来，中国的传统专制国家的保守的官学化的意识形态信条与高度集权的专制政治体制相结合……传统政体结构的僵化性及其'防争泯乱'的宗旨，使之不能对自身进行自我更新，其结果就进一步在中西冲突中遭受新的屈辱、挫折与民族危机。"①

传统中国是完全的乡土社会，虽然中国自鸦片战争以来，社会进入急速变迁的阶段，但直到现在从社会的方方面面仍旧可以找到乡土社会的影子。

---

① 萧功秦：《危机中的变革——清末现代化进程中的激进与保守》，上海三联书店 1999 年版，第 11 页。

农村是中国启蒙现代性的起点。五四一代知识分子大多是从传统中国的乡土社会走出来,在家乡接受了传统教育,又在城市甚至域外接受新式教育。这种"两脚踏东西文化"的教育背景给予他们视角上的比照,他们具有了文化上的双重视角。

2. 农村:中国文化现代性的归宿

如前所述,在五四新文化运动中,以《新青年》为中心的激进主义知识分子群体以西方现代性的知识话语作为批判中国传统文化的工具,以"激进反传统"的姿态对乡土中国的文化传统进行了比较彻底的清算,以期重建文化秩序与社会政治秩序。在这一过程中,他们表现出两种相互对立的情感态度:一方面同情人民疾苦,为下层劳苦大众而呐喊,另一方面以现代观念烛照其落后与愚昧,以"哀其不幸,怒其不争"的态度进行思想文化启蒙。

鲁迅在《狂人日记》中,第一次深刻揭示出了传统道德伦理的"吃人性";在《我之节烈观》、《我们现在怎样做父亲》等杂文中,他对纲常礼教进行了深刻的批判。事实上,从乡土中国走出来的一代知识分子的代表鲁迅,之所以要批判性地反思乡土中国的文化传统,其目的是希望通过社会的整体性自觉,来实现国民理想人格的重建。在鲁迅先生的笔下,《阿Q正传》中的阿Q成为中国传统国民性的典型代表。他的精神胜利法和"革命"理想,以及总是摆"先前阔"和以丑为美的心理模式等,都是对中国传统国民性的典型概括。而《故乡》一文,通过对回忆中生意盎然的故乡和现实中麻木凋敝的故乡的书写,揭示出中国传统乡村社区在封建礼法关系和封建等级观念笼罩下的真实状况。

在鲁迅小说的影响下,上个世纪20年代出现了现代小说史上的乡土小说流派。乡土小说家往往是来自乡村、寓居于京沪等大都市的游子,亲眼目击并且深刻体验到现代文明与宗法制农村的差异,把对故乡和童年的回忆,用隐含着乡愁的笔触,将"乡间的死生,泥土的气息,移在纸上"。[1]

---

[1] 鲁迅:《中国新文学大系·小说二集·导言》,《鲁迅全集》第6卷,第255页。

　　到上个世纪30年代，出现了以"湘西人"视角来叙述、关照并且建构起"湘西世界"的作家沈从文。沈从文一生都自命为"乡下人"，他一再地说："我实在是个乡下人。说乡下人我毫无骄傲，也不在自贬，乡下人照例有根深蒂固永远是乡巴佬的性情，爱憎和哀乐自有它独特的式样，与城市中人截然不同！他保守，顽固，爱土地，也不缺少机警，却不甚懂诡诈。"从作品到理论，沈从文基于乡村生命形式的美丽，以及与它的对照物城市生命形式批判性结构的合成，提出了他的人与自然和谐共存的，本于自然、回归自然的哲学。湘西所能代表的健康、完善的人性，是一种"优美，健康，自然，而又不悖乎人性的人生形式"。在钱理群先生看来，沈从文既"不是从党派政治的角度来写农村的凋敝和都市的罪恶，也不是从现代商业文化的角度来表现物质的进步和道德的颓下，他处于左翼文学和海派文学之外，取的是地域的、民族的文化历史态度，由城乡对峙的整体结构来批判现代文明在其进入中国的初始阶段所暴露的全部丑陋处。"①

　　四十年代，作为一名在抗日民主根据地和解放区土生土长的作家，赵树理以地道的农民气质和他所创作的通俗乡土小说登上文坛。他以解放区特定的历史环境为背景，塑造了历史变革中的农民形象。他深切地懂得旧中国农民的痛苦不仅仅在政治上受压迫、经济上受剥削，而且在于精神上的被奴役，他最懂得农民摆脱旧的文化、制度、风俗、习惯束缚的极端艰巨性。"如果说鲁迅主要是揭露中国农民精神上的创伤，以唤起人们的觉醒，赵树理则主要表现中国农民在政治、经济翻身过程中所实现的思想上的翻身——农民精神、心理状态的变化，人的地位及家庭内部关系（长幼关系、婚姻关系、婆媳关系等）的变化，并且从这个变化过程中，来显示农民改造的长期性与艰巨性。"②

　　事实上，在新中国成立之前，除了二十年代的鲁迅和乡土作家，还有三十年代的叶紫、沙汀、艾芜、吴组缃、蒋牧良、魏金枝、王统照、茅盾、萧红等作家，都曾经出色地描写过乡土中国。建国之后的五六十年代，以农村生活为

---

① 钱理群等：《中国现代文学三十年》，北京大学出版社1998年版，第276页。
② 钱理群等：《中国现代文学三十年》，北京大学出版社1998年版，第479页。

题材的创作，无论是作家人数，还是作品数量，在新中国的小说创作中，都位居榜首。在农村进行的政治运动和中心事件，如农业合作化、大跃进、人民公社运动、农村的两条路线斗争等，成为表现的中心。到了文革之后的八十年代中期，出现了以韩少功等作家为代表的寻根文学。韩少功在《文学的"根"》一文中说："文学有根，文学之根应该深置于民族传统文化的土壤里，根不深，则叶难茂"，因此，要"释放现代观念的热能，来重铸和镀亮""民族的自我"。① 寻根文学的作家们在现代化进程中，猝不及防地遭遇到许多令人困惑的难题，他们认为，以现代意识来关照传统文化，寻找民族文化精神中的本源性构成，将能为民族精神的修复，为现代性进程提供可靠的文化根基。

如上，显然，对中国现代性过程中乡村、城市发生解体、调整、变迁的写作，始终是中国现代文学的主流。因此，无论是从农村的现实变革，还是从农村的文学书写，我们完全可以说，农村，既是中国启蒙现代性的起点，又是中国文化现代性的归宿。

①农民：农村社区的主体

农民是指直接从事农业生产的劳动者，亦即那些在共同的地缘关系的基础上，通过农村经济、政治和思想文化等复杂的社会关系联系而成为农村各种社会共同体成员的人们。中国传统社会是以农业生产为基础、以农民为主体的乡土社会，因此，在中国现代性的进程中，对国民性的批判主要就是对农民习性的批判。

显然，农民在性格特征上不同于市民，也不同于水手等其他职业的人群。中国国民性以农民为主体，而这种文化系统的源头可以追溯到中国早期先民的生产方式，正是农耕文明的生产方式影响了中华民族的思维方式和民族性格，并由此形成和农耕文明相适应的政治体制和文化体系。

我们知道，中华文明发源于千里平畴、适于农耕的黄河中下游地区，而西方文明发端于山岭峻险、河海纵横的爱琴海区域。这一地理位置的差异

---

① 韩少功：《文学的"根"》，《长春》1985 年第四期。

导致了东西方文明在经济、政治、思维方式、民族性格、文化选择上的迥异。

应该说，中国社会经济一开始便具有的农业性特征极大程度上影响了中国先民的思维方式。这是一种自给自足的经济形态，无须交换，人们的思维方式容易统一，容易求同，容易群居，也容易达成和谐的状态，由是形成了一种内向型的封闭心态。这种心态重人轻物，忽略客观世界的构成规律，缺乏对事物的时间与空间、原因与结果、形式和内容等范畴的深思，从而窒息了逻辑分析式思维，培养了直觉的、感悟式的思维方式，这是一种"思我"的方式。

而西方社会的经济起源具有商业性特点，爱琴海周边的地理环境不适合农作物的种植，反倒使交换成为可能，也成为生存的必要。交换需要市场，需要通过航海的方式走出狭窄的本土地域。海上历险的生涯，必然会使西方人在天人对立中产生认识自然、征服自然的欲望，也使西方人滋养了充满了个性化的独立精神。如果说农业文明重道义，商业文明便重功利；如果说农业文明尚和，商业文明便尚争；如果说农业文明求同，商业文明便求异。西方人在这种存在方式下培育了外向型的开放心态，形成了重逻辑关系的分析式思维方式，这是一种"思物"的方式。

另外，不同的生产方式也带来了东西方民族巨大的性格差异。商业社会的冒险生涯，必然会使西方人在天人对立中迸发出强烈的宗教意识。而中国古代农业经济不仅没有造成人与自然的尖锐对立，反而形成了天人合一的和谐关系。中国古人因此也就没有西方那种认识自然的迫切感，而是力倡听天由命，安时处顺，无为而无不为。这种乐天安命的怡然自乐，与西方由天人尖锐对立而造成的宗教的毁灭感以及努力认识自然、战胜自然的崇高感，恰恰形成极为鲜明的对立。

毁灭，或是奋斗和创造——这是西方人在天人对立中的选择；乐天安命，安贫乐道，知足常乐——这是中国人在天人合一中得出的结论。因而，冒险、奋斗、进取就成为西方民族的显著特征；安顺、保守、克制遂成为中华民族的鲜明特征。

国民性，一般包含两个层面的意义：一是指民族文化的精神特质；二是指国民群体的人格特性。中国农民安顺、保守、克制等鲜明特征在鲁迅先生的笔下得到了形象的表现。鲁迅通过小说、杂文、散文等多种文学样式，从思想、文化等层面刻画现实生活中的人物形象，揭示"人"的历史发展轨迹，启发、引导人们认识自身处境，反思国民性与民族危亡的关联，以求国民人格与民族精神能够趋向完善。

农民是中国传统农村社区的主体。鲁迅先生曾经通过阿Q等一系列文学形象，来揭露传统国民性的弊端。阿Q的精神胜利法其本质是把现实的失败转化为精神上的虚幻的胜利，他用攀附法将自己的身份提高，用虚构法讲述自己过去的辉煌历史，还有假设法、调包法等等来想方设法维护自己的面子与自尊。除此之外，鲁迅还在《示众》、《药》、《狂人日记》、《孔乙己》、《明天》、《头发的故事》、《阿Q正传》、《祝福》、《长明灯》、《铸剑》、《理水》、《采薇》等一系列作品中凸显了"看/被看"的模式。"看/被看"模式就是作品中的人物只有一个动作，就是看；只有一种人物关系，就是看别人和被别人看。在"好奇"的看客看和被看的背后，常常还有一位隐含的作者在看，用悲悯的眼光，愤激地嘲讽看客的麻木和残酷，从而造成一种反讽的距离。另一类看/被看的对立发生在先驱者和群众之间，也就是启蒙者/被启蒙者之间，进而发展为被吃/吃的模式，也就具有了一种象征。"看客"的"看"表现的是人与人的隔膜与分裂，而这种隔膜与分裂，是导致麻木、冷漠、苟全、自私等精神状态的根源。

如果说鲁迅是通过文学形象来揭露和批判我们中国人的劣根性，试图找出民族衰败的病根，为中国文化的转型寻找出路。那么，费孝通在他的《乡土中国》中，则是通过科学的观察和理性的分析，来揭示农民的性格特征。

首先，农民非常讲"信用"。对于乡亲、邻里、亲戚，传统中国人通常表现出相当的守信与热心。相互帮助、相互馈赠、危难时相互救济、约定好也极守信用。这应该源自于乡土中国"熟人社会"的特征。其信用并不是出于对契约的重视，而是发生于对一种行为的规矩熟悉到不加思索时的可靠性。其次，农民以"私"为核心建立他们的价值判断标准。这种私表现在缺乏公德,一切价值判断标准以关系亲疏为转移。这种"关系社会"的存在正是差序格局的具体表现与必然结果。自我主义的广泛存在,使社会关系成了纯粹私人与私人的联系,这样也就使大众在破坏规则与公德的时候缺乏心理上道德上的约束。再次,农民往往说一套,做一套,甚至言不由衷,口是心非,做足表面功夫。传统中国的长老统治不能容忍不同意见,然而社会在发展,旧的经验不可能完全解决新问题,在社会变迁速度够慢的情况下,就通过"注释"来为长老权力注入变动的内容,结果不免口是心非。虚伪在这种情境中不但是无可避免的而且是必需的,于是出现国民性中免不了虚伪和形式主义的"假"。最后,中国农民没有彼岸和来世的观念,他们重视"现实"和"现世"。中国人对于切身生活之外都漠然没有兴趣,如果说西方文明是建立在"死"的基础上,那么中华文明则是建立在"生"的基础之上。因为要时刻考虑死,因此西方人要探索生命的形而上的意义,向往真理;因为时刻考虑生,因此中国人具有强烈的现世主义精神,一切以活得很好、更有地位、更有权势为目标,不愿意考虑形而上的问题。①

2005 年 10 月,中国共产党十六届五中全会通过《十一五规划纲要建议》,提出要按照"生产发展、生活富裕、乡风文明、村容整洁、管理民主"的要求,扎实推进社会主义新农村建设。生产发展是新农村建设的中心环节,是实现其他目标的物质基础。生活宽裕是新农村建设的目的,只有农民收入上去了,衣食住行改善了,生活水平提高了,新农村建设才能取得实实在在的成果。乡风文明是农民素质的反映,也是体现农村精神文明建设的要求。只有农民群众的思想、文化、道德水平不断提高,崇尚文明、崇尚科学,形成家庭和睦、民风淳朴、互助合作、稳定和谐的良好社会氛围,教育、文化、卫生、体育事业蓬勃发展,新农村建设才是全面的、完整的。村容整洁,是展现农村新貌的窗口,是实现人与环境和谐发展的必然要求。社会主义新农村呈现在人们眼前的,应该是脏乱差状况从根本上得到治理、人居环境明显改善、农民安居乐业的景象,这是新农村建设最直观的体现。管理民主,是

---

① 参见王铭铭等:费孝通与《乡土中国》,《中南民族大学学报(人文社会科学版)》2010 年第 4 期。

新农村建设的政治保证,显示了对农民群众政治权利的尊重和维护。只有进一步扩大农村基层民主,完善村民自治制度,真正让农民群众当家作主,才能调动农民群众的积极性,真正建设好社会主义新农村。其中,新型农民是现代性进程中,社会与国家对新的历史条件下农村主要活动者农民的一种良好期盼。只有新农民才能建设和创造新农村,只有新农村与新农民的形成,国家整体实力才会提高。

②家庭、宗族、村社:农村社区的结构

在农村社区,农民赖以生存的社会生活单位是家庭、宗族和村社组织。它们共同构成了费孝通所说的"差序格局"。

农村家庭是农民以婚姻关系为基础,以血缘关系为纽带而组成的社会生活共同体。它是农村社会生活的基本单位,是农村社会的细胞。随着我国农村社区现代化进程的加速,城乡一体化的逐步实现,城乡人口相互流动成为一种必然趋势。由此,农村家庭结构也发生了很大的变化,家庭小型化趋势日益明显,核心家庭所占比例日益增长;家庭关系的核心由血缘关系向姻缘关系转变;农村家庭的功能也就不可避免地发生了变化。

宗族是以父系血缘为纽带的同宗同族人组成的社会群体,正如《尔雅·释亲》所言:"父之党为宗族。"中国自古以来是个幅员辽阔的农业大国,家族是个体存在和发展的基础,因此宗族历来是中国农村重要的基层社会组织之一。新中国成立以后,宗族势力受到沉重打击,但农村的改革开放又导致宗族组织的复活。目前,虽然宗族组织所能掌握的政治资源和经济资源极为有限,但它却掌握着广泛的文化资源。它不仅满足了农民的精神需要,而且还以一整套作用于农民情感的文化符号和行为方式,唤起了农民的血缘认同感。总之,在社会转型期,农村宗族组织对农村基层社会起到了整合作用,但同时产生了很多消极作用,尤其在培养和强化人的狭隘家族观念、乡土观念,限制农民的法制、民主和科学观念,强化天命和宿命观念等方面起到了不良作用。费孝通在《乡土中国》的"男女有别"一章中,专门讲到了乡土社会为了维持秩序,如何遏制一切可能破坏秩序的要素。

村社主要指农村基层社会组织。中国历代农村基层社会组织大致有官办的行政组织和民办的自治组织两大类,这两种组织双轨并行,相互制约。例如,乡、亭等是属于官方的行政组织,而下面的里、伍、闾、族、甲,特别是后来的乡约、社仓、社学等则属于民间的自治组织。至于家庭和宗族就更不待言了。具体说来,中国传统社会由家族、宗族以及以地方绅士为核心的地方自治及相应的行为规范等构成了民间社会,这种民间社会与传统的政治国家相对分离,使其有可能在现代化发展的背景下成为市民社会形成和发展的可资利用的社会结构资源。

总之,农村社区是相对于传统行政村和现代城市社区而言的,是指聚居在一定地域范围内的农村居民在农业生产方式基础上所组成的社会生活共同体。它是一个比自然村落、社队村组体制更具有弹性的制度平台。总体上说来,农村社区具有以下几方面特征:

第一,农村社区是一个社会实体,具有相对完整的社会结构体系。农村社会普遍存在的一些现象都可以在农村社区内反映出来,人们能够通过农村社区发现农村社会中存在的各种社会现象,从而能够通过农村社会生活听到社区居民最真实的意愿。可以说,农村社会是由若干不同类型的农村社区所组成。

第二,农村社区的主体是农民。农民是农村社区产生、存在的前提,是农村社区的建设者,农村社区的建设与农民生活密切相关。

第三,农村社区的基础性经济活动是农业生产。城市社区中劳动力的谋生方式基本上是从事二三产业,而农村社区中基础性的经济活动则是从事农业生产。当然,改革开放以来,我国农村的产业结构发生了显著的改变。在农田种植业发展的同时,林牧副渔和二三产业大规模发展。许多地区的农村居民从事二三产业的数量已经超过了从事农业的数量,农民从非农产业中获得的收入也已经超过了农业收入。

第四,农村社区的多功能性。就我国农村社区的情况而言,一是具有经济功能。主要表现为农村社区发挥着组织、协调、管理生产经营活动,提供产前、产中、产后服务等作用。二是具有政治功能。主要表现为农村社区发挥着贯彻执行党和政府的方针政策,维护村民的合法权益,建立和发展各类社区组织,推进村民自治和基层民主法制建设等作用。三是具有文化功能。主要表现为农村社区担负着发展教育事业、组织开展文化娱乐和体育活动,农村社区组织具有维护本社区的治安秩序、调解民间纠纷、管理计划生育、维护社区的社会稳定等项功能。四是具有社会建设的功能。如发展本社区的社会保障和福利事业。

第五,农村社区的人口密度较低,聚居规模较小。人口密度和人口聚居规模是衡量一个社区人口状况的主要指标。与城市社区相比,由于农业生产活动需要在大面积的土地上进行,使得农村居民不可能像城市居民一样聚居在一起,只能小规模分散居住于多处。这个特点就要求我们在完善农村社区建设、发展和管理中要因地制宜,尊重客观规律。

第六,农村社区中家庭功能比较突出。农村家庭不仅担负着生育、赡养、消费、文化娱乐等多项功能,而且还是农业生产的最基本单位和农村组织的主要构成单位。家庭的最基本特征是能够比较充分的满足农业活动提出的多项要求,而且,在农村社会生活中,个人往往以家庭成员的身份参加组织活动,社区组织在其活动过程中也往往把家庭视作接受任务的单位。可以说,家庭是农村组织的基本构成单位。

第七,农村社区中血缘、地缘关系发挥基础性作用,随着传统乡村向现代乡村的转型,业缘关系的作用也日益变得重要起来。血亲、姻亲,以及由于世世代代血亲姻亲关系形成的复杂网路,是农村社会关系的核心和联系纽带。同时,邻里关系也是农村社区中重要的人际关系之一。但是在现代农村中,原本紧紧地以血缘关系为核心的格局正在变得多元化、理性化,亲属之间关系的亲疏越来越取决于他们在生产经营中相互之间合作的有效和互惠的维持。[1]

第二节 变化和问题:中国农村社区的现代性进程

在明确了农村社区的概念和特征之后,我们会发现,在世纪之交的中国

---

[1] 参见秦晖:《"大共同体本位"与传统中国社会》,《社会学研究》1999 年第 2—4 期。

社会面临从传统农业社会向现代工业社会、从封闭式的计划经济向开放型的市场经济、从外延型经济增长向内涵型经济增长转型的这一背景下,中国农村社区的研究和发展都出现了前所未有的机遇和挑战。因为这一转型改变了中国传统的社会结构,有学者认为,20 世纪 90 年代以来的中国社会是一个断裂的社会,在这个断裂的社会里,几个时代的成分同时并存,互相之间缺乏有机联系[①]。显然,我们研究当前的中国农村社区不能脱离这个大的背景,因为正是这个不同于以前的大背景使得今天的农村社区不同于 20 世纪以前的中国传统农村,其基本特征表现为转型与失范,并由此导引出众多问题。简而言之,世纪之交的中国农村社区面临着巨大的困境,急切需要寻找发展的突破口,这是许多研究者的共识。

1. 转型期中国农村社区的基本特征

在《乡土中国》一书中,费孝通分析了乡土社会的经济产业、语言文化、人际生活、政治统治、道德法律、身份与风尚以及社会发展,并总结出乡土社会的特点与性质,即乡土社会在语言文化方面有语言无文字,在人际生活方面表现为差序格局与同心圆式人际关系,在道德方面表现为团体道德缺乏,只存在维系私人的道德,在经济与社会风尚方面以小家族为事业单位,男女有别,在政治统治和法律方面表现为礼治秩序、无为政治、教化权力和长老统治。其他还包括商业因为缺乏地缘基础而难以发展,名实的分离以及没有计划,以欲望为指导等特征。并在此基础之上,提出了"熟人社会"、"礼治秩序"、"差序格局"等核心观念。应该说,这是对前现代中国农村生存环境和农民生活状态最深刻的总结、最简约的提炼。[②]

中国改革开放初期,因为实行家庭联产承包责任制的同时,大力发展和扶持乡镇企业,农村曾经一度出现欣欣向荣的繁荣景象。这种"离乡不离土"的生产方式既就地解决了过剩劳动力的就业问题,又把生产收益最大程度地返回到本土的生产和建设之中。因此,80 年代中期城乡差距被极大缩

---

① 孙立平:《断裂——20 世纪 90 年代以来的中国社会》,社会科学文献出版社 2003 年版。
② 详见费孝通:《乡土中国生育制度》,北京大学出版社 1997 年版。

小，而城镇化这一有中国特色的城市化路径也被确立和重视。

可惜的是，这种繁荣景象在 1985 年推动城市改革之后就逐渐消失了。伴随 20 世纪 80 年代中后期城市改革的启动以及 90 年代更为明确地以东部沿海地区作为出口加工厂的发展模式，农村很快变成这种发展模式的附庸，农民作为劳动力开始向沿海城市集中，1989 年春节第一次出现了返乡的民工潮。而乡镇企业在市场化竞争中也面临危机，八九十年代开始衰落，其吸收就业、服务乡村的功能也逐渐丧失。当然，这种加工企业从中国台湾、韩国转移到中国东部沿海的历史动力还在于国际范围内的冷战终结，资本可以流动到劳动力等各种生产成本更为廉价的海峡西岸。在 90 年代继续的这种以城市为现代化中心的市场化改革，使农村被沦为土地、资源、劳动力的供给之地，逐渐失去了自主发展的可能而日益破落凋败。正因为要制造更为低廉的商品，必须维持更为低廉的劳动力价格，导致城乡差距重新拉大。再加上这种以出口为主体的生产模式，在劳动力成本低廉的情况下所产生的内需不足并没有影响到过剩的生产。这种把农村重新边缘化的生产结构，致使农民的劳动力以及土地资源被城市不断地吸纳，到 90 年代末期三农问题成为与产业工人下岗问题同样严重的社会危机。从路遥的《平凡的世界》到李佩甫的《城的灯》，诸多的文学作品都反映了中国这一段历史时期城乡社会生活所发生的巨大历史性变迁。直到 2002 年新一届国家领导人上台以来，一种以工养农、反哺农村的政策才逐渐出现。这些废除农业税、建立农村合作生产的尝试被看作是对 90 年代激进推行的市场化政策的一种调整。在这一背景下，了解当前中国农村社区发展的基本特征和主要问题，显然是极其重要的。

目前，处于新世纪开端的中国农村社区从经济特征、社会关系、社区意识及其社会控制来看，都处于转型和变化之中。贺雪峰在 2003 年曾经对中国农村社区运作和管理上的问题做过概括：

> 检讨当前的农村政策、法律和制度，到处都是未经细究的富于意识形态的条文，其结果，在政治方面（如村民自治制度），经济方

面(如当前村级债务的形成及拍卖四荒的行为),文化方面(如破除所谓"封建迷信"的做法),社会方面(如因为发生过械斗而禁止传统的龙舟比赛),法律方面(如鼓励上诉否定民间调解的趋向),医疗方面(合作医疗的解体和当前农民普遍看不起病的问题),教育方面(农民越来越读不起书,读书也越来越没有用处),娱乐方面(农民只能打麻将,几乎不再有什么有意义的娱乐活动),环境方面(农村的绿化越来越糟糕),卫生方面(农村公共卫生几乎没有),公共设施方面(农村内部几乎不再能生产公共设施),治安方面(地痞越来越多,农民的安全感越来越低),均出现了严重问题。造成以上问题的原因之一就是目前农村政策、法律和制度脱离了当前农村的实际,脱离了9亿农民将长期"温饱有余、小康不足"的实际。①

诚然,世纪之交的中国农村社区,转型与失范构成常态。虽然我国农村社区分布的地域辽阔,其基本特征难以一概而论和简单概括,但我们还是要努力用几个基本特征对社会转型期中国绝大多数的农村社区进行描述。这些基本特征是在与20世纪20年代甚至50年代的中国农村社区的对比中得出的。社会转型时期这种全方位的转变经常引起社区的失范,因此,转型与失范是对世纪之交中国农村社区特征的总体概括。值得指出的是,这种转型与失范在不同地区的表现程度(频率和幅度)是不同的。一般来说,东部沿海地区的程度较高,而西部农村地区则较低。

①经济特征:以农业为主向多元化转变。

首先,中国农村社区的经济已经完成或正在经历从以农业为主向产业多元化方向转变。农业是农村中的基本产业,但农业生产方式决定了农业经济有机性的特点,因为人们借以获取衣食的劳动对象是自然环境,土地的性质、气候的冷热、季节的变化,都支配着作物的生长。而以农业生产为主

① 贺雪峰:《新乡土中国》,广西师范大学出版社2003年版,第244页。

的传统中国农村社区,完全依靠人力等生产要素的投入来提高劳动生产率,即使发展到20世纪初期和中期,中国的农村社区由于耕地缺乏,人口众多,农业机械化程度低,所以农业生产和农村社区生活对自然的依赖程度都很高。

1979年以大包干到组为开端进而发展为包产到户的联产承包责任制,使得农村以农业为主的经济特征发生了转变,农民根据合同只交公购粮和集体提留,不需要上交在承包土地上收获的所有农产品,不统一分配,以家庭经营为土地使用形式,使得农民与土地实行了直接结合。这一举措符合我国农村生产力水平和发展的要求,大大调动了农民的生产积极性,推动了农村经济的快速发展。由于生产力水平的提高,农村劳动力无须一年到头禁锢在土地上,并且他们有权决定自己所承包土地的耕作方式和种植品种。因此,农村社区的经济特征发生了翻天覆地的变化,从以农业为主的单一的经济活动转变为多元化的经济活动,家庭手工业、个体经营等生产经营活动层出不穷,方兴未艾。目前,从农民所从事的职业看,单纯从事农业生产的农户所占比例大大降低。1996年第一次农业普查数据显示:在农业户中,纯农业户126718837,农业兼业户39011614户,非农兼业户27357707①。目前,这一下降趋势还在继续,到2006年末,全国共有农业生产经营户20016万户,比1996年第一次全国农业普查时增长3.7%。但在农业生产经营户中,以农业收入为主的户占58.4%,比10年前减少7.2个百分点。全国共有农业生产经营单位39.5万个。全国共有农业从业人员34874万人,农业技术人员207万人。

其次,这种多元化还体现在,农业生产处于国民经济的边缘地位。联产承包责任制具有其不可克服的局限性,即它仅仅从农村内部的生存需要出发,采用均田形式进行使用权的分配。随着农村人口的不断增多,人均土地面积逐渐减少。据调查,全国目前平均每户农民承包8.35亩耕地,分割为9.7块,平均每块耕地不超过1亩②。这种细分的办法不利于农村和农业的

---

① 国家统计局,http://www.stats.gov.cn
② 陈健:《农业:现实与历史》,人民出版社1991年版,第216页。

发展,由于农业生产的低收益性以及农村社会事业的发展和管理成本的提高,农民的负担日益沉重,由此形成农村人口流动的推力;而城市建设对于劳动力的需求构成人口流动的拉力,推力与拉力共同作用,形成农村人口流动日益加剧的动因。据保守估计,农村流动人口达1亿左右。与此同时,由于制度原因,流入城市的农民把土地作为其基本的社会保障手段,不会放弃对于农村土地的使用权。大量青壮年劳动力流入城市使得农村成为空巢村,即农村社区中从事农业生产的只是老人、小孩及妇女,农业收入只是作为家庭收入的补充,农业被边缘化,造成土地粗耕甚至抛荒等浪费问题,而农产品的价格也开始畸形飙升,直接影响到城市社区的社会稳定。

②社会关系:从差序格局逐步向以家庭为单位的理性化关系转变。

费孝通认为中国社会是以"差序格局"为基础构建的:"以己为中心,像石子一般投入水中……像水的波纹一般,一圈圈推出去,愈推愈远,也愈推愈薄",人们基本是按照男系血缘(父系家族)来决定自己和他人关系的远近和亲疏的,"在差序格局中,社会关系是逐渐从一个一个人推出去的,是私人联系的增加,社会范围是一根根私人联系所构成的网络。"①费孝通进而指出,在亲密的血缘社会中,因为交易以人情来维持,所以它与以理性为主的商业相抵触。总之,传统的中国农村社区是典型的差序格局,农村社区中的社会关系是依照差序格局的亲疏远近而展开的,其特点表现在两个方面:一是以男系血缘关系为主导,二是社会关系主要靠人情来维系。

经过二十世纪六七十年代对于传统农村社会关系的颠覆,80年代伴随着农民家庭在生产功能方面的恢复和加强,农村中的社会关系格局在一定程度上恢复到20世纪初期的状态,但同时出现了一些新的特点:第一,亲属关系经历了从强化到逐渐减弱的过程;第二,与女系亲属家庭的广泛合作成为区别于旧中国亲属家庭关系的重要特点;第三,经济利益已经成为亲属家庭联系的重要纽带,亲属家庭走到一起除了沟通感情以外,更主要的是为了

---

① 费孝通:《乡土中国,生育制度》,北京大学出版社1998年版,第27—30页。

在生产上更有效地合作,是为了经济上的互利①。

90 年代以来,伴随社会主义市场经济的转型,中国农村的社会关系和人们之间相处的原则开始了全面理性化的进程,理性(利益)原则全面渗入农村社会生活的各个领域。在这样的社会变迁背景下,有学者将差序格局中的关系区分为两个方面:关系的远近和关系的亲疏。关系的远近,是指血缘的远近,亦即在同心圆(即差序格局)中所处的位置,这是固定不变的。而关系的亲疏,是指往来的频度和感情上的亲密程度,血缘的远近可以成为关系亲疏的一个前提,但它不是惟一的和绝对的,它也会因为双方利益的不同或其对另一方的期待不能得到满足而淡漠甚至彻底疏远。通过这种区分,他们认为农村实行经济体制改革后,姻亲和"拟似家庭"进入差序格局,利益正在成为决定关系亲疏的最大砝码,这也就意味着:原本紧紧以血缘关系为核心的差序格局正在变得多元化和理性化。需要指出的是,由于中国人深受儒家思想的影响,家庭在社会生活中的重要性超乎寻常,因此,社会关系的理性化仍然是以家庭为单位的。只有当农村社区中的家庭的血缘、姻缘关系不足以满足个人发展对稀缺资源和相互合作的需求时,人们的工具理性就会不断加强,冲破血缘姻缘的樊篱,转而在亲属关系之外建构新的社会关联,启用新的社会支持。

由以上分析可以看出,传统农村社会关系的差序格局发生了变化:第一,姻缘关系与"拟似"血缘关系渗入差序格局,导致差序格局所包括的社会关系的范围扩大;第二,"利益"成为差序格局中决定人们关系亲疏的一个重要维度。但是,农村社区社会关系的转型还没有完成,农村社区仍然处于一种社会关联度低的状态,即社区中的所有居民都缺乏调用相互之间关系的能力,新的建立在利益和契约基础上的现代关系还未完全建立起来,旧的基于信任、友谊、亲情和习惯的传统关系却已经解体。②

在社会关系逐步向以家庭为单位的理性化关系转变的同时,家庭内的

---

① 王思斌:《经济体制改革对农村社会关系的影响》,《北京大学学报》(哲社版)1987 年第 3 期。
② 贺雪峰:《新乡土中国》,广西师范大学出版社 2003 年版。

关系也发生了变化。这种变化表现为:家庭关系重心的转移和家庭关系的平等化。

中国是在公元前 11 世纪的西周初期建立起男性中心的父权制性别制度的,就家庭生活而言,女性从此丧失了家庭财产的所有权:"子妇无私货、无私蓄、无私器,不敢私假,不敢私与。"她们只得借助婚姻或血缘的关系,依附于男子,沦为家庭的奴隶和生育的工具;就社会生活而言,女性完全被排除在政治之外:"女正位乎内,男正位乎外;男女正,天地之大义也。"这种男内女外的分工模式给两性带来的影响是巨大的,男性在激烈的社会竞争中增长了才干,制造了自己的历史,女性的一切权利消失殆尽,只能成为没有历史的沉默的群体。如此一直延续到 19 世纪末,周礼确立的两性关系格局足足因循了将近三千年。对于两性之间支配与服从、主宰与依附、主动与被动的不平等关系,中国文化中最经典的表述莫过于"三从"、"四德"和"七出"了。就这样,中国女性处于男性权力和男性意志的支配之下,从出生到老死,她们始终受着极度的歧视和不平等的待遇,所以《诗·小雅·斯干》云:"乃生男子,载寝之床,载衣之裳,载弄之璋……乃生女子,载寝之地,载衣之裼,载弄之瓦。"甚至,在很大程度上,她们连自身的生命权都不能保障,据《世说新语》载,晋代权贵石崇曾在一次宴会上因劝酒不成一连斩杀婢妾三人,宾主竟还神色不变,意态自如,他们这样滥杀无辜弱女子,也不会受到任何惩罚。至于帝王,对于其身边的女人,更是生杀予夺,悉听尊便。秦始皇死时,后宫妇女凡未生育子女者全部殉葬。到了明初,太祖、成祖、仁宗、宣宗死时,尚要几个嫔妃为之殉葬。

经过五四启蒙运动和政党革命,中国女性的生存处境和社会状况发生了很大变化,由此也导致农村社区在家庭关系上的变化:

第一,家庭关系重心的转移。家庭关系主要是由夫妻关系和亲子关系组成的,其中夫妻关系是一种横向的社会关系,是姻缘的缩影;而亲子关系是一种纵向的社会关系,是血缘的缩影。传统农村社会注重亲子关系而非夫妻关系,婚姻的缔结主要是传宗接代、延续血统的一种手段,在极端的情况下,妇女的地位甚至与生育子女的数目成正比。在这种情况下,姻缘关系不被重视也就成为一种必然。但改革开放以来的二十余年，农村家庭关系的重心已经由亲子关系向夫妻关系转化。据天津农村居民社会网络调查显示，农村居民在进行重大问题的讨论之时，其选择的对象按关系构成依次为配偶(42.9%)、兄弟姐妹(16.5%)、父母(11.8%)和子女(8.8%)，与中国传统家庭关系网络结构的模式不同①。导致这种结果的可能原因是：一方面，农村家庭结构发生变化，核心家庭取代大家庭占据支配地位，有利于夫妻关系地位的上升；另一方面，家庭联产承包责任制的实行，恢复了农村家庭的经济功能；同时，世界范围内的妇女解放运动使妇女的经济和社会地位不断提高。各种因素综合起来，使人们越来越关注婚姻质量，重视夫妻关系。

第二，家庭关系的平等化。在家庭关系重心转移的同时，家庭关系趋于平等化。夫妻分工逐步趋向合理化；在大宗消费品购买、家庭投资、子女职业选择等家庭决策上妇女的参与程度也越来越高；夫妻双方消费基本持平，妻子经济相对独立。家庭中女性地位的不断提升，使传统的男权社会开始向男女平权社会过渡。在亲子关系上，父母在家庭中不再具有绝对权威，子女在婚姻、教育、职业、交友等活动上具有了相当大的自主权，父母的影响力不断减弱，特别是在婚姻方式和配偶的选择上，父母包办婚姻已非常少见，家长集权制正向民主制过渡。

③社区意识：从认同、归属向价值观念多元化转变。

社区的重要性不仅仅在于社区自然疆界的地理环境与地理区划，更重要的是社区成员所具有的内在的认知结构与外在的行为取向。社区是人群的集合，不同社区成员的共同联系，有赖于社区意识的凝聚。社区意识的主要涵义是：第一，社区意识是社区认知的基础。社区意识是社区成员对其所处社区的一套认知系统，这个认知系统包括了社区的自然环境与人文社会环境，如房舍建筑、河流树木、庙宇与学校，以及社区成员经由人际沟通的互动所建立起来的社区文化与生活习性等。由此认知系统，社区成员得以建

---

① 张文宏等：天津农村居民的社会网，《社会学研究》1999 年第 2 期。

构出"我群"的意识，从而影响其个人与社会群体关系的发展。第二，社区意识是社区成员共同的认同感和归属感，这种情感会加深其对社区认知的强度，同时也成为影响社区参与的重要心理因素，这种具备心理基础的情感联系使得个人与群体得以有机的结合。第三，社区意识是社区成员对社区的态度，社区意识影响社区成员发展其生活与决断其行为的态度和倾向。因此，社区意识是形塑社区成员的认知与态度，也是发展其与社区关系的重要基础。

如前所述，农村社区以差序格局为基础，人们在一定的地缘格局中，基于血缘、姻缘关系而联系起来，正是这种差序格局，使得农村社区成员彼此之间有一种"自己人"的认同，并通过政治统治的秩序，对自己所生活的社区形成强烈的归属感。与土地的紧密结合、人口流动的缺乏以及长期的共同劳动都有助于维持此一共同的社区意识。

建国后的一段时间内，虽然差序格局的基础有所削弱，但是，对于农村集体利益的强调以及社区成员的共同劳动都有助于构建与维系共同的社区意识。然而，联产承包责任制的实行使农民的共同劳动减少；尤其是进入90年代之后，先进机械在农业生产中的运用，出现了"三个月种田，三个月过年，还留有半年休闲"的现象，共同劳动的机会与时间越来越少，而农村社区文化活动的缺乏使休闲的农民缺少有机的联系，成为马克思所说的"装在袋子里的马铃薯"，原子化为单个的个人或家庭，削弱了农村社区共同意识的基础。如果说1840年以前的中国农民习惯于安于现状，习惯于在家族势力、封建特权的庇护下生存，个体意识在忠、孝、礼、义构建的秩序中处于蒙昧之中。那么，改革开放以来相对宽松的社会政治环境和迅速发展的经济生活状况，为国人个体意识的普遍觉醒真正提供了条件，加速了中国社会的"原子化"进程。遗憾的是，当前的中国农村社区，一方面是原子化的畸形发展，农民在原子化的过程中失去了共同体的社区意识；另一方面是原子化的不够成熟，传统的权力单元如家庭、宗派、山头、裙带关系、特权利益链等或明或暗地仍然对个体的生存和发展起着巨大的支持作用，个体对正式或非正式组织的依附依然十分普遍。所以有人说，时下中国人的意识形态是封建特权意识、前现代集体意识、西方个人主义意识的混合物，社会结构也是现代和传统杂陈，中国的启蒙任务远没有完成，特别是与个体自由、平等相配套的社会框架、法律体系尚未成熟，社会现代化前程漫漫。

同时，人口流动的增多，使得人们以城市居民为参照群体，认同城市居民的行为规范和价值观念，并进而冲击社区人们对于社区的归属感与认同感。如贺雪峰所说，在人口流动频繁的村庄，其生活取向是外向的，"村民在村庄以外获取收入且在村庄以外实现自己的人生价值，村民很容易割断与村庄的联系。这种村庄的村民不关心村庄建设，从村里通过考学参军外出工作的人，没有特别大的事情，一般不会回到村里来，这种村庄的村干部，不能看到村庄的未来，也无法从村干部一职上获得诸如荣誉、名声等文化价值的满足"①。对村庄未来的低预期以及多元的文化价值观念冲击着原有的共同的社区意识，将统一的社区意识划分为多元化的价值观念，造成了从传统向现代转型过程中的失范与空白。如今，重新建立统一的社区意识已经成为农村社区稳定的保证之一。

④社会控制手段：从非制度化控制手段向多元化转变。

社会控制有广义与狭义之分，对包括社会化在内的所有社会行为的控制，是最广义的社会控制，对一般意义上的社会行为的控制是较广义的社会控制，对偏离行为的控制则是狭义的社会控制。此处笔者是在最广义的层面上讨论社会控制手段问题。作为一种控制体系，它包括制度化控制和非制度化控制，制度化控制即按照一整套业已形成的条文规定，由某种组织体系加以维护的社会控制形式，如法律、宗教控制等；非制度化控制即并不以明文规定的条文来实现，而是按通常习惯及社会成员中的相互影响来实现，如习俗、道德、社会舆论控制等形式。

传统的中国农村社区以道德、舆论等非制度化方式为主要控制手段，以此调整农村社会关系，维护社会秩序。传统中国是一个伦理社会，中国封建社会历代统治者正是运用伦理道德来控制社会，使中国的伦理道德成为社

---

① 贺雪峰：《新乡土中国》，广西师范大学出版社 2003 年版，第 9 页。

会控制的主要手段,甚至在某种意义上高于制度化控制体系中的法律控制
手段。费孝通指出,社会结构格局的差别引起了不同的道德观念,传统的道
德体系以"克己复礼"、"壹是皆以修身为本"为出发点,以孝、悌、仁、忠、信
为主要内容将整个传统社会联结为一体,维护着社会秩序。乡土礼治社会
即是典型的身份社会,控制着这个社会的,是血缘身份差序自然形成的教化
性"长老统治"。同时,在村民相互熟悉的熟人社会里,个人的行为有不合
礼俗之处,免不了为左邻右舍察觉,而强大的邻里与村庄舆论对于社会秩序
的维持起着至关重要的作用。由此可见,这种社会控制手段的有效性是以
乡土社会为前提的,即以差序格局、封闭、较少社会流动、邻里熟悉和强烈的
社区认同感为基础。世纪之交的农村社区道德与舆论控制的作用被削弱,
其影响因素主要有:

　　首先,若干年的政治运动与经济改革改变了社会控制的基础,使得社区
记忆缺失。所谓"社区记忆"是指"村庄过去的传统对当前农村社会的影响
程度和影响途径"。如果"社区记忆"较强,传统的伦理道德对村民仍具有
普遍的规范和引导作用。[1] 目前中国的事实是1949 年后国家通过高度集中
的行政管理体制对农村社会实行直接控制,消除了家族组织的权威体系,宗
法制度解体,使传统伦理道德失去了依托和支柱,"社区记忆"完全消失;
1979 年后随着国家权力退出基层,"社区记忆"有所恢复,但 90 年代市场经
济体制的引入,传统宗法又受到了几乎毁灭性的打击,"社区记忆"再次走
向弱化[2]。弱化了的社区记忆削弱了传统对于人们行为的约束力量,道德
的控制作用在政治运动与经济改革的冲击之下弱化。

　　其次,熟人社会向半熟人社会的转变降低了形成统一舆论的可能性。
我国现在的农村社区是一个半熟人社会,"在一些特别小的村,因为村民相
互熟悉,村庄事实上是一个熟人社会……在行政村一级,村民之间不很熟

---

　　[1]　苑丰等:《缺乏分层与缺失记忆型村庄的农民互助合作问题初探——以乡村治理与农民组
织化为分析框架》,《中国发展》2005 年第 4 期。

　　[2]　贺雪峰:《村庄精英与社区记忆:理解村庄性质的二维框架》,《社会科学辑刊》2000 年第 4
期

悉,但他们与在任和历任村干部熟悉,这就构成了一种半熟人社会的空间。"①这种半熟人社会里很难形成统一的社会舆论,因此社会舆论对于人们行为的约束作用非常有限。

再次,无孔不入的大众传媒促使传统社会控制手段失效。报纸、广播、电视、网络等大众传媒以其大众性、现实性、迅速性消弭了农村与城市、传统与现代的鸿沟,进一步挤占了伦理与道德控制的领地,使统一的农村社区舆论分裂,从而消减了传统农村社区非制度化社会控制手段的有效性。

显然,当前的中国农村社区,在道德和舆论等软控制手段效果明显减少的同时,国家政权、法律等硬控制手段逐渐进入农村,但其作用并没有有效表现,同时,村民自治的控制效果并不明显。因此,一方面是旧的控制手段逐渐失去效力,另一方面是新的控制手段的效力还没有完全表现出来,世纪之交的农村社区社会控制呈现多元化的状况。如何发扬旧的社会控制手段的作用,加强新的控制手段如法律、村民自治等的效力成为农村社区社会控制方面亟待解决的迫切任务,而多元化的社会控制局面成为当前农村社区的主要特征之一。

2. 转型期中国农村社区的主要问题

从上节的分析中可以看出,当前中国农村社区存在着众多严峻的问题。李昌平向总理上书说:"农民真苦、农村真穷、农业真危险",一针见血地指出了三农问题的要害。因此,分析农村社区存在的问题可以进一步有针对性地描述农村社区的现状,找出问题的关键,促进农村社区的现代化。本节我们将主要围绕农村社区的社会结构展开研究,集中讨论农村社区中的人口问题、基层政权问题和农村社会阶级阶层问题。

①人口问题。人是社区中活的因素,人口的数量、质量、密度、流动与迁移等都是考察农村社区人口问题的重要方面,其中,农村人口的数量影响着农村人均耕地、人均收入等状况,而人口素质更是农村社区发展的重要因素

---

① 贺雪峰:《新乡土中国》,广西师范大学出版社 2003 年版,第 2 页。

之一。在此，我们主要在世纪之交的背景下，探讨农村社区中人口流动对于农村社区发展的影响及其所引发的问题。这里的人口流动包括农民进入乡镇企业工作和进入城市打工等情形。

在人口流动对于农村社区发展的影响上，一直有两派针锋相对的观点。一派是强调农民工、流动人口积极意义的"现代化理论"，抱此观点者认为，农民工的流动是城市化、现代化的一个重要环节，可以带来农村地区的发展，可以使外部世界的资金、技术、信息、新观念等现代元素传到农村，可以创造新的就业机会，促进农村社区的现代性进程；另一派是"依附理论"（dependency theory），此理论认为，作为核心地带的大都市的发展，是建立在农村地区的不发展基础之上的，即都市地区的发展是以对作为边缘地带的农村地区的剥夺和剥削为前提的，"依附论"提出了大都市与边缘卫星地带（metropolis – satellite）共同构成的"大都市—卫星"结构的观点，抱此观点者认为，发达的大都市地区剥夺了不发达的边缘卫星地带的剩余价值或经济剩余。[1]

我们认为，任何问题都有正负或者说利弊两面性，不可能仅只从一个方面出发得出全面的结论，人口流动对于中国农村社区的发展而言亦是如此。

从积极的一面来说，人口的流动至少可以通过两个途径实现对于中国农村社区的积极影响：一方面，农村人口可以通过将进城打工的所得款项汇往农村，使农村资金得到一定程度的保证，有利于缩小城乡差距；另一方面，农民工通过务工经历，接受现代城市文明的影响而改变观念，回乡创业，有利于农村发展。具体说来，其积极影响如下：第一，可以部分解决农村劳动力过剩的问题。我国农村社区人口众多，占全国人口的70%左右，数亿农民堆积在有限的土地上，这种"过密化"的人口聚集使我国农村难以摆脱只有增长没有发展的低水平均衡陷阱。同时，与农村人口不断增加相对立的是，耕地的有限性，以及农业生产中因为动力机械的使用和生物化学药剂等科技手段的使用，加之资本技术投入的增加，使活劳动投入相应大幅减少，

---

① 李强：《中国外出农民工及其汇款之研究》，《社会学研究》2001 年第 4 期。

农业吸收的农村劳动力减少,潜伏的农村剩余劳动力问题浮出水面。人口流动可以使富余的劳动力流入城市或进入乡镇企业,实现生产要素的优化组合,部分减轻人口对于土地的压力。第二,农民工通过进城打工可以促进农村经济发展,缩小城乡差距。农民工进入城市打工,汇款和接受汇款,已成为外出农民工和农村家庭互动的重要内容,这些汇款对于建设资金极度缺乏的农村而言,不仅可以用于投入农业生产,而且可以提高农村家庭收入和消费水平,有助于农村社区生产和生活的发展,缩小与城市的差距。李强教授通过对农民工汇款的实证调查研究指出,由于中国家庭天然的"利他主义"(altruism),汇款已成为今日中国农村家庭资金积累的主要渠道,中国外出农民工汇款比例高于其他国家,这些汇款有助于提高农村家庭收入,是农民工和家庭联系的重要的经济活动之一,而且,他们在外打工时间越长,对于提高农村家庭收入越是起到促进作用;在外打工的家庭成员越多,农村家庭收入越高。他通过对建国后到 90 年代中期农村状况的分析指出,与城市的发展相比较,农村的资金投入极为匮乏,在这种总体资金投入严重不足的情况下,汇款是倾向于流向那些收入比较低的农民工家庭,流向那些产业是以农业为主的农民工家庭,倾向于流入经济还比较落后的、居于内陆的而不是东南沿海的农民工家庭,更倾向于从"核心地带"流入"边缘地带"的村庄而不是流向地级市、县城或乡镇。作为收入转移的一种形式的农民工的汇款,本质上是资本在地区间的流动,它可以导致收入分配机制发生某些变化。大批资金汇往家乡,使农村急需的资金得到了补偿,其结果有利于缩小城乡差距,起到将核心地带的收入转移到边缘地带去的功能。[①] 第三,回乡农民工的现代观念在农村社区的渗透,加速了农村传统观念的改变,加快了农村社区的发展。有外出务工经历的农民工接受了城市的现代文化与先进观念,具有较宽广的视野和较深邃的思想,这种观念的力量可以促进农村传统的改变,加快农村社区现代性的发展。

前面我们提到的《平凡的世界》、《城的灯》等作品,就形象地再现了在

[①]　李强:《中国外出农民工及其汇款之研究》,《社会学研究》2001 年第 4 期。

中国城市与乡村的二元结构背景中,农民"逃离"乡村,进入城市的艰难历程以及他们进入城市之后带回农村的观念变化。当然,在看到积极作用的同时,我们也不能忽视因为农村人口流动直接或间接引发的诸多问题:

首先,农村人口流动造成了对于农业生产的消极影响。大量农村精英流入城市,使部分农村社区成为空巢村,从事农业生产的只是些老人、小孩和妇女,不利于农村生产力的提高,有可能造成城乡差距的进一步扩大甚至断裂。此外,由于当前农村政策的不配套,一方面,中央明确规定赋予农民长期稳定的土地使用权,承包给农户的土地使用权归农户所有;另一方面,农民因为土地收益太少,土地承载的负担太高,转包与人要倒贴钱,请人耕种不划算,不如抛荒,由此造成土地的抛荒问题等。这些都是人口流动过程中所产生的一些新问题,这些问题的存在具有一定的广泛性,需要认真对待。

其次,农村人口流动导致农村儿童少年义务教育方面的消极影响。近年来,农村儿童少年失学、辍学率较高,即义务教育中断现象较为严重。其主要原因是农村中小学生加入流动人口而导致失学与辍学。一方面,农村中小学生以个体身份直接外出打工,成为流动人口的一分子,这部分儿童少年是完全地退出了教育体系,即辍学,通常这种形式的辍学生是具备一定劳动能力的初中阶段的学生,但不排除部分小学生;另一方面,农村儿童少年随父母外出、作为家庭流动的一分子而发生流动,他们在流动过程中难免会暂停学业,甚至失去学业,造成义务教育的中断,随着我国流动人口中家庭式流动日益突出,目前这种义务教育中断的中小学生人数不少。如果把农村儿童少年的失学、辍学行为与儿童少年社会化联系起来,放在社会转型这个大背景中观察、研究,就会发现持续发展而规模庞大的农村人口流动在一定程度上影响农村儿童少年的义务教育,造成义务教育的中断。因为人口流动使农村儿童少年日常所生活的家庭结构发生巨大变化,家庭互动减少,家庭文化氛围减弱;加上农村中小学教师分化、流动,师生间交往和学生同辈群体成员交往而发生的负面影响;又有大众传媒尤其是电视,在宣传人口流动上的偏颇,其结果便造成如下的恶性循环:一方面,农村儿童少年文化素质低，另一方面，文化素质低的农村人口反过来尤其不注重其子女的教育问题，即"义务教育中断—文化素质低—义务教育中断"的恶性循环之谜，极其不利于农村社区人口素质的提高，不利于农村社区的发展。

第三，农村人口流动形成了对农村家庭养老的消极影响。在中国，支持养老的社会网络有三个：家庭、社区和国家。在当代的中国农村地区，除了一小部分丧失劳动能力的孤寡老人可以被乡（镇）里的敬老院所吸纳之外，国家能为老人做的，只是保留老人的自留地直到其去世，以及给家庭养老以制度性支持。而社区能否提供养老资源则完全取决于其自身的经济力量，当下，只有在经济发达的东部沿海地区农村能够为老人提供一定的象征性资助。故此，家庭养老仍是最主要的养老方式，费孝通教授在考察了中国农村养老的实际情况之后，提出了"反馈模式"（又称"反哺模式"）的观点。他认为，我国家庭养老的特征与现代西方社会的情况有着根本的区别，西方的情况是一种"接力模式"，即父母有抚育子女的责任，而子女却没有赡养父母的义务；而我国则是"甲代抚育乙代，乙代赡养甲代，乙代抚育丙代，丙代赡养乙代，下一代对上一代都要反馈的模式"，费先生还指出，这种模式是以"养儿防老"的观念为基础的，并体现了两代人之间的"均衡互惠"的原则①。特别是当老人伤病缠身或者失去劳动能力的时候，子女是老人的唯一依托。在目前农村社会养老保险不健全的情况下，家庭养老作为重要的养老方式，在将来很长一段时间内不可或缺。但是随着农村城市化进程的加速，青壮年农村人口流入城市，在农村已经出现空巢家庭，这些空巢家庭存在严重的养老危机，不仅如此，这类家庭的数量正在不断扩大，尽快找到解决这一问题的办法已是迫在眉睫。

总之，农村人口向城市社区的流动并不能解决中国现代性进程中的当下问题，我们需要加大对此一问题的思考力度，以尽快形成解决方案和实施良策，对此，贺雪峰曾经指出：

---

① 杨善华等：《我国农村的"社区情理"与家庭养老现状》，《探索与争鸣》2002 年。

构成目前中国现代化暗含前提的资源和环境基础，其实并不存在，中国9亿农民顺利进入城市并且获得高的有保障收入的前途，几乎没有现实性。

这个意义上，如何确定中国自己的现代化指标与标准，如何以人本身而不是从以时尚和广告所刺激起来的无节制的消费欲望来确定中国自己的发展目标，就具有极其重大的意义。中国农民作为一个整体，没有可能享受到那种富裕的以大量物质消耗为基础的文明，但他们仍然可以过上衣食无忧的、有尊严的、体面的生活，这种衣食无忧、有尊严、体面的生活，在满足基本的衣食住行需要之外，不再以占有物质多少来确定人的价值，而是以人是否可以与自己的内心世界、与他人之间以及与自然之间的和谐相处来确定自己的价值。这是一种新的生活方式，因为与目前西方的消费主义生活方式大异其趣，大不相同。又是一种旧的生活方式，因为它与中国传统的生活方式十分相近，本质上没有不同。它就是中国儒家理念中所一直期待，但因为做到整个社会衣食无忧在当时尚无生产力条件而未能真正得到的那种理想社会。而即使中国目前的生产力发展与资源消耗水平，也让中国农民有了过上这种理想日子的条件。①

②组织问题。不同的组织形式体现了不同的生活方式、生存条件和社会环境、文化氛围，而组织状况如何又直接影响农村社区的各个方面。从农村组织的现状来看，主要有传统型农民组织和现代型农民组织两种类型。传统型农民组织主要是以血缘和地缘关系为纽带的农村宗族组织；现代型组织主要以业缘关系为纽带。如果从功能上考察农村组织，主要是以村党支部和村民自治委员会为代表的农村基层组织，我们会发现，目前中国农村社区组织存在如下问题：

---

① 贺雪峰：《新乡土中国》，广西师范大学出版社2003年版，第248—249页。

　　第一,宗族组织重建问题。宗族是一种以血缘关系为纽带的传统社会组织,其形式主要有祠宗、祠堂等。在传统社会里,建立于差序格局基础上的宗族组织是维持传统社会秩序的重要力量之一,发挥着重要作用:在政治上,具有治安、仲裁纠纷和教化人们遵守秩序的功能;在经济上,宗族组织组织生产,帮助困难户克服困难,对族人的私产拥有一定的处置权力;在文化上,通过修续族谱、祭祀祖先、文化教育、娱乐等活动传承传统。但是,随着社会向现代化的迈进,宗族组织的正功能逐步减弱,负功能逐步增加,出现了族权代替政权、族规代替法规等与国家法律法规相违背的现象,危及到农村基层政权和基层组织的职能,破坏了农村社会的稳定,影响了农村经济的发展。因此,建国后,国家通过建立农村基层政权,实行土地改革和婚姻制度改革等一系列措施,对农村宗族进行全面打击,宗族组织被取缔,大批族谱被查烧,大量宗祠被拆毁,宗族势力和宗族活动一度销声匿迹。①

　　改革开放后,由于国家力量在乡村社会的逐步退出和农村经济领域家庭联产承包责任制的推行,宗族组织重新找到适合其生长与发展的土壤,宗族活动再度活跃。宗族组织的形成,应当具备这样几个必要条件:有男性血缘关系的纽带,有族长等组织系统,有族规家法等组织规则。其中尤以后面两条为关键,是否设立族长等组织机构,是否确立成文或不成文的族规家法等组织规则,可以作为判断宗族组建或重建的基本标志。一些聚居成群的有男性血缘关系的人们,只要一经设立族长等组织机构,制订有关规范和规则,就会产生族权,并寻求管理族内公共事务,协调族际关系,维护本族共同利益,这样,一个实体化的宗族就自然而然地降生了。

　　对于重建的宗族组织的定性问题,经历了一个发展变化的过程。20世纪80年代至90年代初,人们主要把宗族作为与现代组织相应的对立物而看待,如何清涟认为"宗法组织在中国农村中的复兴,无论从哪个角度观察,都是一次文化的退潮,必将导致剧烈的社会冲突。它的发展和壮大,意

　　① 参见龚义龙:《维系宗族共同体的硬权力:族谱记忆、祠墓祭拜与宗族通财》,《中国文化论坛》2009年第1期。

味着中国的现代化还有一段曲折的漫漫长路"①。而 90 年代中期以来,宗族组织及宗族活动的政治色彩逐渐淡化,人们开始视宗族为中性社会组织,对其功能做正负双重性质评价的研究。如蒋国河通过对赣南和闽西地区一系列新旧族谱中族规族约的比较发现,伴随社会的变迁与转型,宗族的规范取向已发生了显著转变,体现了诸多的现代特征。具体表现在:规范的领域收缩,综合功能性宗族在向文化功能性宗族转变;对传统伦理道德的批判性继承,并赋予其符合时代特征的新内涵和新意义;吸收了爱国、守法、平等、开放等现代价值取向,约束机制褪去强制性和惩罚性色彩,入谱承祧上突破了传统的男尊女卑以及狭隘的血统观等落后思想,增加了爱国主义和法制观念等公民道德教育的内容。他由此提出:农村宗族不是一个静态的组织,而是可以与时俱进的动态组织。我们认为,对于重建的宗族组织性质应作具体对待,视宗族活动的性质而定。当前,宗族组织活动主要有:第一,联宗层次的活动,如修宗谱、建宗祠、修祖坟、祭祖等;第二,聚居地村落社区内的活动,如经济活动中的帮扶,文化生活中的互娱互乐,婚丧喜庆等日常生活中的互助等等。一些组织程度较强的宗族,还可能行使村落社区管理者的全部或部分职能;第三,对宗族与族外关系的调处,如协调族际之间,以及族人与族外其他人员的关系等等。由此可见,宗族组织在帮助困难户、娱乐、调整人际关系等方面具有正式组织所不具备的正功能。但同时,不应忽视宗族组织的负功能,尤其应该注意宗族组织与村民自治组织的关系。②

由于宗族组织与村民自治组织在地理位置和管理职能上的重复,因此,两者之间在人员组成、利益分配等方面经常有交叉和冲突。宗族组织对村民自治的消极影响主要体现为三个方面:第一,宗族势力参与甚至操纵村委会选举过程,损害了民主选举的公平性原则。选举村委会既是村民行使自治权利的起点,也是村民自治的核心,选举结果的公正与否直接关系到村民民主权利的实现。随着宗族势力的不断壮大,他们已不再满足于修谱、祭祀

---

① 常建华:《二十世纪的中国宗族研究》,《历史研究》1999 年第 5 期。
② 参见蒋国河:《赣南闽西地区宗族规范取向的现代转型——基于新旧族谱的比较研究》,《古今农业》2010 年第 1 期。

等族内事务,而将目光转向能够主宰村内社会经济事务的村民委员会。为了给本家族谋取更多的利益,他们往往以血缘关系为基础,采取游说甚至贿选、威吓的手段动员本族村民,形成庞大的利益集团,左右村委会的选举过程,以达到控制村级政权的目的。而且这种行为具有一定的隐蔽性,危害巨大。虽然尚未强大到完全控制选举的程度,但对其发展趋势应加以关注。第二,宗族势力渗入并控制村民自治组织,造成村民自治权利的异化。即宗族势力通过介入选举过程,控制村民自我管理、自我教育、自我服务的自治组织,代表公共利益的村委会一变而为维护某一家族利益的私家机构。宗族组织在获取政权后必然为本家族谋取利益,由于村委会职权的公共性,就使宗族利益最大化的趋向成为可能。而其他村民却成为利益受损者,而二者之间利益冲突必然会导致农村社会的不稳定。另外,宗族势力的膨胀反过来又削弱了基层政权的行政调控能力,在乡村两级之间造成"梗阻",使得国家的路线、方针、政策无法顺畅地在农村贯彻施行。由宗族势力把持的村委会由于宗族组织正式化,极有可能在村务处理中以宗规族约替代村规民约,甚至凌驾于党纪国法之上,弃法治,取人治。第三,独立于村委会之外的宗族势力组织化,行使村委会的部分职能,或抵制村委会开展工作,造成正式组织的职能虚化。乡村政社分离后,新设的村委会同原有组织相比较,行政协调能力弱化,这使得家族势力有可能以同宗家庭的利益保护者的面目出现,而且更受农民青睐。这种非正式组织游离于村委会之外,扮演着与"压力集团"类似的角色。显然,如何发挥宗族组织的正功能,抑制其负功能,是新世纪农村治理面临的难题。

　　第二,村民自治组织中存在的问题。① 村民自治是在人民公社解体以后,因为原有的乡村组织处于瘫痪半瘫痪状态,农村社会严重失序,而由农民主动创造出来的一种组织体制。这种农民创造的组织体制经过 1982 年宪法规定设立村民委员会,1987 年的《中华人民共和国村民委员会组织法(试行)》和 1998 年的《中华人民共和国村民委员会组织法》的立法过程,被

---

① 参见马长山:《村民自治组织建设的时代意义及其实践反差》,《政治与法律》1994 年第 2 期。

中央肯定而成为体制内的制度安排。作为中国民主政治建设的突破口和生长点,它既具有提高农民的民主意识,增强农民的民主能力的积极作用,同时,又有着国家主导下的民主的有限性。村民委员会是村民自我管理、自我教育、自我服务的基层群众性自治组织,在促进农村基层民主的同时,又存在着许多问题,这些问题集中体现在四个关系上:

首先,村民与村民委员会的关系。村民自治的组织形式是村民会议基础上的村民委员会,村民委员会由村民直接选举产生,它的设立、撤销和范围调整,必须经村民会议讨论同意。因此,村委会成为村民自治中的重点,它作为村民自治的组织机构,管理村中公共事务,同时也是村民与国家沟通的桥梁与中介。村民与村民委员会是选举与被选举、代表与被代表的关系。但是,现在的一些农村存在着被选举出来的村民委员会并不能代表村民利益的现象。这主要是由于一些程序性的规定不够完善、村委会组织法的贯彻实施缺乏司法保障和农村宗族势力的影响等原因造成的。正是因为村民委员会不能很好地代表农民的利益,使得农民从体制内找不到一个表达和维护其权益的组织,他们就很有可能在体制之外寻找解决问题的方案,甚至往往采取集体性自发组织的方式与政府对话,如集体上访、集体静坐、集体请愿、集体抗税等,通过这种非常规化的方式来表达其权益要求,显然,这些方式是不利于农村社会的稳定的。

其次,村民委员会与村党支部的关系。村委会与村党支部的关系,实质上是基层民主政治建设与党的领导的关系。现实中,村委会与村党支部的关系有两种倾向:一是有的村委会不能自觉地接受村党支部的领导,把村民委员会引导村民自治同村党支部的政治领导和保障作用对立起来,加上有的村党支部班子涣散,使村支部起不到村级组织的核心作用;二是各种村级组织的权力过分集中到村党支部,甚至集中在村支部书记个人手中,村委会和村民会议的自治权力实际上被悬空。于是,如何正确处理二者的关系成为村民自治组织正常发挥作用的关键。1998 年 11 月正式颁布的《村民委员会组织法》第三条规定:"中国共产党在农村的基层组织,依照中国共产党章程进行工作,发挥领导核心作用;依照宪法和法律,支持和保障村民开展自治活动、直接行使民主权利。"这是处理村委会与村党支部关系的基本原则。但这一原则在现实生活中过于空泛,可操作性弱。在乡村级组织系统中,村民委员会的权力小于村支部,村内事务的大政方针由村党支部决定,村委会只是执行支部的决议。因此在制度安排上实际上就已经预设了农村基层组织的矛盾性关系。

第三,村民委员会与乡(镇)政府的关系。村委会与乡(镇)政府的关系,实质上是基层民主政治建设与政府行政管理的关系。在实际运作中,农村基层政权组织主要行使"下达"功能,"上传"功能十分有限,这样,他们的实际功能定位就是扮演管理者和控制者的角色,而非农民利益代言人和中介者角色。造成现实的农村基层组织唯上取向的原因,表面上是制度安排不完善,实质上则是在社会转型时期其被赋予了的矛盾性的功能要求:一方面,乡镇政府对村民委员会在农村社会生活中的工作在许多方面作了明确规定,村民委员会的工作要服从上级政府的指示、指令,要完成上级政府的各项指标,要服从上级部门的意志以完成协助行政的功能;另一方面,村委会要管理村里的事务,维护村民权益。因此,村委会被要求同时完成两种可能对立的功能。因此,在现代化进程中,当村民意志与国家意志发生冲突时,作为国家意志最基层代表的乡镇和村委会便会发现他们处处受到了村民的对抗,这种对抗可能导致国家意志在乡村的断裂,这种断裂必然会对国家力图控制急速变化的庞大农村社会的努力造成重大冲击。

第四,村委会与其他自治组织的关系。在某些农村,除村委会这个农民自治组织外,还存在其他的自治组织,如老年人活动中心、妇女协会等。现在的农民温饱问题已经解决,农业生产所需要的劳动时间随着生产力的提高又在减少,农民 2/3 以上的时间都是闲暇。为了让闲暇变得具有价值,一些自发组织起来的团体便会产生。这些团体刚产生时主要是针对解决如何丰富农村人的精神文化生活问题,但是在建立过程中,它们在经费来源、人员结构等方面会与村委会发生联系,并且在建立后,随着自身的扩张,活动范围就会与村委会发生矛盾,如何处理村委会与其他自治组织的关系问题,是村民自治过程中的一个新问题,尚没有引起足够重视。

从以上四方面的分析可以看出,村民自治在为中国的民主化奠定坚实农村社会基础的同时,具有其不可克服的自身弱点,必须重点解决这四个关系的问题,才能促进农村社区民主的进一步发展,摆脱发展的困境,为农村社区的现代化提供民主的环境。

③农村社区中的阶层问题。要科学地认识农村的社会结构,离不开对农民分化和农村社会分层的研究。在传统的农耕社会中,按血缘关系划分的等级是固定的、不变的。有不少学者研究过传统农村社会的阶层结构,费正清在《美国与中国》中指出,在中国乡村社会与国家的关系中,乡绅扮演着重要角色,是国家与农民的中间人,是乡村社会的实际统治者①;而明恩溥则指出,除"乡老"这样的头面人物外,乡村中还有地痞②;土地改革时,政府按农民原先掌握生产资料数量水平(即土地面积)将农民划分为四个阶级:地主、富农、中农、贫农。合作化特别是公社化后,农民不再掌握私有生产资料,而是共同地成为集体生产资料的主人,在相当长一段时间,农民之间在经济水平上表现出高度的同质化,几乎没有贫富差距,大家都是共同贫穷的公社社员。尽管还保留着土改时的阶级成分,但这一成分已经不具有经济分层的含义,而更多的是政治身份的标志。

改革开放后,等价交换、平等竞争等理性原则成为社会生活的准则,中国农村社会逐步打破了血缘等级而发生了分化,农村社会已经呈现出阶层化,并出现了一系列新的社会阶层。陆学艺等人根据农民所从事的职业类型、使用生产资料的方式和对所使用生产资料的权力三个因素,把农村社会分为10个阶层:农村干部、集体企业管理者、私营企业主、个体劳动者、智力型劳动者、乡镇企业职工、农业劳动者、雇工、外聘工人、无职业者。③ 邹农俭主张以社会分工为主标准,以社会地位的差别为辅标准,把农村的劳动人口分为农业劳动者、亦工亦农劳动者、乡村干部、乡镇企业管理者、知识分

---

① 徐勇等:《中国农村和农民问题研究的百年回顾》,《华中师范大学学报(社会科学版)》1999年第11期。

② 明恩溥:《中国乡村生活》,时事出版社1998年版。

③ 参见陆学艺:《当代中国社会分层研究报告》,社科文献出版社2000年版。

子、私营企业主、个体工商业主、雇工九大阶层。① 还有学者按照农民所从事的职业、占有生产资料的多少,把他们分为七个不同的社会阶层:农业劳动者、农民工、乡镇企业工人、个体劳动者、智力型劳动者、农村干部、无业者。因此,我们可以看出,经过二十余年的发展,世纪之交的农村社区社会阶层已经分化,社会结构出现了重大的变动。

农村社会群体的分化,松动了原来胶着、僵化的社会关系结构,使社会具有了多元性、复杂性,有利于整个社会结构的改善;打破了某一社会成员长期附着于某一阶层、某一社会地位的依附性状况,增强了社会的竞争性与流动性,从而形成了开放式的、动态的社会阶层结构;农村社会群体的分化同时也是利益的分化,这标志着民主政治过程的开始。但是,农民分化过程中存在着并引发出一系列问题,如果解决不好,会破坏农村社会的稳定。

首先,农业劳动者阶层规模过大,从而抑制了城乡社会一体化的进程。造成农业劳动者阶层人数众多的原因是多方面的,主要有:第一,我国二元社会结构原因。如前所言,我国是一个二元结构的社会,整个社会被分成城市和农村两个部分,农村向城市的社会流动有诸如户籍制度、福利制度等的制度限制,尽管现在户籍制度逐步放松,有利于农业劳动者阶层流动,但是相应的配套制度却并未跟上,使得农民的转移过程变得十分艰辛。第二,非农产业原因。农民阶层分化与非农产业发展具有很高的关联性,非农产业较发达的农村,农民阶层分化较快,专门从事农业生产的人数较少,而以第一产业为主的农村,农民阶层分化速度较慢,农业劳动者阶层规模过大。第三,城市经济原因。我国经济正处在由外延型经济增长向内涵型经济增长转型的过程中,即从强调生产要素的投入到强调技术、资本的投入,这个转变使得只有劳动力而缺乏人力资本与技术资本的农民工、乡镇企业工人能够向城市转移的人数有限,在一定程度上不利于农村社会阶层的分化。农业劳动者阶层规模过大的结果是:劳动力不能很快从农村转移出去,不利于城市化和城乡一体化进程;反过来,城市化过程滞后、城市与农村的断裂不

---

① 参见邹农俭:《社会学的视野》,社会科学文献出版社 2005 年版。

利于农业劳动者进入城市,不利于农业劳动者阶层缩小,从而减缓了农村现代化的速度。当然,按照贺雪峰及其他一些学者的见解,农民向城市的移动并不符合中国国情,城乡一体化不能以农民向城市的迁移作为基础。

其次,农村阶层结构变动表现出不稳定的特征,并随之产生边缘群体,从而不利于农村社区的稳定。农村经济和社会发展促使农民分化,但这种分化必然会随着全社会的经济状况、国家的政策变化等情况而发生改变,导致分化的不稳定性特征出现。同时,在分化过程中,一些不具有人力资本与社会资本的农民以及夹在制度之中的农民工转化为边缘群体。这些边缘群体由于被抛出社会结构之外而产生的被剥夺感很容易导致对社会的仇恨,这种仇恨情绪如果一经不法分子利用和组织或受到某些事件的激发,就会变成冲突行为,对农村社区的稳定构成威胁。①

再次,在农村阶层结构变动中,形成了新的利益格局,各利益主体之间的矛盾冲突使农村社区的社会矛盾呈现出更加复杂化的趋势。具体表现为:不同生产经营者之间、生产经营者与雇佣劳动者之间的收入差距进一步拉大,甚至出现了贫富悬殊现象;工农业产品剪刀差仍以较大幅度扩大,农业效益不断下降,农民的负担仍然过重;农村剩余劳动力人数急剧增加,失业半失业队伍扩大,社会利益冲突增多,犯罪率上升等。

复次,农业的基础地位受到影响。农村劳动力中素质相对较高者及青壮年劳动力纷纷离开土地,必然使农业的发展后劲和生长潜力受到影响。目前,农业经营的副业化在某些地方已经成为普遍之势,人均农业产值低下、经营农业收益不高、农业生产技术落后、农产品的品种结构和质量结构不适应市场的有效需求等,充分说明我国农业生产进一步发展所遇到的后劲不足的困难。

最后,农村人口的管理难度增加。农民的区域间迁移、城乡间流动、行业间选择等变动性因素,使原有农村的组织功能,如计划的制订和实施、农田基本建设、基础设施建设、乡村文化建设、社会安定、计划生育等方面的管

---

① 参见马振清:《社会变革中的困惑与选择:中国改革开放初期的阶层结构变化与价值取向研究》,东北大学出版社 2008 年版。

理大大弱化,农村基层组织日益失去其应有的作用和地位。

当然,农村社会阶层分化是必然的,是农村社区从传统迈向现代化过程中的必经环节,我们不能因为分化过程中产生的问题而抑制分化的进行,事实上,流动的现代性也导致我们无法阻止分化的进行。最为关键的是,在一种新型的价值观(如贺雪峰所言:不是以占有物质多少来确定人的价值,而是以人是否可以与自己的内心世界、与他人之间以及与自然之间和谐相处来确定自己的价值)难以建构起来的时候,我们必须认真对待阶层结构变动过程中的问题,加强农村社会各阶层的利益整合。

第三节　城乡一体化:中国农村社区的发展前景

中国农村历史悠久,地域辽阔,人口众多,是一个相对独立而又极其复杂的社会系统。农村社会变迁,对于中国整个现代性进程来说,具有十分重要的意义。农村发展是农村社会变迁的主要内容、主流方向和主体目标,而农村发展的总体趋势只能是农村城市化(城乡一体化)与社会现代化。

社区作为一个"微型社会",集中体现了社会转型时期的基本特点,并经历从传统社区向现代社区的转变。当前中国正处在一个前所未有的社会转型期,随着经济的发展,社会转型的持续进行,中国农村也必将经历旧的村落体系的破坏和新的农村地域社会的形成过程。

1. 现代化建设与农村社会转型

具体到农村社区,社会转型是指由传统社会向着现代社会、由自给自足的小农经济向着商品经济、由封闭半封闭社会向着开放社会、由单一的种植业结构向着多种经营的产业结构转变的过程。

中国20世纪八十年代以实行家庭联产承包责任制为突破口开始了农村经济改革,这一制度的实施,结束了多年来各级政府对农村基层生产单位的层层剥夺,从制度上保障了农民集体经济对生产资料和产品的所有权,从而极大地调动了农民的积极性和创造性,极大地提高了农村劳动生产率,农业生产的发展与农民收入的增加为农村社会转型提供了物质基础。随后，乡镇企业的异军突起，不仅推动了我国农村的工业化程度，而且加快了整个中国社会的工业化进程，促进了农村社会转型。虽然在随后的政策调整中，农村社会日益成为城市的附属，造成了严重的"三农"问题，但农村的现代转型已经具备一定的基础。

当前，中国农村社区发展以社会主义新农村建设为契机，不断加大统筹力度，以增加农民收入、提高农民文化生活质量、健全村民自治和农村服务体系，来推进农村社区全面发展，以适应现代化建设的需要。其中，最为关键的是要通过以上种种变革，提高农民素质，培养具有现代意识和现代观念的新型农民，作为农村社区建设和发展的主体，在推进中国农村社区现代化的过程中发挥根本性的作用。①

①以增加农民收入为中心，推进农村社区经济发展。农村社区经济发展的关键和评价指标都是农民收入的增加；要提高农民收入，建立现代农业体系，推进传统农业向现代农业转化，是重中之重。农业现代化指的是从传统农业向现代农业转化的过程和手段。在这个过程中，农业日益和现代工业、现代科学技术、现代经济管理方法相结合，并用它们来武装自己，同时加上资源配置方式的优化，以及与之相适应的制度安排，使农业生产力由落后的传统农业日益转化为当代世界先进水平的农业。

其中，农业机械化是农业现代化的基础，农业机械化即运用先进技术和先进设备代替人力的手工劳动，在产前、产中、产后各环节中大面积采用机械化作业，从而降低劳动的体力强度，提高劳动效率。生产技术科学化是农业现代化的动力源泉，即指把先进的科学技术广泛应用于农业，从而提高产品产量、提升产品质量、降低生产成本、保证食品安全。农业产业化是农业现代化的重要内容，即农业生产单位或生产地区，根据自然条件和社会经济条件的特点，以市场为导向，以农户为基础，以龙头企业或合作经济组织为依托，以经济效益为中心，以系列化服务为手段，通过实现种养加、产供销、

---

① 　鲁可荣等：《新农村建设的关键在于培养新型农民》，《安徽师范大学学报（人文社会科学版）》2007 年第 4 期。

农工商一条龙综合经营,将农业再生产过程的产前、产中、产后诸环节联结为一个完整的产业系统的过程。农业信息化是农业现代化的重要技术手段,即利用现代信息技术和信息系统为农业产供销及相关的管理和服务提供有效的信息支持,以提高农业的综合生产力和经营管理效率的过程;就是在农业领域全面地发展和应用现代信息技术,使之渗透到农业生产、市场、消费以及农村社会、经济、技术等各个具体环节,加速传统农业改造,大幅度地提高农业生产效率和农业生产力水平,促进农业持续、稳定、高效发展的过程。劳动者素质的提高是实现农业现代化的决定因素。农业现代化必须由高素质的农民这一主体来推进,没有农民自身素质的现代化,要实现农业的现代化是不可能的,因为农业不仅要依靠现代的工业装备及先进的科学技术,而且还要依靠先进的管理手段在农业上的应用。而这些都要由农业生产的主体——农民来实现。反过来,随着农业现代化的进程,必然要求农民素质的提高,以使之同农业现代化的要求相适应,总之,农业现代化与农民素质是互相影响、互相促进的。

除了农业现代化建设之外,农村社区的建设还应该采取积极措施促进乡镇企业发展,同时为农民外出务工创造更好的环境,进一步实施扶贫战略,减少农村社区贫困人口数量,建立"以工促农,以城带乡"的长效机制,缩小城乡收入差距等。①

②推进村民自治,完善农村社区治理。村民自治是农村社区政治建设的核心内容和主要形式,是由广大农民直接行使民主权利,依法办理自己的事情,创造自己的幸福生活,实行自我管理、自我教育、自我服务的一项基本制度。民主选举、民主决策、民主管理和民主监督是村民自治的主要内容。在我国农村社区,村民自治发端于20世纪八十年代初期,始见于1982年我国修订颁布的《宪法》第111条,其中规定"村民委员会是基层群众自治性组织"。虽然已经过了三十年的探索和发展,但目前还存在内容发展不平衡、与乡镇政府及村党支部的关系未能真正理顺以及宗族势力对村民自治

---

① 参见马晓河:《要用新农村建设统领新时期的"三农"工作》,《经济纵横》2006第2期。

的干预等问题,因此,健全和完善村民自治,弱化外在力量对农村社会的控制,逐步建立一种适合农村社会发展的自主性治理模式,是我国当前农村社区发展的关键。

③提高农民精神生活质量,推进农村社区文化发展。在农业生产经营过程中,先进的生产工具靠人去创造,先进的科学技术靠人去摸索,先进的管理经验靠人去总结,先进的经营体制和运行机制靠人去应用。无论是增长方式的转变,还是生产绩效的提高,都是在人的主观能动作用下得以实现的。离开人,现代化是不复存在的。从这个意义上说,我们要实现的农业现代化,是以人为本的现代化。农民是农村社区建设和发展的主体,是农村现代化的核心和关键,农民的文化素质和精神状态是推动农村社区发展的重要保证,因此,在农村现代化建设过程中,要紧紧围绕提高农民文化素质水平和精神生活质量,来推进农村社区的文化发展。在加大经费投入的前提下,在知识教育和农业科技教育等基本保障下,要开展形式多样的文化传播活动,倡导健康文明的生活方式,培养农民的"现代意识",使他们成为新型的现代农民。英克尔斯曾经指出:"没有一个人必定永远限于他早年发展的态度、价值和行为方式。不论他开始时的教育使他多么传统,他后期生活经历可以弥补这些早年的损失。后期经历可以赋予他一直更大的个人效能,使他乐于接受新经验,增加他对个人计划的兴趣,改变他对妇女儿童的态度。简言之,他的后期经历可以把高度传统的人改变成相对现代的人。"①

④健全公共服务体系,推进农村社区社会事业发展。当前,中国农村社区社会事业发展缓慢,主要原因是政府公共服务的职能缺位、社会公共服务体系不健全造成的,因此,应以健全公共服务体系为中心,来推进包括义务教育、社会保障、医疗卫生在内的农村社区社会事业发展。②

总之,始于 20 世纪八十年代的中国社会经济改革,是以农村实行家庭联产承包责任制为突破口,由农村产业结构的调整与乡镇企业的崛起而引

---

① [美]阿列克斯·英克尔斯等:《从传统人到现代人——六个发展中国家中的个人变化》,顾昕译,中国人民大学出版社 1992 年版,第 403—404 页。
② 参见李炳坤:《扎实稳步推进社会主义新农村建设》,《中国农村经济》2005 第 11 期。

向深入的;随着农村商品经济的发展,建立农村社会主义经济体制体系目标的确立,农村改革再次被推向高潮,而这一次的农村改革,必将促进农村社会内部结构的分化与整合,以及城乡关系向着协调方向发展。

2. 城乡一体化与农村社会可持续发展

农村社会变迁总体趋势是农村社会现代化与城乡一体化。城乡一体化是指在社会生产力高度发展的基础上,城乡之间的本质差别逐渐消失,最终融为一体的状态或过程。这是一个城乡居民生产方式、生活方式和居住方式变化的过程,是城乡人口、技术、资本、资源等要素相互融合,互为资源,互为市场,互相服务,逐步达到城乡之间在经济、社会、文化、生态上协调发展的过程。城乡一体化,是一项重大而深刻的社会变革。不仅是思想观念的更新,也是政策措施的变化;不仅是发展思路和增长方式的转变,也是产业布局和利益关系的调整;不仅是体制和机制的创新,也是领导方式和工作方法的改进。

中国(海南)改革发展研究院赴挪威考察组在对挪威城乡发展的考察过程中,看到了城市和乡村在自然景观、基础设施和生活方式等各个方面已经完全一体化的社会景象:在挪威,城市里有田园风光,乡村中有现代生活。

据该考察组撰写的《挪威城乡协调发展考察报告》介绍,在挪威广阔的乡村旷野,处处是大开大阖、气势不凡的风景。沿着曲折的海岸线,在苍茫的森林和碧绿的湖面之间,点缀着古朴典雅的民居。高等级公路和公共交通延伸到每一个村庄或市镇,水、电、气等各种公共设施应有尽有。学校、医院、购物中心和休闲康体设施一应俱全。绿色的田野就像一幅精心绘制的水墨画,透射出活力和美感。挪威不仅自然风景美丽,而且社会生活各方面亦值得一提。透过一系列的统计数据,我们还可以更加精确、更加理性地了解挪威,了解这个历史上的"海盗之国",在城乡协调发展方面所取得的不凡成就。

从就业看,2002年在农、林、渔业中就业的人口占全体就业人口总数的3.9%,2002年进一步降到3.7%。从居民家庭收入差距看,挪威各地区居民家庭收入差距也已控制在较小的幅度内。2001 年,挪威的东部地区、西部地区和北部地区的家庭平均税后年收入分别为 314300 克朗、302600 克朗和 287400 克朗,上下相差的幅度控制在正负 5% 的范围内。在不同的居住类型地区,居民的家庭收入随着城市规模的扩大呈上升趋势,但是变化的幅度十分平缓。2001 年,居住在 2000 人以下的乡村的居民家庭年收入为 256900 克朗,而居住在常住人口 5 万以上市镇的居民家庭平均年收入为 316900 克朗。也就是说,大城市居民的家庭年收入与乡村居民的家庭年收入仅高出 23%,考虑到城市居民消费支出大于农村居民的情况,挪威农村居民的实际消费水平与城市居民相比已经没有差别。

从社会人文发展指标来看,挪威的城乡差别也已经降低到最小的程度。从 20 世纪 90 年代开始,挪威各种社会人文发展指标开始进入世界各国的前列。1998 年挪威的综合入学率达到 100%,成人识字率达到 99%,出生人口预期寿命接近 80 岁(其中女性 82.22 岁,男性 76.15 岁)。在这样的前提下,挪威的城乡居民在入学、就医和享受退休金保障方面已经没有明显的差别。挪威属于世界上为数不多的不仅向本国的全体国民,同时也向外国公民开放免费高等教育的国家之一。

在城乡居民平等地享受体育文化设施和其他公共服务方面,挪威所取得的成就同样令人钦慕。即使是在居民完全散居的乡村,服务半径在 5 公里以内的公共服务与休闲设施基本上可以包含有综合商社、电影院、游泳池、垂钓中心、滑雪场和足球场。

挪威的城乡协调发展不仅仅表现在不同居住类型的居民能够享受到完全相同或相近的经济收益、物质福利和生活设施;更为重要的是,他们可以享受相同的民主权利和发展机会。在挪威,有着非常简洁的政治架构和高度透明的政治运作,所有的公民均具有完全平等的社会参与机会并取得相当的社会参与能力。作为传统意义上的弱质产业和弱势群体——农业和农民,在挪威的政治舞台上有着相对强大的影响力。目前挪威王国议会中的四个主要政党分别是基督教民主党、社会民主党、社会党和中间党,而中间党的前身就是农民党。农民党在挪威政治舞台上的活跃程度和政治影响力令其本国的学者惊叹，更令不同文化背景下的外国学者感到"不可思议"。正是这种力量的倾斜，达到了资源分配的均衡和发展的和谐。

优美的自然环境、较少的农业人口、高度社会化的福利制度与设施以及平等的民主权利和发展机会，这样一幅美丽的图画也将会是我国未来农村社区的描写。但是这样一幅图画不会自己出现，它需要我们每一个中国人的努力。

挪威的经验表明，消除影响城乡协调发展的制度性缺陷是解决问题的关键。

从制度性层面解决中国农村发展滞后和农民贫困问题需要从以下几个方面着手：

首先要解决农民的土地财产权问题。对于大多数农民来说，土地是他们最重要，甚至是唯一可以资本化的财产，如果农民的土地财产权得不到实现和保护，他们在参与社会竞争的起点上就处于十分不利的位置。

其次，改革公共产品供给方式和推进财政体制改革。在现代化的过程中，市场经济容易导致"城市中心主义"倾向，公共产品和财政支出经常向城市倾斜。只有对不合理的财政体制实施改革，对城市和乡村实行统一的公共产品供给标准，才能从根本上消除城乡差别。

第三，提高农民的组织化程度。居住方式的分散和平均受教育水准的低下，容易导致农民由于组织化水平太低而丧失自己的权益，从而使这个群体在社会竞争中处于劣势。解决这一问题的关键，是鼓励和扶持农民建立可以真正代表自身利益的组织体系，形成社会资源分配的均衡机制。①

当然，中国社会具有深厚的传统文化积淀，社会发展尤其是传统农村社区的发展不可能完全复制北欧以及其他西方发达国家的发展模式，我们不能忽略传统力量与外部经验所具有的同等的重要性，从而在传统力量和新的动力相互作用下依靠民众去解决现实问题，达成理想目标。

尤为重要的是，中国农村社区发展一定要走可持续化发展的道路。可

---

① 中国（海南）改革发展研究院赴挪威考察组：《挪威城乡协调发展考察报告》，由詹长智先生提供。

持续发展以保护自然、保护生态环境为发展经济和社会的基础,通过资源的合理开发与利用以及环境污染的防治来协调人和自然的关系。

从可持续发展的观点看,农业现代化既是人类改造自然、征服自然能力的反映,同时也是人与自然和谐发展程度的反映。农业现代化的一个显著特点就是人工生态系统的产生及普遍存在。这种系统具有双层含义:一方面要求尽可能多地生产满足人类生存、生活的必需品,确保食物安全;另一方面要坚持生态良性循环的指导思想,维持一个良好的农业生态环境,兼顾目前利益和长远利益,合理地利用和保护自然环境和自然资源,实现资源永续利用。这是落实科学发展观,建立资源节约型社会的要求,也是统筹人与自然和谐的前提。

案例:农民是农村社区建设最大的受益者
——浙江农村社区建设观察

"这是投入180万元新落成的社区服务中心。"安吉县报福镇洪家社区主任钟劲松愉快地领着我们参观。在这座占地面积1000平方米的徽派建筑庭院里,生活服务会所、警务室、调解室、多功能教育室、党员活动室、医疗站等一应俱全。服务大厅里,墙上悬挂的电子显示屏,滚动播放着安吉县各企业的用工需求。一长溜桌上放着劳动就业、保障救助、卫生计生、文体活动、流动党员等指示牌,对社区居民的询问,工作人员有问必答,热情接待。

在钟劲松整洁的办公桌上,放着一份省委、省政府《关于推进农村社区建设的意见》文件。文件第二页中的一段被他用红笔划了好几条杠杠,这是关于农村社区的定义:农村社区是由一定的地域人群、按照相近的生产和生活方式、实行共同的社会管理与服务所构成的农村基层社会生活共同体……

"很显然,相对于城市社区建设,农村社区建设是一项全新的工作,它更强调地域和生产、生活方式的相近,这与城市社区有很大不同。"钟劲松对记者说,这个文件他已不知翻了多少遍,希望能从中找到更多农村社区工作的创新方法。

浙江率先破局

2006 年 10 月,党的十六届六中全会上提出"全面开展城市社区建设,积极推进农村社区建设,健全新型社区管理和服务体制,把社区建设成为管理有序、服务完善、文明祥和的社会生活共同体"。这是中央首度完整提出"农村社区建设"要求。而在此前,我省已在 11 个县(市、区)的 46 个村部署开展了农村社区建设试点工作。

农村社区建设是统筹城乡发展、全面推进新农村建设的重要抓手,但又是一项全新的工作。怎样建设农村社区,农村社区如何作为,浙江各地在摸索中推进,在试点试验中积累经验。

2008 年 11 月 7 日,省委、省政府召开全省农村社区建设工作会议,由此,拉开了全面推进农村社区建设的序幕。随后下发的《关于推进农村社区建设的意见》,明确了农村社区建设的指导思想、基本原则、主要任务以及保障措施,在全国率先形成了系统的农村社区建设制度体系。这份开创先河的文件,得到民政部的充分肯定,并向全国作了推介。

我省各地各部门认真贯彻省委、省政府的决策部署,坚持把农村社区建设作为统筹城乡发展、全面推进新农村建设的重要抓手,制定实施方案,营造工作氛围,增加资金投入,加快设施建设,增强服务功能,形成了"党政领导、民政牵头、部门配合、社会参与"的工作格局,农村社区建设呈现良好的发展势头。

依照"一村一社区"、"几村一社区""一服务中心多服务站点"的形式,浙江各地依托村级办公服务场所,整合利用农村闲置的礼堂、校舍、仓库、民房等资源,实施必要的改建、扩建或新建,来建设社区服务中心。每个社区服务设施的布局和建设规模,都将根据经济条件、人口规模和乡风民俗等因素,因地制宜,合理确定,总的建筑面积一般不少于 350 平方米。

据悉,浙江将争取用 5 年时间,在全省建立起集管理、服务、教育、活动等功能为一体的农村社区服务中心 16200 个。其中,乡镇社区服务中心

1200 个、村级社区服务中心 15000 个,逐步形成以综合性社区服务中心为主体、室内外专项设施相配套的农村社区服务设施体系。2009 年一年,我省已经挂牌建立了 6000 个村级社区服务中心。

财力保障有效推动了农村社区建设。据统计,2009 年全省财政对农村社区建设累计投入达 2.8 亿元,福利彩票公益金投入达 7600 万元。各市、县(市、区)都出台了财政保障的政策措施。义乌市 2009 年安排了 550 万元专项财政经费,采用"以奖代补"形式,对农村社区服务中心达到规范化建设标准的,每个一次性给予 5 万元资助;同时安排福利彩票公益金 300 余万元,对配套建设的"星光老年之家"每个给予 2 万元补助,各镇、街配套资金补助累计有 300 余万元。

同时,宁波、湖州、衢州等地还积极探索村企结对、部门帮扶、社会资助等方式,促进农村社区建设投资主体和筹资渠道的多元化。

农民获益多多

"小张,帮我申请办理合作医疗。"

"没问题,你带上户口簿、身份证和本人 4 张照片交社区服务中心,我们帮你交市医保办办理。"

这是临安市上田村社区服务中心里的一幕,前来办事的村民络绎不绝。一并落成的卫生服务站,让农民不用再急急忙忙赶往几十里外的乡卫生所排队看病了,卫生服务站还提供低保便民服务,可以直接报销医疗费。

同样在宁波北仑区九峰山社区,尽管是周日,社区主任张科杰的办公室里,来找他办事的人还真不少。尽管忙碌,他心情却很好,"村民把社区当成自己的家了。"

省民政厅基层政权和社区建设处副处长王应有说,社区服务中心的功能一方面来自乡镇街道便民服务中心部分职责的下延,如劳动就业、社会保障等,一方面是各村部分职责的上延和补充,如综治保安、公共设施维护和精神文明共建等。

在宽敞明亮的诸暨市五泄社区服务中心,社区主任朱理均介绍说,服务中心实行一站式代理制,工作人员为村民提供生产生活、文化、卫生、政策等七大类服务,并受理、代办群众要求办理的相关事项。"包括户口申报、证照补办、医疗保险证明开具等,都可以在村民服务中心办理。"

"以往办事要先找组长,再找村主任,然后还得去镇里,现在办事只需到社区服务中心,交上材料,一站就能搞定。"一位在现场办事的村民直说"方便"。

探索仍在进行

据记者了解,经过三年多的实践,浙江探索出不少农村社区治理新机制。杭州市余杭区、宁波市北仑区和慈溪市、绍兴诸暨市等地积极探索建立社区共建理事会、和谐促进会等新型社区治理组织,着力培育服务性、公益性、互助性社会组织。镇海区建立了"3＋3＋1"的组织体系,即在原村党组织、村民委员会、村经济合作社的基础上,新建外来流动党员党支部、外来人员服务站、和谐共建理事会3个组织,并将区、镇(街道)政府管理职能延伸、重心下移,建立社区工作站,积极推动农村社区化管理,有力完善了农村社区党建工作体系。宁波市还尝试采用群众满意度调查、"第三方评估"形式,对农村社区服务中心建设和运行情况进行绩效评估。

北仑区九峰山社区和谐共建理事会就是成功例证。该社区总面积近21平方公里,内有9个村、3支驻地部队和100多家企业,新老居民超万人。由于村委会组织的自治属性,难以管理服务外来人员。九峰山社区开始培育发展和谐共建理事会,理事会成员包括村干部、村民和外来人口代表、企业和民间组织负责人等。这种共建形式已经开始发挥作用。目前,已有6家企业计划在几年内筹措资金近亿元,用于公益设施建设和农业项目开发。与此同时,村民代表和外来村民也通过理事会这个组织表达利益诉求、参与社区事务的管理,共谋农村社区发展大计。

"接下来,社区还将组建志愿者协会、农业经济协会、商业协会、旅游协会、花卉协会等,让更多的社区居民投入到社区共建中来。鼓励和支持各类组织、企业和个人兴办农村社区服务业,提供购物、餐饮、家政服务、维修、中介等社区服务,满足社区居民多层次、多样化的生产生活需求。"九峰山社区主任张科杰说。

　　一位农村问题专家对记者说,农村社区建设的实质在于顺应城乡一体化发展需要,通过重构农村社区组织、完善农村社区管理服务,有效增加农村社区公共产品和服务供给,引导广大农村居民群众共建共享富裕、民主、文明、和谐的美好新家园。(作者:叶慧,来源:人民网)

第七章 虚拟社区:中国现代性的流动景观

计算机不再只和计算机有关,它决定我们的生存。

——尼葛洛庞帝

个体的、隐私的、分割知识的、应用知识的、"观点的"、专门化目标的时代,已经被一个马赛克世界的全局意识所取代……在这个世界里,空间和时间的差异在电视、喷气飞机和电脑的作用下已经不复存在。

城市不复存在,惟有作为吸引游客的文化幽灵。任何公路边的小饭店加上它的电视、报纸和杂志,都可以和纽约巴黎一样,具有天下在此的国际性。

——麦克卢汉

第一节 现代电脑技术的发展与数字虚拟社区的出现

虚拟社区,又称虚拟社群、网络社群、电子社群或电脑社群,是互联网的使用者彼此互动之后产生的一种新的社会区域。

显而易见,数字虚拟社区的出现和人类的科学技术进步密切相关。

科学技术是人类的一种社会活动。科学指的是知识,实事求是的知识,《不列颠百科全书》对"science"的解释是:"任何涉及到真实世界和它的现象的知识系统,这一知识系统需要无偏见的观察和系统化的实验。"可见,科学首先指对应于自然领域的知识,经扩展、引用至社会、思维等领域,如社会科学。它涵盖两方面含义:致力于揭示自然真象,而对自然作理由充分的观察或研究,是运用范畴、定理、定律等思维形式反映现实世界各种现象的本质和规律的知识体系,是社会意识形态之一。可以简单地说,科学就是讲求证据,逻辑严密,是如实反映客观事物固有规律的系统知识。技术指通过改造环境以实现特定目标的特定方法,是从科学到生产的中间环节,是把科学理论转化为生产力的桥梁,技术来源于实验经验的总结和科学原理的指导。

如果说科学的任务是认识世界,那么,技术的任务是改造世界。作为人类的一种社会活动,科学技术活动和其他类型的社会活动,如经济活动、政治活动、军事活动、教育活动、思想文化活动之间,存在着广泛而又深刻的互动关系。科学技术与社会的互动,从总体上看是一种双向作用:一方面是科学技术能对其他社会活动产生的影响作用,即科学技术的社会功能;另一方面则是其他社会活动对科学技术的制约作用,即科学技术发展的社会条件。人类进入现代社会以来,科学技术与社会的互动主要表现为前者。

1. 现代性：技术进步与社会革命

从人类的历史发展来看,科学的诞生和技术的应用几乎和人类自身进化发展的历史一样久远。考古发现,大约距今 30 万年前,原始人就在制造石器的过程中,开始了认识自然、改造自然的实践活动。在距今一两万年前,原始人发明了新的劳动工具——弓箭,又发明了摩擦生热的制火技术,还用火炼制粘土,发明了制陶技术;用火熔化铜和铁,制造出金属农具。这一切使人类结束了多年迁徙不定的生活,进入自给自足的农业社会,从而开始了人类五千年的文明史。

如上所言,科学指的是知识,实事求是的知识。西方的文艺复兴运动在解放人的理性的同时,打破了中世纪神学对科学的压制,推开了近代科学殿堂的大门,科学主义思潮随之产生了。科学主义和科学是两个不同范畴的概念,它是指认识论和科学哲学中的一种思潮或运动,《韦伯斯特百科词典》对"scientism"的解释为:"科学主义指一种信念,认为物理科学与生物科学的假设、研究方法等对于包括人文与社会科学在内的所有其他学科同样适用并且必不可少。"

科学主义的这种信念源自启蒙主义，成于实证主义。17世纪英国哲学家培根的名言"知识就是力量"成为后世科学主义者一个常用的口号，其中"知识"被理解为"科学"。洛克继培根之后，提出人类知识论。牛顿理论使人看到了科学在阐释世界方面的理性力量，宗教对自然的阐释逐渐让位于科学。19世纪，科学完成了数学、物理、化学、天文学、地学和生物学所谓六大学科的综合，并形成了以数学为基本语言，以实验为基本手段的庞大的演绎体系。

随着科学的发展和科学向技术的转化，人类社会的生产力得到了极大的解放，人实现了对物质的可操作性，进一步满足了人的物质需求。技术的发生原本已经具有很长的历史，可以说，从人类的早期起，技术就和宇宙、自然、社会一起，构成人类生活的四个环境因素，几千年来，它在很大程度上改变了社会的面貌。英文中的 technology（技术）一词由希腊文 techne（工艺、技能）和 logos（词，讲话）构成。在古代，技术和科学是分开的。科学知识专属于贵族哲学家，技术则由工匠掌握。中世纪后，商业快速发展，社会的经济交换活跃，促使科学和技术互相接近。Technology 一词17世纪出现在英文中，当时还是仅指各种应用工艺。到19世纪，技术逐渐以科学作为基础，并因此进入新的发展时期。到20世纪初，技术的含义逐渐扩大，涉及工具、机器及其使用方法。直到20世纪后半期，技术的定义才开始采取目前的内容。技术作为人类改变或控制其周围环境的手段或活动，是人类活动的一个专门领域。

在技术满足人的物质需求这一物质主义的世俗利益面前，唯科学是从的科学主义开始占据了人类的理性殿堂，科学被认为反映了自然的本质规律，是绝对正确的客观真理，它也是求得真理和有效地控制自然界以及解答个人及其所在社会中各种问题的一种正确途径，经验科学和数学科学是解决普遍问题的一种模式，也是世界无限完美的一个象征。由此，科学理性和技术理性占据了人类理性的支配地位，人的理性成了科学的理性，科学成了理性的代言人。科学成为最高的判断标准，人们甚至用科学的标准来衡量人类其他文化成果，如文史哲、政治、经济、法律等，要求这些人文学科具有科学一样的严密性、准确性、可预测性。

①中国传统文化中的非科学主义倾向。

发端于农耕生产方式的中国古代文明，实际上是非常缺乏科学精神的。由中国传统的生产方式所形成的直觉的、圆融的思维方式影响并催生了因循的、保守的民族性格，中国的文化传统表现出明显的非科学主义倾向。西方文艺复兴后近代自然科学诞生并迅速发展之时，我国仍处于古代传统科学理论阶段。西方工业革命后广泛采用大机器生产和利用蒸汽为动力，世界进入"蒸汽时代"，我国仍基本处于手工工具生产阶段。虽然我国古代的科技成就曾经远远领先于世界各国，但在非科学主义思想倾向的影响下，到了明清时期我国传统科技由先进转向了落后。可见中国传统科技和近现代西方的科学主义思潮存在着极大的区别，这些区别可以总结为：传统科技重经验，近代科技重实验；传统科技重综合，近代科技重分析；传统科技重实用，近代自然科学重理论。

具体说来，中国传统科学是经验科学、描述科学，主要是把人类同自然界长期斗争的丰富经验记录下来，经过积累、整理，逐渐使之系统化。而近代科学把系统观察和实验同严密的逻辑体系结合，形成以实验事实为根据的系统的科学理论。传统科技着重于全面观察现象，并对这些现象进行整体综合。实际上，最早发现哈雷彗星的国家是中国，从春秋至清末，中国古代文献中共记载了31次哈雷彗星的出现，但却没有中国人分析研究其平均出现的周期，结果英国人哈雷发现了其中的规律，此星因此被命名为哈雷彗星。西方的近代科技善于分析法，17世纪英国哲学家弗兰西斯·培根把西方民族长于分析的实践上升到科学方法论的高度加以阐明，从而给西方近代科学提供了有效方法和明确方向。另外，传统科技大多来自于对人们生产经验和所观察到的自然现象的简单总结，实用性强，能直接指导人们的生产和生活，现代科学注重用逻辑方法对这些经验材料进行整理，作出理论概括和系统分析。

可见，虽然我国古代科技发达，但并不能说明中国传统文化中具备现代的科学主义精神，恰恰相反，中国传统文化中表现出明显的非科学主义倾向。主要表现为：

其一，主流意识形态推崇道德化的实践理性，贬损世俗化的工具理性。

中国古代思想学家以"内圣外王"、经世致用为鹄的，先秦诸子百家均视科学技术为末道，或不屑为之，或持明确的排斥态度。儒家"祖述尧舜，宪章文武"①"它对于科学的贡献几乎全是消极的。"②社会的政治人伦是儒家学说的全部内容，亦是儒家教育的全部内容。孔子一生的活动可以说是在推行"德治"，恢复周礼，他所追求的是在封建官僚体制之内实现社会正义，他要培养的是品德高尚、精于治国安邦之道的君子和政治家，而不是只通晓某种特殊技艺的"器"，正所谓"君子不器"（《论语·为政》）。所以孔子主张"志于道，据于德，依于仁，游于艺"（《论语·述而》）。显然，实用科学与技艺解决不了人安身立命的基本问题，人，要潜心于仁义道德的研究，以此为安身立命的根据，而对于实用技艺，只要游乎其间就可以了；孟子把人分为"劳力者"和"劳心者"，是从社会分工的角度贬低对实用科学和技艺的研究。所谓"劳心者治人，劳力者治于人；治于人者食人，治人者食于人，天下之道义也。"显而易见地把体力劳动者置于脑力劳动者之下。被后人捧为"千秋帝王之师"、"万世人伦之表"的孔子和"亚圣"孟子对科学技术的轻视态度对后世产生了巨大影响。荀子尽管提出过"制天命而用之"的著名命题，但他以弘扬孔孟之道为己任，对科技依旧持不屑为之的态度。在他看来，"治曲直"、"辨治乱"、"治人道"（《荀子·解蔽》）之学才是有用之学，这是注重经世致用、轻视科学研究的典型言论，代表了儒家对科学研究的一般看法。儒学作为封建官僚主义正统思想和主流意识形态，对科学技术的轻视态度对后世的影响可以想见。

以"自然无为"为其价值取向的老子依旧把他的哲学理论建构在"君王南面之术"上，他主张"绝圣弃智"、"绝仁弃义"、"绝巧弃利"、"绝学无忧"（《老子》二十章），庄子承继了老子的衣钵。《庄子·天地》中的汉阴丈人拒绝使用机械，声称"有机械者必有机事，有机事者必有机心。"这正是道家

---

① 《中庸》第三十章。
② 李约瑟：《中国科学技术史》第二卷，科学出版社、上海古籍出版社1990年版，第1页。

对待科学技术的典型态度。虽然李约瑟认为道家发展了东亚的化学、矿物学、植物学、动物学和药物学，对中国科学史来说至关重要，但他亦不能不承认："他们未能对实验方法达到任何明确的定义，或把他们对自然界的观察加以系统化。他们是如此之迷恋于经验主义……"①诸子百家中，墨家是唯一具有科学精神的学派。李约瑟认为后期墨家致力于建立一种可作为实验科学基础的思想体系，"可惜的是，他们只可说是在摸索。"②不可否认的是，《墨子》一书所记载的对自然科学和应用技术的许多研究成果，代表了当时科学技术的最高水平。令人遗憾的是，中国封建社会最后的官僚意识形态和社会结构体系由儒家和法家原则构成，尤其是西汉"罢黜百家，独尊儒术"，儒家定为一尊，在中国古代文化中长期占据主流，形成中国古代科技文化的传统。墨家所开创的科学精神和独到的科技理念，淹没在历史的长河当中。

另外，我们知道，科学以自然为研究对象，其目的是增强人利用自然和改造自然的能力，从而创造更多的物质财富。而儒家正统学说却是重义轻利的，这种精神和科学的目的刚好相反。孔子说得很明白："君子喻于义，小人喻于利"，"君子谋道，小人谋食"。在儒家看来，义与利是对立的：义乃是人的根本，是最要紧的；而利是人欲的表现，是低级乃至丑恶的东西。儒家的义利观也决定了他们对实用科学的基本态度。

儒学作为封建社会名教化、官学化的意识形态，孔孟的这种轻视、贬低实用科学和技艺的非科学主义倾向一直"泽被"后世。北宋大儒朱熹虽然提出"格物致知"之说，认为通过接触具体事物可以获得有关"理"的知识，但"格物"的目的是为了"明理"，他最终把"格物致知"归结为"穷天理，明人伦，讲圣言，通世故。"可见，理学研究远远高于实用科学和技艺的研究，把握做人的道理和根本远比对具体事物的研究重要。一代又一代的中国读书人，就是在儒学道德化的实用理性指导下，热衷于钻研古代的礼仪制度、道德学说，视实用科学为"雕虫小技"。"学而优则仕"，他们一旦为官作宦，

① 李约瑟：《中国科学技术史》第二卷，科学出版社、上海古籍出版社1990年版，第175页。
② 李约瑟：《中国科学技术史》第二卷，科学出版社、上海古籍出版社1990年版，第203页。

更是左右和决定了整个中国社会的思维习惯和价值取向。

其二,天人合一的自然主义世界观遏止了对自然的客观认识。

蒙培元先生在《中国哲学主体思维》一书中阐明,中国哲学主体思维乃是认知、情感、意志、实践的统一,而其核心乃是"人生的意义"。具体说来就是,在天人合一的框架内,围绕人与自然的关系问题,以理想道德人格为中心,通过自我反思,获得人生和世界的意义;通过主体的情感体验活动,确立主体的存在原则。它是一种以自我实现的主体实践为根本途径的经验思维,就其终极意义而言,它通过超越感性自我,达到主客内外合一、天人合一的精神境界。

儒家学说作为官方的正统学说,实际上是一种伦理哲学、实用性的道德哲学,它所探讨的主要对象,是社会秩序和社会正义问题,是人与人之间的相互关系,人的道德修养,人的境界问题。

道家虽然提出了自然主义的世界观,建立起初步的天人相分的观念,但在天与人的关系上,它要求人无条件地回归自然、顺应自然、服从自然,在身心各方面向自然认同,再超越天人的相分。老子主张"人法地,地法天,天法道,道法自然"(《老子》二十五章),要求人的社会秩序师法、顺应物的自然秩序。庄子主张齐物我,泯生死,要求人与自然冥合,力图超越贫富、贵贱、美丑、善恶、是非的种种对立,达到物我合一、主客一体的人生境界。因此道家的自然主义并没有导向人对自然的探索精神。

与此相反,西方社会从早期海上的历险生涯和天人对立的关系中,产生了认识自然、征服自然的欲望,自然被理解为人类的对立面,是人去认识去把握的文本、去征服去掠夺的对象,人要穷尽毕生的智慧、精力和激情去探索、征服和改造自然。

两相比较,追求天与人的相通、相类和统一,追求天与人的协调、和谐与一致的中国哲学,显然不利于现代科学观念的涵育和科学主义意识的形成。

另外,前文所述之中华民族在农耕的生产方式基础上培育起来的重直觉、重了悟、重整合,轻视逻辑、论证与分析的思维方式同样不利于科学精神的形成。曾子的三省吾身,庄子的"心斋"、"坐忘"、"慎独"等范畴,其共同特点是对心灵感受和直觉顿悟的强调。《大学》中所言："格物而后知至，知至而后意诚，意诚而后心正，心正而后身修，身修而后家齐，家齐而后国治，国治而后天下平。自天子以至于庶人，壹是皆以修身为本"，即中国哲学作为实用性的伦理哲学、道德哲学、心灵哲学的最佳诠释。

中国传统文化正是在这种非科学主义的思想倾向指引下，产生了大量以实用性为主要特征的辉煌的科技成就，但却没能形成与此相应的科学理论，没能培育与此相应的科学主义意识。而西方社会的天人相胜观念由来已久，自文艺复兴推翻神学权威之后，极大地张扬了科学理性、工具理性和人的创造能力，自然科学技术飞速发展，在短短几百年的时间里，积累的物质财富大大超越于人类以往几千年历史中所积淀的全部物质财富的总和。当西方人在工业文明的大道上跑步前进之时，我们的古老帝国依旧在传统的农业文明的醋缸里做着"万世一系"的美梦。当清王朝的大门被英殖民势力轰开之时，朝廷上下居然会一律把西方的先进技术视为"淫技奇巧，乱人心脉"。

正因为如此，中国传统社会的知识分子，貌似博学多才、满腹经纶、忧国忧民，实则既不能真正体察民意，又对科学一窍不通，只能投身于专制朝廷充当政治工具。"农不知科学，故无择种去虫之术。工不知科学，故货弃于地。战斗生事之所需，一一仰给于异国。商不知科学，故推知罔取近利，未来之胜算，无容心焉。医不知科学，既不解人身之构造，复不事业药性之分析，菌毒传染，更无闻焉。惟知附会五行生克寒热阴阳之说，袭古方以投药饵，其术殆与矢人同科。其想象之最神奇者，莫如'气'之一说，其说且过于力士羽流之术。试遍索宇宙间，诚不知此'气'之果为何物也。"①农、工、商、医均不知科学，这确属中国传统知识分子的真实状况，陈独秀的描述并不夸张，中国传统文化可以说是一个重视伦理研究而不屑于自然探究的文化系统，这个系统存在明显的非科学主义倾向，这是近代中国科学技术落后的根本原因所在，也可以说是中国在近代只能被动挨打、遭受西方列强侵略欺凌

---

① 陈独秀：《独秀文存·敬告青年》，安徽人民出版社1987年版。

的重要原因。

综上所述,生成于我国远古先民因为地缘条件的影响而选择的农耕生产方式,维护了中国几千年宗法制的中央集权的政治体系的中国古代文化,和古老中国曾经以为千秋万代的光荣和梦想相依相伴、共生共荣。然而,正因为它的内核缺乏逻辑的、分析的科学精神,导致进入近代以后,在西方国家大踏步前进的时候,中国却变得步履蹒跚、举步维艰。"中国落后了",一个辉煌的文明在近代社会失去了活力,沉重地低下了它一向高傲的头颅。好在在没落和衰亡的命运面前,中国人依然保有顽强的生命力,他们中的一些有识之士,反思中华文化的痼疾,学习西方文化的优长,提出了许多救亡图存的主张。从五四新文化运动以来一直高扬的科学和民主的大旗,凝结着一个民族最根本的利益诉求,深入国民的心灵。一批政治精英和一批文化精英就这样摸索着,带领中国穿越了一段苦难深重的风雨历程,一直走到了今天。如今,老大中国已经走完了它风雨飘摇、颠沛苦难的近代历程,当代中国正以主动的心态、开放的姿态进入全球一体化的话语,走向现代化的进程。虽然现代文明未必就是终极的文明形态,科学主义遭遇到前所未有的危机和困境,各种反科学主义思潮方兴未艾,蔚为大观,但终归,反思和总结近代中国的这一段历史,并由此反思和总结中国传统文化非科学主义的内在精神,对我们更好地走向现代化是有所裨益的。

当然,中国在发展技术方面有着悠久的历史和突出的贡献。直到宋朝之前,中国的技术水平曾长期处于世界的前列。不过,在现代技术的发展史上,西方国家走在最前列。对此,爱迪生做出了巨大贡献。他建立了世界上第一所研究实验室,使科学和技术紧密结合,推动了二者的发展。1879年10月21日爱迪生所作的电照明实验,可以看作现代技术研究诞生的标志。20世纪中期以来,技术发展的速度越来越快。从1939年1月发现铀核裂变到1945年7月第一颗原子弹爆炸,仅有六年半时间。电子计算机出现以后引起人类社会生活各领域的变化则更为深刻。这些技术上的突破所引起的生产力飞跃被人们称为技术革命。

②技术进步与社会发展。

应该说,技术的进步促进了人类物质文明的发展,推动了人类社会的进步。但与此同时,技术进步也带来某些不良的影响,如环境污染问题日益严重等。不过从总体上说来,在人类五千年的文明史上,科学技术始终是一种在历史上起推动作用的、进步的、革命的力量,发挥着极其重要的社会功能,主要表现在提高人类的认知能力、推动经济发展、促进社会变革和协调人与自然界的关系等方面。

首先,科学技术对人类战胜迷信、愚昧,提高认识能力,对文化教育的发展,对改变人的精神和道德面貌,都能起到促进作用,这些就是科学技术认知功能的体现。因为科学是自然界本来面目的反映,它揭示了自然界的客观规律,从它诞生起,与迷信和愚昧就是不相容的。从近代欧洲文艺复兴起开始,自然科学就成为人们批判宗教迷信和旧的习惯势力,弘扬理性、解放思想的有力武器。人们通过学习、掌握和发展科学技术,不断提高自己认识自然界的理性思维能力,不断探索新的认识领域。其次,科学技术的发展改变着文化教育的内容,不断为教育提供先进的设备和手段,并且往往决定着教育改革的方向,从而为全面提高人类智能状况、开发人类的智力资源创造了条件。再次,在科学研究的历史过程中人们形成了尊重实践、实事求是、不迷信权威、追求真理、勇于创新的科学精神。这种科学精神随着科学技术的进步和晋级,对整个社会精神面貌和人们的道德观念都发生了深刻影响,大大推进了人类社会精神文明的发展进程,也就是现代性的进程。

其次,科学技术发挥着生产力的基础功能。近代资本主义制度的确立,新兴的资产阶级依靠科学技术进步,使社会生产力得到了前所未有的发展。19世纪中叶,马克思作出了"生产力中也包括科学"的精辟论断,并且说:"固定资本的发展表明,一般社会知识,已经在多么大的程度上变成了直接的生产力。"进而深刻地指出:"社会劳动生产力,首先是科学的力量";"大工业把巨大的自然力和自然科学并入生产过程,必然大大提高劳动生产率。"[1]马克思在历史上第一次揭示了科学技术的生产力功能。进入20世

① 《马克思恩格斯全集》第23卷,人民出版社1972年版,第124页。

纪后,科学技术逐步成为了生产力诸要素中的主导要素。尤其是第二次世界大战以后,科学技术已成为现代经济发展中最主要的驱动力。在中国实施现代性追求这一新的历史条件下,邓小平继承马克思的思想,于1983年极其深刻地指出了科学技术作为第一生产力的地位和作用,进一步阐明了科学技术的生产力功能。"科学技术是第一生产力",既是现代科学技术发展的重要特点,也是科学技术发展的必然结果。社会生产力是人们发现自然的能力。作为人类认识自然、改造自然能力的自然科学,必然包括在社会生产力之中。

再次,科学技术具有社会变革的功能。马克思曾经提出:"把科学首先看成是历史的有力杠杆,看成是最高意义上的革命力量",在历史上首次揭示了科学技术的社会变革功能。前面提到科学技术发挥着促进生产力进步的基础功能,而生产力的大发展本身就是社会变革的一个表现,而且它还是其他社会变革的前提和基础。生产力发展的结果,或迟或早会引起生产关系和社会制度的变革。近代欧洲科学技术的采用,使得在封建社会内部产生了新的资本主义生产关系,而且最终导致资本主义生产关系取代封建生产关系,资本主义制度战胜封建制度。显然,科学技术的发展给新的社会制度的产生奠定了物质技术基础。

最后,科学技术还具备生态调节功能。科学技术的发展大大提高了人类改造自然界的能力,但同时也出现了盲目使用这些能力,造成生态环境迅速恶化的趋势。从上个世纪中叶起,科学技术的负面效应逐渐显现出来。当代西方哲学因此走入死胡同。原子弹的爆炸、全球性的环境污染、生态环境的破坏以及能源危机使人们开始基于人与自然的关系问题对科学主义思想和信念进行反思。1962年雷切尔·卡逊的《寂静的春天》一书问世,意味着一种反科学思想——绿色主义或生态主义的诞生。现在,全球性的环境污染、能源危机、资源短缺已成为人类必须正视的严重问题。然而,科学技术的发展在理论上提供了认识这种严重后果,并自觉控制人类活动,使之朝着不危害人类生存的方向进行的可能。科学技术的生态调节功能,就是在掌握自然规律、正确认识人类对自然过程干预不当所引起后果的基础上,有计划、有目的地调节和控制人类改造自然的活动,应用科学技术防止和消除有害后果,有效地、充分地、经济地利用自然资源,维持生态平衡,创造一个适合人类生存和可持续发展的自然环境。当然,在具体实施的过程中,生态环境问题的解决并非充分发挥科学技术的生态调节功能就可以实现。

综上所述,技术进步发挥着重要的社会功能,现代性在某种程度上可以被理解为技术进步带来的社会革命。科学技术之所以在现代社会获得飞速发展,并成为社会发展的主导因素,是因为现代社会为科学技术发展提供了必要的社会条件。

首先,"科学的发生和发展一开始就是由生产决定的"。人类早期的生产活动,是产生原始科学知识和生产技能的源泉。近代科学技术的迅速发展也是由社会生产的需要所决定的,如18世纪的蒸汽技术革命,就是在英国大规模的世界贸易已发展到以人力为动力和手工劳动不能满足市场需求的时候发生的。在现代社会中,生产实践对科学技术的需求越来越迫切,要求也越来越高,从而不但促使了科学技术在20世纪的突飞猛进,还导致科学技术研究成为独立的社会事业和社会部门,研究方式也发生了根本性变革,由个人研究、集体研究转变为国家规模甚至国际规模的研究活动。

其次,社会制度制约着科学技术的发展。一方面,一定社会的政治和经济制度主要反映占统治地位的阶级的意志和利益。在历史上,科学技术成果总是被当时的统治阶级所占有、掌握和利用,并为巩固一定的政治和经济制度服务。另一方面,社会制度的变革往往为科学技术的发展扫平前进的道路。英国17世纪资产阶级革命的成功确立了资本主义制度,为英国成为近代科学革命的中心,以及18世纪发生的产业革命创造了良好的社会条件。近代日本在科学技术上的崛起,不能不说是同19世纪60年代明治维新导致的社会制度变革密切相关。而中国古代科技文明走在世界前列,到近代却大大地落后于西方了,这在很大程度上是由于腐朽而又顽固的封建制度桎梏了科学技术的发展。

最后,社会思想文化影响科学技术的发展。社会思想文化主要是指哲学和宗教思想、伦理道德观念以及文化教育等。这些社会因素对科学技术的发展往往起着相当重要的影响作用。现代科学技术之所以取得突飞猛进的发展,和17世纪英国培根和18世纪法国狄德罗等人的唯物主义哲学思想所提供的进步的世界观和有效的方法论密切相关。①

总之,在人类的历史上,当资产阶级夺取政权后,它最迫切的需要是发展自然科学和自然技术,向大自然开战,以便最有效、最迅速地增加其物质财富,增强其综合国力。因此科学技术取得了前所未有的巨大进步,但十分遗憾的是,西方现代化进程中向自然科学技术的片面倾斜,特别是对自然技术的滥用,在推动经济增长,迅速提高经济总量的同时,也带来了社会发展与经济增长、社会进步与人的发展的分裂与矛盾,社会陷于种种矛盾和危机之中。

2. 科学进步与现代电脑技术的发展

在中国古代,算盘是人们日常生活中常用的计算工具。关于算盘的发明,清代著名数学家梅文鼎在《古算衍略》中说珠盘之法,始于明初郭伯玉。钱大昕《十驾斋养新录》卷十七《算盘》条,据陶南村《辍耕录》有走盘珠、算盘珠之喻,证明元代已经有算盘。宋代张择端在《清明上河图》里面一家药店的柜台上放着算盘,可见宋代社会上算盘已经普遍使用。

根据清朝凌廷堪《校礼堂文集》卷三十二《书程大位(算法统宗)后》的说法,我国珠算的发明很早,东汉数学家徐岳在《数术纪遗》里就说:"珠算控带四时、经纬三才。"北周甄鸾注说:"刻板为三分,位各五珠,上一珠与下四珠色别,其上别色之珠当五,其下四珠各当一。"可见汉代已有算盘。②

算盘被认为是人类文明史上最早的计算机,并一直使用至今。

直到17世纪,计算设备才有了第二次重要的进步。1642年,法国人发明了自动进位加法器,1694年,德国数学家对此加以改进,使之可以计算乘

① 参见李茗公、叶青山:《治乱循环怪圈与文化因果报应——传统文化的"三大谜团"》一文,原载于2009年7月《炎黄春秋网》刊外稿。

② 英国李约瑟博士所撰《中国科学技术史》第三卷《数学》中,关于"珠算盘"一节也采取此一说法。

法。后来，法国人发明了可以进行四则运算的计算器。英国数学教授 Charles Babbage 设计了包含现代计算机基本组成部分的分析机，被视为现代计算机的真正起源。

在接下来的若干年中，许多工程师在计算机研究领域取得了重要的进步，总体上说来，现代计算机的发展历程如下：

第一代电子管计算机（1946～1957）

1946 年 2 月 15 日，标志现代计算机诞生的 ENIAC（Electronic Numerical Integrator and Computer）在费城公诸于世。ENIAC 使用了 18000 个电子管，70000 个电阻器，有 5 百万个焊接点，耗电 160 千瓦，其运算速度为每秒 5000 次。ENIAC 由美国政府和宾夕法尼亚大学合作开发，代表了计算机发展史上的里程碑。第一代计算机使用真空电子管和磁鼓储存数据，其操作指令是为特定任务而编制的，每种机器有各自不同的机器语言，功能受到限制，速度也慢。

第二代晶体管计算机（1957～1964）

1948 年，晶体管的发明使电子设备的体积不断减小。1956 年，晶体管运用在计算机中，导致了第二代计算机的产生。第二代计算机体积小、速度快、功耗低、性能更稳定。计算机中存储的程序使得计算机有很好的适应性，可以更有效地用于商业用途。在这一时期出现了更高级的 COBOL 和 FORTRAN 等语言，使计算机编程更容易。新的职业（程序员、分析员和计算机系统专家）和整个软件产业由此诞生。

第三代集成电路计算机（1964～1972）

1958 年工程师 Jack Kilby 发明了集成电路（IC），将三种电子元件结合到一片小小的硅片上。更多的元件集成到单一的半导体芯片上，计算机变得更小，功耗更低，速度更快。这一时期的发展还包括开始使用操作系统，使得计算机在中心程序的控制协调下可以同时运行许多不同的程序。

第四代大规模集成电路计算机（1972～现在）

大规模集成电路（LSI）可以在一个芯片上容纳几百个元件。到了上个世纪八十年代，超大规模集成电路（VLSI）在芯片上容纳了几十万个元件，

后来扩充到百万级。计算机的体积和价格不断下降,而功能和可靠性不断
增强。上个世纪七十年代中期,计算机制造商开始将计算机带给普通消费
者。1981年,IBM推出用于家庭、办公室和学校的个人计算机(PC)。

1984年,日本开始着手研制"第五代计算机"——具有人工智能的计算
机。目前还有"第六代"生物计算机的说法,但至今尚未发展成熟。

中国电子计算机的科研、生产和应用是从上世纪五十年代中后期开始
的。1956年,周总理亲自主持制定的《十二年科学技术发展规划》中,就把
计算机列为发展科学技术的重点之一,并筹建了中国第一个计算技术研究
所。此后,中国的计算机科学和计算机行业也取得了飞速的发展。①

3. 网络传播与数字虚拟社区的出现

随着科学技术的发展,尤其是信息技术的创新,人类的信息传播迄今可
分为五个阶段:口头传播阶段、文字传播阶段、印刷传播阶段、电子传播阶
段、网络传播阶段。

网络传播以互联网技术为基础。互联网技术指在计算机技术的基础上
开发建立的一种信息技术(Information Technology,简称IT)。有关互联网技
术的发展历程,此处不再详述,总之,该技术的普遍应用,是人类社会进入信
息时代的标志。

随着互联网的迅猛发展,网络传播也得到了飞速发展。简而言之,网络
传播其实就是指通过计算机网络的人类信息(包括新闻、知识等信息)传播
活动。网络传播是现代信息革命的产物,是指以多媒体、网络化、数字化技
术为核心的国际互联网络。作为一种全新的现代化传播方式,网络传播相
对于其他三大传播媒体即报纸、广播、电视而言,它有着截然不同的新特征,
那就是:以全球海量信息为背景、以海量参与者为对象,参与者同时又是信
息接收与发布者并随时可以对信息作出反馈,它的文本形成与阅读是在各
种文本之间随意链接、并以文化程度不同而形成各种意义的超文本中完成

---

① 参见彭兰:《网络传播概论》,中民大学出版社2001年版。

的。

自上个世纪六十年代互联网技术出现，至今已有近50年时间了。在这50年中，互联网从起初的连接几个实验室的小网络发展到了今天覆盖全世界、连接数十亿用户的巨型网络；用户群从当初的极少数科学家和相关专业人员，发展到今天几乎囊括了所有普通民众。可以说，互联网的出现极大地影响了人类的生活和生产方式，网络传播给我们的时代提供了最快捷、便利的传播方式。

互联网技术和网络传播对现代信息社会的巨大影响，随着数字虚拟社区的产生和发展，得到了更为明显的表现。虚拟社区为人们提供了一种新的交流方式、新的工作方式、新的购物方式甚至一种全新的生活方式，这种新的社会组织形式越来越显著地影响着传统社区中的每一个人。

最早提出"虚拟社区"这个概念的是美国学者霍华德·莱茵戈德（Howard Rheingold）。1993年霍华德在他的著名经典之作《虚拟社区》一书中指出，虚拟社区是指以虚拟身份在网络中创立的、由志趣相同的人组成的、均衡的、公共领域，这一社区是以共享的价值和利益为中心，将人群聚集在线上①。在霍华德之后，有许多研究者对虚拟社区进行了定义，如虚拟社区是通过既定领域内的不断联系，在虚拟空间中形成的社会关系；虚拟社区是具备四大特性的实体，即人的聚合体、合理的成员、虚拟空间的相互作用和社会交流过程等。尽管这些学者对虚拟社区的定义侧重点各不相同，但都一致同意使用"虚拟空间"这一关键要素来界定虚拟社区。

目前，国内对于虚拟社区同样没有形成权威和统一的定义。在中国最早提出"虚拟社区"这一概念的网易网站对"虚拟社区"下的定义是："虚拟社区也可称为CLub，包含的功能主要有公告栏、群组讨论、社区通讯、社区成员列表、在线聊天、找工作等。一言以蔽之，就是在网上提供现实社区所需的各种交流手段。"搜狐在"计算机与互联网 > 互联网 > 网上社区"分类中收录的站点，相当一部分也冠以"社区"、"俱乐部"、"家"、"村"、"园"、

---

① ［英］戴维·冈特利特主编：《网络研究——数字化时代媒介研究的重新定向》，彭兰等译，新华出版社2004年版，第285—299页。

"城"等现实中用于描述人类群体的名称,而这些站点所提供的功能与网易则是大同小异,所不同的只是各个站点面向的用户群体。

可以发现,"虚拟社区"实质上是通过网络技术,提供多种交流方式的系统或者系统集合。讨论区、聊天室这些网上交流方式是各个"虚拟社区"最常使用的,区别在于"虚拟社区"所提供的交流方式是多样的,各种交流方式之间不是相对独立的、而是相互结合(比如说,在使用各种交流方式时,一个用户使用同一标识符来标识自己的身份)。参照现实中的社区概念,可以认为"虚拟社区"是按照所使用的系统/系统集合进行划分的用户群体,比如同是某一站点的注册用户。

对于虚拟社区的界定,目前比较有代表性的观点有:虚拟社区,或称为网络社区、虚拟社群,它并非是一种物理空间的组织形态,而是由具有共同兴趣及需要的人们组成、成员可能散布于各地、以旨趣认同的形式作在线聚合的网络共同体。

另一种观点与之相反,他们认为,网络社区在网络社会中具有一般社区的实体表现:第一,网络社区是一个空间单位;第二,网络社区存在着一定的人群;第三,网络社区内人与人、人与群体、群体与群体的互动表现为合作、竞争、同化、冲突、适应等各种形式;第四,网络社区具有相应的组织对社区进行管理,同时,为社区居民提供服务,以满足社区居民的基本需要。

还有人认为网络社区具有二重界定性。一重界定的网络社区是着眼于现代社区建设中的物质标志,表明特定社区建设中所应具备的网络信息设备、网络信息通讯及网络信息使用等各种指标情况。二重界定的网络社区是着眼于跨越时间和地域限制的网络空间的形成,表明网络信息沟通对人类社会生活所产生的广泛影响。撇开第一重界定,按第二重界定来说,网络社区相当于虚拟社区,它们是同一的,因此这两个词常互相换用。

综合各类观点,我们可以发现当前人们对虚拟社区内涵的认识主要集中在以下几个方面:第一,虚拟社区是存在于网络中的"虚拟空间"。目前所有的定义都认为虚拟社区存在的空间应该在网络上,这点使得虚拟社区和传统社区区别开来;第二,虚拟社区的存在需要网络技术的支持。各种定义或直接或间接地强调了虚拟社区的存在和发展是基于电脑、网络等技术的产生和发展的,离开了技术的支持虚拟社区是无法存在的;第三,虚拟社区中讨论的内容或话题是产生于社区参与者本身,或者说是参与者驱动了社区,而不是虚拟社区服务供应商驱动社区;第四,各种研究一致认可,通过一段时间的群体交流,虚拟社区中最终会形成一种新型的社会人际关系。

总结以上讨论,我们认为虚拟社区可以定义为:虚拟社区是在基于信息技术支持的网络空间中,由网络参与者通过交流和互动形成的,具有文化认同和一定社会关系特征的共同体及其活动场所。虚拟社区由 BBS(Bulletin Board System,即电子公告牌)发展而来。BBS 是通过电脑来传播和取得信息的公告牌。世界上不同国家的人们,借助于国际互联网,都可以用电脑向 BBS 发送自己的公告(帖子)。在 BBS 基础上建立的虚拟社区,以共同的兴趣和利益为纽带,把身处不同国家的人们联结在一起,从而创造出一种虚拟的共同生活。

第二节 现代的生活模式与流动的社区景观

勒庞在《乌合之众》一书中这样表述:"目前的时代是这种人类思想正经历转型过程的关键时期。构成这一转型基础的是两个基本因素。首先是宗教、政治和社会信仰的毁灭。而我们文明的所有要素都根植于这些信仰之中。其次是现代科学和工业的各种发现,创造了一种全新的生存和思想条件。以往的观念虽已残破不全,却依然有着十分强大的力量,取而代之的观念仍处于形成的过程之中,现时代呈现为群龙无首的过渡状态……当我们悠久的信仰崩塌消亡之时,当古老的社会柱石一根又一根倾倒之时,群体的势力便成为惟一无可匹敌的力量,而且它的声势还会不断壮大。我们就要进入的时代,千真万确将是一个群体的时代。"①

1963 年,拉里·罗伯茨(Larry Roberis)设计了互联网络,最初只是为信

---

① [法]古斯塔夫·勒庞:《乌合之众》,冯克利译,中央编译出版社 2005 年版,导言第 3 页。

息的传播、资源的共享提供载体。当时他可能也没有想到网络的发展是如此根本地、迅速地改变了我们生存的这个真实的世界,自然他可能也从未想过基于他设计的网络虚拟社区成为人类在网络时代的一种全新生存模式。千真万确,在我们不断被现代性原子化之后,又重新进入到一个群体的时代。

1. 数字化生存:现代生活模式

实际上,虚拟社区得以形成基于两方面的因素:由"人机关系"引发的内在群体需求和由网络技术创造的外在客观条件。一方面,人们在以高速度获取丰富海量信息的同时,已不再满足于面对冰冷的 Internet 被动地接受信息,基于人性本能的对人与人之间交流的渴望、对温暖友情的期盼以及征服世界力做主人的欲望,促成了虚拟社区的诞生。在某种程度上,技术就是人体的延伸,正是人类不断滋生的内在需求扩大了网络的应用功能;另一方面,网络技术的发展又为满足人类的需求提供了可能性,正如埃瑟·戴森所言:"Internet 的优势之一,是它使超越地理限制去营造社区成为可能。"[①]

有人曾经担心计算机和因特网将会使人类的生活非人化,使人性被技术性主宰,从而逐渐形成一个缺少人际间的关爱和友情的模糊的世界,事实上,网络技术的出现却提供了人们互动的一种全新的手段,虚拟社区的形成缩短了人与人交往的空间,并重塑着当今时代的人文精神,正如尼葛洛庞帝所言:"在广大浩瀚的宇宙中,数字化生存能使每个人变得更容易接近,让弱小孤寂者也能发出他们的心声。""使人性本身在扬弃以前文明的基础上得到提升。""计算不再只和计算机有关,它决定我们的生存。""技术面貌出现的人性本身的胜利。"[②]总之,网络技术因为在一定程度上消解了人与技术之间的对立,所以它代表了未来方向;而虚拟社区就是作为网络为人类提供的一个崭新空间与交往环境,即人类的"另类空间"而出现的。

①虚拟社区的类型。

[①]　埃瑟·戴森:《2.0 版数字化时代的生活设计》,胡泳、范海燕译,海南出版社 1998 年版。

[②]　详见尼葛洛庞帝:《数字化生存》,胡泳等译,海南出版社 1997 年版。

虚拟社区的雏形，实际可追溯到 1984 年 Brand 和 Brilliant 创建的 The Well(Whole Earth Lectronic Link,全球电子讨论链),这是一种主要用来实现"虚拟邻里关系"的交互式讨论和协商模式。1990 年 Well 引进 Cyberspace(赛博空间)的名称,虚拟社区开始进入世人的视野。

毫无疑问,随着互联网技术的出现,虚拟社区得到了迅速的发展。从最初的电子公告版到新闻组,从网上聊天室到在虚拟社区服务器上构建自己的主页,一大群素昧平生的人由于趣味相投或者意见相近而经常在线聚会,"匿名"的乐趣和摆脱空间限制的信息交往自由,使众多参与者兴味盎然地在这个网络上构筑起交流个人经验、分享彼此兴趣的虚拟社区。随着虚拟社区的日渐成熟,人们开始大规模地在网上集结、传文件、讨论和聊天,使用者因此获得了真正社会交往意义上的网络传播的乐趣。与此同时,虚拟社区自身的扩张也极其迅猛。一个典型的例证是:1994 年由 David Bohnett 创建的 Geocities 社区网站,到 1998 年 3 月,其访问人次已达 1420 万,1999 年时,已拥有 350 万个会员站点。①

在中国,虚拟社区也是由 BBS 和新闻组起步的。通过 BBS 和新闻组,网民可以实现一种一对多或多对多的互动交流。1997 年 10 月,"网易"在国内第一个创建虚拟社区服务,"新浪"也随即宣布把虚拟社区作为主攻方向之一。而比较成规模的应用意义上的虚拟社区的出现,则是以 1998 年 3 月大型个人社区网站"西祠胡同"的创办,和 1999 年 6 月创办于美国硅谷的"全球华人虚拟社区"ChinaRen 的登陆为标志的。其中,"西祠胡同"成功地发展了以讨论版组群为主导的社区模式,而 ChinaRen 则第一次以聊天室为核心,开发了游戏、邮件、主页、日志等一系列的以用户为中心的服务内容。

由于地缘政治、意识形态、社会形态等方面的特殊原因,中国虚拟社区的发展速度和繁荣程度一直十分引人注目,它们大多发展成为全国性的多功能、立体化的社会交往空间。这些虚拟社区所涉及的分类主题和交流主

---

① 参见刘瑛、杨伯溆:《互联网与虚拟社区》,《社会学研究》2003 年第 5 期。

题,涉及了当代社会中实际发生的几乎所有重要现象和重大事件。正是在共同探讨相同和相似主题的过程中,虚拟社区加大了社会阶层的凝聚力,它们不仅体现为地区、人群、阶级的汇聚,有时甚至反映了民族情绪和思想观念的聚合。

发展至今,虚拟社区已经取得了巨大的成功,在不同的互联网发展阶段曾经引发全球性热潮的 BBS、Blog 和 SNS 社区都是虚拟社区的代表;从交友类社区 Facebook、MySpace 到消费型社区 eBay、淘宝到 QQ、MSN 等即时通讯社区再到各种专业论坛,用户只需要一线相连,就可以进入各类社区,随时随地享受聊天、交友、购物、工作以及休闲活动的乐趣。虚拟社区拥有巨大的网民基础,社区范围涵盖了生活中的各个领域。其潜在的经济价值和对人类传统生活方式的影响可以用巨大一词来形容。而虚拟社区发展的兴盛,也体现了 Web2.0 所强调使用者为中心的概念,通过社区成员彼此的分享与创作,使得网络的价值得到了更大的发挥。

当前的互联网上,虚拟社区有多种不同的类型,它们以各自不同的运作和服务方式聚集着一群群具有共同兴趣爱好和相似经历的人。

虚拟社区的类型可以从不同的角度对加以区分:①

第一,根据沟通交流的实时性,可以分为即时性社区和非即时性社区两类。即时性虚拟社区如 QQ 群和聊天室等,可以支持显示成员在线信息、即时传送信息、即时交谈、即时发送文件和传送语音网址等。而非即时性虚拟社区如 BBS、博客等,在这里,人们之间的交流讨论不要求立即得到回复或不用回复,人们只是说出自己的观点和感受。

第二,根据虚拟社区存在的时间长短,可以分为长期性社区和短期性社区两种。长期性虚拟社区就是围绕着一个较长期存在的客体对象而形成的虚拟社区,如校友录、一个校园的 BBS、名人博客等等,这类社区一般存在的时间都较长久。而短期性虚拟社区则是指围绕着短时间或是临时出现的事物而一时兴起的虚拟社区,这种社区一般在短时期内特别火爆,但也很容易

---

① 参见赵联飞、郭志刚:《虚拟社区交往及其类型学分析》,《社会科学》2008 年第 8 期。

人去楼空,淹没在茫茫网络中。比如随着一个电视节目的热播而在网络上出现的各种贴吧等,还有针对某则事件而展开的激烈的讨论等。

第三,根据进入社区的限制程度可以分为三类,一类是以校友录、企业TM群为例的,对于区外网民进入甚至浏览进行严格的限制,不是本班、本企业内的人员很难进入;第二类是类似大多数BBS、博客等,要求用户只有注册后方能参与进去;第三类就是类似于百度贴吧、各种聊天室、还有部分BBS,网民不需经过任何验证,就可以参与进去。

另外根据社区内容涉及的范围可以分为综合性的虚拟社区和专业性虚拟社区;根据社区的功能和性质可以分为交友社区、学术社区、娱乐社区等等多种类型的虚拟社区。

和我们给当前网络上存在的多种虚拟社区分出的类别无关,深受广大网民喜爱、有着广泛影响的虚拟社区主要有如下几种:BBS、聊天室、校友录、博客等。

BBS(Bulletin Board System)即电子公告系统,通称论坛,又名电子公告专板、留言簿、布告板。它是网络内容的提供者如商业网站和个人主页为上网者提供的自由讨论、交流信息的地方。换句话说,BBS是一个有多人参加的讨论系统,网民进入讨论区后,可以随意浏览该区其他访问者留下的文章、问题和建议,也可以发表文章或回复他人,这又被称为"发帖和回帖"。总之,在BBS上,大家可以对一个共同感兴趣的问题进行讨论,并且能与其他的人进行沟通。它是一种信息资源,是一种通讯方式,更是一种网络虚拟社区。根据BBS网站的性质及服务对象的不同,BBS可分为以下几种:校园BBS、新闻媒体BBS、商业BBS、专业BBS、业余BBS;根据BBS讨论的内容不同又可分为综合类BBS、专题类BBS。目前在国内人气比较旺的BBS,除了几个著名的高校BBS外,还有天涯BBS、百度贴吧、西路BBS等。BBS具有以下几个特点:(1)交流互动性强。用户可以就自己感兴趣的话题发表自己的观点看法,也可以就自己不懂的问题向别人进行咨询;(2)高度流动性和隐匿性;(3)自由开放性。用户将个人的想法和相关信息张贴到网络上,就所感兴趣的问题进行讨论。这些信息多是主观性的即兴发挥的信息,有很强的随意性和主观性;(4)信息海量性、庞杂性和欠规范性;(5)公共性强。BBS 以其公共性见长,它所提供的公共互动平台为人们提供了一个自由交流和讨论的场所。

网络聊天室是网民实时地发布信息、自由地发表言论的虚拟空间。聊天室提供给网民一个交友与娱乐的场所。在聊天室里网民可选择自己的聊天对象,进行信息交流和传递。既可以一对一,又可以一对多,还可以形成小组进行多对多讨论。聊天室是虚拟社区的一种重要类型,它的存在和发展改变了传统社区人们之间固有的交流方式和互动习惯。使得身处不同地方、拥有不同兴趣爱好、不同地位背景、不同宗教信仰的人都可以在上面找到兴趣相投的群体"坐在"一起促膝而谈,由此使得人们的交流变得更为方便、快捷。其特点是:(1)实时互动性强。这也是聊天室类社区的最为重要的特点;(2)成员流动性强。室内成员变更快,流动性强,而且各成员都是匿名登录参与进来的,一般彼此之间不了解、不熟悉;(3)信息交流自由,信息内容不定,质量不高;(4)支持在线管理。有管理员或主持来负责管理室内聊天;(5)支持音频、视频聊天。

校友录又叫同学录,也是校友录网站的简称,它是由网络这个虚拟空间所提供的一个和朋友、同学、同事、老师等相互交流、共叙友情的工具和平台。当前在网络上存在的校友录网站按收费方式可以分收费校友录和免费校友录,其中以后者居多。按提供校友录服务的所在可以分为高等学校在自己网站上开设的校友录,如南昌大学校友录;有专门的和单独的校友录网站,如世纪同学录;有综合网站上的校友录,如中国人校友录、网易校友录等等,其中也以后者居多。校友录类型的虚拟社区是现实社会组织在虚拟世界的一个网络延伸,它借助现代网络技术,为已经具有传统社区社会关系的社区成员提供了可以"千里共蝉娟"的虚拟交流空间。它具有以下特点:(1)成员固定。班级内成员一般都是由现实中的班级成员、班级友人、老师等构成;(2)成员身份明确。成员多采用实名或大家都熟悉的名字登录;(3)信息交流的实时性和连贯性不强;(4)信息发布自由,形式多样,质量参差不齐。

"博客"源自英文 weblogger(blogger),1998 年正式出现于美国。它是一种新兴的网络信息表达和交流方式,是网络时代知识传播和知识管理的新途径,是新型的虚拟社区,是"网络时代的个人读者文摘"和"信息时代的麦哲伦"。博客(blog)中文意思是"网络日志",是一种用来表达个人思想、情感内容,按时间顺序排列的,并且不断更新的网络出版和交流方式。一个Blog 就是一个网页,通常由简短且经常更新的 post(即帖子)所构成,这些帖子都是按年份和日期有序排列的。博客可以按照不同的标准进行划分:如按其网站的功能可分为新闻型博客、专业型博客、咨询导航型博客、记事型博客、学习娱乐型博客等;按博客日志的存在方式可分为托管型博客、自建网站的博客、附属博客;另外还可将博客分为基本博客、小组博客、亲属和朋友之间的博客、协作博客、公共社区博客、知识库博客等。作为虚拟社区的一种新的类型,博客具有如下特点:(1)独立评论,个体性强。Blog 为用户提供了有极高的自由处理权限的空间,在此空间中个体可以自由的发布信息、言论等,充分展现具有个体鲜明特征的行为、言论和思想;(2)信息质量高。博客的内容主要以个体的真实情况居多,客观性强、信息质量高,可信度也相对较高;(3)信息的组织管理和共享便捷。由于"博客"们的精心管理,在博客上出现的大多是高质量的信息,利于组织管理。

其他还有新闻组(Newsgroup)和个人电子信箱(Web – based Email)等。新闻组是社区成员获取信息的非常直接有效的工具。它在本质上是一个全交互式电子论坛。不同时间、不同地点上网的任何人都可以通过它进行非常直接的对话和交流。它不仅放大了个人或几个人之间的交往环境,而且为成千上万的人参与讨论一个共同关心的问题提供了可能和条件。人们可以随时发表自己的意见,补充修改别人的观点,也不必担心自己关心的问题没有人回答。从理论上讲,任何人都可以组织一次讨论,甚至主持一个论坛。另外,Newsgroup 与 BBS 虽类似,但它比 BBS 优越的地方是能夹带图片和附件。Email 是通过 Internet 发出和接收电子邮件的,它是人们使用 Internet 进行信息传播的主要途径。与传统邮政传送相比,它更快而且价格低廉;它可以传播除文本形式之外的几乎所有形式的计算机数据,如二进制文件、声音、图像等等。它是电子社区与内部和外部发生联系的重要"驿站"。①

虚拟社区的类型还有诸如"微博"、网游社区等多种形式，但就目前而言，以上虚拟社区类型是网络空间中最为常见和最为主流的社区类型，目前还看不出有其他类型的社区可以取代的迹象。

②虚拟社区的功能。

因为人类群居的特点和本性，我们基本上可以断定：有网络的地方就有虚拟社区，如同现实生活中有居民聚居就有社区一样。虚拟社区之所以在世界各地迅猛地发展，关键在于它既有现实社区所具备的为社区居民提供服务、方便人们的生活、实现居民的互助、为居民排忧解难、营造良好的生存环境等传统作用与功能，在某种程度上，它甚至就是家庭和传统社区功能的外化②；同时，虚拟社区还能提供给社会成员新的实践环境和表现空间，实现建立新型人际关系、扩大个人角色扮演等等全新的社区功能。正是这些新鲜的、独特的、能够进一步满足人们生产和生活需求的功能，使虚拟社区得以存在并发展壮大。

一般而言，虚拟社区的功能分为基本功能和特殊功能两个方面。其基本功能又可以称为内部功能，是指为本社区居民提供一个新型的生活、交往环境的功能。主要包括为社区居民和家庭间的信息沟通和交流提供平台，如大量的局域网和内部网的发生；对社区民意的形成及社区民主的运作起到促成作用；作为社区的教育环境及辅助教育系统，如社区内学校与家长建立的新型沟通方式（网上家庭指导）；提供娱乐资源和娱乐环境、医疗保健系统、网上购物及送货上门服务以及社区的网络化管理及其他服务项目等等。

虚拟社区的特殊功能或称为外部功能，是指虚拟社区越过其电子边疆向社会渗透之后所发生的功能，包括各种利用网络向社会开放各种服务的

---

① 以上内容参见张发亮：《不同类型虚拟社区的特点比较分析》，《图书馆学研究》2006 年第 7 期。

② 参见马延红：《虚拟社区对家庭功能外化影响研究》，《西安社会科学》2009 年第 4 期。

机构与组织。一方面,虚拟社区以在网上向社会提供服务的内容特色,凸现其在因特网世界中的商业形象。例如,北京市北辰社区的"虚拟社区",就是由北京国际会议中心、五洲大酒店、北辰购物中心等一批现代化物业及几百家国内金融机构和商贸公司共同兴建的。它以一个高速宽带多媒体综合信息系统为基础,将现实社会的传统物业和信息技术结合,从而实现了"虚拟社区"功能的内外整合。另一方面,虚拟社区以其独特的运作方式,对现实世界发生渗透和影响。

具体说来,除分享信息、扩大交往等传统社区的功能之外,虚拟社区还突破传统社区的局限,延伸了传统社区的内部功能,具体如下：

第一,教育功能。虚拟社区充分利用网络技术能够跨越时空限制的特点,利用网络信息传输与反馈的及时性架起一座座获取知识的桥梁,在虚拟社区,人们可以自由地选择课程、自主地安排时间进行学习。这种教育方式不仅最大程度地利用和共享教育资源、节约教育成本,而且真正落实了每个人都能够享受终身受教育的权利。这种开放式的教育环境与现实社会教育环境的根本不同在于：它把现实社会中传统教育方式难以突破的单向性,切实改变为交互式；把传统教育内容的单一性,转变为多元化。因此,"网上大学"作为一种特定的现象,正在网络世界中迅速发展,不少高校都已经建立起自己的网络远程教育系统。

第二,生活服务功能。虚拟社区是人们按照自己的意愿和需要建立起来的,社区成员在这里可以轻松地、全方位地得到诸如健康咨询、家庭装饰、服装时尚、寻亲访友、求职招聘、财经信息、市场行情等等各种服务。特别是虚拟社区中的电子商务功能,正改变着传统的商业经营模式。随着现实社会发展对网络社会发展关注度和支持度的提高,虚拟社区带给人们的服务无论从内容的丰富上,还是在方便的程度上都将大大地超越现实社区。也正是虚拟社区所具有的服务功能,让人们真正体验到它不是一个虚幻的世界,而是一种崭新的人类生活的方式。

第三,娱乐功能。虚拟社区建立之前,认识网络、利用网络的多是一些专业人员。早期的局域网或组织内部网也仅仅是传输信息的工具。虚拟社区的诞生消除了现实社会彼此区隔的层级结构和国家民族的政治疆界,把世界上不同民族文化、不同种族与肤色、不同社会阶层的人们聚集到一起。虚拟社区的普适性,使它富有人性化特征的各种娱乐空间带给人们以艺术的享受、运动的快感、游戏的轻松、旅游的情趣……它让人们在虚拟的时空中得以放松,以调适自己的现实生活。当然,直到今天为止,虚拟社区的运作还需要以计算机设备以及上网的各项费用为基础,于是就不可避免地体现出现实世界中的阶层划分和生活方式区分。

正因为虚拟社区具有如此之多的功能,所以数字虚拟社区才得到了蓬勃发展,甚至成为现代人的一种生活方式。中国互联网络信息中心 2006 年 1 月发布的调查研究报告显示,我国网民总人数为 1.23 亿人,其中网民参加论坛/BBS/讨论组活动的占 41.6%,参与网上校友录的占 28.6%,参与网络聊天室的占 23.1%,参与博客(Blog,网络日志)的占 14.2%。调查还发现一些省市网民人数占其人口总数不小的比例,如北京市和上海市分别是 28.7% 和 26.6%。这次调查发现网民平均每周上网时间为 15.9 小时。之所以有如此多的人进入网络,进入虚拟社区,之所以有如此多的人平均每天花费两个小时以上的时间在虚拟的空间中从事各种活动,这已经充分说明了网络已经改变了人们的行为和生活方式,数字化生存、网络化或虚拟社

下表列出了该报告的部分数据资料:

网络服务项目	比例	网民数(万人)
收发邮件	64.7%	7181.7
论坛/BBS/讨论组等	41.6%	4617.6
网上游戏	33.2%	3685.2
网上购物	24.5%	2719.5
网络聊天室	23.1%	2564.1
博客(Blog,网络日志)	14.2%	1576.2
网上金融(包括银行、网上炒股)	14.1%	1565.1
网上教育	14.1%	1565.1

区生活已经成为现实。①

虚拟社区除了能够满足以上内部功能之外，事实上，它的出现还在很大程度上影响到社会生活的方方面面，表现出强大的外部功能。贺佐成、何振在《城市虚拟社区：内涵、功能与建设》一文中，对城市虚拟社区的外部功能进行了分析。事实上，这一分析也适用于城市外部的虚拟社区。具体说来，虚拟社区的外部功能表现在如下方面：②

第一，社会的安全阀。社会安全阀是前述社会冲突理论中用以表示社会冲突积极作用的一个概念。它是指各个社会都存在着这样一类制度或习俗，它能够作为解决社会冲突的手段，能为社会或群体的成员提供某些正当的渠道，将日常所蓄积的敌对、不满情绪及个人之间的怨恨予以宣泄和消除，从而在维护社会和群体的生存、维持既定的社会关系方面发挥积极作用。虚拟社区的出现就能够发挥"安全阀"的功能。今天的中国，正处于城市化和城市转型加速的关键时期，各种各样的社会矛盾大量聚积。由于虚拟社区成员的匿名性，人们对社会的不满最容易在虚拟社区中首先表现和发泄出来，虚拟社区充当了人们情绪发泄的"出气筒"。在此一过程中，因为发泄往往能够获得虚拟社区中那些大多具有相同的文化背景的成员的响应，发泄者的情绪得到了宣泄；又因为相关部门在此了解社会矛盾并采取及时的化解措施，问题可能得到解决；还因为发泄者在这一过程中逐渐形成良好的心理自我调节机制，可以避免这种情绪演变成危害社会的行为。总的来说，当网民及时地让不满情绪和不同意见在虚拟社区上渲泄时，就可以防止社会上各种矛盾和冲突的过度压抑和聚集，进而也防止了矛盾和冲突的集中爆发，避免了社会秩序的大混乱，保证了现代化建设所需要的社会稳定。

第二，弱势群体（或弱者）的求助台。受各种因素的影响，社会中的弱

---

① 2006 年 7 月 19 日，中国互联网络信息中心（CNNIC）发布第 18 次中国互联网络发展状况统计报告。本次调查显示，中国内地网民总人数已达 1.23 亿人。材料来自：新浪·科技时代。

② 贺佐成、何振：《城市虚拟社区：内涵、功能与建设》，《行政管理改革》2010 年 10 月 12 日。

势群体经常受到强权和强力的干涉,缺乏表达的话语权,其正当诉求无法在正常和规定的渠道内得以实现。虚拟社区作为一个公开、开放和平等的话语平台,使社会中各个阶层都有机会在其中表达自己的利益与权利诉求,并有可能借助网络的蝴蝶效应,产生强大的力量。显然,无论对于个体的弱者,还是作为团体的弱势群体,虚拟社区都为他们提供了另外一种独特的人文关怀路径。

第三,城市民主的催化剂。民主的重要表现是民众有效参与公共事务的管理。由于受到历史和体制的影响,以及在历史和体制中未能发育成熟的公民意识的影响,中国的民主并没有真正落实。虚拟社区借助网络平台把有相同诉求的民众集合在一起,公民可以在此批判性地讨论公共问题,因此城市虚拟社区具有公共领域的重要功能。这一方面减少了民众权利诉求的中间环节,有助于实现他们自身利益的有效表达;另一方面,作为沟通政府的桥梁,虚拟社区也扩大了政府决策的群众基础,有效地克服了政府决策的一些"盲区"。

第四,法制的监督者。2007 年 4 月的一天,年过六旬的欧阳先生走在家门口的人行道上,突然被一辆快速倒车的轿车撞倒。他爬起来与肇事司机理论,反被司机钱军拳打脚踢,持续 20 分钟,造成轻伤,钱军还要求老人当众下跪承认"偷车"。该过程被住宅区的监控录像如实记录。6 月 12 日,深圳新闻网将此事及其监控录像在网上公开。钱军此人此举立即引起广大网民的愤慨。在短短数日内,钱军及其妻子杨某的工作单位、地址、个人身份资料、家庭住址电话等信息都被公布于网络,网友号召大家对钱军进行讨伐。这一事件表明:虽然虚拟社区的过激情感可能带来过激行为,但社区民众的舆论力量却可以对中国当前法制的进程进行干预。因为互联网络的多媒体技术,一些视频、录音、图片等文件类型可以随时传到网上,公务人员执法过程中的一举一动都可能被相关设备记录下来并传到社区中共享。再加上网络发言的匿名性,政府及相关部门想要对发言者进行控制有很大的难度,因此,任何一个网民都可以借助虚拟社区对执法部门的执法过程发表非议,一旦获得网民共鸣,会形成很强大的舆论力量,由此形成对于权力的制衡。

总之,虚拟社区作为一种全新的社区形态和生活方式,为人类提供了另一类生存空间。它不可触摸但却客观存在,它为大众营造的是一个可以同时共享但却又彼此分离的宽松、自由的生活环境。在这种环境下,人们的心态更接近于"本我",少了现实社会赋予人的"面具"以及由此给人们身心造成的压力。现实社区内,人们虽居住在一起,但却未必能够享有平等的人际关系;由于虚拟社区的虚拟特征,人们就能够在一定程度上避免因为相貌、身份、等级、利益等诸多因素导致的交往的局限,使自由、平等的交流真正成为可能。可以说,虚拟社区最重要的功能就在于它提供了人自由而全面发展的空间,在于它鼓励人们最大限度地挖掘自身的潜力、展示自己的才华。但值得注意的是:虚拟社区毕竟只是人们生活的一个部分,虽然它已经从网上开始弥散到网下,但仍然不能代替现实社会中人与人之间的直接沟通与面对面交往;不能代替人们的现实生活。因此,我们所要做的是发扬其优势、避免其劣势,以利用这一虚拟的环境与空间更好地完善和美化我们自己,从而完善和美化现实社会。

2. 流动的现代景观:虚拟社区与传统社区的区别

基于信息技术和网络空间而形成的虚拟社区,存在着许多不同于传统社区的特性,这些特性汇集在一起,构成了一种流动的现代景观。一个显而易见的事实是,虚拟社区的人群是由看不见的、但却实实在在地存在的赛博人组成的。在社会学家眼中,他们可能是成分最为复杂、意义最为暧昧、内涵最为广大的社会群体——在对其作群体性质的理论描述时,我们可以看到,任何虚拟社区的初级群体都被次级群体所包容,任何次级群体都被初级群体所吸引;而最为奇妙的是,任何现存的初级群体或次级群体都可以是流动的,其时间属性可以遮盖其任何意义上的空间属性。正因为如此,虚拟社区表现出不同于传统社区的特性:

①社区空间的超地域性。虚拟社区的一个明显特征是组织形式的非空间性,或者说空间的超地域性,即虚拟社区不以任何地缘区位为产生基础和

活动平台。在网络空间中，人们可以真正按照自己的意愿，在世界范围内建立并选择适合自己的生活空间，"自发地"形成大大小小的虚拟社区。虚拟社区的这一超地域性完全改变了人们的现实交往方式和互动关系。社会互动的基础是信息的传播，虽然过去人们可以通过书信、电话等方式进行跨地域的交往，但其数量和所能发生的社会功能都十分有限。网络的出现，彻底改变了信息传播的传统方式与途径，导致以此为基础的社会互动的变化：一是社会互动范围扩大，人们通过网络可与世界各地的人进行交谈，打破了现实的社区互动对"场合"的要求，从经济学意义上讲，也减少了交往的成本；二是社会互动形式改变：虚拟社区中人际互动是在社区的公告栏、论坛、邮件、聊天室上实现的，"网缘"成为人们新的社会介入和社会分析的机缘和工具；三是社会互动速率加快。网络提供了便捷、快速的信息传播技术，使得远隔千里的人们可以在瞬间实现互动，这种互动速度的加快将拓展人们社会交往的范围，使人的社会化空间得到延伸和发展。

②社区结构的独特性。与传统的依赖于血缘、地缘和业缘而形成的社区不同，虚拟社区由网缘而生。"网缘"是指在因特网所提供的传导平台空间，人们根据自身的兴趣、偏好和价值取向等交换信息、传导知识、宣泄情感；并以此缘分彼此联系与连接成相对稳定的社会群落。从空间特征上看，在虚拟社区中同一社会群落的成员虽然没有现实意义上的共居地，却拥有明显的标识，其成员往往具有相对的同质性。众多的网站社区大多是"物以类聚"，网民根据个人喜好自动分类，汇集到某一社区。加上网络社区身份的匿名性和符号化，人们之间的交往以符号作为中介，身体是缺席的，成员在随意选择进入不同社区之时，其身份的标识、性别、年龄、种族等各种身份的区分已没有实质意义。

由"网缘"建构起来的虚拟社区正是因为具有了超越空间、超越现实社会等级身份来交换信息、传导知识和宣泄情感的功能，因此其结构就表现出迥异于现实社区的特点：一是虚拟社区没有类似于传统现实社区的同心圆状结构，而是块状结构。由于传统社区依赖于血缘、地缘或业缘而存在，因此在其功能结构上，或以尊卑长幼、或以远近亲疏、或以势力大小划分成以最高权威为核心的等距离同心圆状层次结构。虚拟社区则不然，其成员仅仅是依据"网缘"这种高度自由的机制相互连接，无明显权威和核心，因此其结构上表现为块状。二是高度专业化。依据血缘、地缘和业缘而形成的传统现实社区，由于其空间结构相对凝固，因而其社区内核的内容具有相当明显的综合性。相对而言，虚拟社区却因"网缘"的作用而使其社区成员拥有较大选择余地。虚拟社区成员依据不同的志向、兴趣和爱好，归属于不同的社区。换言之，虚拟社区在其功能结构上着重表现为专业性。如科技社区、儿童社区、妇女社区、校园社区、老年社区等。三是去权威化。从结构上看，因特网是一个非中心化的传播系统，就像电话网或广播系统一样，每一个接通因特网的人，都可以上网并发出自己的讯息。从实质上看，在这种公共空间观念中，活动主体的扩大化、多样化冲破了传统主体由社会职务地位、职业等阶层形成的社会秩序结构，形成了"电子人"之间话语权上的相对平等，也就是说，"网络社区"基础上的"网络民主"排除了传统意义的社会中心结构，形成的是人与人之间的平等结构、非中心结构，还表现出话语的多元化和异位化。①

③社区群体流动的频繁性。虚拟社区具有论坛、聊天、学习、娱乐、购物等多种功能，人们完全可以根据自己的需要在不同的社区间流动，而且，虚拟社区成员有很大的自主性，如果对社区服务不满或对社区中某些成员、言论不认同，他们便可选择毫不犹豫地离开。有时甚至会出现整个社区的人员全部流出，导致社区消亡的情况（这在现实社区是很难发生的）。这一方面网络社区源于社区成员兴趣、学习、情感交流等内在需求，另一方面则是因为它不受户口、单位、身份、住房的限制，更没有人为的束缚。人们因为这种环境的可选择性，从而任意驰骋于不同的文化空间中，既可以根据个人喜好随意选择进入还是退出社区，又根据需要在不同的社区流动；成员的交流对象通常不固定，交流过程也具有短暂性。正如尼葛洛庞帝所言："数字化生存所以能让我们的未来不同于现在，完全是因为它容易进入、具备流动性

---

① 参见韩洪涛：《对网络虚拟社区的社会学考察》，《洛阳工业高等专科学校学报》2006 年第 3 期。

以及引发变迁的能力"。因此,虚拟社区的人群具有很强的流动性,当然,限制是有的,比如语言的运用能力等。在现实社区中,农村社区人口向城市社区流动往往就会引发就业问题和社会稳定问题;"孔雀东南飞"则会引发贫困地区人才短缺问题;社区间人员流动还会引发社会承受力问题等等。而虚拟社区成员的流动,并不带给现实社会以重大影响,相反还满足了人们在现实中往往难以实现的流动需要。[①]

④社区管理的自治性。在虚拟社区,人们表现出行为的随意性,没有任何人天然地和固定地属于哪一个网上群体,人们可以任意表达自己的观点,人际关系呈现松散状态,群体流动频繁,因此,在线社区不存在维系社区组织和制约社区成员的刚性制度和机构力量。现实社区由行政(如街道办事处、城镇管委会)、企事业(如物业)和社团共同管理。社区成员的自治管理较弱,主动参与行为较差。而虚拟社区的建设和管理则主要依靠社区成员的自治意识和自治能力。社区居民不再是信息的被动接收者和社区设施的使用者,而是信息的主动提供者和社区设施建设的参与者,"网上家园"的建设需要集合众人的力量。正如埃瑟·戴森所说:"在网络世界里,你不参与,不创造,就等于放弃了生存的权利。"社区成员的自治表现在:设计社区的主题、充实社区的内容、共同制定社区的规则并严格地遵守规则、履行相应的义务、承担相应的责任等。人们在网络社区提供的平台和环境中尽情施展才能,并且在参与社区建设和管理的过程中通过扮演不同的角色,开发想象力和创造力,培养民主、平等的意识,从而部分地实现自我价值,为自身全面而自由的发展创造条件。

总之,因为虚拟社区的出现,"人的本性及多样性得以张扬"(埃瑟·戴森)。值得注意的是:虚拟社区毕竟只是人们生活的一个部分和一个侧面,不是人类生活的全部,它与现实社会有很大的差距。值得期待的一种理想情形是:人们通过虚拟社区实践,能更好地进入现实社区,从而在中国社会的现代性进程中发挥良性作用。

---

① 参见高鉴国:《虚拟社区的人际行为与互动特征》,湖南社会学网,2008 年 12 月 24 日。

第三节 虚拟社区与网络问题

虚拟社区虽然存在于数字世界，但却与人们的现实生活发生着不可分割的联系，不仅人们的观念和行为方式会影响到虚拟社区的和谐发展，虚拟社区的存在也深刻地影响了人们的现实生活。

1. 虚拟社区的现实介入与现实问题

虚拟社区是相对于真实社区而言的，在虚拟社区里，网民们通过方便的信息技术很容易地突破了空间、时间的障碍聚集在一起，形成了一个新的社会群体，这一过程虚拟的主要对象是社会。然而，数字化的虚拟空间和数字化的人的活动，是由活生生的人流，汇集成社区、社会，在这个意义上这又不是虚拟的，而是现实的。对于虚拟社区的社会实在性，杜骏飞做了深刻分析：

> 虚拟社区作为社会存在，基于人类未尝经验过的技术背景，这种背景所能产生的社会效用已经使其成为具有社会连带（social solidarity）意义的社区；虚拟社区作为"物像的"或"拟真的"社区，是在意识中真实存在的物理图景，其"虚拟"一词的所指，其实是一种更为深刻和确实的"主观客观"；以在线身份生存的赛博人群，既具有独特的生活方式和社会信仰，又葆有着真实的人类属性。虚拟性只是虚拟社区的表象，实在性却是它的灵魂，它不仅可以有效地指涉和展现人类的生活，而且有能力在本质上实现生活本身。①

作为一种社会存在的网络社区，同样具有客观性和实体性，我们可以通过它对现实社会的介入及其由此引发的社会问题加以认识。

①虚拟社区的现实介入。

当前，虚拟社区的现实介入主要表现在对于现代政治生活的影响以及

---

① 杜骏飞：《存在于虚无：虚拟社区的社会实在性辨析》，《现代传播》2004 年第 1 期。

网络亚文化的营造等方面。

网络作为一种新兴的信息传播和交换媒介,已经发展成为一种具有普遍性的社会交流载体和社会联系形式。人由现实社会中的真实个体演变为进入网络后的"电子人",其社会心理意识和思维行为方式会发生不同程度的变异。如上所言,网络社区因为环境的特殊和交流的特性而生成并发展起了"网络民主",目前,网络民主正以各种形式促进现实社会的民主政治进程。

虚拟社区对当前政治文化的影响首先表现在对政治信息的传播和对民众意见的反馈上,这也是其对政治文化发生作用的起点和根本内容。通过网络,人们可以第一时间了解时事时政,可以快速得知国家大政方针的颁布实施和当地政府的各项决策;通过网络,领导可以直接聆听基层民众的心声,可以掌握政策措施的实施情况。这极大地促进了官民之间的沟通和了解,推动了政治透明化和民主化的进程。

其次网络还能发挥极其重要的监督作用。现在人们可以通过网络去检举揭发那些不法官员,可以通过网络直接向上级反映不公平不公正的现象,人们还可以通过网络给那些行为不检作风不良的官员施加强大的舆论压力,迫使其收敛改正。这极大地遏制了政府官员互相袒护、欺压百姓、目无法纪的猖狂现象,能够引导和约束官员养成良好的行政作风。

除此之外,网络还可以通过正确的舆论导向来营造良好的社会氛围,使现实社会中丑恶的现象遭到舆论的唾弃和打压,高尚美好的事迹得到舆论的褒扬和肯定,从而为民众指引正确的道德标准和善恶分界,这一方面对国家意识形态的正确发展起到积极作用,另一方面也有利于调动社会成员的注意力,使其集中于国家的发展目标上。①

"孙志刚事件"是网络虚拟社区发挥现实政治影响力的一个典型例证。

2003 年 3 月 17 日,毕业于武汉科技学院艺术设计专业、受聘于广州达奇服装有限公司的 27 岁的大学生孙志刚,被广州某收容站收容之后,3 月

---

① 张雷:《虚拟技术的政治价值论》,东北大学出版社 2004 年版。

20 日被殴打致死。4 月 25 日，《南方都市报》以《被收容者孙志刚之死》为题，首次披露了孙惨死一个多月却无人过问的前前后后。文章当天被各大网站转载，立即引起强烈反响。这一方面推动了对案件的侦查和对相关人员的处理，另一方面还引发了民间对已经走样的收容遣送制度的批评。6 月 18 日，国务院总理温家宝主持召开国务院常务会议，审议并通过了《城市生活无着的流浪乞讨人员救助管理办法（草案）》，同时废止 1982 年 5 月国务院发布的《城市流浪乞讨人员收容遣送办法》。

当然，不可否认的是，网络对政治文化的影响也有消极的一面。这主要表现在两方面：第一，一些思想偏激的人或组织甚至极端分子违反法律法规，利用网络散布消极信息甚至煽动性言论，欺骗群众、利用群众以达到他们的不正当目的。网络的开放性导致此类事件根本没有办法彻底杜绝，这对政治文化的正常发展构成了重大威胁。第二，通过网络社区，散布大量所谓的潮流文化、时尚文化，影响我国青年一代，腐蚀他们的意志品质，使他们产生亲西倾向，这是西方国家进行意识形态渗透的重要手段。

因此我们要正确的认识网络对政治文化的影响，引导其发挥正面功能，努力消除其带来的不利影响。随着信息科技的发展，网络所扮演的角色将越来越重要，对政治文化建设所起的作用也将越来越重要，所以我们在建设民主政治的进程中必须将网络提升一个层次来重新审视。①

网络亚文化是指在网络虚拟空间中存在的边缘文化，是网民在网络中活动并逐渐形成的价值标准、行为模式等方面的综合体，具有一体化信奉和遵循、背离主流文化等特征，具体表现为崇尚自我、推崇黑客行为、过度自由等价值标准和行为模式。有别于主流文化的网络亚文化代表着网络社区中的新一代独特的审美观和价值观，因为没有历史的沉重包袱，显得轻松、随意、生活化，多少带一点喜剧夸张的色彩。但若管理和疏导不当，网络亚文化对青少年的身心健康有着不良影响，在一定情况下可能导致青少年的网

---

① 参见王园：《网络对政治文化的影响》，《魅力中国》2010 年第 3 期。崔翔：《网络对中国政治文化传播的影响》，《社科纵横》2010 年第 3 期。

络违法犯罪。①

网络流行语和网络恶搞现象是目前网络亚文化的主要内容。

在数字虚拟社区,PLMM、"很傻很天真"、打酱油、囧、"做俯卧撑"等新兴词汇呈出不穷。网民们用网络特有的平台和方式,张扬自我,讥评时事,表达内心。互联网把这种特性以最丰富的语言方式呈现在网民眼前,当个体在网络中找到彼此的心灵共鸣之声时,流行语无疑是最好的表达方式。②

同样,恶搞也是网络亚文化的典型代表。网络中恶搞无处不在,网民的生活在恶搞中变得五彩斑斓,充满了欢声笑语。恶搞的对象大到世界政要、国家元首,体坛明星,小到芝麻蒜皮、打架斗殴、邻家小妹。恶搞的方式主要是模仿经典电影对白和改编经典电影片断等。流行电影被改编是最常见的。比如画面素材全部取自国产电影《赤壁》的恶搞短片《赤壁之小明泡妞篇2》在沿袭上集情节的基础上,又加入了不少近来网上热议的话题元素,如"男足臭脚"、"谢亚龙贬低女足'三无'"、"周老虎"等,轻松诙谐的基调,风趣生活化的语言,彻彻底底的恶搞风格和娱乐精神,使其迅速在网络窜红,引发网友热议,并催生了视频 + SNS 社区的全新商业模式。一部电影可以引发一股泡妞风潮,一股风潮改变一家网站商业走向,由此可见网络亚文化的力量之大。也正因为如此,网络亚文化以及对于现实的介入力度引发了人们对于网络现实问题及其网络道德建构的思考。

另外,近几年来,网络社区与传统媒介的合谋趋势越来越明显,虚拟社区常常通过现实媒介介入现实生活。目前,很多电视节目和报纸专题的素材来自网络论坛的热门话题,而论坛的影响力通过这种渠道,逐渐扩大到了虚拟社区之外,走入了现实生活中。网络社区深刻地影响了传统媒体的传播内容和形式,而传统媒体的介入也加大了网络名人及网络事件的知名度和影响力。

②虚拟社区的现实问题。

虚拟社区深度的现实介入带来人类生活深刻的变化,其影响既有正面

---

① 参见百度百科"网络亚文化"词条。
② 参见张云辉:《网络语言语法与语用研究》,学林出版社 2009 年版。

的和积极的,也有负面的和消极的。因为虚拟社区的开放性和脆弱性,加上各种管理真空的存在和社会问题的渗入,虚拟社区目前存在的问题也很多,如网络安全、网络泡沫、网上知识产权保护、网上邪教与伪科学、网上无政府主义等等,现实生活中所有的偏差行为甚至现实社会中没有的偏差行为,虚拟社区中也频繁出现,而且由于网络的特殊性,使这些行为难以得到有效控制。

虚拟社区中的偏差行为多种多样,一般有以下几种:一、撒谎。因为虚拟社区成员的匿名性和符号化,他们之间的交往可以摆脱现实社区中的责任意识和义务感,由此出现虚拟社区的诚信问题。二、冲动。虚拟空间是一个无底洞,人们永远无法穷尽它,无法抗拒自己深入它的欲望,越是沉迷,就越发现它的庞大,而人们对于无法触摸和过于庞大的事物总是会产生害怕和狂躁的心理;由于缺乏正常的情感疏通,虚拟社区成员很难正确地表达自己的情感,再加上社区中浮躁的言词与画面的刺激,成员常常遇事不冷静,容易产生冲动的心理和行为。三、暴戾。网络上大量的暴力游戏致使一些涉世不深的青少年甚至成年人形成暴力崇拜。他们期望以暴力解决一切问题,通过暴力达到自己的目的。四、沉迷。这类行为偏差者不思进取,追求感官刺激。或整天痴迷于网上聊天、游戏,荒废了学业和工作;或登陆黄色网站,甚至在网上呼唤性伙伴;或视社会为戏台,人生如演戏,对任何事情都缺乏信心和热情,甚至迷失政治方向。五、唯利。这类行为偏差者利欲熏心,唯利是图,只要能赚钱,什么违法乱纪的事都敢干。他们利用虚拟社区的隐秘性,采取各种不正常的手段,以牺牲公众利益和践踏道德、法律为代价,进行违法犯罪。①

虚拟社区的网民偏差行为汇集起来,直接导致了网络道德失范问题的突显。诸如网络色情与暴力污染、网络恐怖和欺诈、网络病毒和网络攻击行为等等不断出现,冲击我们的道德底线;而由道德失范引起的各种犯罪行为尤其是高科技犯罪行为,其行为主体则进一步以身试法,造成严重的社会问

---

① 何小明:《论虚拟社区中的青少年行为与心理》,《广西师范大学学报(哲学社会科学版)》2003 年第 4 期。

题。

总之，虚拟社区对现实社会具有极强的感染性和迁延性，加上网络信息传播所具有的极强的交互性，以及网络传播具有明示性和隐蔽性共存的特点等，虚拟社区放大了中国现代化转型和现代性追求过程中的各种现实问题。因此，在网络高度发达，中国网民急速攀升的现代社会，进一步完善管理制度和治理模式，实现政府与社会的协调，增进信息传播的真实性与对称性，有效实现各类网络问题的化解与规避，无疑具有重要的现实意义。

2. 虚拟社区的和谐发展与有效管理

虚拟社区发展过程中存在的种种问题，可能会对虚拟社区甚至现实社区发展造成严重阻碍，是网络条件下社区发展亟待解决的重大问题。显然，虚拟社区如果获得和谐的发展，对于型塑当代中国现代性的社会形象和塑造当代中国现代性的公民品格将会起到极其重要的积极作用，而要做到这一点，就必须进行及时的网络管理或者说治理。

①虚拟社区治理的原则。

由于虚拟社区产生的时间不长，是技术进步条件下产生的新生事物，而且还处于不断的发展和变化之中。因此，目前对虚拟社区的"治理"在以互联网本身的特点为根据的前提下，需要借鉴传统社区"治理"的理论和经验。

传统社区治理理论认为，良好的社区治理应包括参与、分权、制度和标准等基本原则：一、参与。政府、社区组织、居民、企业、非营利组织等都是社区治理的参与者，只不过参与角色有所不同，具体体现为安排者、生产者、监督者的角色分工。二、分权。与角色分工相适应的是权力的分散，决策权、管理权、执行权和监督权需要在不同参与者之间适度分化。三、制度。角色分工与权力分散必须建立在制度创新的基础上，制度创新的关键需要在宪法选择规则、集体选择规则、操作规则之间保持互补性，促使制度结构的自我繁殖,这将是一个长期的过程。四、标准。① 借鉴这些传统社区治理的原则,我们同样可以将虚拟社区的"治理"划分为四个方面:

首先是参与原则。参与指社区成员参与社区公共事务和社区公共活动,影响社区权力运作,分享社区建设成果的行为和过程。现实社区由行政(如街道办事处、城镇管委会)、企事业(如物业)和社团共同管理。社区成员的自治管理较弱,主动参与行为较差。而虚拟社区的建设和管理则主要依靠社区成员的自治。一个社区要想存在,不仅要网络管理员提供技术保障,更需要社区成员的积极投入。虚拟社区是一个网民以"网缘"聚合、自愿参与的场所,在虚拟社区里,网民仅凭兴趣、爱好或共同话题聚集在一起,如果某一虚拟社区不符合某网民的爱好,他完全可以另寻空间,其行为具有很大的随意性。或许正因为如此,在虚拟社区的自主管理特征和网民的随意行为特征之间存在很大的缝隙,事实上,就虚拟社区的管理来说,很少有真正自觉参与并承担责任的网民。美国早期的社群主义者丹尼尔·贝尔认为:单纯的强调物质社区是片面的,社区分为地域性、记忆性和心理性三类。他认为,社区内人们的行为往往受社区归属感的制约。② 虚拟社区的居民既然不再是信息的被动接收者和社区设施的使用者,就应该成为信息的主动提供者和社区设施建设的参与者,只有这样,"网上家园"才有可能真正被建构起来。

其次是分权原则。虚拟社区的管理跟传统社区一样,同样需要遵循分权原则,根据不同的网友级别授予不同的权力,成立虚拟社区的组织,不但用以减轻管理者的负担,而且能够满足更多网民的需要,促进社区的利益。一些网络管理者出于种种原因,往往不愿意将权力分配给虚拟社区的成员,如传统媒体开办的论坛,网友就鲜有参与管理的机会,至多只是一些主持论坛的机会。相反,目前深具号召力的西祠虚拟社区中,出于管理的需要,在所有者层之外,设站务会,站务会中设技术站长、执行站长、助理站长、观察

---

① 参见陈伟东等:《社区治理与公民社会的发育》,《华中师范大学学报》2003 年第 1 期。史柏年:《社区治理》,中央广播大学出版社 2004 年版。

② 俞可平:《社群主义》,中国社会科学出版社 1998 年版,第 59—60 页。

员,其权限的划分十分严密,而站务会以下,对自发组织者设版主、副版主等讨论版负责人,亦各有其授权;而对普通访问者,又分真实网友、注册网友、普通网友、匆匆过客4级,其在线言行的受许可程度同样有很大区别。这种权限级别上的划分使得其管理者可以通过授权,给不同网友责任与权力,促进和谐社区的形成,并进而促进虚拟社区成员的归属感与责任心。此外,还可以成立一些网民团体,如自律协会、网络文明协会等,通过小规模的虚拟组织承担虚拟社区的自律功能。

再次是制度原则。制度指的是虚拟社区的规范、条例等等。因为虚拟社区"存在于虚无"的特殊性,这些规范及管理条例必须为虚拟社区成员自觉认可和甘愿服从。只有那些被一定范围内的人们内心所认同的权威和秩序,才具有政治学中所说的合法性。苏拉·萨莱特认为:要维持社区的存在,就必须建立成员的共同的价值观和行为规范,要构建必要的社会机构和群体以满足社区群体生活的需要,要有对违反社会秩序的成员进行社会控制的手段以维持社区的正常运行,以及要形成一套合理清楚的分层标准等。① 扩大虚拟社区公共的合法性,才能够使社区秩序和社区权威被社区居民自觉认可,从而增加居民对社区发自内心的认同与共识。

最后是标准原则。在虚拟社区,我们可以把标准理解为建立有效的反馈体系,一是针对社区公共管理过程和结果的必要性的反馈和总结,二是针对社区居民的要求而作出的及时和负责的回应。建立反馈系统的关键是形成反馈的制度,以便对社区管理的组织和管理者产生约束力。有效的反馈体系应该具有开放性、互动性的特征,所以要求反馈的实施是双向的,通过合作、协商、建设的伙伴关系,确立认同,所以反馈的结果是透明的。美国因特网委员会公布的《2000年因特网发展状况报告》专门列举了著名的网上拍卖清算中心eBay开拓的反欺诈策略作为实例。这一网上拍卖中心的有关做法是:其网站上的每一个买者和卖者都必须接受其客户和卖主张贴的评论,这些评论或者提升交易方的声誉,或者正好相反。这样,如果eBay上

---

① 转引自刘瑛等:《互联网与虚拟社区》,《社会学研究》2003年第5期。

的一个卖者有一次欺诈了一位客户,整个电子社区都将知晓此事,此人继续在网上做生意就变得十分困难。因而,我们在建设虚拟社区时,完全可以利用网络互动的反馈性,加强对不良风气与言论的制约与限制,以真正促进虚拟社区规范的形成,推动虚拟社区的发展。①

②虚拟社区治理的措施。

虚拟社区的治理必须依据以上原则,形成具体的措施。一般而言,当前的网络社区管理,应该落实以下对策:

第一,积极推行"电子政府"建设,主导"网络民主"的发展方向与建设进程。从发展趋势和发展潜力来看,随着社会公共领域的逐渐形成和网络社会化程度的进一步加深,网络民主的影响范围必然会持续扩大,作用程度也会愈益提高,这符合民主社会的建设需求和现代政治的发展方向。但"网络民主"往往会呈现一定程度的非正向性,因此必须加强对"网络民主"建设的引导,通过"电子政府"建设去整合、主导"网络民主"的发展。首先,要加快"电子政府"的网络信息平台建设,为建立政府与公众之间的制度化互动机制提供前提。正视并满足公众参与民主和行政过程的愿望和需求,为政务公开和依法执政创造条件。其次,实行政务公开,建立制度化信息交流机制,促进决策的科学化、民主化、依法执政。将公民参与纳入决策全过程,从决策目的和决策目标的设定、决策方案的选择到决策的执行过程、结果状况等都要广泛吸收公众参与,反映公众愿望和要求。同时为公众实现民主决策和当家作主提供途径。还可以主导舆论导向,有效消除公众非理性民主、情绪式民主带来的消极后果。

第二,加强政府网站建设和主流网络媒体培植,占领"网络舆论"阵地。当前,网络在信息发布和传播中的地位愈发不可替代,人们对网络的依赖性也越来越增强。由于网络边界的无限性和模糊性,世界范围内的大量信息掺杂在一起,鱼目混珠,真假难辨,当然也包括一些敌意的、不健康的信息和恶意宣传,直接威胁到我国的政治安全和社会稳定。互联网是全球性的虚

①　参见张荣等:《论虚拟社区的"治理"》,《江淮论坛》2007 年第 1 期。

拟场所,根据法律管理的属地原则,我国政府管理不能将权力延伸到别的国家。很多情况下互联网上的侵权和犯罪却具有跨国性质,这将带来法律与管理的困境。这一方面意味着虚拟社区的治理主体最好由非政府的、跨国界的民间组织担任,他们可以超越国家领土界限的国际领域,真正达到对不良虚拟社区的善治。另一方面更强化了主流网络媒体培植的必要性和紧迫性。我们必须采取应急对策,加强政府网站建设,培养自己的主流媒体,改善宣传方式和手段,扩大宣传范围和影响,来主导"网络舆论"和社会舆论,为经济建设和政治文明建设创造安定的政治社会环境。

第三,实行必要的网络管制,保证网络健康发展。如上所述,"网络社区"具有无边界性、渗透性、隐匿性和失控性,网络社区中的"电子人"因为屏蔽了其社会身份,致使其网络意识和行为选择发生了一定的变异,而法律的规制力和道德的约束力在网络社区大大弱化,网络信息发布和传播在一定程度上也失去了控制。因此一些恶意信息、虚假信息、垃圾信息在网络中肆意泛滥,网络上的一些违法犯罪行为屡屡发生,各种掩盖事实真相,丑化、诽谤、攻击政府的谣言也大行其道,必然损害网络民主的健康发展,因此我们有必要采取法律和行政手段,对网络进行适度规范和控制。

第四,加快网络道德建设和网络立法进程,建立网络法治秩序。民主和自由都存在着来自于自身的悖论,即民主和自由的实现不可避免地要以对自由和民主的某种限定为条件,因而民主和自由不可能无限发展,只能是有限的、相对的。如果能够将这样一种关于自由和民主的价值理念内化为网络道德的基本要求,将增强"网络社区"的道德约束和"电子人"的个人约束,强化网络行为的责任意识,以防止和抑制"网络民主"的负面甚至破坏性效应。同时,除了内在的选择和取向,还必须要有外在的监控和管理,因此,加快网络立法,构建互联网法治体系就势在必行。目前,信息立法在我国已经取得了可喜进展,先后颁布了《中华人民共和国计算机信息网络国际联网管理暂行规定》、《计算机信息网络国际联网安全保护管理办法》、《计算机病毒防治管理办法》,为我国信息化建设奠定了基础。但总体来说,我国目前并没有规制互联网的统一法律。因此必须加快网络立法进程,构建互联网法治机制,保障互联网安全,以真正保护人民的言论自由和其他权利,促进交易以及信息产业的健康发展,有效打击计算机犯罪,保证"网络民主"的健康发展,为促进民主政治发展创造有利条件和有效途径。

③虚拟社区治理的手段。

同物理空间的社会控制一样,虚拟社区的控制也不是只靠一种手段就能够实现的,必须采用技术、法律和道德等多种手段,对网络空间的社会问题进行综合控制,建构由技术、法律、道德所组成的控制体系,再辅之以舆论、教育等手段,从而达到社区治理的目的。

首先,应加强社区成员的道德自律教育,使社区成员在意识上保持高度的道德自觉,在行为上符合严格的道德规范。在这一点上,尤其要注重利用中国传统文化中的道德教育资源,以达到提升现代人道德素养的目的。如孟子的"恻隐之心,仁之端也;羞恶之心,义之端也;辞让之心,礼之端也;是非之心,智之端也"对于开发和发扬人性中的善端就具有极为深远的价值。

其次,要加强网络法律法规建设,建立相应的网络监察和执法机构,对网络违法犯罪行为给予及时有效的打击,净化网络空间,维护安全有序的社区秩序。道德和法律一个作用于内,一个作用于外,必须双管齐下,共同作用,才能真正建构起有序的网络社区,发挥其正面价值,为当前中国的现代性进程起到实质性的作用。

第三,要加强网络技术研发。通过更为先进的技术手段,对网络社区的不良信息和错误现象进行有效的预防和处理,以规范人们在虚拟社区中的行为。同时,加强社区成员信息素质教育,提高社区成员的信息鉴别能力,培养对有害信息的自觉抵制意识、自身抗干扰能力和免疫力。[①]

第四,还要加强社区成员的公民意识教育。公民意识应该包括权力意识和独立人格意识、权力监督和民主意识、程序意识和法治意识、责任意识、纳税人意识以及由此产生的参政议政和督政意识。只有培育并形成了公民意识的公民主体,才能实施公民行为,才能构成公民社会的基础。

---

① 丁义浩等:《构筑"网络社会"合理的伦理空间》,《东北大学学报(社会科学版)》2003年第1期。

总之,随着网络社会的崛起,虚拟社区的"治理"问题变得十分紧迫和必要。这一工程既是复杂的,又是系统的。在传统社区里,我们可以通过不同的社会设置,如媒介、学校、家庭、单位等来加强我们的宣传教育和舆论引导,而在虚拟空间里,目前却是很难采取上述做法。韩少功所说的那些乡村社区的谦谦君子一旦流动到城市社区,就有可能变成杀人越货的罪犯,原因主要是乡村社区的地缘基础使得道德监控无处不在。如果说城市已经以其流动性打破了乡村社区原有的稳固的结构方式和功能方式,并因此带来诸多的社会问题,那么,网络社区更是以其前所未有的广泛而又深刻的流动性构成了中国现代性进程中的流动景观,这一景观是如此的新鲜,但也是如此的复杂,我们必须妥善应对,才能扬长避短,以合理的网络社会的构建来进一步推动中国现代性的进程。

案例:天涯社区

在网络社区中,1999年3月创立的"天涯社区"是不得不提的一个网站。这一社区对中国互联网和数字虚拟社区的发展构成了极大的推动和影响力。经过十年的发展,天涯社区已经成为以论坛、部落、博客为基础交流方式,综合提供个人空间、相册、音乐盒子、分类信息、站内信息、虚拟商店、问答、企业品牌家园等一系列的功能服务,几乎囊括了人际交往中的所有互动形式。它是一个以人文情感为核心建构起来的综合性虚拟社区和大型网络社交平台,以其开放、包容、充满人文关怀的特色受到了全球华人网民的推崇。

天涯社区通过 Webmaster online(站长在线)认可信用度、满意值和影响力,满足个人沟通、创造、表现等多重需求,形成了全球华人范围内的线上线下信任交往文化,成为华语圈首席网络事件聚焦的平台,是非常具有影响力的全球华人网上家园之一。在天涯社区,虚拟和现实已经交错、融合在一起,人们选择天涯社区作为一个交流的平台,透过个人的影响力和知名度以及所创造的内容,体现传统社会的文化环境和价值体系。人们认为天涯社区非常"具有人情味"。面对飞速发展的工业社会体制,面对钢筋水泥的城市,人们把这样一个虚拟的网络社区视为可以体现传统社区互动中的"亲密关系"的平台,可见人们对传统社区生活方式和情感维系方式的追怀。

天涯社区里有一个版块,名叫"关天茶舍",这一名字来源于陈寅恪的七律《挽王静安先生》:"吾侪所学关天意,并世相知妒道真。"首任版主是北大学人老冷。在互联网这样追求快速和效率的情况下,这一版块由普通大众参与,进行人文精神领域的讨论需求,得到了人们极大地关注。2000年11月,学者程晓农在此发表《知识分子与"积极分子"》一文,引起网友热议。2001年3月30日,中美撞机事件发生之后,天涯社区出现激烈的讨论。4月份,王怡在关天茶舍发表大作《二十世纪之乱臣贼子(一)》,引起众多网友跟帖,影响极大。2001年9月11日,"9.11"事件引发关天茶舍大论战,使这个版块的影响力进一步提升,得到了法新社等国外媒体的关注。这次事件,"网民力量"开始浮出水面。到2008年,天涯社区开始正式与国内著名人文思想类杂志《天涯》进行品牌合作。以《天涯》杂志相关资源整合的人文思想类论坛"天涯纵横"正式出现在天涯社区,其版主为著名学者李陀。这次合作,使天涯社区迅速奠定了自己在人文思想领域的品牌地位,成为这一领域的标志性网站。

2002年4月,网友"慕容雪村"在天涯连载网络小说《成都,今夜请将我遗忘》,阅读量迅速超过20万次,创造了网络文学史上的一个奇迹。2004年1月,网友"十年砍柴"在"关天茶舍"版块发表《闲看水浒》系列,后来出版成书,成为当年的热门图书。因为审查制度和其他各种各样的原因,在现实社会中无法发表作品的写作者,在互联网这一轻松、自由、直接的表达平台,创造了基于网络社区便利、范围广、传播性高等特点的"网络文学",并聚集了大量的阅读人群,渐渐的,越来越多的人在网络上"发表"自己的作品和评论。2003年年底,天涯社区推出"天涯博客"试行版,成为第一个将BBS公共领域与"私人博客"相结合的网站。至此,私人领域与公共领域在发表言论方面成功结合,人们在这一社区平台上,将传统意义上的私人日记公布于众,期望他人更多的了解自己,交流看法,产生个人影响力,从而得到更大的传播效果。

不过，这种自由的表达并没有维持多久，2003年3月，天涯社区里重量级的版块"关天茶舍"实行发帖审查制度，这一制度至今仍未取消。虚拟社区里渗入了传统社会的权力制度，让人们重新思考网络社区与传统社区之间的关系。网络社区更容易满足追求平等、自由的人类群体的诉求，但网络社会的网民正是传统社区的民众，人与"天涯"等同于人与社会。由于互联网的"平等性"，人们可以暂时忘记传统社会中的身份、阶层等观念，但网络社会中一个个看上去平等的ID背后，代表的却是现实社会里不同身份、不同阶层所拥有的不同的价值观念。这不可避免地造成网络沟通、互动的无序化，尽管天涯社区实行了审查制度，但是各种不同的价值观念的冲击，显然是天涯社区无法控制的。

另外，网络社区也同样会发生传统社区里人与人之间的情感交流，在某种程度上，这里的人间温情往往取代了人们在城市社区里日益原子化的冷漠关系。人们发现，在一个网络社区里待的时间久了，就会由陌生到熟悉，由熟人到朋友，由默默无闻到拥有一定的知名度。长时间的相处和必要的情感交流，可以让主体在社区中找到属于自己的位置。2003年10月7日，天涯社区城市版块中三亚版的版主，也是天涯社区出名的热心人"吴春园057号"因意外去世，社区里的众多网友进行哀悼。一年之后的周年祭日，《春园集》出版。天涯社区的基于城市版块下的线下活动也很多。当网络社会中的互动发展到如此具有人情味的时候，回过头来，我们却无奈地发现，人们的关注焦点更多地放在了网络交际关系上面。生活中，大多数人在把情感投入到虚拟社区的同时，正在经历着亲友不在身边的离别之苦。

社会文化生活，就是个体与其他个体的互动过程。当大量的互联网用户进入到网络社区时，个体的差异性从来没有如此大规模地体现出来过。人们跨越地域的界限，和全国乃至全世界的人们进行交流、沟通和互动，人们对他者充满了好奇，也必然想要在如此巨大的舞台上展现自己。于是网络数字虚拟社区的娱乐精神大面积地爆发。

2004年1月，厦门女教师"竹影青瞳"在天涯社区个人博客里的"贴裸照事件""弄瘫了天涯社区"，单日访问量达到了150万人次。3月，"qianglan"（ID），成为一个与天涯杂谈版块紧密相连的名字，一个与"中产阶级"、"自娱自乐"、"炒作者"、"意淫"等词汇紧密相连的名字——他的帖子《在重庆的一个中产阶级的一天》的发布，促使众多网友对中产阶级的广泛讨论和"砸兰运动"的开始。5 月 25 日，兰友会的成立，又酿造了自 1999 年天涯社区成立以来内部最大的造星运动。"qianglan"是天涯社区的娱乐名人。

　　以上这些现象，一方面体现了个人价值观念的差异，另一方面也反映出人们对更轻松、媚俗的"娱乐现象"兴趣大增。开始有幕后推手制造、推广所谓的网络名人，无论是出于好玩的目的还是因为经济利益的拉动，这都在说明，在网络社会中，"娱乐"成为了人际交流互动的主要需求。

第八章 社区工作:中国现代性的社会实践

社会工作(Social Work)指的是非盈利性的、服务于他人和社会的、专业化和职业化的活动。在国际社会,这类活动还被称为社会服务或社会福利服务。由于各国、各地区的经济社会结构不同,具体问题不同,解决问题的方法不同,因此人们对社会工作内涵的表述也有所侧重。不过,据国际社会工作者联会(IFSW)于20世纪90年代进行的全球调查发现,各国对社会工作的定义大同小异,并无实质性的不同。

在我国,社会工作是社会建设的重要组成部分,它以"助人自助"为宗旨,按照专业方法,遵循专业操守,综合运用个案、小组、社区工作等专业方法,帮助有需要的个人、家庭、群体、组织和社区,整合社会资源,协调社会关系,恢复社会功能,促进社会和谐,社会工作是一种体现社会主义核心价值的职业活动。

社区是社会的细胞,也是社会的窗口,把握了社区在很大程度上也就把握了社会;建设了和谐社区,在很大程度上也就奠定了建设和谐社会的基础。随着我国现代化建设和现代性追求进程的加快,无论城市社区、集镇社区还是农村社区,甚至数字虚拟社区,作为人们日常生活的场域,必将承担起社会稳定、社会整合和社会服务等多种功能。也就是说,社区工作是社会工作的落实,我们讨论社会工作问题,也就落脚在社区工作上。

第一节 社工与社区工作:现代人的社会参与

社区工作是专业社会工作的一种基本方法,在我国,社区工作是指在政府的倡导和协调下,依靠社区力量,利用社区资源,强化社区功能,解决社区问题,促进社区政治、经济、文化、环境协调和健康发展,不断提高社区成员的生活水平和生活质量的过程,也是建设管理有序、服务完善、环境优美、治安良好、生活便利、人际关系和谐的新型社区的过程。

社区工作以社区和社区居民为主体,通过发动和组织社区居民参与集体行动,确定社区的问题与需求,动员社区资源,争取外力协助,有计划、有步骤地解决或预防社会问题,调整或改善社会关系,减少社会冲突,培养自助、互助及自决的精神,加强社区的凝聚力,培养社区居民的民主意识和参与能力,发掘并培养社区的领导人才,以提高社区的社会福利水平,促进社区的进步。当然,与此同时,社区工作者的专业化、职业化发展也势在必行,社区建设越来越需要专业的社会工作者。

1. 社工:现代社会的现代人

社区工作的推动主要依靠社区工作者的实务活动来体现,也就是说,社区工作者即社工是社区工作的主体。除了教育和发动社区居民作为社区工作的主体之外,专业的社工教育和培养及其他们的工作是我们讨论的重点。作为在社区工作的社会工作者,社工在社会福利、社会救助、社会慈善、劳动保障、残障康复、优抚安置、医疗卫生、青少年服务、司法矫治等社会服务机构中,从事专门性的社会服务工作。他们或者受雇于政府机构,或者在非营利的社会福利机构(如社区中心),运用社区工作方法,组织社区居民,动用社区资源,解决社区问题,促进社区进步和发展。

社区是人们日常生活的场域,社会的各种福利和各种病症都会在社区得到集中呈现。社工通过他们细微的社区工作,起到宏大的作用,即对各种社会问题和各类处于困境的社会成员进行专业化"诊疗",因此,社工及其工作有效地弥补了政府公共服务的不足。

①社工的职责和使命。社区工作者作为一种职业,在当今时代,其职责具有独特性和重要性,也必然应该具备在社区中处理某些事务的权威性。社区工作者的工作对象是社区和社区居民,其任务是通过运用社会工作的

方法来解决社区的具体问题，满足居民的多元需求，并在这一过程中带动居民关心社区事务，培养居民的参与意识和参与精神，形成对社区的认同，从而达到增强社区凝聚力，提升居民生活质量，建设和谐社区的目的。并以此为基础，通达和谐社会的理想目标。

历经近百年的发展，社会工作已经建构起自己系统的专业理论体系、独特的专业文化规范，并在国际社会获得了普遍的认同，社会工作者在解决社会问题、缓解社会矛盾和维护社会公正方面扮演着积极的角色。

从早期社会工作实务以及国家和政府的社会福利实务来看，社会工作一开始是以"济贫扶弱"作为自己的职责和使命的。欧美19世纪的社会变迁，导致人的原子化，人与人之间的关系不再像传统社会那样息息相关、彼此依存，缺乏经济能力的老弱妇孺、鳏寡孤独等弱势群体面临生存的危机，基于人性中的善端、人类社会中博爱互助的美好天性和改善个人生活适应、消除社会动乱隐患的需求，一些通过基督教会和志愿组织提供的服务开始面向社会上的弱势人群，这些慈善义举就成为社会工作的源头，也成为社会工作的最初使命。英国作为最早发展资本主义的国家之一，也是世界上较早面临贫困、失业等社会问题的国家之一，其"济贫法"作为帮助和救济贫困人民的法律在公元16世纪就有出现，其间随着社会的动荡经历了诸多变迁，最后在20世纪随着国家社会保障体系的建立，济贫法的各项救济措施也纳入了社会保障体系。也就是说，社会救助措施的出台以及政府福利责任的确定，使社会工作也开始参与政府社会福利制度的规划与推行，期望通过更为宏观的公共救助和社会安全来应对种种因为外在的社会、经济和政治变迁所带来的社会不安与民众不幸。

在社会工作日益专业化的过程中，在"济贫扶弱"这一早期社会工作使命的基础上，当今时代的社区工作侧重"改变社会"甚于"帮助个人"，因为社区工作更直接面对社会发展潮流和充满协商的政治形势，更关注社会变迁可能带给社会弱势群体的不公正与不幸福，因此社区工作更以社会改革为行动宗旨，并将社会工作逐步推向对"人类福祉、社会正义以及个人尊严"的关心与追求。

当然,社区工作的主要职能是服务。"社会工作是以利他主义为指导,以科学的知识为基础,运用科学的方法进行的助人服务活动。社会工作的本质是一种助人活动,其特征是提供服务。更确切一点说,社会工作是一种科学的助人服务活动,它不同于一般的行善活动。"①建立在这一职能的基础上,社工的职责和使命因此体现为:

第一,寻求社会公正。社会公正也可以称为"分配的公正"(distributive justice),其核心内涵反映的是社会资源的分配过程,强调将社会中的利益或负担,通过种种制度来进行分配,例如财产制度、工资制度、个人权力的保护、住房的安排、福利措施等。社会公正是和谐社会的本质和基石,由"实质公正"和"程序公正"两个部分组成,两者缺一不可;在某种程度上,程序公正甚至比实质公正更为重要、也更好把握。从实质公正的角度看,社会公正是由社会成员基本权利的保证、机会平等、按照贡献进行分配以及社会调剂(社会再分配)这样四项基本规则构成的一个有机整体。除此之外,从程序、流程的角度看,社会公正还包括程序公正。可以说,程序公正是实现实质公正的必要保证。没有程序公正,就不可能有实质公正。社区工作的基本目的是实现社会资源的再分配,缔造一个公平正义的社会。即具备一个公平正义的社会制度,使全体人民无论贫贱富贵、有无职权、健全或残疾、男女老少及是否少数民族等都能够受惠于社会;在这个制度下,人人受到平等对待;全体人民的生活都得到保障,人民的基本需求,如衣、食、住、行及医疗等,都应得到满足。② 一般而言,社会发展的核心领域为消除贫困、全面就业和社会融合,社会发展的主要目的是实现社会公正、稳定、和谐以及平等。近年来,各国政府正为实现联合国千年发展目标而不断履行承诺,在经济发展的基础上实现社会发展,并取得了积极成果。然而,由于世界主要社会体系及主导经济体系几十年来偏向富有阶层,导致贫富差距进一步加大,弱势群体无法全面参与社会和经济生活,从而严重威胁社会的进一步发展,中国目前的情况也十分严峻。2007 年 11 月,联合国大会通过决议,决定自 2009

① 王思斌:《社会工作概论》,高等教育出版社 1999 年版,第 13 页。
② 参见百度百科"社会公正"词条。

年起将每年的 2 月 20 日设为"世界社会公正日"。决议指出，国际社会需要进一步加紧努力，以消除贫穷，让所有人都充分就业，享有社会福利和社会公正，并呼吁世界各国根据 1995 年召开的联合国社会发展问题世界首脑会议和联大相关会议所设立的目标，在国家层面开展促进社会公正的活动。

社区工作和社会发展之间的紧密关系已经被众多学者以及政府部门关注，通过社区工作来寻求和实现社会公正，已被视为极为可行的方法。有学者对北欧国家社区工作的情况作了调研，研究基层社会网络、志愿者社团、中央和地方政府三个方面的相互作用，得出社区工作可以与社会制度联系起来，从而在地方民主建设和福利国家建设等方面发挥作用的结论。而北欧经验对于中国社区工作发展和构建充满活力的"和谐社会"无疑具有借鉴意义。① 总之，经济发展是社会发展的前提和基础，社会发展是经济发展的结果和目的。而社区工作是社会发展的客观要求，社区工作与社会发展的本质要求完全一致。所以 1994 年，国务院召开了全国社会发展工作会议，把社区服务业列入《全国社会发展纲要》，提出了"加强城乡福利设施与社区服务建设，大力发展城乡福利和社区服务业"的任务。

第二，促进主体意识提升。主体意识是指作为主体的人通过自身的社会实践活动，在能动地改造世界并使其满足主体自身需要的过程中形成的意识。它包含几个要素：主体、自我意识和实践活动。主体的存在是主体意识产生的首要条件。主体和客体是一种对象性关系，主体必须通过它的客体对象来得到表现、实现和确证，离开客体，人的主体性便无从谈起，所以主体与客体相互依存、相互包含、相互作用、共同发展。自我意识是主体意识产生的必备条件。人之所以为人，就在于具有不同于其他动物的自我意识，也正因为人有着自我意识，才把自己与周围的环境区别开来，并把环境作为认识和改造的对象，把自己看成是认识和改造客观世界的主动者，由此，人的自我意识上升为主体意识。实践活动是主体意识产生的根本条件。人类在社会实践的过程中，在自我意识的支配下，适应环境并改造环境，不断改

---

① 林卡等：《论北欧社区工作发展的动力及其制度环境》，《浙江社会科学》2007 年第 1 期。

变和提高着自己的能力，从而进一步改变环境和自身。只有在人的主体性得以确证，主体意识得以完善的时候，人才成为真正意义上的人。作为主体的人在实践过程中的产物，主体意识是人的本质力量在意识领域中的显现。社区工作要通过促进社区居民的主体意识提升，激发个人成长，以实现社区工作以人为发展中心的工作目的。

第三，强化理性意识，推动集体参与。关于理性，我们已经在前面的章节中加以陈说，而理性意识，则是一种十分强调思辨能力、以推理和探究作为主要表现方式的意识。与此相对应的感性意识则是一种十分注重内心感受的意识，它是个体内在需求的表露，是由个体的内在需求所激发产生的。每一个个体都兼有这两种意识，但是，每一个个体在这两类意识的比例构成及其具体内容方面存在很大差异，不同文化背景下的群体亦然。在社会发展的过程中，每一个社会人都需要强化理性意识，减少感性意识，而社区工作通过推动社区居民不断进行自我教育，在不断拓宽视野、不断理性分析的过程中，使社区居民放弃个人取向的解决问题的办法，并能够联合其他居民一起解决困难，运用集体智慧去解决社区问题。与此同时，社区居民在社区工作中，通过积极参与社区活动，也能不断提高自身的潜能，从而积累更多的实际经验，开拓更多的资源网络，并进而提高社区整体的自助能力、政治能力和社会意识。

②社工的素养和能力。社区是社会的细胞，建设和谐社区是构建和谐社会的基础。社区工作者是社区工作的主体，作为社区建设中"人"的因素，其素质和能力的高低直接影响着社区建设的效果，可以说，社区工作者的素质和能力是和谐社区建设的基础环节和重要保证。

具体说来，社工应具备以下五种素质：一是道德素质。道德一般通过真、善、美及是与非的价值理念和价值判断来调整人们的行为规范，它不依靠强制力量，而是依靠人们对它的认同来发挥作用，靠遵守道德者的自律和社会的他律来约束和指导人们的行为。社会工作的价值和目标是将人类的行为引向更合乎道德的层面，而社会工作者的每一个决策和行动都是在传达社会工作的价值，同时也间接传达社会的价值，因此社会工作者自身的道德素养极为重要,社会工作者所注重和追求的应该是以奉献为中心的利他主义,绝不是为个人利益斤斤计较的个人主义,甚至也不是合理利己的互惠模式。二是政治素质。社区工作者必须遵纪守法,熟悉社区工作相关的政策法规,在为社区居民提供服务的过程中,不能违背法律法规的要求。三是文化素质。社会工作已经成为一门学科和专业,需要理论知识、介入知识和实践知识等作为基础,社区工作者在客观上应向"通才"方向发展,既要掌握有关社会的理论知识,又要掌握有关政治制度和政治行为的知识,还要了解有关经济学和管理学的知识。四是专业素质。是指社区工作者应具备一定的专业技能,包括处理应急问题的协调技能、执行公共事务的管理技能、实施社区服务的行业技能。应急问题的协调技能是指当社区出现应急问题时,社区工作者能迅速作出正确的判断,进行妥善的协调和处理。公共事务的管理技能是指在社区就业、社会保障、城市管理和计划生育等工作上的周密严格管理。社区服务的行业技能是指在法律咨询、医疗卫生、家政服务、文体传授等方面表现出的专业技能。因此,我们可以积极推行社区志愿者队伍的"专行化",利用退职退休的老干部在某一个行列领域的专业知识为社区工作;中介服务组织的"专才化",用他们的专业人才提供社区服务;居支两委干部的"专管化",利用其管理水平和实践经验为社区政策的制定出谋划策,并参与各项社区事务的管理。五是心理素质。一名合格的社会工作者应具备同情心,善解人意,热情灵活,观察力敏捷,能应付各种复杂情况,让人感觉温暖,平易近人,创造力和想象力丰富。六是服务素质。社区工作者的服务理念是为全体社区居民提供优质服务,这就要求社区工作者有良好的服务态度、完善的服务内容、规范的服务流程和居民满意的服务效果。七是复合素质。社区工作者应该是一个多面手和杂家,在专业精通的条件下,还要做到涉猎的知识面要宽,见解要广,工作经验要博。①

在社区工作过程中,社区工作者所承担的工作任务是非常复杂的,所要解决的问题涉及房屋问题、道路问题、照明问题、环境卫生问题、治安防范问

题等,所要开展的活动涉及社区教育活动、文体娱乐活动、升学与教育辅导、社区支持网络搭建等。这些任务的完成,需要社区工作者具备较强的工作能力以及处理问题与解决问题的能力,尤其是社会交往能力、组织能力和行政管理能力。面对极其多样的交往对象和极其复杂的交往环境,社区工作者要掌握娴熟的交往技巧,要调动足够的组织能力和管理能力,才能将居民动员和团结起来,以社区为本,形成社区的凝聚力,同心同德实现社区的发展目标,达到社区自助。

正是因为社区工作的特殊性,所以在社区工作从业者的选拔任用、教育培训和资质认证方面都应该花大功夫、下大力气,以提高社区工作者的素质和能力。尤其是社区志愿者和中介服务组织,应该按照"助人自助"的原则开展义务服务,逐步由义工向职业社工转化,提高服务水平。中介服务组织则一定要有相关部门的资质认证,实行低偿服务,真正做到便民利民,促成社会和谐。

社会工作一般指由那些掌握专业化的科学知识、方法与技能的职业社会工作者与社会工作管理者通过为社会成员提供专业化社会服务以及相关的福利保障,调整社会关系,恢复和增强人们的社会功能,促进社会稳定发展的一项专门事业和一门学科。[①] 从历史的角度看,社会工作的产生和发展,既是社会发展的需要,也是社会文明的进步表现。它体现的是人的社会责任感和人道主义思想,无论是社会救济事业,还是更富有积极意义的社会福利事业,都是人的道德良知的体现。发展到今天,社区工作非但有各种补救性的援助措施,还发展了改善社会生活、预防社会问题的专门技术和专业管理方法。可以说,社会工作由社会实践向学科专业的发展伴随着人类认识问题、解决问题能力的不断进步和不断提高。第二次世界大战以后,以西方发达国家为首,继而在亚洲、非洲和拉丁美洲的发展中国家,社区作为公民社会一种最基本的组织形式在世界各地蓬勃地发展起来。上个世纪80年代后期,随着中国改革开放的推进和市场经济的创建,以工作单位为社会

---

① 陆素菊:《社会工作者职业化和专业化的现状及对策》,《教育发展研究》2005 年第 19 期。

基本组织形式、包揽人们从生老病死到衣食住行全部生活内容的体制逐渐被打破,中国的经济走向市场,中国人也开始走向社会,从"单位人"变成"社会人"。于是,1986 年,在民政部的指导下开始引进"社区"概念,各城市开始在街道办事处和居民委员会等基层组织的基础上营造社区实体,并在区、街道和居委会等不同层次建立起社区服务中心。十几年来,社区的建设不但提高了城市居民的生活质量,改善了城市的环境,安排了大批国有企业的下岗职工,而且,与乡村的村民委员会、企业的职工代表大会一起,成为中国基层民主的三大支柱。

在中国,社区工作者的概念第一次被提及是在《中共中央办公厅、国务院办公厅关于转发〈民政部关于在全国推进城市社区建设的意见〉的通知》(中办发[2000]23 号)中,此时的社工专指社区党组织和社区居委会的干部。随着社会事业的发展,社区工作者的外延得到拓展,内涵也越来越丰富,并不仅仅指社区居、支两委干部,还包括所有为社区提供管理和服务的人,包括居、支两委干部及其服务站人员、社区志愿者和社区中介服务组织人员。其中居、支两委干部及其服务站人员是核心力量,社区志愿者队伍是基础力量,社区中介服务组织人员是辅助力量。现在,随着城市体制改革和社区建设工作的不断深入,社区专职工作者已经开始逐步取代传统的居委会干部。比如北京市就在 2002 年 8 月印发《北京市社区专职工作者管理意见》(京人发[2002]89 号),规定了社区专职工作者的任职条件、选举和聘用办法,制定了工资、培训和考评等管理制度,并明确提出了"社区专职工作者必须具备社会工作专业理论和方法,具备一定程度的社会工作基本能力与基本技术以及相关知识。"2003 年,上海市出现了第一家非政府的专业社会工作机构——上海乐群社工服务社,向一些社区提供专业社会服务。这一切,标志着我国社区工作者专业化和职业化进程的开始。

作为现代社会最富有现代特征的现代人,面对复杂变化的现代社会格局,社区工作者需要具有强烈的主体意识和理性意识,需要掌握诸多专业知识和专业技能,需要具备多种素质和能力,如此才能在转型期的中国社会,做好相应的社区工作,完成自己的职责和使命。

2. 社区工作的历史与现状

"社区"是从西方引进的概念,总体上说来,社会工作的实践和专业发展也是英美等西方国家建立较早,他们所具有的理论积累和实践经验无疑将对我国的社会工作有所启示。因此,回顾西方国家社会工作发展的独特历程、总结其规律和特征也就显得很有必要。

社会工作是世界范围内经济和社会发展的必然产物,伴随着工业化、城市化、现代化所带来的社会转型和所引发的社会问题而产生,并在这一过程中得到发展。职业化的社会工作起源、发展并成熟于西方发达国家,至今已有百年以上的发展历史。西方这一领域的学者在追溯社区发展和社会工作的历史时,往往会联想到欧洲的一些思想传统和历史实践。如在欧文、蒲鲁东和克鲁泡特金等的空想社会主义、无政府主义思潮中都包含有社区建设的一些指导思想。蒲鲁东(1809~1865)和克鲁泡特金(1842~1921)激烈地反对任何形式的权威,相信通过对基层民众的动员,以及后者的参与,通过和平的合作手段,可以建立一个在互助和自助原则上的公平和自治的社区。有学者认为,欧文、蒲鲁东等的思想是现代合作运动的基础,他们激发了19世纪的社区运动。还有如罗伯特·欧文(1771~1858)在英国拉纳克郡开办的工厂以及在美国印第安纳州举办的"新和谐"社区等都对以后的社区发展有先驱意义,他的实践以教育、道德以及慈善为宗旨,试图为受苦人建设一个理想社会。

关于社区工作的起源,社会工作学界有不同的看法。一般认为,社会工作起源于慈善事业和社会救助,最早出现在工业革命的发源地——英国。具体说来,现代社会工作起源于1601年英国伊丽莎白女王颁布实施的《济贫法》,这部法典开创了国家以立法形式救济贫民的先河,并明确了政府和社会有扶弱济贫的责任。如前所述,16世纪的英国,社会结构发生了急剧变化,当时的英国统治者面临大量的贫民生活无着落、偷盗、乞讨等社会问题。因此,英国政府颁布了《济贫法》,以解决当时面临的社会贫困问题。《济贫法》的实施,要求对于个人和家庭的生活状况进行调查以确定帮助对象,这需要专人和专门的工作方法来推进,由此,现代社会工作的雏形形成。《济贫法》的意义在于:一是政府首次以立法的方式对全国的贫民实施生活救济制度;二是其救济经费的一部分来源于富有阶层,即国家强制征收的济贫税。《济贫法》规定,教区对没有亲属供养的区内贫民负责救济,救济经费以济贫税、志愿捐款和罚金三者为主要来源。《济贫法》的特点是实施分类救助,分别对有工作能力、无工作能力、无依儿童给予不同安排,社会工作的类型化方式由此提出。《济贫法》于1834年修正为新《济贫法》,到1948年,在英国实施了三百多年,《济贫法》的修正实施使社会工作者尝试用个性化方式解决贫困问题,这为英国社会工作发展和社会个案工作方法的形成奠定了基础。①

德国1788年在汉堡市实行一种救济制度,史称"汉堡制",对社会工作在制度与方法上影响甚远。汉堡制将全市分为若干区,分别对贫困者实施救济,或介绍职业、医疗疾病等,并设中央办事机构,总管全市救贫行政事务。1852年德国爱尔伯福小市镇模仿汉堡制并加以修改完善,开始实行爱尔伯福制,即各区再分段,负责对段内的贫民进行经常性调查,按需予以补助,并办理职业介绍以及对游民进行管理训练等。各市设有全市性的赈济组织。在此期间,英国早期社会工作者借鉴德国汉堡制和爱尔伯福制的做法,进行济贫工作。此后,1869年在伦敦成立的英国慈善组织会社(the char – ity organization society,C.O.S)和1877年成立的美国慈善组织会社进一步推动了济贫工作的专业化,确定了服务到个人的社会工作理念。②

除了兴起于英美等国的慈善组织会社,发端于英国的社区睦邻运动也促进了社会工作的形成。社区睦邻运动首先是由教会及一些慈善组织、基金会发起的。其工作方法是让社会工作者广泛、深入地参与社区生活,尽量调动并利用社区内的各种社会资源、组织和教育居民改善自己的环境,培养居民的自助与互助精神。如前面的章节中所载,社区睦邻运动发起于英国,

---

① 参见糜彬彬:《济贫法变革反映出的英国社会的变化》,《现代经济信息》2010年第15期。
② 吴中宇:《济贫法与汉堡制奠定社会工作之基》,《中国教育新闻网—中国教育报》2009年2月25日。

1884 年，伦敦东区传教士巴涅特为纪念年轻的亡友——牛津大学经济系讲师杨因比服务于贫民、工人的崇高精神，在自己所属的教区建立了第一座社区睦邻中心，并定名为杨因比馆。继该中心后，英国各地也建立了类似的服务中心。社区睦邻运动在美国的影响较大，开展最为广泛。1886 年，美国著名社区睦邻服务社苏尔大厦创办，厦内为青年人、老年人提供了从事教育、艺术、音乐、娱乐等活动及发展教育的机会，还成立了如贫困、劳动、教育、政治等大型研究室。苏尔大厦的建立改善了其所在地芝加哥市市民的生活，并促进了全美社区睦邻运动。欧洲大部分国家也相继开展了社区睦邻运动，建立社区中心，进行社区改良活动。

由此，社会工作进入发展期。随着社会安全制度的建立以及社会工作的职业化和专业化，英国政府于 1832 年出台了《新济贫法》；德国在 19 世纪 80 年代先后颁布疾病社会保险法、工伤事故保障法、老年和残疾人社会保险法；美国于 1935 年颁布《社会保障法案》。这些法案的出台，标志着公民在遭遇各种风险后能得到基本的生活保障，确定了国家对此负有的义务，和公民应该享有的权利。社会安全制度建立之后，社会工作作为实现这一目标的管理和服务手段开始了重大发展。19 世纪末、20 世纪初，特别是 1929 年经济危机导致的大萧条，使得贫困、失业、犯罪、环保、家庭解体等社会问题日益凸现，原有依靠教会牧师、社会热心人士业余处理这些问题已经远远不够，迫切需要由掌握专门知识的受薪人员担任。社会工作开始从志愿性向职业化发展，英、美等主要西方国家的社会福利机构开始大量聘任受过训练的社会工作者，并大量运用个案工作的方法。职业化的社会工作也为社会工作走向专业化提供理论和知识贮备。社会工作教育与训练在这一时期逐渐发展，许多大学纷纷开设社会工作课程。1971 年，专业社会工作的创始人理奇蒙出版《社会诊断》，第一次把社会工作作为一种专业和职业进行研究，使社会工作不再是仅受爱心、情感等感性意识所驱使的简单个人行为，而是有组织、有系统、有专门知识和科学方法的专业和职业，并对经济和社会发展有重要作用。

社会工作进入成熟期的标志是社会福利政策的全面化、系统化以及社会工作管理体制和运行机制的建立。20 世纪 50 年代开始,西方发达国家普遍进入经济迅速发展时期,高度的经济增长使人们享受到了有史以来最优厚的生活保障与福利服务。西方国家纷纷宣布建立"福利国家",一系列有关老人福利、劳工失业、军人服务和积极性救助等旨在全盘改进福利制度的社会政策相继颁布。社会政策的改变带来了对社会工作的大量需求,社会工作的领域日益广泛,工作对象由社会弱势群体、边缘群体和问题人群拓展到所有需要社会支持和帮助的人群,工作内容从一般的物质层面转到对社会环境和基本权利等精神需要的层次。这期间,发达国家形成了以政府为主导、以非政府的社会机构为主体、以社会工作者为核心,并由社会志愿者广泛参与的社会工作良性运行和发展机制。政府强化了在公共福利方面的政策和财政责任,如美国 1962 年颁布的《公共福利修正案》,对 1935 的《社会保障法案》进行重大修改,政府不仅帮助人们应对各种突发的灾害,提供一系列社会服务,并资助志愿机构、补贴私营机构和赢利机构,社会服务开支占联邦预算的比例从 1965 年的 25%、1975 的 43% 发展到 1980 年的 50.1%。社会工作者成为专业人才,并开始实行职业资格制度。1955 年,作为社会工作各个领域专业人员大联合标志的全美社会工作者协会成立。

20 世纪 70 年代开始,受石油危机冲击,西方发达国家的经济发展进入滞胀期,福利国家理论受到普遍质疑,政府在新经济政治影响下形成了新的社会福利政策。比如美国政府开始提倡"小政府"计划,以减少政府的直接服务,鼓励福利服务私营化。随着科技飞速进步、经济全球化、政治多元化和后现代主义人文思潮的影响,当代西方发达国家的社会工作也面临着新的挑战。社会工作的价值观在强调公平、正义、保护的同时突出效率、竞争、自由;社会工作更加关注对象自我,强调案主参与,更加重视社区的作用;社会工作体制由国家福利向混合福利、社会福利私有化演进;社会工作运行机制在需求导向的同时强调预算约束、政府购买服务;社会工作机构及其专业人员愈加需要提高专业素养、工作质量及效率,以防止社会福利机构官僚化。①

在中国,社会济贫的思想和救助实践可谓源远流长。早在 2000 多年前的春秋战国时期,诸子百家的思想中就出现了对济贫的各种表述,最为著名的是儒家的"民本"、"仁政"和"大同"思想。《尚书》道:"德惟善政,政在养民"。《礼记》曰:"以保息养万民,一曰慈幼,二曰养老,三曰振穷,四曰恤贫,五曰宽疾,六曰安富"。《孟子》说:"恻隐之心,仁之端也","制民之产,必使仰足以事父母,俯足以蓄妻子,乐岁终身饱,凶年免于死亡。"是为"民本"和"仁政"思想。而《礼记》中所说:"大道之行也,天下为公。……故人不独亲其亲,不独子其子。使老有所终,壮有所用,幼有所长,矜寡孤独废疾者皆有所养。"《孟子》中也说:"人饥己饥,人溺己溺","出入相友,守望相助,疾病相扶持,则百姓亲睦"等。是为"大同"思想。

显然,儒家在济贫方面主张政府积极介入,提倡民间互助互济,其目标重在社会等级的维护和人伦秩序的控制。自汉朝以来的一千多年封建社会历史中,处于正统地位的儒家思想对中国济贫制度的影响很深。国家积极介入是中国古代济贫实践的一个显著特点。在当时的自然经济条件下,济贫实践主要体现在以丰补欠的储粮度荒方面。从汉朝开始,中国就有了由朝廷兴办、名为"常平仓"的仓储制度;到了隋朝,又有了以地方劝募为主的"义仓";到了南宋年间,出现了主要由社区管理,居民普遍加入,带有一定社会保险意义的"社仓"。

除了仓廪制度之外,中国古代还有济贫、养老和育幼等慈善事业。据史料记载,最早的慈善机构可追溯到南北朝的六疾馆和孤独园。唐宋年间的悲田养病坊则更为著名。这种慈善机构最初为佛教寺院所兴办,后来采取在官方补助下由佛教寺院办理的形式,所以能够得到较大的发展。最后逐渐完全转到官府手中,由官方委托地方名人管理,改称"福田院"或"居养院"。另外,宋朝还出现了完全由民间乃至个人兴办的慈善事业,最著名的有范仲淹的"义田"和刘宰的"粥局"。前者是一个以庇护和造福宗族为宗

---

① 以上内容参见王思斌等:《西方社会工作理论的历史与现状》,《中国社会工作》1996 年第 3 期。

旨的"家庭扩大化"模式的慈善事业；而后者则以社区居民为对象，以社区组织的方式进行慈善活动。这些组织主要为乡绅所掌握，并得到官府的认可和支持。到明朝年间，出现了最早的以民间互助为主的慈善社团——同善会。

上述种种济贫思想和救助实践在中国一直延续到现代，儒家的国家积极干预思想一直得到贯彻。所以，儒家的济贫思想和扶贫实践，注重的是社会整体和国家控制，而较少强调个人权利和公民义务。①

到了上个世纪二三十年代，我国曾掀起一次规模大、时间长、波及广的乡村建设运动。这是历史上引人注目的一件大事。当时，全国出现了数百个乡村建设团体和机构，出现了一大批乡村建设的杰出人士。由于中国社会的复杂性以及乡村建设者的个体差异，乡村建设运动也表现出了不同的风格和流派。在民间，影响较大的有以梁漱溟为代表的"文化派"，以晏阳初为代表的"平民教育派"，以卢作孚为代表的"现代化派"；官方则有阎锡山的村本政治和新桂系的民团建设，在中央政府则有"农村复兴委员会"专门倡导和统筹"乡村建设运动"。

1926 年，晏阳初（1893~1990）本着"解除苦力之力、开发苦力之苦"的精神，率领一批有志之士及其家属来到河北定县农村安家落户，推行平民教育，以启发民智为主，带动整个乡村建设。这批人中，不少是留学美国的博士、硕士，或国内大学的校长、教授。他们来到农村，进行乡村建设实验，在社会上引起极大反响，被誉之为"博士下乡"。晏阳初认为中国农民普遍存在"愚、贫、弱、私"四大病害。他提出要以学校、社会、家庭三位一体连环教育的三种方式，实施四大教育：即以文艺教育治愚，以生计教育治穷，以卫生教育治弱，以公民教育治私，以此达到政治、经济、文化、自卫、卫生、礼俗"六大建设"。在他的主持和带动下，"博士"们把定县作为"社会实验室"，认真进行社会调查，大力扫除文盲，他们开办平民学校，推广合作组织，创建实验农场，传授农业科技，改良动植物品种，倡办手工业和其他副业，建立医

---

① 参见陈良瑾主编：《中国社会工作百科全书》，中国社会出版社 1994 年版。

疗卫生保健制度，还开展了农民戏剧、诗歌民谣演唱等文艺活动，受到农民的欢迎。遗憾的是，日本帝国主义侵华，中断了他们的实验。晏阳初毫不气馁，又在重庆北碚创办了中国乡村建设学院，继续为乡村建设培养人才。

梁漱溟（1893～1988）所主持的山东乡村建设实验，一度成为全国乡村建设的中心之一。他认为中国是农村大国，要改造中国，必须针对其"伦理本位，职业分途"的特殊社会形态，从乡村着手，以教育为手段来改造社会。为此，他撰写了《乡村建设大意》、《乡村建设理论》、《答乡村建设批判》等一系列著作，阐明他的乡村建设理论。他的乡村建设方案是：把乡村组织起来，建立乡农学校作为政教合一的机关，向农民进行安分守法的伦理道德教育，达到社会安定的目的；组织乡村自卫团体，以维护治安；在经济上组织农村合作社，以谋取乡村的发达，即"乡村文明"、"乡村都市化"，并达到全国乡村建设运动的大联合，以期改造中国。① 1928 年，他到广东开始实践他的"乡治"主张。1929 年，他又到北平任《乡村月刊》主编，后又去河南担任村治学院教务长。1931 年，他在山东创办山东乡村建设研究院，先任研究部主任，后任院长，讲乡村建设理论，并在邹平等县进行乡村建设实验。其实验步骤一是实施政教合一，建立乡农学校；二是推行社会改良，如禁烟、禁赌、放足、办合作社等；三是组织乡村自卫，维护社会治安。不久，实验因日本侵华而被迫中断，但他在发展农村教育，培养农业人才，传授和推广农业技术，进行农村行政组织改革等方面，取得了很大成绩。

卢作孚（1893～1952）1927 年出任峡防局局长，开始着手他的以北碚为中心的乡村建设实验。卢作孚乡村建设实验的宗旨十分明确："目的不只是乡村教育方面，如何去改善或推进这乡村的教育事业；也不只是在救济方面，如何去救济这乡村里的穷困或灾变"，而是要"赶快将这一个乡村现代化起来"以供中国"小至乡村，大至国家的经营参考"②。可以说，"乡村现代化"，是卢作孚乡村建设的最高目标。为此，他"以经济建设为中心"，以交通运输为龙头，在北碚开展了大规模的经济建设。十几年间，他修建铁路、

①　参见余科杰：《山东乡村建设运动述评》，《山东师大学报（社会科学版）》1995 年第 5 期。
②　《卢作孚文集》，西南师大出版社 1989 年版，第 196 页。

治理河滩、疏浚河道、开发矿业、兴建工厂、开办银行、建设电站、开通邮电、建立农场、发展贸易、组织科技服务等等。在北碚的综合经济实力迅速增长的同时，他还很重视文化、教育、卫生、市容市貌的建设，致使北碚很快就发生了巨大变化。在乡村经济建设上，卢作孚注意因地制宜。他招集各矿业主，以招股办法筹集资金，修建了四川第一条铁路——北川铁路，并使其日运量由 200 吨迅速提高到 2000 吨，煤矿得到大发展，成为抗战时期碚都的主要燃料供应基地，有力地支援了抗日战争。卢作孚以交通运输为龙头的模式进行乡村建设，使北碚在短短的 20 年间，就从一个穷乡僻壤变成了一个"具有现代化雏形"的城市。卢作孚在乡村建设理论上也颇有建树。《两市村之建设》、《乡村建设》、《四川人的大梦其醒》、《四川嘉陵江三峡的乡村运动》等，是其乡村建设理论的重要著作。

中国的乡村建设运动在第二次世界大战后得到了国际社会的重视，不少国家在社区发展中都注重借鉴我国乡村建设实验中的一些具体做法。晏阳初在 20 世纪五六十年代还多次应邀到一些发展中国家介绍中国的乡村建设经验，并进行具体的指导工作，曾出任菲律宾国际乡村改造学院院长，为世界社区发展运动做出了杰出贡献，被誉为"国际平民教育之父"。

二战以后，世界各国，尤其是非洲、亚洲、中南美洲的发展中国家，面临着益发严重的贫穷、疾病、失业、经济发展缓慢等一系列问题。要解决这些问题，仅仅依赖政府力量当然是远远不够的。于是，一种运用社区组织方法，合理利用民间资源，发挥社区自助力量的构想应运而生。1951 年，联合国经济和社会理事会通过 390D 议案，计划通过在各地区基层建立社区福利中心，推动经济和社会的发展。不久又将"社区福利中心计划"改为"社区发展计划"。1952 年，联合国成立"社区组织与社区发展小组"，1954 年，更名为联合国社会事务局社区发展组（Community Development Group），在世界许多国家和地区积极推动社区发展运动，并得到一些国家和地区政府部门的重视和积极响应。1955 年联合国社会局出版了《通过社区发展促进社会进步》一书，提出了社区发展的 10 条基本原则：第一，发展的各项活动必须符合社区的基本需要，并根据人民的愿望，制定首要的工作方案；第二，虽然社区局部的改进可以由某一部门着手进行,但全面的社区发展,则必须建立多目标的计划,并组织各方面、各部门联合行动;第三,在社区发展的初期,改变居民的态度和物质建设同样重要;第四,社区发展的目的在于促进人民热心参与社区工作,从而改进地方行政机构的功能;第五,选拔、鼓励和训练地方领导人才是社区发展计划中的主要工作;第六,社区发展工作应特别重视妇女和青年的参与,以扩大参与的公众基础并获取社区的长期发展;第七,社区自助计划的有效实现,有赖于政府积极而广泛的协助;第八,制定全国性的社区发展计划必须有完整的政策,行政机构的建立、工作人员的选拔与训练,地方与国家资源的运用与研究,社区发展的实验与考核机构的设立都应逐步配套地进行;第九,在社区发展中应充分利用地方的、全国的与国际的民间组织资源;第十,地方性的社会、经济进步要与全国的发展计划互相结合、协调实行。进入1970年代以来,社区发展成为"农村综合发展"(Integrated Rural Development)战略的一个组成部分,由联合国机构和世界银行推动。①

正是在联合国的大力倡导下,社区观念逐渐成为一个世界级的观念,社区发展逐渐成为一项世界性的运动,各国都希望通过社区发展加强政府与社区的联系,发挥社区居民的积极性,开发社区自身的资源来发现和解决社区存在的社会问题,以改善社区居民的生活状况,实现社区和社会的协调、稳定、发展。

中国自改革开放以来,为了实现经济社会发展方式的转换,把社区建设和发展作为现代社会发展的重要组成部分,致力改善社区环境,提升社区生活质量,完善社区服务,培养居民的社区意识。近年来,中国政府实行的社会发展综合实验区建设,就是一种与可持续发展趋势相一致的、极具社会学意义的新的社区发展类型。为适应中国经济社会发展战略由一味强调经济发展到追求经济社会协调发展再到倡导可持续发展的两次大的转变,原国家科委、国家体改委会同国家计委等有关政府部门,从1986年开始,进行依

---

① 参见徐祥运等:《社会学概论》,东北财经大学出版社2008年版。以及其他同类教材和专著。

靠科学技术促进经济社会协调发展的综合试点,1992年扩大试点范围,拓宽试点领域和内容,将社会发展综合示范试点更名为国家社会发展综合实验区。1994年以后,随着国家可持续发展战略的实施,社会发展综合实验区工作逐步与地方可持续发展实践结合起来。1993年3月,中国《国民经济和社会发展"九五"计划和2010年远景目标纲要》正式列入社会发展综合实验区工作,实验区开始承担转变国家经济社会发展方式的职能。不过,由于我国农村自给自足的经济形式尚未能得到大的突破,限制了农村社区服务的开展,因而,我国的社区服务目前主要局限在城市。

城市社区服务是指在政府的倡导和支持下,城市社区为满足其成员的物质和文化生活的需要而开展的具有公益性的居民生活自助服务活动。它以街道和居民委员会为依托,以满足广大社区成员的物质和文化生活的需要为目标。

目前,我国城市社区服务的内容主要包括9大服务:(1)便民利民服务:包括为方便社区居民生活而进行的各种有偿和无偿服务。如设立各种代办业务点、生活服务点、家务劳动服务站,并开展各种咨询、修配、餐饮、洗理等便民服务,方便居民生活。(2)老年人服务:主要包括保障性服务和福利性服务,如敬老院、托老所、老年公寓,以及老人活动中心、老人婚姻介绍所等,前者给予老年人基本的生活照顾和医疗服务,后者主要满足老年人享乐和发展的需求。(3)少年儿童服务:为解决城市双职工家庭幼儿抚养的问题、中小学生的午餐问题、假期儿童照看问题等,社区设立青少年活动中心、校外辅导站、小饭桌、失足少年帮教组等,既可以帮助双职工家庭解决后顾之忧,又可以有效防止青少年犯罪。(4)残疾人服务:社区设立福利厂、弱智学校、残疾人活动中心、残疾人婚姻介绍所等,帮助残疾人克服生活中的种种困难,让他们平等地参与社会生活。(5)婴幼儿服务:社区设立托儿所、幼儿园、学前班等,帮助社区家庭解决后顾之忧。(6)拥军优属服务:设立拥军优属服务站、烈军属包护组等,大量支持智力拥军,为前方军人解决后顾之忧。(7)社会救助服务:如以社区为单位给困难家庭送温暖、做好事,组织加工性生产和服务劳动,帮助下岗职工再就业,开展社区互助互济活动等。(8)身心健康服务：设置社区医疗机构、精神卫生医疗站、看护组等，开展护理病人以及精神卫生康复等活动。(9)文化娱乐服务：设立文化站、图书馆、阅览室、宣传栏等，举办各种比赛和娱乐活动。①

　　总之，经过三十多年的建设发展，中国的社区工作取得了长足的进步，并直接影响到社会生活的和谐和稳定。当前，我们的社会结构已经开始以社区为基础发生调整和变动，社区工作相应地也表现出如下特点：

　　第一，社会结构：走向社区。社区伴随着工业文明的发展而提出，伴随着城市化的进程而日益兴旺。目前，我国的城市化发展迅猛，导致"社区"浮出水面。城市为中国的经济繁荣提供了良好的条件，但"城市病"的发生和强化却又影响到经济繁荣所应带来的社会成果。城市同农村相比，职业上和文化上的异质性扩大，异质化带来的疏离化、匿名化、孤独化、冷漠化是与人性相悖的。居住在同一地域内的人类有着共同的生存需要，有着共同的生活服务设施、共同的文化传统、共同的风俗习惯、共同的利益诉求、共同关心的问题。基于这六个方面的"共同"，自然会频频发生人际间的互动，互动的结果便形成了地域性的"社会共同体"——社区。社区建设得好，便会把这六个"共同"进一步升华为三个共同体：道德共同体、信念共同体和情感共同体。这三个共同体一旦形成，和谐社会的建设就有了基本的保障。

　　随着现代性建设的推进和改革开放的深化，当前中国的社会结构已经走向现代社区。经济活动中横向的合作、交往、联系日益加强，这必然波及到社会。而横向的对应和良性的互动、联结，总是由近及远。半径最短的，不用说，是社区。条条渐渐少起来，块块渐渐多起来。"条块结合，以块为主"，这"块"首当其冲的是社区这一块。从政治结构上来说，权力的层层下放必然体现在社区，推进社会发展的大量事务也要在社区中落实。从职业结构上来说，职业的流动性淡化了对单位的依赖性，相应强化了对住地的认同感。正是在由行政性授权组织向功能分化了的社会化组织转换的过程中，社会公共领域形成，提供了社区共建的活动空间。于是，在中国的大地

---

　　①　参见徐永祥主编：《社区工作》，高等教育出版社2004年版。

上形成和发展出一大批把人口、区域、环境、经济、文化等五大要素结而为一的"多元一体"的社区。

第二,社区建设:走向有序。从上个世纪80年代中期开始,中国的社区建设从以社区服务为主,发展到以文明小区建设为主,现已进入社区组织体制建设阶段;从社区共建的发展过程看,已从联谊形态,发展到物质支援形态,现已进入全面互助形态;从共建组织的情况看,已由双向进入到网络;从共建领域看,已由单一进展到全面,其内涵由浅到深,其形式由活动到机制。居民在参与社区交往、沟通、互助、共济中增进了社会感情。

第三,社区组织:走向社会化。在任何一个社区里,都会有一些团体和机构。他们是社区内外各种资源的组织者和发动者。社区组织作为中介组织介入社会生活的程度是衡量社区建设水平的一个重要标志。目前的社区管理主要是由行政、企事业、社团三种组织共同运作的。随着政府职能的转变,政社已经分开,但社区需要借助行政力量培育自治意识、自治能力。社区内的企事业单位虽然也要功能分流,但企与社分而不离,分开以后还要参与社区共建。至于各种各样的社团组织,已经逐步成为社区管理中的社会主体。

第四,社区文化:走向大众。社区文化是社区文明的内核。在社区建设的过程中,通过提高社区居民对于社区文化的参与率,社区文化已经起到了丰富精神生活、陶冶居民情操、开发居民潜能、增进居民交往、塑造居民素质、促进经济繁荣的良好作用。

3.社区工作的思潮与模式

按照俞可平的研究,社区之所以能够在西方获得巨大的发展,除了社会实践的推动之外,社群主义理论也起到了不言而喻的重要作用。从19世纪后期以来,功利主义在西方政治哲学中始终占重要地位。这种哲学思潮以杰里米·边沁(jeremy betham)和约翰·密尔(john stuartmill)为代表。概括地说,功利主义主张每个人在追逐个人利益时以不损害别人的利益为前提,政府的根本任务是促进最大多数人的最大利益。1971年,美国哲学家约翰

·罗尔斯(john rawls 1921～2002)出版了《正义论》,这一著作的发表标志着新自由主义开始取代功利主义。罗尔斯从个人主义的角度对权利问题进行了重新思考。他提出人本身在任何时候都是目的,而不是达到目的的手段,个人与个人之间是平等的,不能像功利主义那样牺牲少数人的利益以维护大多数人的利益,这对于少数人来说是不公正的。在罗尔斯之后,有一大批基于个人权利的新康德主义政治哲学著作相继问世。尽管各自的观点不尽相同,但在强调个人权利压倒一切的优先权和把个人权利而不是功利作为分析问题的出发点上却是一致的。20 世纪 70 年代,新自由主义在西方政治哲学领域占据不可动摇的主导地位。但是,从 80 年代初开始,这一理论受到社群主义的严厉攻击。

社群主义一词英文为 communitarianism,它的词根为 community,因此,有人把它译为社区主义,或共产主义。但是,社群主义有着比通常所说的社区更为广泛的含义。简要地说,社群主义的出发点是社群,它从根本上说是集体主义,它把社会历史事件和政治经济制度的原始动因最终归结为诸如家庭、社区、阶级、国家、民族、团体等社群。它强调普遍的善和公共利益,认为个人利益和自由不能离开个人所在的社群,因此,只有公共利益,而不是个人利益,才是人类最高的价值。到 90 年代,新自由主义与社群主义的争论始终在进行,很难说谁输谁赢。这种争论使流行的政治思潮不断得到改善和进步。①

而社区之所以在西方获得巨大的发展,其中有一个很重要的原因,就是社群主义理论的推动。社群主义理论既是西方社区发展实践的理论表现,同时,它也是社区发展的一种精神动力。

社区工作是社会工作的一种介入手法,它是一项有计划的行动,是一个过程;它运用集体行动的方法,鼓吹居民自助、互助及自决的精神;它能找出及满足社区的需要,解决社区问题,培养社区归属感和认同感,促成社区整合,改善社区生活质量;它能发展居民能力,加强其自主性,并以此促进社会

---

① 参见俞可平:《社群主义》,中国社会科学出版社 1998 年版,导论部分。

转变。

一般而言,社区工作包括社区照顾、社区组织、社区行动、社区发展、社区计划、社区教育等多种模式。

"社区照顾"在西方国家是一个被广泛运用的概念。苏珊·特斯特认为:最广泛的社区照顾,包括室内保健、居住地保健和福利机构服务、家庭外医疗服务、日间照管服务,以及有助于保证被照顾对象主要是老人生活质量的社交的、休闲的和教育的设施等等,换句话说,社区照顾包括了对居家老人的所有照顾。①

社区照顾起始于 20 世纪 50 年代的英国。最初是针对无依无靠的老年人和残疾人实施住院式集中照顾,这一照顾方式较好地解决了被照顾者的日常生活需要,但是却加重了政府的财政负担,同时由于使他们脱离了长期生活的社区,其精神生活需求难以得到满足。在这种情况下,英国开始逐渐改变住院式照顾,推行社区照顾。社区照顾使被照顾者能够像正常人那样在自己熟悉的社区环境里生活,而不再产生被抛弃感,从而受到了普遍欢迎,成为当代西方发达国家社区保障的一个范例。

社区照顾,既是 20 世纪五十年代以来英国社会服务的一种方式,亦可以看作是英国福利国家建构过程中逐渐发展起来的一种社会工作模式。社区照顾的服务对象包括孤儿或贫困儿、老年人、精神病患者等弱势群体,对老年人的照顾最能体现其特点与优势。社区照顾养老模式是通过运用社区的各种正式与非正式资源,尽量做到使需要照顾的老人能够继续留在社区或他们原来熟悉的生活环境下维持独立的生活,而同时又能获得必要的照顾,从而避免不必要的住院或隔离。因此,它是介于老人家庭照顾和老人社会机构院舍照顾之间的一种运用社区资源开展的老人照顾方式。理想的社区照顾同时注重"在社区内的照顾(care in the community)"、"由社区照顾(care by the community)"和"与社区一起照顾(care with the community)"。通过在社区内提供小型院舍,或者在老人本身的居所内获得包括政府、专业

---

① [英]苏珊·特斯特:《老年人社区照顾的跨国比较》,周向红等译,中国社会出版社 2002 年版,第 9 页。

人士、家人、朋友、邻居及社区志愿者所提供的照顾,帮助有需要的老人能够独立地、有尊严地在社区中继续生活。与院舍照顾相比,社区照顾的突出优势在于接受服务的老人不需要离开自己熟悉的社区环境,不需要改变自己的正常生活习惯。更为重要的是,社区照顾模式将老人的照顾问题与需要正常化,而不是像院舍照顾中那样,将老人视为弱者或被帮助的对象。①

"社区组织"有两方面的涵义,它既指关注社区需求和社区问题解决,满足社区成员需求,实现社会公正,为实现社区公共目标而开展活动的各类非营利组织,也是社会工作的主要方法和主要模式之一。

在社会学上,社区组织是指某社区内主要团体间交互关系的模式,该模式可满足社区内居民生活上的基本需要。个人降生于世,不仅属于某家庭,亦属于某社区。社区生活是一种共有、共治、共享的生活。个人的生活方式及人格发展,深受社区组织的影响。

在社会工作上,社区组织是一种工作过程,将社区内各社会机构组织起来,多方予以协调,促进其合作,使社区内种种资源得以充分运用,社区需要借此而获得满足。

随着市场经济体制的不断完善、政府职能的不断转换和社区的不断发展,社区组织在社区工作中发挥着日益重要的作用,它可以弥补政府资源不足,同时作为政府与居民之间的纽带,它可以沟通政府与社区居民关系,并进而影响政府决策、推动政府改革,制约政府不合法或不合理的行政行为;它还可以促成社会整合和促进社会团结,通过动员居民参与社区活动、共同管理公共事务,带动居民增强社区意识、强化社区归属感和认同感。

"社会行动"模式是社区工作理论与实践的重要组成部分。其假设前提是:一群处于劣势地位的人,需要被组织起来,与他人联合,并根据社会主义和政治民主的理念,对社会提出诸如资源的增加或合理的对待等适当要求。在一些特定的情况下,社会行动也会希望推动社会制度或社会本身的根本变革。

---

① 参见百度百科"社区照顾"词条。

社会行动是一种自下而上的参与过程,是组织社会上受到忽视和压迫,感受到政策不合理对待的群体,通过集体行动,采用非正规的途径即较多运用冲突、对峙的策略,争取第三者支持以伸张诉求和争取权益,获得应得的资源,使社会权力、地位及资源得到合理的再分配,并通过这一过程提升参与者的社会意识,改变他们的无能及无助感,达成更公平公正机会的实施。

在美国,较多运用社会行动模式的团体有消费者保护团体、环境保护组织、生态保护团体、女性主义团体、同性恋组织、民权运动组织、社会福利运动团体等等。

"社区教育"是一种非正规社会教育服务,其最根本的责任在于根据国家经济和社会发展趋势对劳动力市场和技能开发的需要做出反映,是工作场所人力资源开发的主要提供者。美国作为世界上最发达的国家,有着世界上最完善的社区学院系统,为其建立了充满生机和活力的人才机制。日本社会教育与"社区教育"的概念相似,它是将其作为终身教育的主要方式来认识和界定的。1949年颁布的《社会教育法》把社会教育定义为:除《学校教育法》所规定的学校教育活动之外,面对社会上全体成员所实施的有组织的教育活动。实际上它是以终身教育为宗旨,按成人前期、成人期、高龄期划分,在不同时期,通过社会教育产生多种教育机能的渗透影响作用;以推进国民的社会教育活动为目的而设置教育机构,依托各种专门设施开展一切有组织有计划的学习活动及广播电视教育活动。

国外社区教育的主要组织形式有北欧的民众学校和学习小组,美国的社区学院,日本的"公民馆"等。在我国,社区教育起步于上个世纪八十年代初期,它是在国家实行改革开放后,总结原有学校教育、家庭教育、社会教育经验的基础上,借鉴国外社区教育的经验,从国内不同地域的实际出发,通过试点逐步发展起来的。目前全国社区教育可分三类:一类是以一所学校为中心,连接所在社区的部分工厂、事业单位与政府部门共同组成的社区教育委员会。二类是以社区为中心,由街道办事处或区级政府牵头,社区教育机构等企业单位共同参与组建的。三类是以工业区或农业县为地域界限的社区教育,旨在加强企业、农村未来劳动者素质的培养和社区文化建设。

进入90年代后,社区教育组织自觉认识到社区教育持续稳定发展的重要作用,进一步加强了制度建设,各级社区教育管理机构所制定的"章程"、"暂行规定"等纷纷出台。如"上海市社区教育工作暂行规定(草案)"、"天津市河西区教育工作条例(试行)",为社区教育走上规范化道路奠定了初步的基础。①

在社区发展的过程中,社区教育具有形成社区居民积极的价值观、生活态度和道德规范,提高社区居民的素质和文化水平,建设良好的社区文化、培养社区角色等主要功能。社区教育也一定能冲破原有教育管理体制的弊端,形成一个各种教育因素相结合的集合体,实现教育与社会一体化,最终达到催生学习化社会的目标。

第二节 社区工作的计划与实施②

社区发展是根据社区居民的共同需求,充分利用社区内外的各种资源,通过一定的步骤,有组织、有计划、有目的地,解决社区问题,推进社区建设,从而提高社区居民生活质量的过程。制订社区发展计划就是这一过程的开端。管理学认为"计划就是预先决定要去做什么,如何做,何时做和由谁做。"③社区发展计划包括选择和确定社区发展目标,确立发展计划的基本思路和原则,计划的编制、实施与评估等工作内容,以及计划实施的方法与技巧等。《礼记·曲礼》云:"凡事预则立,不预则废。"制订社区发展计划是保证社区发展工作顺利进行的前提和条件,我们开展的一切社区活动都是为了能使社区发展计划中确定的各项目标得以实现。本章我们就对城乡社区发展计划的各个环节进行探讨,以作为社区建设实践的指南。

---

① 以上内容参见徐永祥主编:《社区工作》,高等教育出版社2004年版。
② 本节内容参考了夏建中:《社区工作》,中国人民大学出版社2005年版。夏建中等:《社区建设理论与实践》,北京出版社2001年版。周沛:《社区社会工作》,社会科学文献出版社2002年版。以及其他相关教材与专著。
③ 〔美〕哈罗德·孔茨等:《管理学》,黄砥石等译,中国社会科学出版社1987年版,第182页。

1. 社区分析与工作计划

要想做好社区工作，显然首先要尽可能多地了解社区。了解社区是一项基础性、系统性的工作，包括收集有关社区的各种资料，了解社区及居民的需求，了解社区拥有的资源等，在此基础之上才能拟定工作计划，实施工作介入。

在掌握社区情况、进行社区分析的基础之上制订科学合理的社区工作计划和发展目标，这是社区发展项目和社区工作收到良好效果的基础和保障。一般而言，社区发展计划的制订大致要经历社区调查、社区现状分析、确立社区发展目标、编制社区发展计划草案和确定社区发展计划方案等步骤。

①社区调查。社区调查是制订社区发展计划的基础性工作，其主要任务是调查了解作为工作或研究对象的社区，它所处的地理区位和自然特征、人口、经济、政治、文化等方面的历史和现实，掌握社区资源的分布情况，了解社区居民的需要等等，为下一步制订发展计划做准备、打基础。能否圆满地完成社区调查阶段的工作，对社区发展计划的制订与实施都具有决定性的意义。

社区调查是运用科学的调查手段和方法，对社区情况进行全面了解的一种活动，它具有规范化、标准化的操作程序，一般要经历准备阶段、实施阶段、研究阶段和总结与应用阶段等四个环节。

一项工程在施工之前要做严密、精心的设计，一次调查研究活动的开展也要事先进行周密的准备和精心的部署。调查准备阶段，应该就调查课题的选择和确定展开细致而广泛的探讨和研究，提出研究设想，明确调查内容和调查范围，确定调查研究的类型和方式方法，并建立起一套指标体系，以实现调查内容的具体化和可操作化，并制订调查研究的方案。

调查实施阶段是整个调查研究过程中最重要的阶段，其主要任务是利用各种调查方法收集有关资料。在此阶段，应该按照既定的调查方案和要求，针对调查的主题，运用科学有效的调查手段，系统地、客观地、准确地获取大量材料。为了确保调查工作的顺利进行以及获取的资料真实可靠,调查人员应当尽可能熟悉被调查者及其具体的生活状况,取得被调查对象的支持和协助,采取恰当、有效的调查方式和具体手段,并及时、认真、详细、准确地作好观察和访问记录。

研究阶段的主要任务是对调查实施所得的资料进行系统的整理、分类、统计和分析。此时,一方面要注意将零散的原始资料进行系统化、条理化和简化处理;另一方面要做到具体问题具体分析,既要从整体上把握事物发展的趋势和一般规律,又要找出本社区的特殊问题。总之,我们在此阶段一方面找到一些用于指导社区发展的基本原理和方法,另一方面也得到具体解决社区发展问题的答案。

最后,调查进入总结以及应用阶段,对一次调查的结果和研究结论进行详细说明,总结本次调研工作中的经验和不足,并就调查主题对如何针对调查对象深入开展社区工作提出建议。

需要明确的是,以上四个阶段是相互联系、完整、循环运动的整体,切不可人为地把它们割裂开来。

另外,社区调查是一项工序十分繁复的系统工程,要想顺利地开展调查工作,完成调研目标,我们就必须掌握相应的工作方式和方法。

一般来说,社区调查主要有普查、抽样调查、重点调查和典型调查等几种方式。

普查是为了了解总体的一般情况而逐一不漏地对全体研究对象进行调查的一种方式。其特点是资料准确性高,结论普遍性强,时效性强,但所需的人力、物力较多。

抽样调查是从调查对象的总体中抽取样本进行调查,并以样本的状况来推论总体状况的一种调查方式。其目的是从许多"点"的情况来推论和概括"面"的情况。

典型调查是根据一定的调查目的和要求,从调查对象的总体中选取一个或几个有代表性的单位进行深入调查的一种非全面性的调查方式。它要求调查单位具有一定的代表性。典型调查可以节省人力、物力、财力;但是调查必须深入、细致,是一种深度调查,而且侧重于定性研究。

重点调查是在调查总体中有意识地选择少数单位进行调查的一种非全面调查方式。这些单位必须是在总体中有重要地位的、比较主要的单位。通过对这些单位的调查就能对所研究对象的总体的基本情况有所认识和了解。

此外,在社区调查中用于收集资料的具体方法主要有访谈法、问卷法、观察法等。

访谈法是通过口头交谈的方式向调查对象了解社区情况、收集信息、取得资料的方法。可适用于多种调查对象,因而在社区调查尤其是农村社区调查中使用较多。运用访谈法收集资料应当注意:做好充分的准备工作,比如选择适合的访谈对象和访谈场所,设计好访问提纲,并尽可能掌握被访问者的基本情况等;运用恰当、有效的访问技巧和手段,要使被访问者讲真话;做好访谈记录,包括笔记和录音等等。

问卷法即利用问卷来收集资料的一种调查方法,是社会调查中最常用的一种方法。"问卷是社会调查的基础。"西方学界如此评价这种方法。确实,问卷法具有书面性、间接性和标准化等特点,便于定量分析,可以节省人力、物力、财力。

观察法就是调查者根据课题的需要,凭借感官和辅助工具,有目的地对研究对象进行考察,以取得资料的一种方法。与访谈法和问卷法相比,观察法可以突破被调查者文字、语言表达能力的局限性,可以收集到真实、详细、生动的资料。但使用观察法需注意观察的客观性,观察的方法以及对观察的现象进行筛选、甄别等问题。

总之,社区调查方法多样,在实际调查过程中应当注意把它们结合起来使用,充分发挥每一种方法的优长之处。

②社区现状分析。

社区现状分析是在社区调查之后,在掌握了大量资料的基础上,对社区的历史变迁和现状特点进行研究、总结和评估。其目的在于掌握社区区位特征、环境条件和社区各要素的发展情况,明确社区建设中存在的问题,判断社区的发展阶段、发展水平,从而为社区发展目标的提出和相关对策措施的制订奠定基础。

第一,注意分析方法的准确运用。对社区现状的把握往往是通过对前期调查中取得的资料进行分析和研究来完成的。使用恰当的分析方法对掌握社区的实际情况,发现社区发展过程中存在的问题以及提出解决社区现存问题的对策有重要的影响。一般说来,社区现状的分析方法主要有:定性分析、定量分析和理论分析等。

定性分析是对事物的构成和性质进行研究和探索的一种分析方法。该方法可以确定现象的性质,划分事物的类别,从而为下一步的分析和研究奠定基础,指明方向。我们一旦对事物的性质做出了判断就要证明这一判断的正确性,因此定性分析之后往往要对收集资料进行定量分析,即对数据资料进行统计,分析其中表现出的事物存在和发展的数量关系。

另外,理论分析也是进行社区现状研究的重要方法,它是在对调查资料进行整理、分类、简化、汇总和统计分析基础之上的思想加工,从感性认识上升到理性认识。理论分析与定性分析既有联系又有区别。定性分析的主要目的和任务是区别事物,分析划类,而理论分析除了要对事物定性分类外,还要揭示出事物的本质和内在规律性。

第二,明确社区分析的主要任务。分析社区现状,首先要了解社区的发展历程,掌握本社区出现、形成、发展的演变过程,了解不同时期、不同阶段社区发展的基本状况,分析和比较这些阶段中社区发展状况的异同,找出其中带有规律性的特点,为下一步分析目前社区存在的问题奠定基础;其次要发现当前社区发展中存在的问题,对当前社区中各种资源的分布和配置情况,社区的运行机制,社区发展的状况等问题进行分析和研究,发现其中存在的特点与不足;另外还要建立分析指标体系。分析社区发展现状,不能仅凭主观感受来判断,必须要通过一系列能够量化的数量指标进行评判。因此建立一套科学的、系统的、适合社区实际的分析指标体系,是社区现状分析中必不可少的重要任务。这个指标体系应当既有主观指标,又有客观指标;既有指导性,又有可行性;既丰富多样,又主次分明。

社区现状分析,是社区发展计划的重要组成部分,也是保证社区发展计划的制订能够从实际出发的必要条件。社区现状分析一般从空间环境入手,将经济、人口、政治、教育、文化、社会生活等各种数据,按照一定的指标进行分类测评,并将测评结果进行可比性分析,从而获得对社区发展阶段、水平和社区发展要素的科学认识。

③确立社区发展目标。

社区发展目标既包括社区发展的总体目标,又包含着社区服务、社区治安、社区环境、社区卫生、社区教育和社区文化等方面的具体建设目标;既有中长期的战略目标,也包括阶段性的具体操作目标。建立社区发展的目标体系是社区发展计划中的主线或者灵魂之所在,是政府、社区组织、社区建设者制订社区发展的方针、政策和工作实施方案的基本前提,也是判断和评估社区发展状况、社区建设工作成效的基本标准。同时,确立一套符合时代发展要求的、能真实反映社区居民意愿的社区发展目标,对动员和鼓励社区成员为之奋斗有重要的激励作用。

社区发展的长期目标又称战略目标,比如:发展社区经济,提高社区的经济发展水平,改善社区居民生活条件;完善社会结构,建立合理的社区治理结构;发展民主政治,培养居民的民主意识和自治能力,推动社区层面上的政治文明的发展;发展社区文化,形成与本社区的发展相适应的文化氛围;改善社区环境,保护社区环境,实现人与自然的和谐统一;促进每一个社区成员的全面发展等都是社区发展的长期目标。

社区发展的短期目标又称阶段性目标或具体目标。由于不同的社区在其发展的不同阶段都会遇到不同的问题和困难,社区发展目标不可搞"一刀切",应根据本社区的实际情况,具体问题具体分析。

就我国的具体情况而言,今后五到十年城市社区建设的主要目标是:"(1)适应城市现代化的要求,加强社区党的组织和社区居民自治组织建设,建立起以地域性为特征、以认同感为纽带的新型社区,构建新的社区组织体系。(2)以拓展社区服务为龙头,不断丰富社区建设的内容,增加服务的发展项目,促进社区服务网络化和产业化,努力提高居民生活质量,不断满足人民群众日益增长的物质文化需求。(3)加强社区管理，理顺社区关系，完善社区功能，改革城市基层管理体制，建立与社会主义市场经济体制相适应的社区管理体制和运行机制。(4)坚持政府指导和社会共同参与相结合，充分发挥社区力量，合理配置社区资源，大力发展社区事业，不断提高居民的素质和整个社区的文明程度，努力建设管理有序、服务完善、环境优美、治安良好、生活便利、人际关系和谐的新型现代化社区。"①

与城市社区相比，农村社区在制订发展目标时要着重考虑以下几方面的问题：

第一，加快社区经济发展，提高居民收入水平。目前中国农村社区的经济发展大大落后于城市，农民收入增长缓慢，城乡人均收入差距仍在逐年拉大。鉴于此，农村社区今后五到十年的主要发展目标应突出经济发展，提高收入水平。

第二，建设和完善农村社会福利和保障制度。目前，很多城市居民享受的住房补贴、物价补贴等各种补贴，以及各种社会保险如失业保险、医疗保险、最低收入保障等，绝大多数农民都不能享受。鉴于此，农村社区应将建立和完善福利、保障体系作为制订社区发展目标时的重要内容。

第三，发展农村教育，增加农村社区居民受教育的机会，提高居民文化水平。当前，中国农村地区存在部分学龄人口不能完成九年义务教育的现象。鉴于此，加强农村社区教育体系的建设，是目前农村社区制订发展目标时必须考虑的问题。

社区发展必须在确定长期目标的前提下，制订具体目标，并使长期目标与短期目标相结合。总的来说，社区发展都要以创造最好的社会环境，确保社区经济迅速发展、土地有效利用、居民生活舒适安定等为长期目标。然而社区之间差异很大，不同社区应当有不同的社区发展具体目标，另外，社区发展的不同阶段都有特定的社区问题要解决，也应有不同的具体目标。因而，我们一定要根据具体问题确定具体的工作目标。

---

① 《民政部关于在全国推进城市社区建设的意见》，《人民日报》2000年12月13日，第一版。

④编制社区发展计划草案。

编制社区发展计划草案就是编写社区发展计划书。计划书往往由大纲（文字说明的文件）、规划图,以及一些用以说明问题的数据、表格等附件构成,有时还附带一些大纲以外的分报告,以补充大纲中某些问题的背景材料或情况说明。需要强调的是,社区发展计划草案可能是一个,也可能是多个,以供决策者比较和挑选。

在编制计划时应考虑时间和成本这两个方面的因素。时间因素包括编制计划所需的时间,编制计划到开始实施计划所需的时间,全面执行计划所需的时间,计划本身所包含的时间长度,即在编制计划之前,应明确编制多长时间的计划等。成本因素即编制此项计划所需付出的代价。编制计划应体现经济性,否则,计划将失去其存在的价值。因为,编制计划的目的之一是为了节约资源,计划成本的高低会影响到计划的详尽程度,在编制计划时应考虑各种因素的完备程度、计划被采纳的可能性以及计划实施的可行性等问题。编制计划应在保证质量的前提下,尽可能做到既经济又合理。

在编制社区发展计划时,还应注意以下问题:第一,计划应体现明确的社区发展目标。有了明确的目标导向,人们在计划实施中才具有积极性和进取性;当实际执行的结果达到既定目标时,人们才会产生成就感和满足感,有利于计划的贯彻和实施。第二,计划要切实可行,便于考核。社区发展计划应是社区成员经过努力可以切实达到的实实在在的计划,否则就是一纸空文,既不可能指导人们的工作,也不会激发人们为之工作的热情。因此,社区发展计划,尤其是阶段性计划,应使用各种具体的计划指标来表示,以便于考核计划的执行情况。第三,计划要体现弹性和动态性。社区发展计划是为实现社区发展目标而拟定的方案和措施,它是社区发展目标的具体化。而社区的发展是一个不断变化的动态过程,因此社区的发展目标也会随之改变,这就要求在编制计划时要将这些变化发生的可能性考虑在内,使计划留有余地,富有弹性。第四,计划要主次分明、突出重点。事事都有计划,时时都有计划,就等于没有计划。社区发展所涉及的问题很多,其目标也十分复杂,因此,编制计划时应更多考虑急需解决的重要问题。另外,计划编制的详略程度也要根据对象和目标加以区分。第五,编制计划要综合协调。社区发展是一个系统工程,涉及社区中的各方各面,因此,社区内的各个单位都要编制计划,社区发展过程中各个层次的工作也都要进行计划。而且,各单位、各层次的计划之间应相互衔接、综合平衡、协调一致。

⑤确定社区发展计划方案。

确定计划方案是社区发展计划制订工作的最后程序。此阶段首先要选择计划草案。由于社区发展计划草案可能是多个,决策者需要经过反复讨论、比较,对这些草案进行评价,并从中选取一个作为基本的社区发展计划方案;其次要就选定的草案征求意见和进行修改。通过多种形式广泛征求社区居民、中介组织、社区内的企事业单位、机关团体、专家学者,以及各级领导干部的意见,并在此基础上,对计划草案进行修改和补充。这需要经过几次由上到下、由下到上的反复过程;第三是审议通过草案。经过认真修改,最终定稿的计划草案,要按一定程序送交审议机构审议,审议通过后才能成为正式的社区发展计划方案;最后是公布方案,也就是由权威机构,一般是由政府、党委,正式公布社区发展计划方案,并开始付诸实施。至此,社区发展计划的制订过程即告完成。

最后,在制订社区发展计划时,还应遵循一些基本思路和基本原则。

社区发展计划的制订,是关系到社区未来发展和建设的工作。对于此项工作的执行者来说,确立一个正确的计划制订思路是很必要的。一般来说,一个正确的思路应有以下一些要点:

第一,为什么要制订此计划? 任何事物都不会凭空而来,其产生必定由特定的需要所推动。在制订社区发展计划时也要考虑,到底谁需要它? 对于城市社区来说,一个关于发展养殖业的计划往往不会有市场,而对于农村社区来说,它可能会有巨大的需求。因此,在制订社区发展计划时弄清楚到底有谁需要它,它将满足什么需求,是非常必要的。

第二,有没有可以借鉴的经验? 问题是什么? 制订社区发展计划的目的是通过计划的实行促进社区的发展,"他山之石,可以攻玉",如果我们能从别人那里或从书本中获得一些经验,对我们避免失误和损失是很有帮助的。另外,制订计划时应探讨各种可供选择的方案。借鉴别人的经验有利于我们找到所需的方案。目前,我国有一批示范城区,这些社区在建设和发展工作中总结了许多经验,走出了许多前人没有走过的社区发展道路,它们的经验对其他社区来说是一笔宝贵的财富,可资借鉴参考。

第三,现有条件如何? 掌握了包括资金、技术、设施、人员、时间等方面的哪些资源? 从哪里可以获得这些资源? 这些资源能否满足计划的需要? 能否及时取得? 等等。

第四,计划的可行性如何? 制订计划者无一不希望计划成功,因此,在计划制订之前就必须估计计划成功的几率。我们应当保证大多数制订出来的方案能够被执行,能够获得成功。所以,制订计划时必须考虑有哪些因素可能阻碍计划的实行? 计划中有没有违反现存主要政策的内容? 有什么人对计划感兴趣? 能够保证计划执行的条件有哪些? 等等问题。

第五,其他还需要什么? 在对计划做了以上的审视之后,我们还要仔细检查计划中还有什么遗漏,还有什么需要补充,如:我们还需要哪些人的帮助? 还需要对哪些因素进行考虑? 制订计划的信息、资料够不够? 等等。

同时,制订社区发展计划及实际开展社区各项工作时应遵循社区发展的一些基本原则:

第一,实事求是、科学合理、自下而上的原则。过去我们制订和推行社区发展计划,都是从上而下地贯彻执行,任务和指标层层分解,逐级落实,"理解的要执行,不理解的也要执行"。而且许多计划在制订时没有经过认真的调查研究,没有考虑各个社区千差万别的情况,因为不切合实际而中途搁置,即使勉强完成,也难以收到理想的效果。因此,制订社区发展计划,首先必须科学、客观,必须建立在科学的基础上;其次要把计划制订的程序倒过来,先提出一个大体框架,让群众充分讨论,然后综合大家的意见,做出规划。否则,制订出来的计划就会脱离实际,无从落实。

第二,民主的原则。长期以来,我国实行的是高度集中的计划经济体制,社会发展的方案和计划基本上由中央政府和各级地方政府做出并依靠基层行政机构加以推进。尽管我们的动机和出发点是为了民众的长远利益和社会的整体利益,但是,由于这种需要不是群众在自愿、自发的情况下提出来的,结果容易出现两个偏差:其一,政府所认为合理的方案并不是这个社区居民的真正需要,或者不是最紧迫的需要;其二,即使这种需要符合民众的长远利益,但是由于不是民众自己提出来的,在他们的眼前利益受到影响或损害的时候,他们就不能心甘情愿地付出代价。这两种情况都会影响社区发展计划的推行,因此,制订计划时必须得到社区群众的积极反应和紧密配合。

第三,针对性原则。社区发展活动是有针对性的,社区发展计划的制订也必须具有针对性,应从解决社区中存在的紧迫问题入手,在解决当前问题的同时兼顾长远发展。

第四,效益性原则。制订社区发展计划必须考虑计划设计的成本与效益以及计划执行的成本与效益的关系,应以最少的成本获取尽可能多的实际收益,实现成本与效益的最佳组合。一方面要尽可能在节省计划设计时间和设计费用的情况下,制订出高质量的社区发展计划,实现效能比最佳;另一方面要充分考虑计划的实施所能获得的收效与需要付出的成本,应尽量少的使用和耗费社区资源,尽可能多的换取发展实效。

第五,物质文明与精神文明同步发展的原则。物质文明建设和精神文明建设犹如车之两轮,鸟之两翼,在社区发展中缺一不可。制订社区发展计划一方面不能仅仅重视经济发展目标,只考虑提高居民的收入水平,忽视精神文明和社区文化的发展;另一方面又要避免过去不重视经济建设,不重视发展生产力的"穷过渡",没有经济建设作基础,社区建设难以收到持久的实际效果。①

2. 关系建立与工作实施

良好的社区工作实践建立在工作者和社区之间的关系联结基础上。能否进入社区,与居民建立紧密的联系,使他们积极参与到社区工作之中,既

---

① 参见江立华:《社区工作》,华中科技大学出版社 2009 年版。

是对社区工作者的考验和锻炼,也是社区工作实施的基础和前提。因此,着眼于熟练掌握和灵活运用多种技巧和方法,着手于与社区居民工作关系的建立与维系,是社区工作者开展工作的重中之重。

社区工作十分强调以"社会网络"为中心的价值理念,强调以居民感觉到的需求为依据,重视协同合作,提供机会使人们相互支持,创造更为平等和相互关怀的社会。因此工作者在工作关系建立与维系上要遵守以下原则:第一,掌握群众参与的动机,有针对性地进行动员;第二,让群众看到参与带来社区问题解决的成效;第三,为参与者带来个人的改变;第四,注意选择动员对象;第五,让参与者有成就感;第六,减少参与者付出的代价;第七,注意工作者自身素质对居民参与的影响。

社区发展计划的实施是社区发展目标能否实现的决定性工作。社区发展计划的具体实施步骤和程序,会因每个社区自身的特点和需要的不同而有所差别,不可一概而论,应本着实事求是的态度,因地制宜,灵活安排。一般说来,社区发展计划的实施往往要完成以下几个方面的工作:

①组织成立负责计划具体实施的领导机构。社区计划的执行需要社区成员的大力帮助和共同推动,然而,要把社区成员组织起来,往往需要有一个强有力的、合法的组织机构。因而,社区发展计划实施的第一个环节,就是组织成立主要由社区成员组成和运行的负责社区发展计划具体执行的领导机构。重庆市江北区在实际工作中就建立了"三会"①,即社区居民大会、社区议事协商委员会和社区工作委员会,分别负责就社区发展中的重大问题进行研究、决定;对社区发展中急需处理的重要事务进行协商处理;对社区发展计划进行贯彻落实、组织实施等工作。

②筹集社区发展资金。保证建设资金的充足投入和稳定投入是社区发展计划能否有效实施的重要条件。社区发展资金主要有申请政府财政支持、在社区内部募捐以及其他社会投资等三种筹集方式,后两种是社区发展资金最主要的来源。欧美一些国家经常在社区内部募捐以作为社区发展资

---

① 多吉才让主编:《城市社区建设读本》,中国社会出版社2001年版。

金。在美国,社区募捐会是社区工作的常设机构,有专职工作人员长年从事募捐工作。目前我国社区发展资金的筹措手段和渠道还不是很健全、很发达,各地都在积极探索适合自身发展的道路。"海口市振东区围绕税源经济,强化社区管理与服务。在街道设立财政所,把房产税、房屋出租税、农林特产税和零散税源,交给街道、居委会代征。税收部门与社区二八分成,即增加了政府收入,又开辟了社区财源。青岛市完善社区财力机制,对街道实行财税包干制,鼓励街道跳出发展自办经济的小圈圈,培养增强社区建设的财力和物质支撑力。"①福建省在加大财政投入的同时还从社会福利和体育彩票募集的资金中(上缴中央的部分除外),按合理比例用于社区福利和体育设施建设;大力募集社会各界的捐赠,对捐赠的资金设立社区发展专项基金,专款专用;对街道兴办的部分社区服务项目实行有偿服务,项目收入专门用于社区有偿服务项目的滚动发展,以此鼓励社区通过多种渠道筹集发展资金。这些省市和地区的做法可以给我们一定的启发。

③编制实施方案。为了确保社区发展计划的顺利开展,我们要针对社区发展目标编制具体的计划实施方案。此方案应明确社区计划执行时的具体步骤,各阶段的具体目标以及各单位的具体任务。实施方案主要包括两方面的内容:一是时间安排;二是建设项目开展的程序。社区建设的内容很多,在安排时应做到有序推进,有先有后,先易后难。

④宣传发动。在社区发展计划确定的各项工作进入具体执行阶段前,必须对社区发展计划进行广泛的、有效的宣传,让不同层次的参与者都了解社区发展计划,统一思想,提高实施和参与者的主动性,激发其热情,增强其创造力。社区发展计划是涉及社区中每一个单位、每一个个人的系统安排,它的推行需要社区各单位、各组织以及广大居民的共同推动。因此,就有必要让他们充分了解计划,清楚计划方案的具体内容,以及计划实施将对社区和他们自身所产生的积极影响和合理效用,从而最终认同计划并自觉主动地执行计划。在宣传社区发展计划时应注意:宣传的范围要广,要能覆盖全

---

① 谷文峰:《城市社区建设与管理》,中国社会出版社 2002 年版,第 283 页。

社区各个方面;宣传要全面、细致,对计划的内容、实施的步骤以及计划的执行将会产生的影响等,都要进行实事求是的描述;要注意把握宣传的导向,争取通过宣传在社区内外取得对计划的赞同和好评,避免出现负面的影响;宣传不能仅仅停留在开个动员会,提高一下认识的层面上,必须使社区成员切实掌握社区发展的知识、有关方案、相关政策、工作方法等,明确社区发展的目标、任务和自己的职责。通过宣传,发动社区成员积极地投入到社区建设工作中去。

⑤具体执行。当一切条件都准备齐全之后,就进入了计划实施的最后阶段——具体执行。此阶段,社区中的各部门、各单位以及社区的全体居民,要在有关组织、机构的领导下,利用现有的一切条件,运用科学的、有效的方法与手段,完成自身所肩负的任务。

3. 服务完善与工作评估

对社区发展计划进行评估,是社区建设和社区发展中必不可少的工作。通过评估我们可以了解计划是否正确、合理,哪些地方需要改进;计划的实施是否达到预期的目的,什么地方还存在问题等等信息,从而为下一阶段工作的开展提供帮助。

①评估的目的。一般而言,评估要回应的问题是:我们做得怎样? 我们是否完成了工作所预期的目标? 等等。另外,评估也可被视为一种系统的、有目的的资料收集和分析活动,目的是审视计划本身的正确性,掌握计划的实施状况,了解计划的实施效果。通过评估活动可以达到对计划方案的实施进行有效的监测和控制;明确计划在实施过程中所面对的困难和问题,找出解决问题的方法;检测计划实施的效用,从而达到改进计划或终止原有方案并制订新方案;鼓舞士气,引起公众注意,获取各方支持等目的。

②评估的种类。我们可以根据评估的目的以及想要解决的问题将评估划分为过程评估(the evaluation of process)、成果评估(the evaluation of outcome)和效益评估(the evaluation of efficiency)等三大类别。

过程评估即对计划方案从开始实行到达成目标的整个过程的测量和监

督。评估者首先要对计划本身进行检查。如评估社区的需求是否与计划中所指出的一致? 在计划中提出的工作目标是否有证据的支持? 工作人员所执行的措施是否与计划相符? 等问题;其次要对计划的具体实施状况进行测评。如我们为居民提供了多少服务? 有多少居民接受了服务? 他们的特点如何? 我们投入了多少资金和人员? 他们用了多少时间来进行这项工作? 掌握了这些情况,可以帮助我们了解整个计划执行的进程和基本状况,也可以帮助我们审查工作开展的次序以及人、财、物的分配情况。

成果评估主要是要判定计划实施的成果是否符合当初制订的目标。例如,对一个为社区居民提供教育培训的计划进行成果评估,即是评估该计划对居民受教育状况改善的有效程度,若通过该计划的实施有大多数居民受教育的状况得到改善并达到计划的目标,则可认为此计划获得成功;反之,则视为失败。

效益评估则着重于审查计划实行的成本与效益,即在一定成本下实施计划的成果是多少。由于效益评估主要是针对为达到计划的目标所需耗费的成本进行测量和评价,所以在评估中收集到的材料可以帮助我们评鉴不同方案的财政价值,做出效益比较,从而选择性能比较高的方案。不过,在社区发展工作中,要进行成本效益检讨是相当困难的,这是因为,我们往往很难将许多服务工作的目标转化为金钱上的价值而做比较。例如,改善居民之间的关系,其价值有多大? 提高居民对社区的认同感和归属感的价值有多大呢? 这些都是进行效益评估时难以克服的困难和弊端。

③评估的程序。评估实际上是检测计划的执行能否达到预期目标的过程,这个过程可分为五个主要的步骤。

第一,设立评估目标。在开展评估工作前我们要明确评估的目的,以及为何要进行评估。设立评估的目标是解决这些问题的根本。科学的、统一的评估目标是检验社区建设工作的参照物,有了它我们才能通过比较来检验社区发展计划及其实施的结果。

第二,明确评估的主体,即由谁来实施评估。社区发展计划的评估通常可由社区成员进行。社区内部评估时间较短,也容易获得评估所需的资料,但内部评估有偏颇的可能，因此，也可以使用外部人员和专业机构来进行评估，这样评估工作较不容易受到内部压力的影响，评估结果可能更加客观、公正、准确。

第三，建立成果量度指标。确定了评估目标后，我们必须将评估的目标转变为可以观察和量度的具体指标，实现目标的可操作化。在建立可操作性指标体系时必须留意：可操作性指标必须是可供量度的；指标应该是有效的，也就是说它们应该是可以量度的；评估指标不能单一化，应使用多个指标同时衡量；指标应与计划中确定的发展目标密切相关。

第四，收集与分析资料。在选定了评估的指标后，我们就要进行资料收集的工作。在收集资料并对其进行分析时注意要依据评估方案的要求以及被评估计划的大小与重要性，而决定收集资料的数量、质量与分析研究的方式和复杂程度；要重视此评估阶段中出现的非预期的效益和结果。有时非预期的效益是正面的，将有助于我们了解计划的意义与价值。如果发现非预期的结果是有危害性的，就应停止对此计划的执行。

第五，总结。在此一评估的最后阶段需要完成的工作有：总结计划的优点与缺点；描述计划执行的效果，如计划的实施是否达到预期的效果？人员和资金的使用是否合理？以及按照需要提出对计划本身或具体的实施过程中存在问题的改进意见。

4. 社区工作的方法和技巧

社区的发展需要社区各个部门和社区居民的共同推动，社区建设工作需要社区全体成员共同完成。掌握社区发展、社区建设所需的基本方法与工作技巧，是完成任务、实现发展的必要前提。

①社区工作的方法。

社区发展是许多工作共同推动的结果，社区发展方法是指导人们去完成这些工作的理论和原则，运用正确的社区发展方法对制订和实施社区发展计划都具有决定性意义。目前，我国的社区建设正处于初级发展阶段，尚未形成一套自主的社区发展方法和理论。因此，借鉴国外的一些成熟的社区发展经验对我们的工作是必要的,也是必需的。本节将对美国的社区发展方法做简短的介绍,以便给我们的工作提供一些参考。

传统的美国社区发展方法主要有三种,即自助法、冲突法和技术援助法。

自助法在美国社区发展的理论和实践中是一种基本方法。自助这个概念产生的基础观念或假设是:人们可以聚集和工作在一起,以便改善他们的处境。自助模式更加强调过程取向而不是任务取向,基本上,自助是一个帮助人们学会如何处理他们自身或与其相关的问题的过程。在这个过程中,他们学会并能够处理一些问题,完成一定的目标或任务,然而,居民们取得的这些成就,相对于使他们具有改善自身处境能力的长期过程和永恒目标而言,它是附带的、非主要的。在自助法中,社区工作者的角色是教育者或组织者。他的具体工作是帮助社区居民探讨取舍方案并达成决定。巴登(Batten)强烈反对目标提倡或迈向特定目标的操纵,他指出这种操纵经常导致人们为没有技能、意愿或资源的那些人承担任务,因此将会减少他们面对未来问题的能力。只有通过自我导向的决定,人们才能学会如何改善他们的社区。社区工作人员的主要作用是帮助人们提高对自我导向教育或决策过程的理解,通常他们会通过指导居民如何进行群体工作,帮助他们通过在一起工作的协同对社区的发展做出贡献,在此过程中社区工作者的角色更像一个无偏见的顾问。

技术援助是指"帮助社区界定他们的问题、需要和潜在的解决方法,而同时允许其有某种程度的社区自治或问题界定和解决方法的所有制身份。"[1]广义的技术援助可以理解为一个通过提供项目、活动和服务,以加强接受者的能力,改善其在固有的或分派的功能上的表现的过程。这一过程的关键在于应用专业技术以帮助这些过程中的接受者。技术援助的形式多种多样、五花八门,包括如以资金、人力、培训、会议、技术、转让、研究利用、人员交换、信息服务等形式所进行的援助。技术援助有三个层次的目标,每

---

① 多吉才让主编:《社区工作指南》,中国社会出版社2001年版,第227页。

一层次都与社区发展有关,只是形式有所不同。首先,最广泛的目标是社区决策。针对这一目标,社区工作者需要向社区组织和居民提供帮助他们决定社区发展目标以及达到该目标的适当手段。其次,另一个与社区发展领袖的培训和组织紧密并列的目标是社区资源发展。在这一方向上的主要援助是帮助社区拥有必要的资源,并指导和支持社区有效地利用资源以适应改变现状或追求新的发展的需要。最后,第三层次的目标与计划和项目的实施相关联,被称作社区任务表现。针对此目标开展的活动主要是对社区建设项目进行严格管理,以实现其效益的最大化。在此过程中须适当运用行政管理和会计等手段。

冲突法是一种特殊的社区工作方法。社区发展是有计划的社区变迁过程,这一过程中往往充斥着矛盾和冲突,并不是所有计划中的社区变迁都是由自助或技术援助而导致的,其中一部分来自于冲突。"冲突是一方向另一方的领土、权利、利益或声望进行威胁。这种威胁通常旨在限制或消除对方对某些资源或目标的接近(Robinson,1972)。在冲突中,对立的目标是不可调和的。"①那么为什么会发生社区冲突呢? 首先,社区多样性是导致社区冲突的一个原因。随着社区的发展,经济分化、人口变迁、价值观念异质化等变化日益加强,这些因素增加了社区的多样性,也增加了在社区中发生争端的可能性;其次,社区中现存的裂痕或分裂是冲突的另一个重要原因。在某些社区,由于历史的原因,导致现在几乎在任何问题上都会发生划分阵线的情况。这种情况在政治方面的活动中特别明显;第三,有意义和独特的事件经常是导致冲突的根源。如果一个事件,如在社区中修建一个广场或关闭社区中的一些企业,触及到社区足够多人们的生活的重要方面,如果它以不同的方式影响到社区不同的权力群体,则冲突就有可能发生;第四,造成冲突的另一个原因是存在具有充分技能和感情来获得社区群体支持的领袖群体。如果它们之间发展出一种相互怀疑或彼此害怕的情绪,那么已存在的冲突将会变成广泛传播的社区问题;最后,当社区的权力结构中少数派的

---

① 多吉才让主编:《社区工作指南》,中国社会出版社2001年版,第229—230页。

利益被忽视时,冲突就有可能发生。

社区冲突一旦出现,解决冲突将成为社区工作的主要任务,任务顺利完成就意味着社区得到发展,因此,有学者提倡把冲突法作为有目的的社会干预手段。在20世纪五六十年代以阿林斯基为代表的美国芝加哥"冲突学派"就是这种方法的坚决拥护者。按照冲突法,解决社区冲突可分为11个步骤:第一步:评价地方领袖。第二步:分析社区权力结构。第三步:分析情形和领土。第四步:鼓励不同政见者表达不平。第五步:界定"一个"问题。第六步:组织,组织,再组织。第七步:证明权力价值。第八步:决不直接面对权力结构。第九步:要现实和善于妥协。第十步:发展永久的组织结构。第十一步:又重新开始。

在运用冲突法解决社区发展问题时,社区发展领导不仅要知道冲突发生的原因、阶段和技术,更要了解如何对社区冲突进行干预,其步骤是:第一步:肢解冲突。第二步:指派领袖。第三步:使用外部专家。第四步:进行一个教育项目。第五步:开展一项公共关系运动。此外,在对社区冲突的管理上,还可以使用对社区发展有专业研究的人员和组织进行"第三方"调节。

②社区工作的技巧。

社区工作涵盖面较广,从对社区居民个体的服务到对社区乃至社区政策、制度的影响等都属于其工作范畴。因此,社区工作所需要的技巧包含甚广,涉及到了不少其他学科或专业的知识与技巧。由于社区工作的技巧十分庞杂,本书不可能一一细数,这里我们只对社区工作中所需的基本技巧做简单介绍。

第一,会谈的技巧。会谈(interview),是社区工作中一项重要的专业技巧。工作者透过会谈来协助社区居民解决他们共同关心的问题,实现社区发展目标。会谈,顾名思义,是一个人与另一个人交互谈话,以达成一定目的的活动,而不是漫无目的、随心所欲的闲聊。在社区工作中,聊天或闲谈是不能解决问题的,否则社区工作也就没有特殊之处了,因此,会谈的过程必须有详细的规划。每一次会谈都必须经历开始、发展与结束三个阶段,而每个阶段都有相应的技巧,掌握并运用这些技巧对完成会谈、达到目的有积极的作用。

在会谈开始阶段，主要目标是建立社区工作者与案主间的专业关系，开启会谈，并与参与者共同确定会谈的目的。在会谈前，社区工作者应事先安排一个舒适、安静、隐秘的会谈场所；了解并熟悉会谈对象的相关资料；向对方表现出主动、亲切的姿态，争取在一开始就给案主留下一个良好的印象；当一切就绪，工作人员不妨提一些具有启发性的问题作为开始，如可以问对方：我们从哪儿开始呢？今天你想谈些什么呢？在开始阶段，会谈的内容通常是一般性的资料，社区工作者应从案主的立场开始，并让其用习惯的方式说话，在细心倾听之后，依据谈话的线索来决定探讨的方向。

在会谈发展阶段，主要任务是逐步实现双方共同确定的目标。所以，社区工作者必须运用各种技巧，引导案主针对会谈目标进行互动。为了达到会谈的目的，社区工作者必须引导案主由一般性的话题，逐步扩展到其他问题上，协助案主坦诚地讨论有关问题的每一部分。并引导案主将会谈的焦点集中在某一特殊主题上，且把讨论从表面的叙述，转移到更具私人性质或涉及情绪的内容。如果话题已经充分讨论，或话题引起了案主强烈的焦虑、不安、困窘、疲惫时，社区工作者可以转移话题或有计划的插入一些新资料，引导案主进入一些尚未探讨或未能深入探讨的话题，以便打破僵局。若发现案主蓄意回避某些问题时，社区工作者应评价与考量其抗拒的原因，选择采取如接纳、面质、迂回或诱导等方法使其回到问题上来。当社区工作者发现案主有自我防卫的迹象，以致干扰会谈的进行，此时工作者应视其防卫的情况，采取处理策略：安慰、转移注意力、当面对质或解释等。

在会谈结束阶段，即每次会谈结束前 10 分钟左右，社区工作者即应准备结束会谈，协助案主从充满激烈情绪的会谈内容中逐步回复到比较缓和的情绪。此阶段应注意形成明确的会谈摘要，并为下次会谈做准备。

第二，家庭访问的技巧。家庭访问是个案工作的一个重要步骤，也是家庭服务的一种方法。进行家庭访问要注意访问前的准备、访问中的态度以及访问后的处理等工作环节中的技巧。

家庭访问并不只是一种友善的访问，在社区工作中更多强调的是家庭访问的专业效果,所以访问前必须有所准备,例如:在访问前最好事先征得案主的同意;提前通知访问时间;了解访问的目的、内容和重点;假想可能遇到的难题并思考对策等。进行家庭访问时,社区工作者必须注重访问过程中的态度和策略,以便获取受访者的信任与合作。在访问时我们要注意多站在受访者的立场,本着诚恳的态度,善用引导技巧,鼓励受访者表达意见,并保持客观的立场,避免访问者将主观意识强加在受访者身上,造成对方的困扰;不随意批评或褒奖;仔细观察访视家庭的环境,以了解更多的信息,方便下一步工作的开展;掌握访问时间,每次访问最好控制在一小时以内,切勿过短或超时太久。家庭访问结束之后,必须立即做成记录,并进行初步评估。

第三,运用社区资源的技巧。协助社区居民或社区组织掌握和运用社区资源,解决其所遭遇的问题是社区工作的重要特征和社区工作者的主要任务。所以,社区工作者必须熟悉社区资源之所在,并加以开发运用。

首先,要对社区资源的种类进行划分。凡是社区之中对社区工作有协助作用的人力、物力、财力、文献、组织,都可以成为社区资源。其中,人力资源包括相关的专业人员、居民代表、学校教师、社区发展协会干部、民间团体负责人、地方名人等;物力资源包括社区的机关、机构、学校、团体的场地、设施等;财力资源包括政府的补助、企业的赞助、慈善团体的捐助、社区热心人士的捐献以及其他社会投资;文献资源,包括政府与民间的调查报告、统计资料、研究成果、工作记录等。这些资料一般可从图书馆或网络中获得;组织资源,基本上是对以上四种资源的综合,如宗教团体、社会团体、职业团体、政治团体、学术团体以及各种基金会等。

其次,要把握好运用社区资源的过程。可供社区工作使用的资源有些明显存在于社区之中,必要时稍加发掘即可运用;有些却需要在社区工作中慢慢培育、努力发掘方可利用。首先,社区工作者平时就应了解和掌握当地的各种资源状况,工作时才能加以发掘和利用。了解和发掘的方式有:第一,通过查阅政府或相关部门的资料,以获悉现有资源的状况以及取得资源的程序;第二,可以通过访问社区领袖或居民,请其提供有关资料,并一一查证和记录；第三，也可以参考其他社区或机构运用资源的经验，或通过社区媒体公开征求社区各界提供资源信息。其次，在发掘资源之后，应立即将社区资源加以分类，建立详细的社区资源档案，以便以后使用方便。再次，社区资源建档之后，应即根据社区发展工作的需要，规划资源运用的相关措施。最后，运用资源。由于各种资源的特性和功能不尽相同，因此社区工作者运用资源时，应按规划的要求，突出重点，以增加资源使用的效益。例如：在运用人力资源时，应按其专长及兴趣安排适当的工作，务求各尽所能；在使用物力资源时，应把握经济原则和重点原则，依工作需要的轻重缓急，有选择性的运用，以获得最大功效。以此类推，运用其他资源时亦应使其功效最大化。另外，还要对使用资源的成效进行评价，其目的在于检视投入的资源是否发挥了其应当发挥的作用，以便改进资源运用的方式，或开发新的资源。

运用社区资源是一切社区工作的必然需求，然而社区中的资源却不是取之不尽、用之不竭的，所以在使用时一定要科学规划、谨慎运用，以求以最小的成本换取最大的收获。

上述社区发展计划的制订过程、社区发展计划制订的思路和基本原则、社区发展计划的实施与评估、社区发展的方法和技巧等，一方面可以作为我们社区建设和社区发展的实践指南，另一方面也需要在社区实践中加以检验和完善。

第九章 必要的乌托邦:和谐社区与现代中国

"逝将去汝,适彼乐土。乐土乐土,爱得我所",早在两千多年前,中国先民就在《诗经》中表达了他们对理想社会的吁请和诉求。诗中的"乐土"、"乐国"、"乐郊",和西方的"理想国"一样,是人类理想中的自由王国,是人间的和地上的一个恒久梦想。人类代代嬗递,终其一生追求和建造这样一个国度,企望在其中实现完全的平等和自由。但是,这样的理想国度,终究只是存留在人们的臆想之中,只是一个乌有之乡,亦即"乌托邦"。

乌托邦,拉丁文 utopia 的音译,源出希腊文 ou(无)和 topos(处所),意为"乌有之乡"。该词最早出现在英国空想社会主义者托马斯·莫尔 1516 年所著《关于最完美的国家制度和乌托邦新岛的既有益又有趣的金书》一书,乌托邦成为这一书名的简称,也成为作者在书中所描写的他所想象的没有阶级的理想社会的代称。因为在托马斯·莫尔那里,乌托邦是一种理想的国家,是一个没有的地方,它不存在于现实社会,也永不可能在未来社会实现,所以人们把乌托邦一词理解为"空想"的同义词。

"空想"是乌托邦的最普遍的含义,但决非乌托邦的形上本质。从乌托邦的形上本质来说,它是一种没有时间、没有空间、没有在场的终极完美状态。它是人借助幻想构筑起来的非现实存在的非真实的大厦。对人来说,乌托邦既是为人的有限性所规定而不能实现的状态,又是对人的无限自由、对人的超越一切不可超越性能力的绝对确认。它表现的是人的本质、人生存的深层目的;它显示的是人本质上所是的那种东西;它的精神在于它不满足于现实,拒绝现实,也即是拒绝人的存在状态,超越人的存在状态,所以马尔库塞又赋予乌托邦的原则为"伟大的拒绝"。对于社会来说,乌托邦是关于我们社会的神话世界和童话世界,它构成的是对一种社会现实的否认和对一种社会神话的叙述;它实施的是对现实弊端或社会文化的批判功能,它是一朵绚丽的"恶之花"。①

尽管如此,无论是对于人还是对于社会来说,"空想"仍然是乌托邦理想最普遍的含义和最重要的成分。但是,空想对于人类社会并非没有意义,诚如王尔德所言:一张没有乌托邦的世界地图是丝毫不值得一顾的。事实上,"任何旨在改变人类命运的基本条件的事业势必包含有一些空想成分。"②联合国教科文组织二十一世纪教育委员会在它的报告中提出了"教育:必要的乌托邦"这一命题,无疑,"必要的乌托邦"充分表达了乌托邦对于人类生存和人类发展所具有的重要意义。"必要的乌托邦"意味着对人类生活最高境界的诉求,意味着人对自己在现实中的病态和畸形保持警觉,意味着对于超越实利的、非功利的价值的追求。

正因为如此,乌托邦主义(Utopianism)成为社会理论的一种,它试图借由将若干可以期待的价值和实践呈现于一个理想的国家或社会,而促成这些价值和实践。虽然乌托邦主义者并不认为这样的国家可能实现,至少是不可能以其被完美描绘的形态付诸实现,但是他们并非在做一项仅仅是想象的设计或空幻的搬弄,就如乌托邦这个词汇的普遍意义和通俗用法所指的一般。从柏拉图的《理想国》(Republic)(它是最早的真正乌托邦),到托马斯·摩尔的《乌托邦》(Utopia),乌托邦的功能对于人类社会而言乃是启发性的。有学者认为,十七世纪之前,乌托邦一般被置于地理上遥远的国度;十六与十七世纪欧洲航海探险的发现,使人们大为熟悉这个世界,乌托邦所处的空间或为外层空间、或为海底、或为地壳底下的深处;渐渐地,乌托邦的处所由在空间中转变成在时间中,正是这一进展使乌托邦思想中产生了一种新的社会学的现实主义。乌托邦此时被置于历史中,这样一来,无论距离乌托邦的极致之境是何等遥远,人类却不可避免地呈现出正朝向它发展的光景。十七世纪科学和技术的联结加强了这个动向,培根的《新大西

---

① 参见丁松泉:《宗教乌托邦论略》,《云南社会科学》1992 年第 6 期。
② 《学会生存——教育世界的今天和明天》,教育科学出版社 2000 版,第 222 页。

岛》(New Atlantis,1627)和康帕内拉的《太阳城》(City of the Sun,1637)就表现出这一光景和这一动向。十九世纪社会主义兴起,乌托邦主义逐渐变成关于社会主义之实现可能性的辩论。"反乌托邦"(dystopia 或 anti utopia)随之出现,此乃对所有乌托邦希望的强烈逆转和猛烈批评。赫胥黎的《美丽新世界》(Brave New World,1932)和奥威尔的《一九八四》(Nineteen Eighty – Four,1949)达到了"反乌托邦"的顶点。乌托邦主义在上个世纪六十年代强有力地复活,在未来学和生态学的运动中也常常可见其蓬勃的生气。①

　　追溯乌托邦思潮的理论进程,或许我们会同意乌托邦主义是人类生活情境中所固有的这一论断。事实上,乌托邦不仅停留在理论层面,作为人们对理想社会的想象和追求,它也不断地被投入人类的社会实践。不管是资本主义体制,还是社会主义体制;不管是血腥的暴力革命,还是温和的政治改良,近几百年来,世界上各个不同的国家都在以不同的方式、在不同的道路上实践着乌托邦的人类大同理想。事实上,人类曾经在想象中和书本上描摹的理想的、和谐的大同世界今天已经成为或者基本成为一些国家的现实,比如北欧的一些国家,经济与社会协调发展,城市与乡村均衡发展,人类与自然和谐发展,而且,这些国家社会保障系统完善,国民生活充裕、素质良好,社会秩序井然,俨然一幅"桃花源"或"理想国"的美好境界。

　　当今中国处在一个史无前例的社会转型时期,经过了一段时间经济的高速发展、社会的不断调整和观念的急遽变化,我们的民众和我们的社会正向着更为和谐、更为理想的大同世界前进。在这样一种新的历史条件下,乌托邦式的理想、梦想甚至幻想十分必要。一方面,在人们越来越受现实功利羁绊,越来越被实利主义限制了生命意义的拓展之时,"必要的乌托邦"对人的纯功利冲动起到平衡和矫正作用;另一方面,在一个国家的现代化和城市化进程中出现了种种失衡、不公的社会弊端和精神痼疾等负面效应之时,"必要的乌托邦"意味着对社会病态的警觉和发展畸形的纠正。

　　今日中国,幅员辽阔,人口众多,社会经济发展水平极端不平衡,在这一

———————————

① 参见百度百科"乌托邦"词条。

显著的国情特征中,城乡发展的严重失衡是最为突出的问题。正是在这样的背景下,未来中国——一个城乡社区协调发展,政治昌明,经济发达的乌托邦国度成为我们今天建设过程中必要的理想图景和精神动力。正是这样一个必要的乌托邦的指引,让我们关注社区发展,致力于社区理论的建构和社区建设的实践。

第一节 "资源下沉"与社区建设

在现代化和城市化的进程中,在新的社会条件和历史条件下,充分认识社区和社区建设的重要性与必要性,充分认识城乡社区协调发展的必然性与重要性,针对当今中国社会资源分配严重失衡与社区建设过度失调的现状,充分认识城市化初始阶段资源上移和资源集中的弊端,有意识地通过"资源下沉"实施社区协调,这显然是走向城乡社区协调发展的未来中国的必由之途。

关于社区建设的重要性和必要性,本书已在前面各章进行分析。为了强化这一观念,本章进一步对此加以说明。所谓社区,指的是由聚居在一定地域、存在日常互动关系、具有心理文化认同的居民所构成的社会生活共同体。社区是社会学的一个基本概念,简而言之,社区的实质就是小社会,是地域性的局部的社会,是社会的具体和微缩,是社会在特定的时空坐标中的体现。

我们知道,社会这一概念是对人类生存状态和关系状态的总括性的表达,是一个高度抽象的概念,需要调动人们的抽象思维才能加以把握,而人们无一例外,生活在某一个生于斯、长于斯的特定地域;和一些同样在这个空间生长、彼此亲熟或者在这个空间进行着共同活动的人群结成了一定的社会关系和社会群体;在这个特定的空间地域,人们总是共同拥有一定的生产和生活设施;共同拥有一些或大或小、或多或少的处理公共事务的管理机构;共同拥有某种和在这块共同的土地上共同生活的人们进行沟通的价值观念、行为规范、风俗习惯乃至语言等文化系统;还和这些人们共同拥有对这个共同生活的空间地域的认同、喜爱和依恋之情。而这些凭借人们的感官直接感觉认知到的东西,便是构成社区的基本要素。人群、地域、设施、管理机构、文化系统和心理认同——显然,人们的全部社会生活,都是在这些基本要素中进行的,社区,是人们参与社会生活的基本场所,是人们从事各种活动的基本舞台。社区,既是社会的微缩景观,又是社会的精神基础。所以,强调社区建设、重视社区发展是十分必要而且相当重要的。

社区是历史悠久的社会实体,社区建设的实践客观上也源远流长。但"社区"这一概念是直到1887年才由德国社会学家滕尼斯在其《社区与社会》一书中最先使用。一战后,美国学者将该词译为英文"community",中文的"社区"概念是由费孝通等燕京大学的一批青年学生在1933年从英文翻译而来。至于现代意义上的"社区建设"概念,又叫社区发展,是在各个国家的实际社会生活中逐渐发展起来的。二战后,许多国家意识到,解决贫穷、经济发展缓慢等一系列社会问题,单单依靠政府的力量远远不够,必须充分运用民间资源、发挥社区自助力量,于是,人们开始认识到社区建设对于促进经济和社会协调发展、提高人民的生活水平和生活质量、扩大民主、改进和加强基层管理与基层服务、维护社会稳定等方面的重大意义,社区发展遂成为联合国倡导的一项世界性运动。联合国早在20世纪五十年代初期就提出了"社区发展计划",其目的在于加强国家政府和社区之间的联系,充分调动社区成员的积极性,利用社区自身资源和力量解决社区问题,改善社区生活,改进社区经济,从而提高整个社会的发展水平。

实际上,西方一些发达国家社区工作的历史可以追溯到19世纪末。比如美国,早在19世纪末就成立了一些慈善组织,还在一些城市的贫民区开展了安置所运动。到20世纪30年代,社区工作开始专业化,防止青少年犯罪的芝加哥计划、由居民参与提供服务的辛西纳社区组织试验计划等等,都是该国当时极富特色的具体社区工作。二战之后,尤其是20世纪五十年代后期,发达国家经济社会发展失衡,联合国对社区建设的重视和倡导得到美国政府的积极响应。80年代,美国的社区工作转向有特别需要的人群,也有一些社区发展公司以经济发展为重点,以改善贫民区居住条件和解决就业为己任。到 90 年代初期,克林顿更是把社区建设作为"再创政府"、"复兴美国"和福泽人民的重要手段之一,其"授权区和事业社区"把重新界定政府和社区的关系作为突破口,以期实现政治、经济、社会福利一体化的发展目标。美国及其其他一些国家社区发展的简况告诉我们,社区的形成和发展与社会进步、经济发展和人口变动等因素密切相关,这种关系无疑说明了社区建设对促进经济和社会发展的重要作用。①

追溯一些西方国家的社区建设历程,学习他们系统的社区理论方法和丰富的社区实践经验,对于我们充分认识社区建设的重要性和必要性,加快社区建设的推进力度,当然是不无裨益的。1986 年,为了配合城市经济体制改革和社会保障制度建设,国家民政部就倡导在城市基层开展以民政对象为服务主体的"社区服务",首次将"社区"这一概念引入了城市管理;1989 年 12 月 26 日全国人大通过的《中华人民共和国居民委员会组织法》又明确规定:居民委员会应当开展便民利民的社区服务活动,第一次将"社区服务"引入法律条文;1991 年,国家民政部又提出了"社区建设"这一概念,并在全国各个城市中广泛地开展了社区建设活动;1998 年,国务院又将"推进社区建设"的职能赋予了民政部;1999 年,国家民政部正式启动了"全国社区建设实验区"工程;2000 年 11 月 3 日,中共中央办公厅和国务院办公厅正式转发了《民政部关于在全国推进城市社区建设的意见》。可见,将社区建设推向深入是不可阻挡的趋势。对于今天的中国来说,社区建设具备自己独特而又丰富的内涵,它是"对社区工作的总体概括,是指在党和政府的领导下,依靠社区力量,利用社区资源,强化社区功能,解决社区问题,促进社区政治、经济、文化、环境协调和健康发展,将社区建设成为管理有序、服务完善、生活便利、卫生整洁、环境优美、治安良好,人际关系和谐的现代化的新型社区。它也是社区资源和社区力量的整合过程。"②社区建设的重要性和必要性被提到了前所未有的高度,社区建设是促进我国经济和社会协调发展的需要;是社会主义市场经济发展的要求;是社会转型的必然需

---

① 马溯川:《美国社区公共设施建设的成功经验》,《城市与减灾》2008 年第 2 期。
② 周文建、宁丰主编:《城市社区建设概论》,中国社会出版社 2001 年版,第 8—9 页。

求;是维护社会稳定和推进精神文明建设的需要;是加快城市化和现代化进程、建设基层政权和民主政治的迫切要求;是提高人民生活水平的需要;更是一项具有强大生机和活力的社会事业。它既是社会整合的基础工程,又是基层管理体制的重大改革;既是一项加强和巩固国家政权的基础性工作,又是一项为民办好事、办实事的民心工程。党和国家领导人、中央办公厅和国务院办公厅都十分重视社区建设工作,民政部在 2000 年下发了《民政部关于在全国推进城市社区建设的意见》这一专门文件,社区建设事业在不少地区轰轰烈烈地开展起来,社区建设的观念也逐渐深入人心。

综上所述,社区建设是我国新时期经济和社会发展的重要内容,我们应达成共识,坚持政府指导和社会参与相结合,建立与社会主义市场经济体制相适应的社区管理体制和运行机制;加强社区组织和队伍建设,扩充社区管理职能,承接从企事业单位、政府机关中剥离出来的部分社会职能和服务职能;以拓展社区服务为龙头,不断丰富社区建设的内容,发展社区卫生,繁荣社区文化,美化社区环境,加强社区治安,完善社区功能;努力建设管理有序、服务完善、环境优美、治安良好、生活便利、人际关系和谐的新型现代化社区。

1. 城乡协调发展的重要性与必要性

所谓城乡协调发展,就是在认同城乡居民具有同等发展权利的基础上,实现城乡经济社会差距的逐渐缩小、城乡二元结构的逐渐打破和城乡界限的不断消失。

城市社区和农村社区是根据社区的多元综合标准包括经济结构、人口密度、规模大小、组织特征和文化模式等所进行的类别划分,这两大社区之间的不同深刻而又全面地反映出社区之间的本质性差异。具体说来,农村社区是以农业生产方式为基础的规模较小、结构比较简单的社区,是伴随着原始农业的出现和人类的定居生活而产生的;城市社区是以非农产业或二、三产业为基础的,规模较大,结构比较复杂的社区,它的起源远远晚于农村社区,约在原始社会末期、奴隶社会初期产生。农村社区的主要形态为村落,自古以来,我国绝大多数农民都是聚村而居,所以华夏大地上形成了500多万个自然村庄,70多万个村委会。到1999年底,我国有667个城市,749个市辖区,5904个街道办事处,11.5万个居民委员会。所以,在中国城市化和现代化的过程中,乡土中国作为极为重要的文化背景和文化积淀引人关注。

两相比较,农村社区居民获取物质资料的方式是从事农业生产,城市居民则以工商服务业为主要职业和主要谋生方式;农村社区人口密度低,人口聚居的规模小,社区成员同质化程度较高,而城市社区人口密度高,人口聚居的规模大,社区成员异质化程度较高,其文化水平、职业构成、来源和经历以及观念和生活方式都比较复杂多元;在农村社区,家庭具有更多的功能,而现代城市社区,由相当复杂的科层制社会组织体系实施组织功能;另外,城市居民的生活质量和生活水平比农村社区高;城市社区的区位结构比农村社区复杂;城市社区的人际关系以业缘联系为主,和农村社区浓厚的血缘联系不同,城市的人际交往往往呈"感情片面投入"状态。事实上,农村社区和城市社区的不同是传统社会和现代社会的不同,是礼俗社会和法理社会的不同。费孝通先生说得好,乡土社会是一个彼此熟悉的社会,"没有陌生人的社会";"现代社会是个陌生人组成的社会,各人不知道各人的底细,所以得讲个明白;还要怕口说无凭,画个押,签个字。这样才产生法律。"由此在社会学里分出了两种不同性质的社会:"一种并没有具体目的,只是因为在一起生长而发生的社会;一种是为了要完成一件任务而结合的社会。……前者是'有机的团结',后者是'机械的团结'。用我们自己的话说,前者是礼俗社会,后者是法理社会。"①

无疑,农村是所有人最初的家园,是人类的精神原乡,而且,在现代化之前的典型的传统社会阶段中,无论是在政治上还是在社会上,都是农村支配着城市,然而正如美国学者亨廷顿所言:"现代化带来的一个至关重要的重要后果便是城乡差距。这一差距确实是正经历着迅速的社会和经济变革的

---

① 费孝通:《乡土中国 生育制度》,北京大学出版社1998年版,第9—10页。

国家所具有的一个极为突出的政治特点,是这些国家不安定的主要根源,是阻碍民族融合的一个主要因素。"①亨廷顿描摹了城市和乡村在某些方面的具体差别:"城市的生活水平常常是乡村的4~5倍。绝大多数城市居民都是识字的,而大多数乡村居民则是文盲。城市的经济活动和经济机会与乡村相比,简直不可胜数。城市的文化是开放的、现代的和世俗的。而乡村文化依然是封闭的、传统的、宗教的。城乡差别就是社会最现代部分和最传统部分的区别。"在亨廷顿看来,"处于现代化之中的社会里政治的一个基本问题就是找到填补这一差距的方式,通过政治手段重新创造被现代化摧毁了的那种社会统一性。"②

　　对于现代化带来的城乡社区差距及其重要后果,以及通过政治手段填补这一差距的重要性,亨廷顿的论述可谓相当精辟。任何一个国家,不论其自然条件、社会制度和文化背景存在多大的差异,都将经历从城乡发展失衡走向城乡协调和均衡发展的过程。城乡之间的分离和对立,带来了农村数千年的贫困和愚昧;其中工业化和现代化的进程,更是直接形成对农村的掠夺和盘剥,使得农村破产,出现两极分化。不少现代化国家在工业化初期都曾经历过农村的困难和痛苦:农民的贫困,农村和农业的凋敝;大量农村剩余劳动力盲目流向城市,部分成为城市中的无业游民。其中最典型的例子是英国,英国18世纪盛行的"圈地运动",直接把农民从自己赖以生存的土地上驱逐和消灭,构成对农民和农村的残暴剥夺。工业化初始阶段的这种局面不仅浪费了大量的社会资源,影响经济的健康运行;而且导致大量贫困人口的出现,影响社会稳定,妨碍社会进步。

　　当然,"从历史的角度看。农民从自己的乡村草房移居城市的贫民窟是一种关键性的和不可抗拒的变迁。"③确实,在很大程度上,城市的发展是衡量现代化的尺度,随着现代化进程的推进,整个社会的城市化水平必将愈来愈高。如今,西方一些发达国家的城市人口在社会总人口中的比重不断增

　　①　塞缪尔·P.亨廷顿:《变化社会中的政治秩序》,三联书店1989年版,第66页。
　　②　塞缪尔·P.亨廷顿:《变化社会中的政治秩序》,三联书店1989年版,第67页。
　　③　塞缪尔·P.亨廷顿:《变化社会中的政治秩序》,三联书店1989年版,第67页。

加,基本实现了整个国家的城市化,城市功能日趋复杂多样,市区内部的功能分化随之日益明显。城乡差别在城市化的进程中已经被逐渐消灭,基本实现了城乡协调发展的乌托邦理想境界。所以,"从社区进化的角度来看,农村发展的总趋势是农村城镇化。农村城镇化主要是指农村社区逐渐发展为城镇社区的一种综合的社会经济运动,是农村固有特点的消失和城镇特点的增长过程,其实质是消灭城乡差别。"①也就是说,农村城镇化具有历史的必然性。正如乌托邦被放置在时间的纵深之中便成为人类理想社会的目标和图景,农村的城市化、城乡的协调发展成为一种必要的和必然的乌托邦。

但是,城乡社区协调发展的重要性并不能被它乌托邦式的历史必然性所取代。"通过政治手段重新创造被现代化摧毁了的那种社会统一性",是许多西方国家改变城乡失调面貌的历史实践和现实经验,当然其中也包括资本对农村的逐渐渗透和完全占领,农村和农业都资本主义化了,城市和乡村在资本的统治下达成统一的经济过程。那么,对于今天的中国来说,城乡协调发展虽然必然地是中国现代化的必经之路,但却并非今日的现实。"农民真苦、农村真穷、农业真危险"的说法并非耸人听闻。面对现代化进程中的这一危局,中国新一届政府把城乡社区的协调发展作为重要的施政纲领。国务院总理温家宝在一系列重要的施政报告中强调指出,新一届政府高度关注和重视中国现代化进程中出现的问题和矛盾,决心通过努力,实现经济与社会的协调发展、地区之间的协调发展、城乡之间的协调发展、人与自然的协调发展的目标。

总之,不管是从理论上,还是从各国政府的政治实践上,均可见出城乡社区协调发展的必然性和重要性。我们必须在历史发展的必然性之中,充分认识和大力关注城乡协调发展的重要性和紧迫性。中国新一届政府的施政纲领显示,我们目前正是这样做的。

---

① 多吉才让主编:《城市社区建设读本》,中国社会出版社2001年版,第17页。

2. 失衡的资源分配与失调的社区发展

今日中国,城乡社区之间的差距巨大,幅员辽阔,人口众多,社会经济发展水平的极端不平衡性成为现今中国国情主要的特征。过去二十多年,中国的现代化建设发展迅速,以市场为导向的经济体制改革使中国取得了举世瞩目的发展成就,但与此同时,中国的发展也出现了许多问题和困难,城乡发展的失衡是其中最为突出的一个问题。各种社会资源在城乡社区的分配失衡直接导致城乡社区发展的失调。农民增收困难,农民负担过重,农村社会事业发展缓慢,这已经成为 21 世纪初期中国突出的社会矛盾。

①失调的社区发展。中国(海南)改革发展研究院 2003 年的《中国城乡协调发展背景报告》,对当今中国失衡的资源分布与失调的社区建设状况做了翔实的分析。以下是对该文的征引和摘要:

中国是世界上农村人口比例最高的国家之一。2002 年全国总人口为 12.8 亿,城镇人口 5.0 亿,占总人口的比例是 30.1%;农村人口 7.8 亿,占总人口的 60.9%;但是农业 GDP 为 14883 亿元,仅占全国 GDP 的 14.53%。目前中国的多数城市居民已经达到了小康生活水平,部分已经实现了初步的现代化,但是大多数农村地区还没有摆脱原始的耕作方式,主要还是以人力和畜力为主。农民收入增长缓慢,而且城乡经济差距呈加速扩大的趋势。另一方面,城乡居民在社会参与和资源分配上还存在着严重的不平等,农民的发展权利受到侵害,发展能力受到限制。总之,城乡两极分化的表现是全方位的,农民在经济、政治、文化等各个领域都受到不同程度的歧视。

城乡居民人均收入差距。中国城乡居民人均收入差距在改革开放以前就已经存在,于今愈烈。从表 1 可以看到,从 1980～1985 年,由于农村逐渐实行联产承包责任制,农民生产的积极性逐渐提高,农民的收入增长较快,城乡人均收入差距逐年降低。但是从 1986 年以后,由于改革的中心逐渐向城市转移,城镇人均收入又加速提高,城乡人均收入之比从 1986 年的 1.95 逐年攀升,直到 2002 年的 3.11。

按国际劳工组织发表的 1995 年 36 个国家的相关资料,绝大多数国家

单位:元

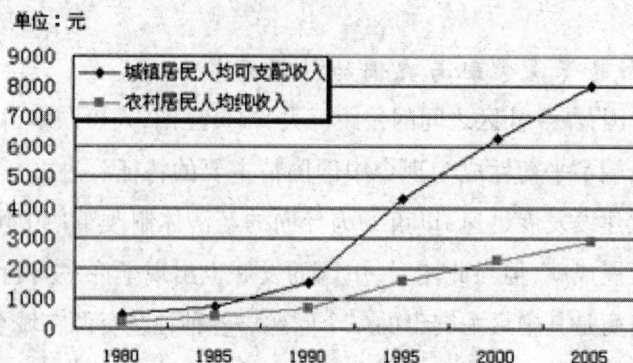

图1

资料来源:1980～2002 年统计公报　附注:2003～2005 年为预测数字。

城乡人均收入之比为 1.5 左右,超过 2 的国家只有 3 个,中国便是其中之一,从表 1 中可以看出,中国在 22 年中就有 16 年超过 2.0。

表 1　中国 1980～2002 年城乡居民收入比较

年份	城镇居民人均 可支配收入(元)A	农村居民人均 纯收入(元)B	城乡收入比 A/B
1980	444	191	2.32
1981	446	223	2.00
1982	500	270	1.85
1983	526	309	1.70
1984	608	355	1.71
1985	690	397	1.74
1986	828	424	1.95
1987	916	463	1.98
1988	1119	545	2.05
1989	1260	602	2.09
1990	1387	630	2.20
1991	1570	710	2.21
1992	1826	784	2.33
1993	2337	921	2.54

1994	3178	1220	2.60
1995	3893	1578	2.47
1996	4839	1926	2.51
1997	5160	2090	2.47
1998	5425	2162	2.51
1999	5854	2210	2.65
2000	6280	2253	2.79
2001	6860	2366	2.90
2002	7703	2476	3.11

见 1980～2002 年国民经济和社会发展统计公报　资料来源：国家统计局。

需要进一步说明的是，国家统计局曾对 2001 年的中国城乡居民收入做了一项评估，城市居民收入为 6860 元，农民收入为 2366 元，表面差距是 3：1，但实际上，农民收入中实物性收入占了 40%，扣除这部分收入，用于购买商品、服务的货币只有 1800 多元，平均每月 150 元左右。这 150 元中，还有 20% 用于第二年扩大再生产的开支，如买种子、农药、化肥、柴油等。2001 年，中国一个农民每月真正能用作商品性消费的货币收入只有 120 元，而城市居民的货币收入平均每月接近 600 元，城乡人均收入之比为 5：1 左右；而且，城市居民收入中还有一部分并没有纳入统计范围，如各种各样的隐性福利、住房、教育、卫生，甚至用电都比农民有更多的优惠。若折算成收入，中国城乡居民收入之比达到 6：1。

生活水平差距。近十几年来城乡消费水平的差距一直在扩大。据国家统计局有关资料显示，1985 年城镇居民与农民人均消费水平之比为 2.31：1，1990 年扩大到 2.95：1，1995 年为 3.4：1，1999 年达到 3.53：1。农民的消费水平与城镇居民相比相差 9 年左右。从表 2 来看，城乡居民的恩格尔系数有很大的差异，农民微薄的收入中，还有将近一半用来吃饭。

表 2　1998～2002 年中国城乡居民家庭消费水平比较

恩格尔系数	单位	1998	1999	2000	2001	2002
城镇居民家庭恩格尔系数	%	44.5	41.9	39.2	37.9	37.7
农村居民家庭恩格尔系数	%	53.4	52.6	49.1	47.7	46.2

资料来源：国家统计局 2002 年经济社会发展统计公报。

财产差距。对城乡居民的财产情况目前尚无准确的统计,但从储蓄存款余额的情况来看,城乡之间的差距同样有不断扩大的趋势。根据中国国家统计局 1996 年的统计,城镇居民人均储蓄存款 8831 元,农村为 1025 元,二者之比为 8.6∶1。1999 年农村人均储蓄存款余额 1600 元,同年城镇居民人均储蓄存款 11570 元。如果以 3 口之家计,每户农民家庭存款平均不足 488 元,而城镇居民家庭的存款超过 34700 元。农民家庭存款余额仅相当于城镇家庭的零头。

健康指标的差距。健康指标可以用平均预期寿命来描述,平均预期寿命的高低主要受社会经济条件和医疗水平等因素的制约。国家统计局最新统计资料显示,以 2000 年进行的第五次全国人口普查资料计算,中国人口平均预期寿命已达 71.40 岁。其中城镇人口平均预期寿命为 75.21 岁,农村为 69.55 岁,相差 5.66 岁。改革开放以后,原有的合作医疗逐渐瓦解,农村没有建立起新的公共医疗卫生体系,而城市的公共医疗制度则相对健全。在这种情况下,农民的健康很难得到有效保证,看病吃药都要自己花钱,许多地方的农民都是小病不治疗,大病等死。中国有近 1 亿农村人口没有获得医疗服务,3 千多万贫困人口得不到及时的医疗服务;农村有 1 亿多人喝不上洁净水,4 亿多农村人口尚未饮用自来水;农村地区粪便无害化处理率仅为 28.5%;西南、西北 9 省农村孕产妇平均死亡率高达 177.96/10 万,为全国平均水平 56.2/10 万的 2.8 倍,远远高于 47.4/10 万的目标,这些地区的孕产妇死亡率情况与非洲国家相当;贫困农村地区婴儿没有享受免疫接种的比例更高达 13%,消除新生儿破伤风至 1/1000 以下的目标未能实现。

社会福利的差距。中国城乡居民享受的各种社会福利也存在较大差距。目前,城市居民享受的住房补贴、物价补贴等各种补贴,以及各种社会保险如失业保险、最低收入保障等实际上是城市居民的一种隐性收入,绝大多数农民都不能享受。一些经济学家对 1994 年城镇居民享受的公有住房、公共医疗及保险福利几项进行统计,人均大致 1081 元,相当于当年农民人均收入 1221 元的 83.4%。

就业机会的差距。劳动和社会保障部 2003 年最新统计,中国城镇登记失业人数795万人,登记失业率为4.2%;中国青年报报道说,全国共有443.5万下岗失业人员领取了《再就业优惠证》,其中,共有135万人实现了再就业;全国共有558.4万失业人员享受到不同期限的失业保险待遇,全国领取失业保险金人数为441万人。这说明,城镇失业人员的比例是比较低的,而且失业之后国家还积极地采取措施予以保障。而农村现有剩余劳动力1.5亿,他们在整体上处在被经济学们称为"隐性失业"的状态。2002年中国有9400万农民到城市打工,但是这些农民工处于受忽视的状态,随时都可能因为失业而返还农村,农民的失业基本上得不到国家的制度上的保障,处境堪忧。

受教育机会的差距。当前,中国城镇全面地普及了九年制义务教育,城镇学生基本上都能够接受中等教育,50%以上能够接受高等教育,而农村地区则存在部分学龄人口不能完成九年义务教育的现象。据2000年中国教育报报道,截至2000年底,全国普及九年义务教育地区人口覆盖率达到85%以上,小学学龄儿童入学率达到99.1%。这就意味着有1.8亿学龄人口没有完成九年义务教育,110万人成为新的文盲,而这些人口基本上集中在农村。下图2可以反映出小学升学率的城乡差距,从1978～2000年,城镇小学生全部继续上初中,而农村小学生升学率从来没有超过90%。

城乡教育机会的差距到了高中阶段进一步扩大。从初中毕业生升入普通高中的比例来看,城市的升学率从1985年的40%提高到了1999年的55.4%,而同期农村则从22.3%降到18.6%,两者的倍数差从1.8倍扩大到3倍,绝对差从17.7个百分点扩大到36.8个百分点。而许多省区内部的城乡差距还要大于全国的情况。

关于大学阶段的城乡教育差距,可以用学生的城乡分布来对比。据对1989全国高校录取的61.9万名新生的统计,来自农村的学生占总数的44%,城市的占56%。以各自出身的人口母体为基数来换算,可知当年大学阶段城乡教育机会的差距为4.9倍。

②失衡的资源分配。显而易见,失衡的城乡资源分配是中国城乡发展差距不断扩大的历史基础和现实根源。中国城乡社区发展不协调的原因是

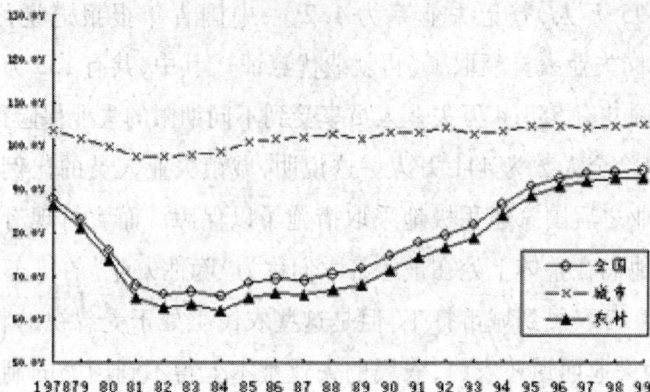

图2　小学毕业生升学率的城乡差距

资料来源：《中国统计年鉴》1986～2000年各年度版。

附注：城市小学毕业生的升学率超过100%的原因可能有二，一是其初中的招生人数大于小学毕业生的人数，二是招收了少数来自农村的小学毕业生。

多方面的，不仅来源于建国以来不适当的工业化、城市化发展战略，来源于计划经济时代形成的城乡分割的社会治理模式，还与当前中国经济社会转型加速而政治体制改革的滞后息息相关。其中包含经济政治文化各个领域对农民的歧视，使农民的基本权益得不到保护，农村的社会资源拥有量越来越少，其发展能力无法有效提高的原因和现象。

　　以牺牲农民为代价的工业化、城市化战略。新中国成立以来，中国的工业化、城市化战略一直是以牺牲农民利益为代价的。根据统计，2002年的工业总产值比新中国刚成立时增加了近530倍，而这种增长并不是在农业生产有了剩余之后，利用剩余投资工业，而是在农民还很匮乏的情况下抽出资本，支持工业发展，从无到有，一点一点积累起来的。中国的工业化最初主要通过两种途径实现：一是国家向农民收缴粮食或税收，形成国家财政资金，用财政资金直接投入工业；二是国家人为抬高工业品价格，压低农产品价格，形成工农业产品价格"剪刀差"，依靠工农业价格剪刀差，从农业转移到工业的资金大致有7000多亿元。在这种状况下，农业基本上没有积累，长期限于停滞状态，中国的经济学家称之为"挖农补工"。当前，中国正在掀起新一次工业化高潮，许多地方又兴起了新的"圈地运动"，依靠政府权力低价向农民征地，竞相进行城市扩建。据统计，在征地过程中，农民又在各种环节损失了2万多亿元的财产。

歧视农民的农业税收政策。中国现行农业税收制度仍沿袭1958年颁布的《中华人民共和国农业税条例》，这一制度是在当时政府为了加快国家工业化步伐，保障重工业优先发展战略的顺利实施，实行过度提取农业剩余，为工业积累资本的政策这一特殊历史背景条件下形成的，中国农民的平均税赋水平因此大大高于城镇居民。现在城市居民纳税的起征点一般是月收入为800元，北京上海为1000元，广州为1200元，而农民年人均纯收入2002年为2476元，月收入仅在100~200元，相当于城镇贫困居民收入水平的农民却还要交纳税赋。所有的农民都必须交农业税，既没有起征点也没有免征额的规定；而从事工商业活动缴纳增值税的纳税人，按期纳税的起征点为年销售额7200元~24000元，超过起征点才纳税，未达到起征点免税。20世纪80年代，为了保障粮食供给，国家设置了农业特产税，向种植非粮食经济作物的农民征收税率为5%~20%的税收，在当前中国的粮食已经出现大量剩余的情况下，许多地方依然在征收农业特产税。

农民承担的税外费用负担沉重。从20世纪80年代末至90年代末，中国农村的管理成本不断上升，再加上基层官员的腐败没有得到有效的遏止，乱收费现象日趋严重。据农业部统计，2000年全国对农民征收的收入总量为1779亿元，其中农（牧）业税、农业特产税为335亿元，只占18.8%，其他各项收费1444亿元，占81.2%。农民过多地承担了维持国家政权机构正常运转的费用。近年来中国县乡政府机构膨胀，但是财政资金增长缓慢，向农民征收各种税外费用来弥补缺口的做法不断蔓延，除此之外，农民还要承担农村义务教育、计划生育、民兵训练以及优抚等本应当由中央财政支出的项目所需费用。

财政政策对农民的歧视。中国农村人口占总人口的2/3，但是政府财政用于农村发展的各类支出仅占总支出的10%~15%，占GDP总量比重的

1%左右。无论是扩大基础设施投资还是刺激居民消费，都是偏向仅占国土面积4%的城市及其占总人口1/3的城市人口。中国建立的社会保障体系，到目前为止还没有覆盖到农民，基本上是为城市居民建立的。关于基础设施的投资，城市基本上是用国家财政资金进行建设，而农村的道路建设、农田水利等还要由农民集资完成。

就财政对教育的支出而言，1993年，城市小学生的人均经费为476.1元，而农村为250.4元；城市初中生的人均经费为941.7元，而农村为472.8元，差距分别为1.9倍和2倍。到1999年，两者的差距都进一步扩大到3.1倍。

歧视农业的金融政策。计划经济时代，中国的银行业基本上是为工业化融资而建立起来的，相对城市工业来说，农村金融产业极为薄弱，金融网络很不完善，信贷政策不合理。反之，农村资本流向工业和城市的现象却很严重。改革开放后建立的股票市场，基本上是为工业和城市服务的。尤其是在整个国家政策忽视农业的情况下，农业基础设施极其落后，投资环境自然大大落后于城市，于是，各种生产要素都集中向城市流动，金融资源也是如此，农民自身的储蓄事实上也流向了城市和工业。农村陷入这种恶性循环，很难摆脱。

限制农民流动、强化城乡分割的户籍制度。计划经济时代，城乡居民待遇差别很大，国家1958年颁布和实施了《户口登记条例》，以控制人口流动，阻止农民拥向城市。该制度把全体社会成员划分为农村户口和城市户口两大类；两种户口的居民都在国家的统一安排下进行工作和生活，享受不同待遇；农村居民要转变为城市居民，需要国家批准才行。宪法中公民迁移自由这一条款逐渐被去掉，城乡居民待遇上的差别也就合法化了。改革开放之后，农民可以进城打工了，但是他们和城市居民的身份差别还没有解除，身份壁垒还没有拆除，农民在城市基本上是最下等的居民，受到城市居民的忽视。农民——中国最大的一个社会群体，还没有享受到真正的国民待遇。

城乡政治资源分配失衡。在政治资源的分配方面，中国存在着严重忽视农民的现象。中国的城市居民有代表自己利益的工会,而农民,却不被允许建立自己的农会组织,致使农民在各项政治决策中很难有机会反映自己的利益。中国著名经济学家胡鞍钢指出,目前在全国人大代表名额分配上存在严重忽视农村人口的现象——每96万农村人口选举1名代表,而每26万城镇人口就选举1名代表,前者是后者的4倍,而且这是选举法规定的。农村居民在整个社会生活中越来越成为边缘化的弱势群体。从全国来看,至今还没有哪个部门对农民负责,没有哪个部门与农民结成了经济利益共同体,没有任何组织直接代表农民参与政策制订、替农民说话办事、维护农民的利益,农民在政治决策、财政转移支付、国家投资分配、公共服务提供等方面,都缺乏自己的政治代表,也缺乏社会性的声音。

正是由于以上原因,农村的社会资源拥有量越来越少,农民诸多公民权利缺失,他们与城市居民处于不平等的竞争状态,加上农业本身就是弱势产业,农民的人力资本积累缓慢,未来的发展能力受到限制,因此农民和城市居民之间的差距近年来一直在拉大,而且在相当长的一段时期都很难出现逆转。毋庸置疑,这将是新世纪困扰中国的最大难题。

3."资源下沉"与城乡协调

就中国目前的情况来看,城乡发展的失调已经严重地阻碍了中国经济社会全面进步。城乡差距拉大限制了中国内部的市场空间,使经济持续发展动力不足。城乡差距拉大最终也危及到了城市和工业本身的发展,不断扩张的工业化和落后的农业已经呈现出严重的矛盾。中国的小康社会之所以不"全面",就是因为占中国国土面积和人口总数大半的许多农村还没有实现小康。如果在现在城乡经济出现巨大裂痕的时候,不进行战略调整的话,中国的农业、农村和农民就很可能脱离现代文明,丧失发展机会,农民、农村和农业问题由此成为中国现代化发展的重要障碍。解决"三农"问题,毫无疑问是中国未来现代化建设的重点和难点,也是消除社会全面转型时期社会矛盾和社会危机的一个重大的方面。所以,中国建设小康社会的主要任务就是要打破体制性障碍,使得城乡协调发展,使城市和工业带动农村和农业发展,农村和农业发展再推动工业和城市发展,形成城乡良性互动,实现城乡一体化,逐渐消除城乡差距。

当然,从历史的和发展的眼光来看,任何一个国家,不论其自然条件、社会制度和文化背景存在多大的差异,都将经历从城乡发展失衡走向城乡协调和均衡发展的过程。不少现代化国家在工业化初期都曾经历过当今中国面临的困难和痛苦:农民的贫困,农村和农业的凋敝;大量农村剩余劳动力盲目流向城市,部分成为城市中的无业游民,造成城市社会的大量社会问题。工业化初始阶段的这种局面不仅浪费了大量的社会资源,影响经济的健康运行;而且导致大量贫困人口的出现,影响社会稳定,妨碍社会进步。

借鉴西方国家的发展经验,针对中国国情现状,中国现代化进程中面临的社会矛盾和社会问题需要在发展的进程中加以解决,而解决的方案又需要在明确目标、理清思路的基础上才能提出。

在中国,城乡差别的出现有着深远的历史根源,但是政府调节功能的缺失、社会政策的偏差则在不断强化和扩大这种差异。在漫长的封建社会,城市成为统治者的象征,而广大的农村则是作为被统治者而存在的。政治上的统治与被统治关系折射在经济利益上成为索取与被索取关系。新中国成立之后,国家根据加速工业化和限制城市化发展速度的指导方针,不仅在工业与农业之间存在十分明显的价格"剪刀差",而且在城乡人口流动中设置了极高的"身份壁垒"。在推进市场化取向的经济改革之后,由于城乡之间在投资效益上的巨大差异,大量的财政资金和社会资金集中流向城市和沿海地区,而广大的农村,尤其是中西部农村地区则得不到必要的资金支持。不仅如此,在中国农村,尤其是相对贫困的中西部农村地区,资金和人才向城市流动的趋势日趋严重。随着近年来中国城市化速度的进一步加快,城乡之间在资源竞争中的力量对比更加悬殊。作为竞争力量对比的集中表现,城乡经济与社会的"二元结构"及其带来的后果日益严重。

如前所述,许多国家和民族,甚至整个人类,都以走向协调与和谐作为自己的"终极目标",都试图建立一个理想自由的乌托邦国度。这个国度,实际上也就是社会发展的理想和目标。中国城乡社区的协调发展无疑也可

以确立其主要目标,作为针对今天存在缺陷和不足的社会现实的必要的乌托邦。这些目标应该包括:

城乡社会融合 消灭城乡居民在政治参与、经济机会和社会福利方面的不平等待遇;在生产关系上体现城乡共同利益;乡村居民在劳动报酬、就业机会、受教育机会、医疗服务、社会保障、居住水平和文化生活等方面与城市居民享受完全相同的权利和机会。

城乡经济融合 建立城市工业经济、服务经济与乡村农业、加工业之间的有机联系,对生产力进行合理的布局。在发挥城市的聚集和枢纽功能的基础上,突出乡村在生活环境上的优势,分担城市的部分功能,成为兼有经济机会和良好环境的经济与社会文化功能体。三大产业在城乡之间广泛联合,城乡经济相互渗透,相辅相成,共同繁荣,从而实现农业现代化、城乡经济一体化、乡村生活方式城市化,城乡之间互具吸引力,城乡居民同样有充分的选择机会。

城乡生态环境融合 城乡社区在空间对比上差距不显著,输入、输出关系合理,物质、能量循环途径完善,信息传递渠道通畅,严格控制污染源,保护物种的多样性,使城市生态环境乡村化,乡村生活条件城市化。

城乡人口融合 改变农村居住着大量农业人口、城市聚集着拥挤的工业人口的畸形状态。城乡居民可以自由流动和迁移,城与乡、城市居民与农村居民不存在身份、待遇上的区别。居住地点和生活方式完全实现自由的选择。

城乡文化融合 努力提高乡村居民受教育水平,改善农村社区的文化设施,使整个社会的全体成员都充分享受现代精神文明和发展成果,从根本上消除农村"贫、病、愚"的状态。

城乡空间融合 城乡在空间上合理组合,在自然与人文景观上协调一致,城乡之间建立完善通达、快捷的交通、通信网络,城乡联系有序化和景观特色化。①

---

① 参见王彪:《城乡二元社会结构的打破与融合》,《探索》1996 年第 3 期。

第二节 公民社会与和谐社区

在上一节中，我们在分析社区建设和城乡社区协调发展的重要性与必要性的基础上，对当今中国失衡的资源分布和失调的社区建设状况以及这种状况带来的种种社会弊端进行了分析，并研究了"资源下沉"和城乡社区协调发展之间的关系，提出城乡协调是中国现代化的必由之途，而城乡失调则是当今中国转型时期最突出的社会矛盾和社会危机，是未来现代化建设的重点和难点。

事实上，城乡差别的出现虽然有着各种各样深远的历史根源，但是政府调节功能的缺失，社会政策的偏差无疑强化和扩大了这种差异。保障社会的公平与公正是政府的重要职责，但是，在长期的以经济建设为中心的原则指导下，中国政府在调节社会贫富差别方面的功能出现了很大的欠缺，许多重要的社会调节机制没有建立起来。因此建设协调发展、政治昌明和经济发达的未来中国，迫切需要通过分析中国社会结构的深层问题，并在此基础上，对中国政府的改革提出建设性的建议。其中，民主政治和公民社会的建设，非政府组织的发展和非政府力量的调动，和社区建设关系密切，在某种程度上，现代社区建设就是民主建设，就是公民社会建设。

1. 民主政治的建设

①关于民主。所谓民主（democracy），就字面上来看是"人民统治"的意思，民主的基本含义是人民主权，亦即人民有权利决定公共事务，公共事务就是人民自己的事务，不需要委托什么高高在上的统治者为我们决定一切。人民自己就是统治者，民主政治就是人民自己统治自己的政治，是通过多数人的统治保障公民权利得到平等实现的国家形式。

民主政治是外来的产物，传统中国并没有这样的观念。虽然先哲孟子说过："民为贵，社稷次之，君为轻"；儒家还主张"为政以德"、"爱民如子"和"行仁政"等，但这充其量只能算是"民本"，而非"民主"。是儒家规劝统治者在施行统治的时候要注意人民福祉，造福人民，既然不是"民治"，就不可能是西方意义下的"民主"，因为"民主"要求人民是真正的主人，实际参与政治，自我管理。

古雅典发展了极为卓越的民主政治，恩格斯将其称之为"最纯粹、最典型的国家形态"。雅典的公民定期集会讨论政治，议决提案。人们以参与政治为荣，并视其为人格成长、身心发展必经之路。在参与政治的过程中，个人的身体与智能获得砥砺，获得价值归属，与社会结合为一。不过，雅典人引以为自豪的"民主政治"，产生在其特殊的时空背景之下，首先，古雅典城邦小国寡民，人与人间的沟通、互动，乃至于对公民集会和讨论的组织活动不致太难；其次，城邦社会具有高度的同构型，共享同样语言、文化与价值，较可能形成共识；第三，古代社会的专业分工不甚明确，公共事务较单纯；最后，古希腊由奴隶阶级负责主要的经济和生产活动，雅典公民经济独立，有钱有闲，有投入城邦政治生活的可能性。①

很遗憾的是，以上条件在现代社会中都不存在，我们面对的是非常复杂、高度异质的社会，古雅典式的民主政治在今日完全没有实现的可能。如何保有雅典的民主精神，配合一些必要的调整以符应现代社会的需要是现代民主设计的重要课题。经过长期的政治实践，西方社会发明了"分权制衡"、"立宪主义"、"选举制度改良"、"有限政府"和"基本人权"等原则，以真正彰显民意，保障民主的真精神，减少民众对民主政治的疑虑。于是，现代民主政治便具有了以下基本前提：个人先于社会、社会先于国家；自主的市民社会应该被尊重；绝对的权力导致绝对腐化；国家是侵犯人民权利的主要来源；法治；圣王、仁君之治不可恃；政权必然是选举产生；分权制衡乃金科玉律；对多数暴力的忧虑；中立的文官体制有绝对的必要性，等等。这些基本信念，成功地落实于成功的民主国家的制度设计或政策制订之中，成为民主稳固的重要基石。

民主作为一种制度，反映了社会政治文明的发展要求。中国共产党第

---

① 董石桃：《西方民主政治的发展及其反思——基于制度史和思想史的宏观考察》，《湖北社会科学》2009 年第 7 期。

三代领导集体在带领中国人民进行现代化建设的过程中，始终不渝地追求着一个重要目标——发展社会主义民主政治、建设社会主义政治文明。党的十六大把发展社会主义民主政治、建设社会主义政治文明，确立为全面建设小康社会、实现社会主义现代化的重要目标。江泽民同志在党的十六大报告中明确指出："发展社会主义民主政治，最根本的是要把坚持党的领导、人民当家作主和依法治国有机统一起来。""人民当家作主是民主的社会主义本质，因而是发展社会主义民主政治的根本立足点和归宿；民主要求法治，宪法和法律是党的主张和人民意志的统一，依法治国作为党领导人民治理国家的基本方略是体现人民当家作主要求的法律主治；坚持党的领导是人民当家作主和依法治国的根本保证，而党的领导的实质是组织和支持人民当家作主，实现人民当家作主和依法治国是党对发展社会主义民主政治领导作用和保证作用的体现，把坚持党的领导、人民当家作主和依法治国有机统一起来，是合乎社会主义民主政治内在逻辑要求的路向。"①

②民主政治和社区建设。追溯现代西方民主政治的发展历程，所有那些制度性的安排、民主政治的全部基本信条，事实上是建立在对"国家权力"不信任的基础之上。相对于雅典公民对城邦的认同与效忠，现代人、现代民主政治对"国家"的态度却十分谨慎。洛克的"契约论"有一个基本看法，那就是"国家"与"社会"是不同范畴的东西。国家是个政治的组织，拥有强迫性的力量，因此，国家拥有的权力必须出于人民的授权，国家必须保障人民的生命权、自由权和财产权，如果做不到，国家存在的正当性就受到质疑。简单地说，国家是工具，而非目的，它因为社会或人们的需要而存在，人民对它的效忠是有条件的。社会与国家是对立的，社会先于国家而存在，除非必要，国家不能介入社会的自主运作；社会有自主的运作逻辑，它自己会产生秩序，统治者应该尊重社会此种自主的力量；社会先于国家而存在，个人先于社会而存在，一切价值应落实于个人身上，所谓的社会利益，只不过是个人利益的汇集而已，它没有什么神圣的意义，没有必须为它牺牲奉

---

① 朱满良：《社会主义民主政治的发展路向》，《光明日报》2003 年 2 月 25 日。

献,保障个人的生命、自由、财产权才是最重要的;国家统治的正当性来自于人民,国家得以统治主要是因为人民愿意,此即洛克所说的"治者须受被治者的同意"。

正是此种"国家"与"社会"二元对立的观点,界定了国家权力行政的范围以及其应该扮演的角色,自主的社会(通常学者称为"公民社会")由此成为现代民主政治的基础,它让现代代议制民主政治成为可能。不少学者于是认为:"以社会制约权力"是当前中国民主政治发展最为有效的途径。

如前所述,社区是社会这一宽泛而又抽象的概念的具体和微缩,它是公民从事社会活动的基本场所,所以,社区建设作为一种可以感知可以把握的社会实践,和民主政治直接相关,毋宁说,社区建设实际上就是民主建设,就是公民社会建设。社区建设的政治功能就是争取自身的利益,向国家权力叫板,和政府机构抗衡。过去的中国社区,事实上是作为政府权力的延伸机构、作为政府的传声筒而存在;今天的中国社区建设,应该在确立现代社区这一概念的宪政功能的基础上进行,应该在现代化的进程中,真正关注社区自身的利益,一方面作为国家权力的掣肘,向政府争取资源、要求权力,另一方面作为政府职能的补充,在社区内部真正实现自助、互助和自治。正是在此种意义上,社区建设和中国正在进行的政治文明建设二位一体,息息相关。

今日中国,城乡社区之所以严重失调,并不纯然是一个经济发展问题或者投资分配问题,它与政治民主化的进程有极大的关联。很多国家的经验证明,政治力量的均衡是城乡协调发展的重要基础。而中国的许多重大的制度性缺陷之所以长期得不到解决,关键在于中国农民作为一个利益群体在政治上缺乏足够的力量。所以积极推进政治体制改革,加快我国的民主化进程,保持透明和职责分明、分工精细的政府架构,保证规划和政策制订过程的科学化和民主化,切实保障和落实农民的政治权力和经济权益,使各种利益集团,尤其是农民这一特定的利益群体在各个层面的政治舞台上找到自己的代言人,是推进城乡协调发展的重要环节和关键所在。总之,只有从法律地位、政治架构和组织体系等方面建立起保障农民利益的网络,中国才有可能真正进入城乡协调发展的轨道。

2. 公民社会的培育

如上所述,民主政治的建设是社区发展尤其是城乡社区协调发展的必要前提和重要保障,而近代民主政治的基本信条和基本理念均以"社会"与"国家"二元对立的观点为理论依据,也就是说,正是自主的社会,亦即公民社会让代议制民主政治成为可能。那么,什么是公民社会? 公民社会和我们倡导的社区建设之间有何关系? 下面我们将讨论这一问题。

①关于公民社会。所谓公民,宪法文献界定为具有某个国家国籍的自然人。这一界定与"公民"概念所承载的价值内容极不相称。公民社会,以公民的存在为第一前提,公民概念具有宪政的意义。首先,公民概念必须与政治国家相适应。具有某一国家的国籍,并依据该国的法律规定享有相应的权利、承担相应的义务。其次,公民概念意味着平等;意味着公民权利,即政治国家对公民个体的权利配置;意味着公民个体的独立地位。权利使自然人成为构成国家的独立单元,公民概念使公民个体获得了自主与独立。再次,公民概念蕴涵了公民与国家(或公民权利与公共权力)关系的普遍意义,即以国家与公民的两极对立假定为基础,构建了公共权力来源于公民权利且归属于公民的理论前提。

公民社会,是英文词语"civil society"的译称。该词在国内有三种译法,即"公民社会"、"市民社会"和"民间社会"。civil society 一词"与野蛮或无政府状态相对,汉语称'文明社会';与教会相对,称'市民社会';与国家相对,则称'公民社会'。"①在这几个译名中,"民间社会"过于边缘化,"市民社会"在马克思那里几乎被等同为资本主义社会,只有"公民社会",强调公民对社会政治生活的参与和对国家权力的监督与制约而被广泛地征引和采纳。"civil society"这一概念中包含若干基本要素:一个公共权威之外的私人活动空间(市场、家庭、社团等);由私人活动中逐渐产生的公共领域(从

---

① 中国社会科学杂志社编:《民主的再思考》,社会科学文献出版社 2000 年版,第 227 页。

早期的咖啡馆到后来的政党和大众传媒);一个外在且独立于国家的社会,一个具有高度自主性的社会,等等。由此,我们把公民社会的内涵界定为:与政治国家相对且在政治国家控制之外的,由一系列与经济、宗教、知识乃至政治有关的,独特的,按照自身法则运行的,不受政治团体干预的自主性机构及其制度构成的那部分社会。

总之,一个成熟的公民社会应该具有以下要素:个人主义、多元主义、公开性和开放性、参与性、法治和社会自治。一个成熟的公民社会应该表现出如下特征:第一,是人类历史进程的产物,是现代世界前进的标志;第二,指的是国家控制之外的生活领域,一种存在于家庭、家族与地域的界域之外,有别于国家又独立于国家的公共空间;第三,多元主义。公民社会各个部门(即所谓第三部门)在追求各自的利益、喜好、目的的活动中进行不受政治干涉的相互竞争,它们有法律上和规章上的保障,也受到国家的保护。第四,要求经济民主,与统制经济不相容,市场经济是它的经济基础;第五,与专制主义势不两立,而与民主政治息息相关。公民社会民主化和政治民主化互为条件,相互促进;第六,应该作为国家的一种制衡力量。

那么,接下来我们要讨论的问题是:今天的中国社会是否"公民社会"?这一话题实际上自上个世纪八、九十年代国内、国际出现了一系列政治事件之后,西方社会的中国问题专家就开始热衷于讨论了。一些学者认为,自1978年中国改革开放以来,党与国家放松了控制,并且实质性地促进了制度变革,特别是城市私有部门的合法化,知识分子独立的活动空间也得到拓展,作为经济改革的结果,中国国家的影响力已经受到削弱,公民社会已经得到发展。公民社会的兴起,部分地反映了创建一个新市场体系的需要,部分地反映了新兴的、独立的社会群体的力量。当然,这个正在兴起的公民社会依然是脆弱的,因为其制度化的程度很低,缺乏法律以及来自国家的其他保障,而且,过分关注道德和政治一致性的中国文化传统对公民社会也有负面的影响。另外也有学者引用加拿大政治思想家、著名的社区主义者泰勒对"公民社会"的强定义和弱定义的区分①，并以此认为西方一些学者的上述看法只是在弱的定义上使用了公民社会的概念，若从强定义来看，中国社会并没有发育真正的公民社会。② 诚然，公民社会最重要的特征就是它相对于国家的独立性和自主权。只有保持这种独立性和自主权，公民社会的上述结构特征和文化特性才能得以维持。因此，公民社会主张在社会领域实行广泛的自治，诸如社区自治、社团自治、学校自治、地方自治等等。相对于一个成熟的公民社会应该具有的要素和特征，今日中国民众的自我教育和自我治理能力、中国社区的自我建设和自我协调能力、中国公民和社会对国家政策的有效影响能力尚未得到培育和发展，我们不能不说今天的中国还不具备一个成熟的公民社会应该具备的要素，中国还不是真正的公民社会。

党的十六大把发展社会主义民主政治，建设社会主义政治文明，确定为全面建设小康社会的一个重要目标。民主政治的建设需要一个坚实的社会基础，那就是公民社会。文化乃制度之母，有了公民社会这个基石，培育出公民政治文化，才能形成公民政治意识和公民政治行为，才能真正建设现代政治文明。

②公民社会和社区建设。

联合国的文件规定，社区发展有两个必要条件：一是政府支持，二是公民参与。"参与"是社区发展规划和实施的关键所在。联合国《通过社区发展促进社会进步》提出的社区发展的 10 条原则中，第一条"社区发展的各项活动必须符合社区的基本需要，并根据人民的愿望，制定首要的工作方案"，第三条"在推行社区发展的初期，改变居民的态度和物质建设同样重要"，第四条"社区发展的目的在于促进人民热心参与社区工作，从而改进

---

① 在弱的定义中，公民社会是指那些不受国家力量支配的民间团体的存在；在强的意义下，当透过不受国家支配的民间团体，社会可以自我建设及协调起来时，这才是公民社会；还有一个更强的定义，作为上述强定义的替代或补充，即当这群民间团体能够有效地影响国家政策的方向时，这才是公民社会。

② 顾昕：《当代中国有无公民社会与公共空间？——评西方学者有关论述》，《当代中国研究》1994 年第 4 期。

地方行政机构的功能",第五条"选拔、鼓励和训练地方领导人才是社区发展计划中的主要工作",第六条"社区发展工作应特别重视妇女和青年的参与,以扩大参与的基础并获取社区的长期发展",第九条"在社区发展中应充分利用地方的、全国的和国际的民间组织资源"等,均与公民参与有关。在社区的参与式发展中,公众参与并不是简单的"出席",它有着更广泛的内涵,诸如在决策和选择过程中的介入,为发展项目作出自己的贡献,受益人对完成项目的承诺和必要的参与能力,主动性和责任感,乡土知识的运用及其创新,对社区资源的有效利用和控制,社区组织的发育和自立意识的提高,以及各种正式和非正式的保证公众参与的促进机制等。可以说,"参与"作为一种发展手段,是发展中授权、民主、良好的治理、创新、合作、分权化和能力建设等的基础,"社区成员的参与状况决定着社区建设的效果"。①

正如社区建设就是民主政治建设,社区建设实质上也就是公民社会建设。因为公民社会主张在社会领域实行广泛的自治,诸如社区自治、社团自治、学校自治、地方自治等等,所以只有在一个公民社会,社区建设才能得到真正的重视和广泛的实践;同时,只有推进社区建设,才能真正实现民主政治和公民社会的人类理想。公民社会和社区建设同样是二位一体,密不可分;息息相关,互为前提。因此,要想全面推进社区建设,解决城乡社区失调等社会矛盾,缓解社会压力,必须进行公民教育,培育公民社会。

首先,惟有公民才具有公民意识和公民行为能力,才能真正进行自主的社区建设;

其次,惟有公民社会才能形成和国家权力的博弈和制衡,社区才能真正在公共事务中发挥作用。

关于公民意识,朱学勤指出:"公民意识是近代宪政的产物。它有两层含义,当民众直接面对政府权力运作时,它是民众对于这一权力公共性质的认可和监督;当民众侧身面对公共领域时,它是对公共利益的自觉维护与积极参与。因此,公民意识首先姓'公',而不是姓'私',它是在权力成为公共

---

① 王思斌:《体制改革中的城市社区建设的理论分析》,《北京大学学报》2000 年第 5 期。

用品,以及在政府与私人事务之间出现公共领域之后的产物,至少不会产生在这两者之前。此前民间如有意识,只能是诸多'私'人意识的集合,……在中国,这样的'私'人集合状态有一个十分自然的名称,就叫'老百姓'。'老百姓意识'当然不是近代意义的'公民意识'。'老百姓'是众多血缘姓氏的集合体,它反映的是宗法制自然经济的观念残余,与'公民'概念相去甚远。"①公民意识应该包括权力意识和独立人格意识、权力监督和民主意识、程序意识和法治意识、责任意识、纳税人意识以及由此产生的参政议政和督政意识。只有培育了公民意识的公民,才能实施公民行为,才能构成公民社会的基础。

然而,传统中国人在几千年专制统治下养育的是臣民社会的臣民意识,对权力浓厚的崇拜心理、追逐心理和权力虚无意识的并存;法治软弱无能下产生的"清官情结"和"圣人情结";重伦理家族、亲情礼法,忽视程序规则,重人治、轻法治的文化习性;义务本位的法律体系下权利意识的普遍缺失等等。这些政治文化特征显然与现代政治文明的主权在民、民主法治、权利至上等理念格格不入,虽然它在理论层面已经基本被抛弃,但是仍然构成民族心理的重要特征,存留和体现在现存的政治理念、政治制度和政治行为中,比如说,传统中国知识分子以"学而优则仕"作为最大的人生理想和价值追求,把"朝为田舍郎,暮登天子堂"视为最大荣耀,但同时,《论语·泰伯》教导国人把"不在其位,不谋其政"作为必要的人生信条和行为准则,所谓的"位",实际上是权力的位置,不处在某种权力的职位上,就不去谋划相关的政事。如果我们用"公民"的理念对此稍加分析,便可得知此种信条的错谬,显然,不是每一个人都能够身处权力的位置之上,但每一个人都在"公民"的位置上,身为国家公民,谋政自然责无旁贷。正是这种臣民社会的臣民意识,成为我们今天建设社会主义政治文明的巨大障碍,必须用公民社会、公民文化、公民意识、公民行为取而代之。

怎样培育和扶持理想的公民社会呢?

---

① 朱学勤:《书斋里的革命》,长春出版社 1999 年版,第 363 页。

首先,建立和完善社会主义市场经济体制是培育公民社会的经济基础。公民意识、公民文化属于政治领域的上层建筑范畴,市场经济则是它成长发育的沃土。民主政治的基本原则和规则,不过是市场经济的原则、规则和规范在政治权力的组织、运行方式和实现方式的运用。市场经济的利益最大化原则,会激发公民的权利意识和自主意识;市场经济的自由、等价交换原则,在政治生活方面的表现就是权利平等和人身自由;市场经济的契约合同规则,在政治生活中的表现就是法治社会而非身份社会。目前,我国的市场经济体制还不够完善,必须打破地区封锁和地方保护主义,使商品和各种市场要素自由进出各地市场;打破特殊行业的行政垄断,切断权力渗透、控制市场的渠道,使权力寻租失去土壤,使市场机制充分发挥作用,形成统一、开放、有序竞争的市场格局。当前,特别是要按照十六大的要求大力发展民营经济,扫除民营经济发展的障碍,以"公民合法的私人财产神圣不可侵犯"为前提,为民营经济的发展提供政策和制度上的保障。

其次,培育公民社会,建设政治文明,当务之急就是实行教育理念的变革和教育制度的创新。民主和法治是外在的制度体系,它们需要内在无形的公民文化相适应。没有公民文化的充分发育,民主和法治不能真正巩固,也不能健康地运作。因此,教育公民成为培育公民社会的当务之急。社会教育系统和学校教育系统都应该在此基础之上实行教育理念的变革和教育制度的创新。

第三,健全和完善政治民主制度,按照十六大报告"扩大基层民主,是发展社会主义民主的基础性工作"的要求,"完善村民自治,健全村党支部领导的充满活力的村民自治机制。完善城市居民自治,建设管理有序、文明祥和的新型社区"的要求,搞好基层民主建设,使基层民主的实践成为培养合格公民的大学校。应当容许公民社会组织的机构由选举产生,不受政治干预,不强行安插或实行委任制。政府的自主性和权力必须受到限制,国家应该以宽松容忍的气度,保护公民社会一定限度的自主性,给以自由表达的空间,与其共同构筑发挥其政治制衡与对国家机构实行监督功能的政治环境。对于公民社会来说,民主的制度化至关重要,舍此也就没有了公民社会。尤其是在农村,农民通过直接投票选举产生自己的领导人,对村里的集体事务实行民主决策、民主管理、民主监督,这也是一个对没有民主传统并且占人口绝大多数的农民的民主训练。正如没有农村的现代化,就没有中国的现代化一样,没有完成农民政治社会化的过程,就不可能完成国人的政治社会化。

第四,健全和完善法制,实行法治。公民社会必须以法律和规章来规范,以协商、协议、妥协以及协定、合同、议决等来约定行业、社团的行为的准则和范围。法制不健全,法治不畅行,数千年来人治传统不否定,长官意志主义不遏制,则社会主义的公民社会无以有序运行和健康发展。

显然,如果现代国家在大力推行现代化之时又同时培育和发展现代性,那么在经历一段时期之后,就可以实现为公民国家。

总之,公民国家的含义不只是指这个国家的人民有法律所赋予的公民地位,更是指国家奉行和维护公民权利至上的政治原则。公民出自人民,但它又不是人民那样的整体性概念,而是指享有公民权利的每个个人。公民国家所确定的公民的权利基本上是洛克指出的"任何人不得侵害他人生命、健康、自由或财产"[①]的发挥。公民权利至上的具体表现是政府的权力来自于公民的授予而不是相反,在权利与权力发生冲突时公民权利高于政府权力。公民国家的第二个含意是公民身份的普遍性。在古代和中世纪一些城市国家也有公民,但不普遍,它们有性别、阶级、种族、财产的严格限制,那不过是传统国家的一种形式。现代公民国家必须经历从皇室、显族、阶级、党派的利益至上转为民族的利益至上,再转为公民的权益至上的同时,还要使公民的身份从少数人转向多数人再转向所有有能力参与政治活动的人这样一个历史过程。公民国家的再一个含义是公民的意见和要求的表达是个人权利的体现,并不代表他人的要求和意见,但经过被法律确定了的民主程序,个人和部分人的要求和意见可以整合为公意和国家意志,公民和国家被民主制度连为一体。

---

① 洛克:《论政府》下册,商务印书馆1983年版,第6页。

从现代民族国家向公民国家转向的过程中,现代性的精神和理念是强大的推动力,并且还转化为公民国家中的许多原则。这个过程也应该进行现代化的建设,尤其在政治生活领域中,现代化与现代性会出现融汇的情况。不妨说,公民国家的核心问题是政治现代化问题,也是政治现代性问题。不过两者也有区分。政治现代化侧重的是民主制度的建构,而政治现代性是民主精神的唤起和动员。对现代公民国家的发展来说,制度的建设和政治上的动员及参与必须紧密配合。如果只有制度建设而无民主意识的唤起、动员和参与,现代公民国家只是一个空架子,百姓虽有法律规定的种种权利但从不行使权力,国家实质上仍停滞在原先的发展水平上。反之,如果制度建设滞后,公民的动员与政治参与的程度超过了制度承受的范围,就会如亨廷顿所分析的那样造成社会不稳定,以至出现动乱。"在高水平上保持二者平衡的社会,则可以断言是长治久安的社会。"①

无疑,一个成熟的公民社会的培育需要一个漫长的过程,尤其是公民意识的培养和现代公民的教育,所幸的是,历史的发展无法逆转,而我们已经在路上。因此,我们有望期待一幅政治民主、经济发达、社区协调、社会和谐的理想图景在广袤而又古老的中华大地上出现。

3. 非政府组织的发展

公民社会之所以成为我们民主政治建设和社区建设的根基,在某种程度上是因为公民社会是国家或政府之外的所有民间组织和民间关系的总和,其组成要素是各种非国家或非政府所属的公民组织,包括非政府组织(NGO)、公民组成的志愿性社团、协会、社区组织、利益团体和公民自发组织起来的运动等。非政府组织是在市场体制和国家体制之外出现的一项重大的组织创新和制度创新,这种创新具有独特的性质和独特的优势,能够比较有效地致力于解决一些特定的社会经济问题。如今,非政府组织在全球范围内兴起,是对市场失灵和政府失灵问题作出的反应和回答,是二十世纪

---

① 亨廷顿:《变化社会中的政治秩序》,三联书店 1989 年版,第 367 页。

八十年代以来在全球范围内出现的。非政府组织为实现人类社会的协调发展和可持续发展，在企业—市场体制和政府—国家体制之外，提供了一种新的选择。

①关于"非政府组织"。非政府组织（NGO）是当今国际社会通用的一个词语，一般指那些非政府的、非营利的、带有志愿性的，致力于公益事业的社会中介组织。八十年代以来，非政府组织在世界各国的社会经济发展中所发挥的作用越来越大，以致被认为是在企业—市场体制和政府—国家体制之外的第三部门。目前，各个发达国家政府、各重要的政府间国际组织以及多数发展中国家政府都认真看待非政府组织，将它们当作社会经济发展中的合作伙伴。有学者甚至将它视为社会的精神基础："社会若没有自发形成的、建立在其某些成员的相互作用及契约上的组织是无法想像的，社团就像分子式的社会关系，从内部将那些单个的分子结合成一个自由的、具有可塑性的整体。"①

作为公民社会组成要素的民间组织具有五个显著的特征，即组织性、非官方性、非盈利性、相对独立性、自愿性。事实上，通过非政府组织，草根百姓真正参与到社会公共事务中来，建立足以与国家分庭抗礼的国内的以及全球性的"公民社会"，其终极目标是民主政治的体现。在这个意义上，非政府组织、公民社会和民主政治的建设实质上是同一件事情，它们共同的理论基础是对国家权力的质疑，是"国家"与"社会"二元对立的观点在社会中的体现。

改革开放以来的中国，逐步融入了世界全球化的进程。在中国同外部世界建立起不断加强的政治和经济联系的同时，越来越多的外国和国际的非政府组织进入中国，或者设立代表处，或者寻找合作伙伴，或者发展组织成员，广泛涉入中国的各个领域。自1995年在北京举行的世界妇女大会的非政府组织论坛之后，国际非政府组织也愈益将中国当作一个重要的国际会议和活动的场所。这些外国的和国际的非政府组织在华的活动，得到了

---

① C.谢·弗兰克：《社会的精神基础》，生活·读书·新知三联书店2003年版，第180页。

各国政府和政府间国际组织(如联合国开发计划署、世界银行、亚洲开发银行等)的积极支持。跨国公司和其他境外企业在中国的活动,也促进了国际非政府组织在中国的发展。20多年来,特别是近10年来,国际非政府组织已对中国产生了愈益深刻、广泛和持久的影响。外力的推动再加上国内经济体制改革和社会转型的内部需要,非政府组织的发展和社区的建设一起进入国人的视野,受到了应有的重视。以"改革城市基层管理体制,强化社区功能"为宗旨的我国城市社区建设运动,目标之一就是动员社区居民、社区单位及社区非政府组织等力量共同参与社区治理,弥补政府在城市基层管理中的能力之不足。至于农村社区建设,也应该提高农民的组织化程度,鼓励和扶持农民建立可以真正代表自身利益的组织体系,形成社会资源分配的均衡机制。总之,社区参与尤其是非政府组织发展的状况与社区建设的好坏紧密相连,直接决定着中国基层管理体制改革的成功与否。

②非政府组织和社区建设。

社区建设是现代化和城市化高度发展的基本特征和必然要求,而非政府组织伴随着社区的产生而产生,伴随着社区的发展而发展,其基本宗旨就是满足社区居民的需求。当今不少西方发达国家往往是政府通过积极培育和推动非政府组织的发展来承担许多具体的社会服务和社会管理的工作,非政府组织通过其功能的发挥,对社区建设的推进,对社区服务体系的完善和健全,对沟通政府与居民之间的关系等,起了至关重要的作用。比如美国政府就从财税政策上给予非政府组织以极大的支持,首先,政府每年为非政府组织提供10%~80%不等的财政资金从事社区服务工作,实际上,大部分非政府组织都可获得60%~70%的财政投入;其次,政府给予非政府组织特定的免税政策,既服务所获得的各项收入不需上税,同时非政府组织从事社区服务时所购买的商品,也不需交税,因为美国零售各类商品是实行价外税的,所以从事公益性服务的组织,就可以享受到这一政策;当然,政府同时也规定非政府组织从事社区服务所形成的盈利或利润,不得用于个人利益,必须用于社区发展的再投入,为大众服务。从美国社会目前的现状看,非政府组织已经承担了很多的社会事务和社区服务工作,对社会稳定起了很大的作用。而且,政府还想把更多的事情交给非政府组织去做,政府与非政府组织之间的关系越来越密切,它们之间的合作伙伴关系对于经济社会发展而言也将更富有建设性。

西方国家的经验告诉我们,非政府组织的发展和社区建设密切相关,非政府组织是社区建设最重要的推动力量。而相形之下,我国目前的社区治理和社区建设,"来源于两种力量的推动:其一是社区自身力量。随着我国社会经济、政治体制改革的深入,社区治理的主体开始由政府这一惟一主体向多元主体发展,社区自治组织、社区非政府组织以及社区居民成为参与社区事务治理的主要力量。我国改革开放的过程从本质上讲,是政府还权于社会、还权于民的过程,政府从包揽一切经济与社会事务的'全域'政府向承担必要的社会公共事务职能的'有限'政府转变。在这一过程中,'公域'与'私域'开始分化,多元利益群体自主性的增强和其通过自治性的管理来实现利益需求的愿望,是推动社区公民参与社区事务的根本动力,社区民众参与意识和民主意识的逐步增强,是推动社区建设与发展的主要力量。其二是政府的推动。政府在城市社区建设中起到了不可忽视的推动作用,政府通过社区建设,发挥自身的组织与资源优势,在社区居民的广泛参与下,共同推进社区的建设与发展,从而达到有效治理社区的目的。这是社区治理的外部推动力量。"①

有学者按社区治理模式(主要是城市社区)的发展与演变把社区区分和概括为三类,或者说三个阶段:②

第一阶段,行政型或政府主导型社区。这类社区表现出如下特征:首先,政府组织作为社区治理的主体,居民委员会虽然在法律上是基层居民群众的自治组织,但它是被纳入到政府体系中的组织,其独立性和法律所规定的自治性都受到限制。街道办事处作为城市政府的派出机构,从法律规定

---

① 魏娜:《我国城市社区治理模式:发展演变与制度创新》,《新华文摘》2003 年第 6 期。
② 参见魏娜:《我国城市社区治理模式:发展演变与制度创新》,《新华文摘》2003 年第 6 期。以及何海兵:《"国家—社会"范式框架下的中国城市社区研究》,《上海行政学院学报》2006 年第 4 期。

上只能对居民委员会进行指导,但实际上,从居民委员会选举、经费的来源到工作任务的确定,都受街道办事处的领导与控制,政府组织不仅直接给居民委员会下派任务,而且还确定具体的指标进行考核,以至于政府事务与自治组织的事务根本无法区分。其次,政府承担着对社区治理的无限责任,同时,也承担着社区治理的风险。第三,社区治理的方式主要是以行政管理手段为主,政府通过对社区组织与社区资源的控制来达到治理的目的。第四,由于政府组织包揽了社区内的公共事务,因此,社会组织尤其是具有一定独立性的非政府组织的发展受到了限制,它们的社会服务功能得不到有效的发挥。第五,社区居民参与社区活动的主动性差、热情不高。社区居民对政府和单位的依赖性较强,自觉参与社区活动和行使民主权利的热情不高。

第二阶段,合作型即政府推动与社区自治结合型社区。这类社区的特点是:首先,社区治理的主体由政府组织扩展到社区内的各种自治组织与非政府组织,政府组织通过授权和权力的下放,把由政府组织承担的社会职能交由社区内的各种社会组织来承担,政府组织的职能转变与社区组织职能的加强同步进行。其次,社区自治组织在法律规定范围内的权利得到体现,社区自治能力得到加强,尤其是社区民主选举、自我管理、自我教育与自我服务的能力通过社区建设的实践得到提高。第三,社区的资源投入以政府投入为主、社会组织投入为辅,并逐渐增加多渠道的资源投入。第四,建立在半自治半行政基础上的社区委员会是社区组织的主体,它是联结政府与社区的桥梁与纽带,政府组织的权威与社区组织的权威共同发挥作用。第五,社区的组织体制与管理制度为社区居民参与社区管理提供了一定的制度途径,因此,社区群众参与社区管理者的选举、社区公共事务的决策以及社区公益活动的热情普遍提高,参与的范围更加广泛。

第三阶段,自治型即社区主导与政府支持型社区。这类社区在治理上的特点如下:首先,社区治理的主体是社区自治组织与社会组织,社区组织真正成为承担社区公共事务管理与决策的自治性组织。其次,政府与社区共同承担社区资源提供的责任,并逐渐培养和提高了社区吸收社会资源的能力。第三,社区民主政治的发展,如法律保障下的直接民主选举、民主决策与民主治理，成为社区民主政治发展的基本特征，同时，也为更大范围内的民主政治体制的创新提供了经验与社会基础，城市与农村基层社区的自治逐渐成为我国民主政治发展的基础。第四，社区组织是一种网络组织，是由社区内的各种组织组成的资源互补、信息互通并具有一定灵活性的组织体系。政府从法律、制度上为这些组织的发展提供保障，同时，政府又通过法律、制度对社区组织进行监督和管理。

社区治理模式由行政型社区向合作型社区和自治型社区的发展，是我国城市社区治理模式发展的基本方向。但当前，我国城市社区建设仍处于由第一个阶段向第二个阶段转变的时期，这是一个艰难的制度创新时期。

西方先进国家的经验和中国社区治理的现状告诉我们，当前中国，必须高度重视非政府组织的培育，政府组织必须在培养、指导和协调社区组织的过程中逐渐将权力让位于社区与社会组织。对于农村社区来说，农民居住方式的分散和平均受教育水准的低下，更是导致农民的组织化水平低下，从而丧失自己的权益，使农民这个群体在社会竞争中处于劣势。解决这一问题的关键，是鼓励和扶持农民建立可以真正代表自身利益的组织体系，形成社会资源分配的均衡机制。加快政治体制改革，加快民主化进程包括发展与农民和农村有关的中间组织，成为政府与农民沟通和对话的通道和桥梁。根据北欧国家挪威的经验，发展全国性的农民合作协会或相应的组织对于加快国家的民主化进程，推进城乡协调发展有重大意义。只有非政府力量调动和发展了，社区建设才能真正实施，城乡社区失调的严峻社会现实才有望得到改善，未来中国的理想图景才有望实现。

③社区组织与社区建设。

显然，在社区管理方面，来自政府的管理和干预是一种他组织力量，完全以他组织力量管理简单系统具有很高的效率，但在复杂系统面前往往力不从心。国际经验表明，越是先进的社区管理模式，其自组织程度越高。各种非政府组织是社区管理的具体的组织者和运作者，政府则通过政策调节、法律制定和财政支持，来实施宏观调控和监管职能。

社区组织又叫"社区小组"、"居民组织"、"邻舍组织"或"基层组织"，是非政府组织中和社区建设关系最为密切的一种,一方面,社区组织的建立是社区工作过程中一个明显的阶段,是社会自组织性的必然产物;另一方面,从功能上来看,社区组织的建立有助于谋求解决社区成员共同面对的社区问题。

关于社区组织,很难确立一个单一的定义,有人将它界定为:一群有奉献精神的人,一起改善所属的社区,是一种小区域里有延续性的自愿组织,它们提供服务、作出倡导及预防社会解体,它们提供机会给居民学习成为市民及政治领袖,它们多有广泛的、非单一的目标。不管学者们如何界定"社区组织"这一概念,一般来说他们都认可此种组织的两项基本元素:第一,由该地区的居民组成,亦即其执行委员会的成员应是该区居民;第二,组织的主要关注点在于某特定地区内居民组织的福祉,包括提供服务及保卫共同利益。① 也正是在这两点上,社区组织与其他非政府组织区分开来。

社区组织投身于社区建设,是基层民主政治建设的重要内容,是培育公民和公民社会的基本场所,是和社区建设关系最为密切的非政府组织,它们是沟通公民和政府的重要管道,它们提供服务、为社区争取权益,支持政府活动及政策,提供社会及心理支持,促进政治参与等,无疑,社区组织在整合社区资源,发动社区力量,强化社区功能,解决社区问题,促进社区政治、经济、文化、环境协调和健康发展上发挥着极其重要的功能。

综上所述,社区建设的成功实施,依赖于民主政治的建设、公民社会的培育和非政府组织的发展,它们既是社区建设的外在前提和外部因素,又和社区建设具有相同的内涵和本质。无论民主政治建设、公民社会培育还是非政府组织的发展,其核心都是教育公民。只有培育了具备公民意识和公民行为能力的公民,我们的社会才可能发育为公民社会,才可能组建非政府组织,才可能推行政治文明建设。所以目前的中国社区建设,当务之急和核心任务是教育和培养公民。如前所述,公民意识的培养和现代公民的教育需要一个漫长的过程,现代民主政治的确立和非政府组织的发展也并非一

---

① 甘炳光等编:《社区工作:理论与实践》,香港中文大学出版社,第188页。

蹴而就,所幸的是,一方面历史发展的必然性无法逆转,我们正在走向政治昌明的民主中国;另一方面乌托邦式的前景规划对于我们仍然是必要的,而且我们已经在路上。因此,我们有望期待一幅协调、和谐、昌明、发达的理想图景在广袤而又古老的中华大地上出现。

第三节 社会政策调整与现代中国建设

我们在第一节中,强调了社区建设和城乡协调的重要性和必要性,并在此基础之上对中国当今失衡的资源分配和失调的城乡建设现实进行了分析,提出以"资源下沉"作为最重要的解决之道,并描摹了城乡社区在社会、经济、生态环境、人口、文化和空间等各方面全面融合的协调与和谐的理想社会图景。我们在第二节中,对民主政治、公民社会和非政府组织等概念进行了解析,并从它们和社区建设的相关性着手,提出当今中国实施民主政治建设、培育公民社会和发展非政府组织的重要意义,并在此基础之上表达了对城乡协调、社会和谐的未来中国的期待。

理想的图景是:城乡社区协调发展,社会矛盾不再存在;公民和社会自主组织养育成熟,民主的政治理念深入人心并得以实施。

今天的现实是:一方面,资源配置严重失衡,城乡社区严重失调,社会矛盾严重凸显;另一方面,社区建设处在由政府主导型向政府和社会合作型转换的艰难时期,公民教育和民主政治停留在知识分子和有识之士的呐喊声中以及国家权力和政府组织的政策调整中,难以在基层和民间落实。

面对这一现实状况,最为积极有效的治理途径就是社会政策的调整。

1. 社会政策调整的目标与现代中国建设的需要

为解决社会矛盾,缓解社会压力,达成社会和谐,实现社会理想,进行社会政策的调整显然刻不容缓。

作为一个传统的农业国,到目前为止,农民占我国总人口的比重仍然达到70%,2002年,全国13亿人口中有9亿生活在农村。如果中国的农村不能实现现代化,则中国的现代化就是局部和不完整的,实际上也是不可能的。而与此同时,一个不争的事实是,中国的农业、农村和农民问题,已经成为影响我国未来现代化发展、影响我们国家命运的主要因素,或者说"三农"问题成为当今中国现代化发展的重要障碍。中国政府领导人和关注中国社会问题的专家一直在强调指出,农民增收困难,农民负担过重,农村社会事业发展缓慢,已经成为21世纪初期中国突出的社会矛盾。近20多年来,市场化取向的改革强调效率而忽视公平,虽然中国人口中的绝大多数从中获益,贫困人口大幅度减少,人民生活从整体上进入小康水平,并且形成了一个收入相对较高的人口群体。但是,另一方面,中国现阶段的社会利益结构和利益实现方式发生了重大变化,不同收入群体之间的矛盾和利益冲突越来越明显。其中,城乡差距不断扩大,农村人口收入增长缓慢、农业、农村、农民组合而成的"三农"问题成为中国现代化发展的突出问题和重要障碍。以中国农村社会的现状而言,当前中国农村的贫困面很大,低收入和受教育水平较低的农村人口在城乡之间大规模流动,流动人口总数达到1亿之巨。但是,流入城市中的农民工却得不到基本的国民待遇,他们的子女入学以及他们的就医、失业甚至基本的劳动收入都得不到相应的保障。农村基层社区组织相对薄弱,民间社会发育极不完善,资讯发达程度很不平衡,多数家庭的保障能力和抵御灾害能力还十分脆弱。

城乡差别的产生虽然有着深刻的历史和文化背景,但是,不合理的制度和政策安排是导致中国城乡差异不断扩大的最主要因素。长期以来,在中国的发展理念中存在非常突出的"城市中心"价值取向,国家公共政策优先满足甚至单一地体现城市居民的利益,忽视或者根本无视农民的利益。首先是农产品收购价和工业品供应价上长期存在的"剪刀差",使农民累计遭受数千亿人民币的经济损失。此外,在长期的计划经济体制下,粮、油、糖和其他副食品以及布料等生活必需品的供应,重点保障城市居民,农村居民的供应量极少。农民只能在交足国家征购任务的前提下,以其剩余部分解决自身的问题,物质生活的匮乏相对城市居民尤为严重。而在就业、劳保、住房、教育、医疗等基本社会保障和社会公共产品政策方面,农村居民几乎得

不到政府的公共财政的任何支持,完全需要依靠自身的力量解决。顽固的
"重城轻乡"传统观念和"两极分化"的政策安排,进一步加剧了城乡在发展
水平上的落差。

目前,当今中国的城乡社区建设还处在由政府主导型向政府和社会合
作型转换的艰难时期,社区自治组织与社会组织未能真正成为承担社区公
共事务管理与决策的自治性组织,社区吸收社会资源的能力较为低下,城市
与农村基层社区的民主政治如法律保障下的直接民主选举、民主决策与民
主治理尚未发育成熟。社区治理的方式很大程度上还是以行政管理手段为
主,政府通过对社区组织与社区资源的控制来达到治理的目的。社会组织
的自治,政治力量的均衡,尤其是农民作为一个利益群体在政治上具备足够
的力量,找到自己在政治舞台上的代言人还需要很长一段时间的民主政治
建设才能达成。在这种情况下,政府在调节社会矛盾方面的功能不仅不会
减弱,反而将得到进一步的强化。

鉴于以上原因,有研究者指出,在未来一段时期内,如果不能及时地开
展相应的社会改革,对中国的社会利益关系做出适当的调整,兼顾各个社会
团体的利益,对利益受损者以及社会弱势群体给予合理的补偿和救助,必将
延缓中国的现代化进程甚至危及中国社会的安全稳定。其中,如何通过调
整社会政策,消除城乡居民的身份差别,通过向农民提供必要的公共产品,
减少城乡差别,消除城乡壁垒,给农民以基本的国民待遇,提高农民的实际
生活质量和农村家庭抵御风险的能力,提高整个社会的公平与公正程度,成
为当今中国最具重大现实意义的课题。

一方面是城乡社区严重失调的严峻现实矛盾,一方面是公民和社会自
治组织尚未发育成熟的社会现实状况,另一方面是政府的决策和治理方面
存在的许多制度性的缺陷,以及其工作效率的低下和腐败现象的严重等问
题越来越成为影响经济发展和社会稳定的重要因素。所以,有必要进行社
会政策的重大调整。

2.社会政策调整的方向与现代中国的理想图景

首先,政府必须高度重视城乡协调发展这一课题,加强影响城乡协调发

展的政策和制度研究,改变长期以来在我国实行的城乡二元结构政策,加大对农村社区的投入,加快农村社区的现代化建设,推进城乡协调发展。促进和帮助农民向非农产业转移,不能以农村发展的停滞、农民利益的被剥夺作为促进城市发展的必然代价。

当前,中国政府领导人和关注中国社会问题的专家已经注意到了21世纪初期中国这一突出的社会矛盾,中国新一届政府非常重视城乡协调发展问题,中国总理温家宝指出,"三农"问题是悬在新政府头上的一把利剑,也是全社会关注的关系到中国发展前途和命运的一件大事。当前中国,只有有了政府的高度重视,社会政策的调整也才有根本保障。

当前,中国农村社会结构严重失衡,直接加在农民身上的各种税费负担愈来愈重,农民的基本生活条件和福利待遇得不到改善,农村中缺乏最起码的社会保障制度,公共卫生服务体系更是付之阙如。城市居民能够享受到相对优质的教育、医疗、图书馆、公用交通、消防、绿化等公共服务,而广大的农村居民却只能在公共设施极端落后、公共服务几乎空白的情况下承受沉重的费用负担。针对这种很不公平的状况,中国急需进行社会政策的改革,其中,需要紧急研究和重点解决的领域主要有教育、卫生、社会福利与社会保障、社会财政与金融政策等。

①教育政策。教育是最重要的公共产品和最具价值的投资领域,同时也是实现社会公平和公正的最重要手段。在长期的以城市为中心的政策指导下,中国的教育发展已经出现严重的失衡,贫困的农村地区并不能实现真正的义务教育;由于政府调节功能的缺失,教育作为公共产品的性质正在发生改变。许多农民家庭的子女由于经济困难而失学,正在成为新的文盲。在高等教育领域,由于收费标准已经超过一般农村家庭的经济负担能力,许多有上学要求和开发潜力的适龄青年被排除在大学校门之外。

这一状况已经引起有关政府部门的重视。2003年9月,国务院召开了新中国历史上第一次专门研究部署农村教育工作的全国农村教育工作会议,并公布了《国务院关于进一步加强农村教育工作的决定》,对当前农村教育存在的问题和今后的发展,做出了新的部署。为了减轻农民负担,取缔

农村中小学不合理收费项目,严格控制收费标准,我国农村义务教育从
2004 年开始全面推行"一费制"收费办法。该办法仅在贫困地区农村小学
和初中试行,即对学杂费、书本费由中央有关部门规定一个最高收费限额,
除此之外,不再向学生收取任何其他费用。"一费制"的实行,对规范农村
中小学收费管理、减轻农民负担、治理乱收费起到了积极作用。①

　　这一加强农村教育的新举措,表明农村教育正逐渐走入政府的中心视
野,表明农村教育的重中之重的地位。当然,如何通过社会政策的调整,建
立多元化的教育体系,使教育成为真正意义上的公共产品,还是一个需要政
府有关部门和社会各界给予特别关注的研究课题。

　　②公共卫生体系。农村公共卫生是基本的公共产品,需要国家财政的
大力支持。2003 年的 SARS 危机暴露出中国公共卫生体系缺失这一突出的
社会问题。人口规模达到 9 亿之巨的农民和数千万城镇贫困居民得不到最
起码的医疗保障。许多刚刚脱离贫困状态的家庭由于生病而重新"返贫"。
公共卫生体系的建立和完善成为政府和全社会关注的焦点之一。

　　"当前中国农村的公共医疗卫生主要问题有两个:一是农村医疗卫生设
施相当落后,医疗水平较低。二是现有的医疗机构收费脱离了农村经济状
况。我国的医疗价格和医药价格是依据城市的标准制定的,在农民和城市
居民的实际收入差距为 1:6 的状况下,农民要支付和城市居民一样价格的
医疗费用,而且农民还不能享受城市居民的医疗保险,广大农民是无论如何
也承受不起这个医疗价格水平带来的经济重负。形成一个符合农村实际的
农村合作医疗体系,是解决农村公共卫生保障的重要前提。国家应当建立
和完善农村卫生专项转移支付制度,加大对农村公共卫生的投入力度。对
事实上已经长期在城市工作和生活的农民工,要尽快纳入城市公共医疗卫
生保障的范围。"②

----

　　① 参见汝信等主编:《2004 年:中国社会形势分析与预测》,社会科学文献出版社 2004 年版,
第 301 页。

　　② 参见汝信等主编:《2004 年:中国社会形势分析与预测》,社会科学文献出版社 2004 年版,
第 300 页。

2002年10月，中共中央、国务院做出《关于进一步加强农村卫生工作的决定》，提出到2010年实现在全国建立基本覆盖农村居民的以大病统筹为主的新型农村合作医疗制度的目标。2003年1月，国务院办公厅转发了卫生部、财政部、农业部《关于建立新型农村合作医疗制度的意见》，要求从2003年起，各省、区、市至少要选择2~3个县(市)先行试点，取得经验后再逐步推广，这标志着新型农村合作医疗制度进入实施阶段。

据《2004年：中国社会形势分析与预测》中的"2003年中国农民发展的基本状况"一文介绍，2003年年底我国解决了1560万农村人口饮水难的问题，到2004年，全国5020万农村人口饮水难问题将成为历史。也就是说，一旦政府组织予以重视，社会政策予以调整，农村社区的公共卫生状况是可以得到改善、公共卫生体系是可以得到完善的。

③社会福利和社会保障制度。现存的中国社会福利和社会保障制度是在中华人民共和国成立之初生产力水平十分低下和高度计划经济的体制背景下建立起来的，在近20年的市场取向的改革中做过一些简单的修补和改良，但是没有从根本上进行必要的制度创新和结构改造，以致目前中国的社会福利和社会保障的覆盖面狭小，运行效率低下，管理理念落后，根本不能适应广大民众尤其是农民群众的实际需要。

当前，在城市化进程中，需要征用大量原农业用地，农民失地后很容易陷入失业困境，生活失去出路。针对此种情况，有些地方政府开始建立失地农民的社会保障。"一是纳入城镇社会保险体系。比如浙江嘉兴市对16周岁以上、符合社会养老保险统筹费条件的被征地人员，由劳动部门为其设立社会保险个人账户，达到退休年龄的，按月发放养老金。二是参加商业保险。苏州市对劳动力实行货币安置，并签订货币安置协议。劳动力的医疗保险费由政府征地服务机构负责向保险公司投保，给予约定的医疗保险费至60周岁。对保养人员采用商业保险办法实行保养安置，由负责征地的单位为保养人员统一向保险公司投保，由保险公司按月发放保养金。三是建立小城镇社会保险。"①

建立失地农民的社会保险，无疑是社会福利制度和社会保险政策调整的重要尝试，同时，农村养老保险也已纳入政府视野，"以个人缴费为主、集体补贴为辅、国家政策扶持"的农保基金方案会进一步完善。但显然，要调整社会利益关系，尤其是城乡居民两大人口群体的利益关系，社会福利和社会保障体系的调整还必须加大力度。

④财政金融政策。中国农村人口占总人口的2/3，但是政府财政用于农村发展的各类支出仅占总支出的10%～15%，仅占 GDP 总量比重的1%左右。中国的银行业基本上是在计划经济时期为工业化融资而建立起来的，农村金融产业极为薄弱，金融网络很不完善，信贷政策极不合理，农村资本流向工业和城市的现象很严重。因此，要尽快缩短城乡社区的收入差距，实现城乡社区的协调发展，国家财政金融政策的调整势在必行。

"安徽从2003年6月1日起，省委、省政府决定把粮食补贴方式改革扩大到全省，财政原先补贴给粮食系统的钱，直接补贴到农民的手里。农民第一次既没有出卖农产品，也没有出卖劳动力，就从国家财政拿到了钱，这是国家第一次直接给农民发补贴。……'直补'在我国的首次出现，对于推动农村变革，促进社会稳定有着深远的意义。也是政府解决'三农'问题的一种方向。……今后，直补将成为我国政府在 WTO 规则范围内，支持和保护农业的主要方式。向农业进行补贴可以降低农产品生产成本，提高农业国际市场竞争力，增加农民收入。……这标志着，国家财政对粮食经济的支持，完成了由城市消费者到之间购销企业，再从购销企业到生产者农民的最终转移。"②安徽省所做的财政政策调整，无疑对农村变革和社会稳定都起到了积极的推动作用。像这样积极有效的社会政策调整，应该在全国范围内广泛推行。

---

① 参见汝信等主编：《2004年：中国社会形势分析与预测》，社会科学文献出版社2004年版，第303页。

② 参见汝信等主编：《2004年：中国社会形势分析与预测》，社会科学文献出版社2004年版，第301页。

2003 年,有关部门积极推行了农村信用社体制改革。根据国务院原则批准的《关于深化农村信用社改革试点方案》,央行研究拟定了对试点地区信用社给予适当资金支持的方案。人民银行制定了《农村信用社改革试点专项票据操作办法》和《农村信用社改革试点专项借款管理办法》,发放专项再贷款或专项中央银行票据帮助试点地区农村信用社化解历史包袱、走出现实困境。

除了上述社会政策的调整,农村的文化传播、社会控制以及人口政策等方面也不容忽视。文化是支撑社会发展和国家现代化的重要的精神力量,也是具有广阔发展前景的阳光产业。中国是一个有着 5000 年文明史的古国,但是,文化更新和文化传承的状况与发达国家相比尚有很大的差距,与中国现代化的步伐以及中国人民对精神文化生活的要求也差之甚远。在新的历史条件下,文化体制改革和文化产业的发展必须尽快提上议事日程,尤其要加强城乡交流,促使农村尽快从传统乡土文明转变到现代文明。社会控制同样是当今中国十分突出的社会问题,由于中国社会结构的失调和社会矛盾的日益突出,社会控制的难度在进一步加大。如何适应民众在中国整体上进入小康社会的条件下对社会安全提出的更高的要求,在已经确立了未来 20 年全面建设小康社会的目标这一新的条件下和新的环境中提高社会控制的效能,是社会政策调整的重要课题之一。

中国是一个幅员辽阔、发展极不平衡的人口大国,我们所面临的城乡发展失衡的问题和矛盾,以及这些问题和矛盾的成因和表现形式都千差万别,纷繁复杂。长期以来,中国发展政策的一个重大弊端是不顾各地的客观情况存在的巨大差异,实行简单的"一刀切"做法,使许多发展政策的实施效果大打折扣,甚至适得其反。因此,我们要广泛地研究和吸收世界上不同国家走过的道路和取得的经验或教训,要有针对性地根据不同地区的历史条件和现实条件,采取分类指导的原则,因地制宜,因势利导,引导不同的地区以不同的方式和速度走上协调发展的道路,切忌盲目照搬他国或者他地区的发展模式,切忌采取"一刀切"的办法,不顾客观现实的盲目行动。各地也应该在坚持城乡协调发展这一总体指导思想的前提下,从自己的实际出发,充分发掘和利用当地的发展优势,探索适合当地特点的发展路子。

　　所谓模式,是指"在一定地区,一定历史条件下,具有特色的发展路子。"模式这一概念是在费孝通先生的以农村调查开始的社区研究历程中得以发生和发展的。费孝通先生认为经济发展具有地理上的区域基础,各区域不同的地理条件包括地形、资源和所处区位等自然和人文因素,各地城市的发育程度和城市的经济、社会结构差别,各地的交通和信息条件,各地历史背景的不同等,均具有促进或制约其社会经济发展的作用。他在探索了我国许多地区的城乡发展道路之后提出"因地制宜,不同模式"这一论断。一步到位地把工业引进农村的"苏南模式"、充分发挥开放经济优势的"珠江模式"、"小商品、大市场"的"温州模式"、发展庭院经济,"公司 + 农户"的"民权模式"、专业性劳务输出的"徐州模式"、由侨胞投资兴办各种企业的"侨乡模式"等,就是在农村改革和城乡互动等新形势下因地制宜的产物。

　　城乡协调发展是中国现代化的必经之路,也是中国新一届政府的重要施政纲领。国务院总理温家宝在一系列重要的施政报告中强调指出,新一届政府高度关注和重视中国现代化进程中出现的问题和矛盾,决心通过努力,实现经济与社会的协调发展、地区之间的协调发展、城乡之间的协调发展、人与自然的协调发展的目标。因此,面对当今中国资源配置严重失衡,城乡社区严重失调的社会现实,政府除了高度重视城乡社区协调发展这一课题,实施其公共管理职能;除了在诸多具体的社会公共政策上加以不断的调整和改善外,还必须根据不同地区的地理位置、发展环境、人口素质和经济社会发展水平,因地制宜,分类指导,以真正推动促进农民、农村和农业向现代化转变,促进社会的协调和均衡发展。

　　早在上个世纪的二三十年代,一批有良知的中国现代知识分子就开始了乡村教育运动和社区建设实践。晏阳初先生在国内搞平民教育,用识字教育、生计教育、卫生教育和公民教育来消除农民"愚、贫、弱、私"这四大灾害。后来又把平民教育发展为乡村建设,他让受教育的农民组成同学会,中国历史上农民第一次有了自发组织的社区生活;他领导建立了乡县议会组织,在中国历史上第一次把一个县级政权改造成由民众选举、服务于民众的机关;他还做了许多改善农民经济生活的工作,比如引入美国的来杭鸡与本地鸡杂交。1937 年晏阳初主持撤消了湖南省三分之二县的腐败领导,召集了五千个学者和科学家代替他们,这是中国历史上第一次大规模的基层政治改造和民众动员。由于平民教育和乡村建设的巨大贡献,晏阳初 1943 年被评选为"世界最具革命性贡献的十大伟人"之一。

费孝通先生 1933 年把"社区"这一概念引进中国,1935 年他和妻子进入广西调查瑶山农村,写成《花蓝瑶社会组织》一书;1936 年他开始对家乡的一个农村进行调查,后写成《江村经济》一书;四十年代,他在云南内地进行农村调查,与人合写了《云南三村》;其后,他写了十几篇讨论中国农村社会特点的文章,结集为《乡土中国》。

新兴的中国政权和频繁的政治运动中止和打断了他们发展农村社区的理想、研究和实践。社区的概念、社区建设的实践和城乡协调的努力直到 21 世纪初期,在新的时代和新的条件下重新进入国人的视野。这时,中国的社会结构和社会形态,以及政府的执政环境都发生了很大的变化:首先,市场化取向的改革导致市场配置资源的功能得到强化;其次,加入 WTO 之后,中国全球化、信息化的趋势进一步加强,中国与世界的发展将产生更强大的连锁效应,民众的社会心态也将随之发生更大的变化;第三,体制转轨和社会转型将带来社会利益格局的巨大调整和变化,城乡差别的扩大成为社会矛盾的关键原因,不断扩大的社会流动加剧了社会的不稳定状态,政府在调节社会矛盾方面的功能将得到进一步的强化;第四,政府的执政理念和执政方式正在受到外部和内部的强大压力。总之,面对新的形势和环境,中国迫切需要在"内在发展要求"与"外部环境压力"之间寻求平衡,为国家争取尽可能多的发展空间。

"农民真苦,农村真穷,农业真危险",在这种新的形势和新的环境下,中国城乡差别的扩大以及三农问题到了十分严重的地步。事实上,中国的问题,一直是农民问题;中国的现代化问题,本质上也是农业现代化的问题。诚如《中国农民调查》一书的作者所言:

我们面临的，已绝不仅仅是一个单纯的农业问题，或是简单的经济问题，而是新时期执政党面临的最大的社会问题。我们确实没有理由，在城市变得日新月异的今天，忘却了广大的农村；没有九亿农民兄弟真正的富足，一切乐观的经济统计数字都将失去意义。①

当然，农民、农村、农业发生实质性的变化，是需要很多因素共同作用的。包括中国的民主政治建设、公民社会培育和非政府组织发展，包括国家在社会公共产品的分配和社会公共政策的调整上所做的努力，等等。其中，公民的教育无疑是众多因素中至关重要的一项，正像晏阳初先生所说："在人民有能力改造自己的生存环境时，要发起任何社会、经济或政治上的改造都有基础，原因是人民已掌握这些事情。在进行基础训练和掌握基本纪律之后，人们知道如何同困难作斗争，在灾难面前，他们不再表现得无能为力了，他们有了力量。这是一个民族和国家发展的道路。"

城乡协调、昌明发达的和谐社区和现代中国尽管在今天来说，还是我们必要的乌托邦理想，但我们相信，只要我们付出努力，任何美好的理想社会图景和未来中国设计都不会成为乌托邦式的空中楼阁。

---

① 陈桂棣、春桃：《中国农民调查》，人民文学出版社2004年版，第3页。

主要参考文献

1. [美]C.E.布莱克:《现代化的动力》,段小光译,四川人民出版社1988年版。

2. [美]亨廷顿:《变化社会中的政治秩序》,王冠华等译,三联书店1989年版。

3. [美]阿列克斯·英克尔斯等:《从传统人到现代人——六个发展中国家中的个人变化》,顾昕译,中国人民大学出版社1992年版。

4. [美]乔治·瑞泽尔:《后现代社会理论》,谢立中译,华夏出版社2003年版。

5. [英]安东尼·吉登斯:《社会学》第4版,赵旭东等译,北京大学出版社2003年版。

6. [英]安东尼·吉登斯:《现代性的后果》,田禾译,译林出版社2000年版。

7. [英]安东尼·吉登斯:《批判的社会学导论》,郭忠华译,上海世纪出版社2007年版。

8. [英]安东尼·吉登斯:《社会理论与现代社会学》,文军等译,社会科学文献出版社2003年版。

9. [英]安东尼·吉登斯:《现代性:吉登斯访谈录》,尹宏毅译,新华出版社2001年版。

10. [英]安东尼·吉登斯:《失控的世界全球化如何重塑我们的生活》,周红云译,江西人民出版社2001年版。

11. [英]齐格蒙特·鲍曼:《流动的现代性》,欧阳景根译,上海三联出版社

2000 年版。

12. [英]尼格尔·多德:《社会理论与现代性》,陶传进译,社会科学文献出版社 2002 年版。

13. [美]大卫·格里芬:《后现代科学》,中央编译出版社 1995 年版。

14. [法]让—弗朗索瓦·利奥塔:《后现代道德》,莫伟民等译,学林出版社 2000 年版。

15. 罗荣渠:《现代化新论》,商务印书馆 2004 年版。

16. 汪民安等主编:《现代性基本读本》,河南大学出版社 2005 年版。

17. 包亚明主编:《现代性与空间生产》,上海教育出版社 2003 年版。

18. 周穗明等:《现代化:历史、理论与反思》,中国广播电视出版社 2002 年版。

19. 吴振坤:《中国社会主义现代化建设问题》,中央党校出版社 1984 年版。

20. [德]尤尔根·哈贝马斯:《合法化危机》,刘北成等译,上海人民出版社 2000 年版。

21. [美]马尔库塞:《理性与革命》,重庆出版社 1993 年版。

22. [法]孔德:《论实证精神》,黄建华译,商务印书馆 2001 年版。

23. 于海:《西方社会思想史》,复旦大学出版社 2008 年版。

24. 王文元:《人类的自我毁灭》,华龄出版社 2010 年版。

25. 埃利奥特·阿伦森:《社会性动物》,郑日昌等译,新华出版社 2001 年版。

26. 露丝·本尼迪克特:《文化模式》,华夏出版社 1987 年版。

27. 俞可平:《社群主义》,中国社会科学出版社 1998 年版。

28. [美]哈罗德·孔茨等:《管理学》,黄砥石等译,中国社会科学出版社 1987 年版,

29. [美]刘易斯.A.科瑟:《社会学思想名家》,石人译,中国社会科学出版社 1990 年版。

30. 乔纳森·特纳:《社会学理论的结构》,吴曲辉译,浙江人民出版社 1987 年版。

31. [美]杰弗里·亚历山大:《社会学二十讲:二战以来的理论发展》,贾春增等译,华夏出版社2000年版。

32. [英]安德鲁·韦伯斯特:《发展社会学》,陈一筠译,华夏出版社1987年版。

33. [美]D. P. 约翰逊:《社会学理论》,南开大学社会学系译,国际文化出版公司1988年版。

34. [法]雷蒙·阿隆:《社会学主要思潮》,葛智强等译,上海译文出版社1988年版。

35. 马戎:《社会学的应用》,华夏出版社2001年版。

36. 风笑天:《社会学研究方法》,中国人民大学出版社2005年版。

37. 何肇发主编:《社区概论》,中山大学出版社1991年版。

38. 黎熙元、何肇发等编:《现代社区概论》,中山大学出版社1998年版。

39. 蔡禾主编:《社区概论》,高等教育出版社2005年版。

40. R. E. 帕克、E. W. 伯吉斯、R. D. 麦肯齐:《城市社会学》,宋俊岭等译,华夏出版社1987年版。

41. 谷文峰:《城市社区建设与管理》,中国社会出版社2002年版。

42. 周文建,宁丰主编:《城市社区建设概论》,中国社会出版社2001年版。

43. 邓伟志主编:《当代"城市病"》,中国青年出版社2003年版。

44. 孙立平:《断裂——20世纪90年代以来的中国社会》,社会科学文献出版社2003年版。

45. 费孝通:《论小城镇及其他》,天津人民出版社1985年版。

46. 吴毅:《小镇喧嚣》,生活·读书·新知三联书店2007年版。

47. 贺雪峰:《新乡土中国》,广西师范大学出版社2003年版。

48. 陈健:《农业:现实与历史》,人民出版社1991年版,

49. 费孝通:《乡土中国》,北京三联书店1985年版。

50. 费孝通:《乡土中国,生育制度》,北京大学出版社1998年版。

51. 费孝通:《社会调查自白》,知识出版社1985年版。

52. 费孝通:《江村经济》,人民出版社2002年版。

53. 王铭铭:《溪家村落》,贵州人民出版社 2004 年版。

54. 于建嵘:《岳村政治》,商务印书馆 2001 年版。

55. 明恩溥:《中国乡村生活》,时事出版社 1998 年版。

56. 郑杭生:《中国社会学年鉴 1979～1989》,中国大百科全书出版社 1989 年版。

57. 郑杭生:《中国特色社会学理论的探索》,人民大学出版 2005 年版。

58. 郑杭生:《减缩代价与增促进步》,北京师范大学出版社 2007 年版。

59. 多吉才让主编:《城市社区建设读本》,中国社会出版社 2001 年版。

60. 多吉才让主编:《社区工作指南》,中国社会出版社 2001 年版。

61. 甘炳光等编:《社区工作:理论与实践》,香港中文大学出版社。

62. 王思斌:《社会工作概论》,高等教育出版社 1999 年版。

63. 汝信等主编:《2004 年:中国社会形势分析与预测》,社会科学文献出版社 2004 年版。

64. 马歇尔·麦克卢汉:《理解媒介——论人的延伸》,商务印书馆 2000 年版。

65. 尼葛洛庞帝:《数字化生存》,胡泳等译,海南出版社 1997 年版。

66. 鲁枢元:《生态批评的空间》,华东师范大学出版社 2006 年版。

67. 王如松等:《人与生态学》,云南人民出版社 2004 年版。

68. 钱理群等:《中国现代文学三十年》,北京大学出版社 1998 年版。

69. 中国社会科学杂志社编:《民主的再思考》,社会科学文献出版社 2000 年版。

70. 朱学勤:《书斋里的革命》,长春出版社 1999 年版。

71. 陈桂棣、春桃:《中国农民调查》,人民文学出版社 2004 年版。

72. 费孝通:《"试谈扩展社会学的传统界限"》,《北京大学学报·哲学社会科学版》2003 年第 3 期。

73. 郑杭生:《究竟如何看待"价值中立"?》,《社会科学研究》2000 年第 1 期。

74. 郑杭生:《中国社会学百年的轨迹》,《东南学术》1999 年第 5 期。

75. 郑杭生:《费孝通对中国社会学的巨大贡献》,《江苏社会科学》2006 年第 1 期。

76. 郑杭生:《当代中国理论社会学面临的创新任务》,《社会科学战线》2007 年第 1 期。

77. 夏建中:《现代西方城市社区研究的主要理论与方法》,中国人民大学复印报刊资料(社会学)2000 年第 8 期。

78. 夏建中:《新城市社会学的主要理论》,《社会学研究》1998 年第 4 期。

79. 夏建中:《当代中国城市社区的组织与服务》,《社会学》2000 年第 7 期。

80. 夏建中:《当代中国城市社区的组织与服务》,《社会学》2000 年第 7 期。

81. 曾凡慧:《城市化的现状、问题与对策》,《经济研究导刊》2007 年第 4 期。

82. 李强:《中国外出农民工及其汇款之研究》,《社会学研究》2001 年第 4 期。

83. 杨善华等:《我国农村的"社区情理"与家庭养老现状》,《探索与争鸣》2002 年。

84. 常建华:《二十世纪的中国宗族研究》,《历史研究》1999 年第 5 期。

85. 徐勇等:《中国农村和农民问题研究的百年回顾》,《华中师范大学学报(社会科学版)》1999 年第 11 期。

86. 顾昕:《当代中国有无公民社会与公共空间? ——评西方学者有关论述》,《当代中国研究》1994 年第 4 期。

87. 王思斌:《体制改革中的城市社区建设的理论分析》,《北京大学学报》2000 年第 5 期。

88. 魏娜:《我国城市社区治理模式:发展演变与制度创新》,《新华文摘》2003 年第 6 期。

89. 何彪,吴晓萍:《西方城市社区建设历程及其启示》,《城市问题》2002 年第 3 期。

90. 张佩国:《多学科的中国乡村社会研究革命、宗族与方法论探讨》社会 2007 年第 2 期。

91. 刘少杰：《中国社会调查的理论前提》，《社会学研究》2000 年第 4 期。

92. 秦晓：《当代中国问题：现代化还是现代性》，社会科学文献出版社 2009 年版。

93. 刘军宁编：《经济民主与经济自由》，生活·读书·新知三联书店 1997 年版。

后记

这本书的框架和雏形胎孕于我们读硕士研究生的时候。

那时候的海南大学，还较少受到中原大一统文化的桎梏，也较少受到西来的实用主义和工具理性思想的侵蚀，整个空气中弥漫着一种原生性的活泼、自由和兼容，"海纳百川，有容乃大"的校训基本能够落到实处。

而我们，就在那个时候来到海大。一个读的是文艺学专业，从事文艺学跨学科研究；一个读的是思想政治教育专业，从事现代化问题研究。我们的导师耿占春教授、曹锡仁教授，我们的老师鲁枢元教授、赵康太教授、孙绍先教授、闫广林教授、张志扬教授、萌萌教授和詹长智教授等等，他们都是好朋友；而我们，连同西方哲学专业的一些同学，也都成了好朋友。课堂有时候在教室，有时候在茶室，有时候在某位老师的书房，有时候在某个学生的宿舍；有时候是专题，有时候是课题，总之是济济一堂、群情激昂，真是一段热爱学术、追求真理的美好时光！

记得当时已经调往江南的鲁枢元老师回到海大给我们上课，不由得感慨："海大的研究生教育，却原来还在手工精作！"于是我们没有成为生产流水线上的一个螺丝钉，好好歹歹也算长成了自己的模样。

除此之外，因为一些个人的机缘，我们在课余听讲以及学术讨论过程中也获益良多。比如颜家安教授如数家珍的海南开发研究、李溢教授津津乐道的思想创新活动等，至于亦师亦友的李渝凤博士、张江南博士、杨国良博士、林氏三兄弟（林国基、林国华、林国荣）及郑文龙等，他们以高涨的学术热情、高端的学术渊源、高超的学术视野、高贵的学术勇气展开他们的高校生涯。我们一路跟进,只好跟着高昂起来。

而且,这些年下来,我们还在一路跟进;一路彼此见证,互相成就。

那是 2002 年,谨以此书纪念那个时代,纪念我们从那里启程的爱情,以及一路走来的艰辛和一路走来的温馨。

另外,感谢曹锡仁教授和詹长智教授! 他们带领我们做的"海口百年现代化研究"和"中国城乡社区研究"课题,为此书做了奠基。

感谢云南民族大学人文学院在社会学专业上所做的特色研究和突出贡献! 给我们一种继续进行的氛围、一种获益良多的机缘。

感谢学校提供的出版支持! 感谢云南民族大学博建办的焦印亭主任! 如果没有他的鼓励和督促,我们在两度遭遇电脑病毒侵袭之后,大概只能让此书水随天去、杳然无踪。

最后,在本书完稿之时,我们已经意识到了诸多的缺失和遗憾。首先是大量鲜活的第一手材料未能使用。母亲李琼华女士在下岗退休之后曾经先后在昆明市顺城社区居委会和金碧社区居委会工作,掌握了大量鲜活的第一手材料,她的讲述也曾经鼓舞我们研究此一课题的热情;我们也曾经对昆明市西北郊兼具城市、集镇和农村社区形态和特征、结构和功能的海源社区居委会十分关注,并以此申报过相关课题,进行了大量调研。如今,原有的顺城社区已经不再,代之而起的是一个极其高端的城市商业中心;海源社区的变化也令人惊叹和瞩目。其次是对于城市中大量混合型社区的研究未能进行。在城市建设和城中村改造的过程中,大量的混合型社区正在发生翻天覆地的变化,有些形态将永远消失在现代化建设的历史风烟之中,我们却因为来不及广泛调查和深入研究,只能留下难以弥补的缺憾。第三是难以避免的错讹。因为专业训练的不足和研究能力的有限,本书在观点和表述方面的错失一定不在少数,在此也恳请方家不吝指正。